FINANCE 21世纪高校金融学核心课程系列教材

ZHONGYANG YINHANG XUE

中央银行学

ZHONGYANG YINHANG XUE

毛泽盛 卞志村 著

人民出版社

前　言

中央银行是商业银行和货币信用制度高度发展的产物。中央银行学是一门以中央银行为研究对象，以宏观为视角，以研究现代经济和金融运行规律为出发点，以研究探讨经济与金融稳定发展机制为核心的学科。当前，随着现代经济、金融的迅猛发展和金融改革的不断深化，中央银行在社会经济中的地位和作用日益显著，中央银行学也得以快速发展。我国金融事业的发展迫切需要一大批既掌握扎实的中央银行学基础理论又敢于进行实践、探索的专业人才，这对金融教育事业提出了新的要求。为此，教育部高教司将“中央银行学”规定为我国高等院校金融学专业六门主干课程之一。

为了适应新的战略机遇对金融人才培养的需要，在编写本书时，我们力求体现三大特色——前沿性、应用性和科学性。首先，本书在继承学科长期发展的成果积累基础上，充分考虑21世纪金融业发展的新特点和中央银行学理论发展的最新动态，以及WTO框架下中国金融改革开放的新形势，遵循继承、扬弃、发展的逻辑，力求在理论上、观点上、内容上与时俱进，让学生既掌握中央银行学的基本原理，又能了解在中央银行领域中的新情况和新的理论成果。为此，本书在全面介绍中央银行学的基本理论、基本知识和基本技能的同时，特别增加了有关时间非一致性理论、保守的中央银行家理论、麦克勒姆—梅茨勒基础货币规则、泰勒规则、通胀目标制和货币政策信用传导机制等前沿问题的分析和介绍。其次，本书以中央银行在现代经济与金融体系中所处的核心地位为出发点，以中央银行履行其职责的内部运作方式和对金融及经济在微观和宏观方面产生的客观影响为主要线索，注重知识的系统性和实用性，力求做到夯实基础、拓宽思路、突出重点、启发创新、联系实际、学以致用。为突出应用性，本书做了两点处理：一是在讲解每一个知识要点时，都针对性地联系中国的实际情况加以分析和介绍；二是摈弃了诸多同类教材中有关金融监管部分的内容，而大量增加了有关货币政策方面的内容。再次，本书以教学科研型教材为最高追求，力争做到内容科学全面、资料翔实新颖、格式整齐划一、语言简洁平实、事例通俗易懂、图表优美精确。在结构安排上，除主体内容外，本书的最后还附有中央银行学学科中常用术语的英汉对照词汇表。并且在每一章的后面都对本章的主要内容作了简明扼要的小结，还列出重要概念和复习思考题，以加强学生对主要知识点的理解与掌握。

在本书的编写过程中，南京财经大学金融研究中心为我们提供了非常好的工作环境，我们深感荣幸。同时，也非常感谢人民出版社陈登编辑的大力支持和辛勤工作。

对本书中存在的问题和不足之处，还望同行专家与读者不吝赐教。

毛泽盛　卞志村

二〇〇九年六月于南京财经大学

目　录

第一章　中央银行制度的形成与发展

中央银行是国家为了实现总体的经济目标、保证国家货币政策正确制定与执行、防范与化解金融风险、维护金融稳定而设定的特殊金融管理机构。中央银行的产生是以商品经济、商业银行体系以及货币信用制度的高度发达为基础的，虽然产生于17世纪中后期，但其制度的形成却是在19世纪中期。在第二次世界大战以后，中央银行制度得到了普遍推广，在宏观经济中发挥着巨大的作用，当今世界绝大多数国家都实行中央银行制度。本章主要从历史的视角，研究中央银行及其制度的产生和发展过程，并探索其变化规律。

第一节　中央银行的产生

一、中央银行产生的历史背景

中央银行的产生是一个历史过程，它离不开特定的历史背景和社会经济条件，只有从中央银行产生前后的社会经济、银行体系、货币与信用等方面的具体状况入手，才能深刻理解中央银行产生的历史必然性。

（一）商品经济迅速发展

中央银行起源于17世纪中后期的欧洲。此时期的欧洲，资本主义生产方式正如火如荼兴起，社会生产全面转向商品化，纺织、酿酒、食品和农具制造业脱离农业成为新的独立部门，新式工商业和新式农业占据了社会生产的主导地位，商品经济获得迅速发展。商品经济的发展带动了科学发明和技术革新，为18世纪资本主义工业革命的爆发开辟了道路，于是经济和社会的发展以前所未有的速度进入了迈向现代化社会的快车道。这一风云激荡的时代正是中央银行产生的最为宏伟的历史背景之一。

（二）商业银行普遍设立

从历史上看，银行的产生主要有两条途径：一是由早期的货币兑换商和银钱业转变而来，二是直接设立新的银行。商品经济的迅速发展和资本主义生产方式的兴起在推动欧洲大陆的货币兑换商转变成商业银行的同时也加速了新银行的涌现。到14世纪末期，主要为贸易服务的新的信用机构已有了较大发展，以“银行”命名的金融机构开始出现。例如，1397年成立的麦迪西银行（Medici Bank）便是较早用“银行”命名的信用机构之一，而成立于1407年的热那亚的圣乔治银行（Bank of St. George）更被称为第一个国家存款银行。15、16世纪人类社会终于迎来了银行设立和发展的第一次高潮。著名的威尼斯银行（Bank of Venice）和米兰银行（Bank of Milan）分别成立于1587年和1593年，同期在纽伦堡、里昂、法兰克福、布鲁日、安特卫普等地也先后出现了类似的银行机构。这些银行或多或少已具有现代银行的某些特征。

17、18世纪，随着欧洲工业革命和资本主义制度的确立，社会生产力突飞猛进，银行业迎来了发展的黄金时期。此时期，阿姆斯特丹银行（Bank of Amsterdam，1609年）、米德尔堡银行（Bank of Middelburg，1616年）、汉堡银行（Hamberg Girobank，1619年）、德尔夫特银行（Bank of Delft，1621年）、纽伦堡银行（Bank of Nuremberg，1621年）、鹿特丹银行（Bank of Rotterdam，1635年）等新式银行如雨后春笋般纷纷建立。特别值得强调的是，日后对中央银行的发展产生了巨大影响的瑞典银行（Bank of Sweden，1656年）和英格兰银行（Bank of England，1694年）也是在这一时期建立的。此时期，银行业的空前大发展不仅仅表现在迅速增加的数量上，还表现在日以丰富的银行业务上。此时的银行业务已经完全脱离了货币兑换、金银保管和高利贷的传统银行业务，发行银行券、为企业办理转账和为新兴的行业提供融资等服务已日益成为银行的重要业务。银行业的这些发展极大地促进了资本主义的发展，也为瑞典银行和英格兰银行由商业银行向中央银行的转变奠定了基础。

（三）货币信用与经济关系普遍化

商品经济的迅速发展和银行的普遍建立及其业务创新促进了货币、信用与经济的融合，使资本主义的发展由早期的依靠众多个体自身积累的力量缓慢推进转变为通过社会资本积累的形式加速前进。因为随着社会生产力的迅速发展和商品流通领域的逐渐扩大，为了保证商品经济的稳定运转，客观上需要信用关系联结商品生产的全部过程。商品经营者对货币和信用的日益迫切的要求最终使以货币关系为特征的银行信用逐渐替代了商业信用，而成为信用的主要形式。

这样，银行不仅可以通过吸收存款和金融创新手段来增加资金的来源作为其经营的资本，还可以通过直接向企业提供资金和为商业票据办理承兑、贴现和抵押贷款等，将商业信用转化为银行信用，拓展其信用范围和规模。同时，又能为企业的联合和社会筹资提供便利条件，如代理股票和债券的发行、转让、还本付息等，这大大促进了社会化大生产及商品经济的发展，而商品经济进一步的发展反过来又会进一步促进信用关系的发展。

（四）经济发展中新的矛盾频繁出现

虽然信用制度和银行体系已经成为了商品经济的重要支撑，但是对于银行的设立、业务活动的创新及信用规模的扩大，却一直没有相应的制度进行有效的规范，这导致了银行体系的不稳定性。主要表现在：（1）银行券的分散发行不利于商品流通和商品经济的发展；（2）规模有限的商业银行难以应付票据交换和清算业务的日益增长需求；（3）银行的破产倒闭易造成信用体系和经济运行受到冲击；（4）缺少统一规则的竞争使整个市场的金融秩序经常出现混乱的局面等。面对这些状况，国家政府开始从制度入手，尝试建立一家公共性金融机构来代表政府管理各种金融事务以稳定信用制度和银行体系，于是中央银行应运而生。

二、中央银行产生的客观经济条件

商品经济和金融业的发展为中央银行的产生奠定了客观基础，各种经济金融矛盾的出现为中央银行的产生提出了内在要求，而国家政府自身的融资需求及对经济金融管理的加强尤为中央银行的产生提供了外在动力。因此，中央银行的产生有着深刻的客观经济原因，具体表现在：

（一）统一发行银行券的需要

银行券是银行发行的一种债务凭证，银行保证持有人可随时向发行银行兑换相应金属商品货币。银行券的出现不仅减轻了用金属货币交易的诸多不便，而且能够充分满足日益增长的交易需要。最初，一般银行都可发行银行券。银行券的分散发行逐渐暴露出其严重缺陷：第一，各银行独自发行的银行券的被接受程度和流通范围不同，不利于跨地区交易的进行，给社会生产和流通带来困难。同时，这也是同货币的本质——固定地充当一般等价物的特殊商品相违背的。第二，若某些银行违背足额发行准备原则来发行银行券，则会使得流通中的货币超过客观需要，从而不利于保持通货的稳定，给社会经济带来不利影响。第三，一些银行因经营不善而无法兑换所发行银行券的情况时有发生，尤其在危机时期，银行券不能兑换十分普遍，这不仅使银行券的信誉大大受损，还造成社会经济的混乱与动荡。

资本主义经济的日益发展客观上要求银行券的发行走向集中统一，由实力雄厚、最有权威的大银行来发行在全社会流通的银行券。在此基础上，国家通过法律限制或取消一般银行发行权的方式，将发行权逐步集中到几家乃至最终集中到一家大银行，这一过程导致了中央银行的产生。例如，1803 年法兰西银行在巴黎地区获得了为期 15 年的货币发行垄断权，1826 年英格兰银行获得伦敦城 65 英里以内地区的货币发行垄断权。

（二）集中票据交换和清算的需要

随着商品经济和银行业务的不断发展，银行每天受理的票据急剧增加，各银行之间的债权债务关系日益复杂，票据的交换清算业务变得繁重起来。各银行自行轧差进行当日结算的传统方式面临巨大挑战，而异地结算问题则更加突出，时间延长，速度减缓。虽然在中央银行出现之前，有些国家或地区有银行业同业公会或私人银行机构组织成立了票据交换所，如英国伦敦和荷兰的阿姆斯特丹早在18世纪中叶就建立了同城的票据交换所，但由于这些票据交换所缺乏权威性和统一性，同城票据交换和清算仍然困难重重，而异地清算则几乎不可能。显然，客观上需要有一家全国统一的、权威公正的清算机构，作为金融支付体系的核心来快速清算银行间各种票据，使结算资金顺畅流通，以满足商品经济快速发展的需要。

只有中央银行系统才具备这样充分的能力来担当全国的清算机构。因为一方面，作为国家的金融管理部门，中央银行的清算系统可通过各商业银行的清算账户来确保其权威性，进而避免清算危机的发生；另一方面，作为社会公共机构，中央银行的业务经营具有非赢利性特点，使其在票据交换与清算的过程中能自始至终保持客观公正，并努力提高清算效率。

（三）为银行业提供资金支持的需要

随着商品生产和流通的不断扩大，人们对贷款的需求量日益增高，且还款周期相对以前也延长了好多。商业银行凭借自身吸收的存款来发放贷款已经远远不能满足借款人的资金需求了。同时，银行在经营过程中，可能遇到因意外大额提现或贷款无法收回等原因而陷入流动性不足的困境。若缺乏及时足额的救援，银行的破产倒闭将在所难免。一旦发生金融恐慌，则可能会因一家银行的支付困难殃及整个银行业。针对这些状况，虽然一般的解决方法是通过同业拆借、透支和向存款准备金充足的大银行提前准备的方式，但是同业之间的存款准备在数量上会有一定的虚拟性，同业拆借和透支的数量也十分的有限。因而，在客观上就需要建立一家权威机构作为众多银行的后盾，适当集中各银行的一部分准备金，在必要时为他们提供资金支持，充当各银行的“最后贷款人”。例如，19世纪的英格兰银行由于自身具有良好的信誉，并且拥有众多银行的同业贷款准备，使得其在19世纪的历次经济危机中都能安然无恙，而且还能为其他一般银行提供贷款，为本国的宏观经济调节发挥了重要作用。

在其后的商业银行储备体系演变中，准备金体系先后都演变成了法定准备金体系，各国先后都建立了法定准备金制度，通过立法规定存款性金融机构必须将其吸收的储蓄的一部分上缴给中央银行，增强中央银行的货币资金调控管理能力，以应对流动性风险和清偿危机对银行体系的冲击。

（四）对金融业监督管理的需要

随着商品经济和货币信用关系的发展，银行业在社会经济中的地位和作用越来越突出，金融稳定日益成为经济健康发展的重要条件。为了促使银行业的公平有序竞争，减少银行业运行的风险，保证各种金融业务和金融市场的健康发展，维持金融稳定，客观上需要政府制定一系列有利于金融业发展的规章制度，并设立一特殊机构依法对各种金融机构和市场来进行监督、管理和协调。

这一特殊机构就是中央银行。因为作为银行的银行，一方面，中央银行的业务对象主要是金融机构，中央银行熟悉各类金融业务，了解各种金融规律；另一方面，作为政府的银行和发行的银行，中央银行获得了政府的授权，拥有一定的技术能力和操作工具，能依据政府的意图制定各项金融政策与管理条例，来统筹和监管全国的货币金融活动，以促进经济发展。

（五）政府融资的需要

在银行业形成的初期，银行借款对象主要是商人和一些挥霍无度的王公贵族。政府职能的强化、自然灾害的冲击和战争的爆发，使得国家财政日益捉襟见肘，若只是单纯依靠增加税收和减少政府开支的方法，很难解决实际的困难。为弥补财政赤字或融通短期资金，政府逐渐成为银行的常客。以英国为例，1625 年以来的两次内战和政局动荡使英国国库空虚，当1689 年威廉一世入主英国的时候面对的是一个烂摊子，再加上他与法国路易十四正在进行的战争，使得其四处求钱几近饥不择食的程度。这时，以威廉·帕特森为首的银行家向国王提出一个从荷兰学来的新生事物：建立一个私有的中央银行——英格兰银行，来为国王庞大的开支进行融资。这家私人拥有的银行向政府提供

120万英镑的现金作为政府的“永久债务”，年息8%，每年的管理费4000英镑，这样每年政府只要花10万英镑就可以立刻筹到120万英镑的现金，而且可以永远不用还本钱！当然政府还要提供更多的“好处”，那就是允许英格兰银行发行国家认可的银行券。英格兰银行的核心理念就是把国王和王室成员的私人债务转化为国家永久债务，由全民税收作抵押，由英格兰银行来发行基于债务的国家货币。这样一来，国王有钱打仗或享受了，政府有钱做自己爱做的事了，银行家放出了他们日思夜想的巨额贷款并得到了可观的利息收入，这似乎是一个皆大欢喜的局面，只有人民的税收成了被抵押品。更妙的是，这个设计把国家货币的发行和永久国债死锁在一起，要新增货币就必须增加国债，而还清国债就等于摧毁了国家货币，市场上将没有货币流通，所以政府也就永远不可能还清债务。果然从此以后，英国政府就再也没有还清债务，到2005年底，英国政府的欠债从1694年的120万英镑增加到了5259亿英镑，占英国GDP的42.8%。[①]

实际上，世界各国早期形成的中央银行，几乎都是为解决政府融资问题而建立的。在中央银行建立以前，政府融资往往要与多家银行联系，且关系松散，因此非常不便。成立一家与政府有着密切联系的、便于政府融资的机构就显得非常必要，此时中央银行和政府之间的关系，亦非一般意义上的借贷关系，使得中央银行一开始就具有了“政府的银行”的职能。

第二节　中央银行制度的形成与发展

中央银行的产生，并不完全意味着中央银行制度的建立。从1656年的最早雏形——瑞典国家银行的出现，直至中央银行作为一种制度的建立，这其中经历了漫长的历史时期。一般而言，将英格兰银行开始作为英国唯一的发行银行看做中央银行制度建立的标志。从全球范

① 宋鸿兵：《货币战争》，中信出版社2007年版，第7页。

围来看，中央银行的产生和中央银行制度的形成与发展迄今已经历了几百年的历史。其整个发展过程大致分为初步形成时期、普及发展时期和强化完善时期三个阶段。

一、中央银行制度的初步形成时期（1656—1913年）

总的来看，从17世纪中后期中央银行萌芽到1913年美国《联邦储备法》通过，1914年美国正式建立联邦储备体系为止的250多年间，中央银行和中央银行制度基本上处于初步形成时期。

（一）初步形成时期几个典型国家的中央银行

世界历史上最早执行中央银行职能的银行是成立于1656年由私人创立的瑞典利克斯银行（Sveriges Riksbank）。以此为开端，到1913年美国联邦储备体系建立为止，中央银行的初步形成时期共历时258年。在初步形成时期，全世界范围内设立的中央银行共有29家（如表1－1所示），其中欧洲19家，美洲5家，亚洲4家，非洲1家。尽管已经有29家中央银行，可是由于各国经济的发展水平、银行业的发达程度各不相同，导致各国中央银行的职能特征也大相径庭。

表1－1 初步形成时期成立的中央银行

区域	家数	具体国别与建立时间
欧洲	19	瑞典银行(1656年)、英格兰银行(1694年)、法兰西银行(1800年)、芬兰银行(1809年)、荷兰国家银行(1814年)、挪威银行(1817年)、奥地利国家银行(1817年)、丹麦国家银行(1818年)、葡萄牙银行(1821年)、西班牙银行(1828年)、比利时国家银行(1835年)、希腊国家银行(1840年)、意大利国家银行(1859年)、俄罗斯银行(1860年)、德国国家银行(1875年)、保加利亚国家银行(1879年)、罗马尼亚国家银行(1883年)塞尔维亚国家银行(1883年)、瑞士国家银行(1905年)
美洲	5	美国第一银行(1791年)、美国第二银行(1816年)、乌拉圭银行(1896年)、玻利维亚银行(1911年)、美国联邦储备体系(1913年)
亚洲	4	爪哇银行(1828年)、日本银行(1882年)、大清户部银行(1905年)、朝鲜银行(1909年)
非洲	1	埃及国家银行(1898年)

资料来源：张贵乐、吴军主编：《中央银行学》，中国金融出版社1999年版，第4页。

1. 第一家中央银行——瑞典银行

瑞典银行最初是一家私人商业银行，1661 年开始发行银行券，是当时欧洲第一家发行银行券的银行。1668 年政府将其改组为国家银行，收归国会所有，并对国会负责，瑞典银行开始具有某些中央银行的特征，但此时仍有多家银行拥有货币发行权。1897 年瑞典政府通过法案，取消当时 28 家银行所拥有的货币发行权，使瑞典银行独占货币发行权，该行发行的货币成为唯一的法偿货币，从而完成了向中央银行转变的关键一步。

2. 现代中央银行的鼻祖——英格兰银行

虽然在成立时间和改组为国家银行的时间上，英格兰银行比瑞典银行分别晚 38 年和 26 年，但从法律赋予中央银行货币发行特权的角度来看，英格兰银行比瑞典银行早 64 年，且其真正全面履行中央银行职能的时间也较后者早得多，因此，多数学者把英格兰银行看成是现代中央银行的鼻祖。

1694 年 7 月 27 日英国国会通过了《威廉玛利法》，根据威廉三世的特权，成立了英格兰银行，它是英国历史上第一家股份制商业银行，股本 120 万英镑，由伦敦城的 1268 家商人募集。成立之初即取得不超过资本总额的钞票发行权，主要目的是把英国政府在常年战争中发行的债券转换为分散的长期借款。表面上与一般商业银行的存款、贷款和贴现业务没什么区别，但实际上却享有着政府的一些特权。它被获准发行以政府债券作为抵押的等值债券，使得它成为第一家无发行保证却又能发行银行债券的商业银行。除此之外，英格兰银行还代理国库管理政府证券，于 1752 年开始管理国家债券。1826 年，英国议会通过了《银行券法》，规定英格兰银行是唯一一个可以在伦敦周围 65 公里内发行银行券的股份银行，其他银行虽然也可以发行银行券但面额要低于 5 英磅，且这些银行券的发行和流通须在距伦敦 65 公里之外，以示有别于英格兰银行。不仅如此，英格兰银行还可以在伦敦 65 公里外设立分行，其目的在于逐渐地掌握乡村银行的银行券发行权。1833 年，英国议会又通过一法案，使得英格兰银行取得钞票无限法偿的资格。这是英格兰银行成为中央银行迈出的决定性的一步。

1844 年 7 月 29 日，时任首相比尔根据通货学派的主张，主持拟定并由英国国会通过《1844 银行特许条例》（又称《比尔条例》）。《比尔条例》的主要规定有：（1）将英格兰银行划分两个独立的部门：发行部和银行部。前者只发行钞票，后者则要求执行英格兰银行的其他职能。（2）英格兰银行获准可以在 1400 万英镑以内小量信用发行货币，但必须全部以政府公债作抵押，超过此限额的发行必须有充足的货币金属（黄金、白银，其中白银不得超过 1/4）作准备。（3）将银行券发行权集中于英格兰银行，规定在 1844 年 5 月 6 日止享有发行权的其他银行，其发行额不得超过 1844 年 4 月 27 日前 12 年间的平均数。如有放弃发行权或破产倒闭的，都不得再发行银行券，由英格兰银行按这些银行发行定额的 2/3 增加没有准备金作保证的银行券发行额。（4）本法颁布后不得再产生新的发行银行，原享有发行权的银行也不再增加其发行额。这一法案的颁布促进了银行券发行的日益集中，也使得英格兰银行成为英国正式的货币发行银行，从组织上和货币发行上为英格兰银行行使中央银行职能奠定了基础。

当时，除英格兰银行之外，还有 279 家银行可以发行 800 万英镑的银行券。但是此后随着英格兰银行实力的不断增强，特别是在 1847 年、1857 年和 1866 年三次大的经济危机之后，政府逐渐放宽了英格兰银行的信用发行额，允许其突破 1400 万英镑。相反地，英国的私人银行和股份制银行逐渐减少，发行额也逐渐减少。至 1910 年时，有发行权的 60 家银行的发行额仅仅为 100 万英镑，相比之下，英格兰银行的保证准备发行额已由原先的 1400 万英镑猛增到了 3000 万英镑。此后，英格兰银行逐渐垄断了全国的货币发行权，至 1928 年成为英国唯一的发行银行。

与此同时，英格兰银行凭其日益提高的地位承担商业银行间债权债务关系的划拨冲销、票据交换的最后清偿等业务，在经济繁荣时接受商业银行的票据再贴现，在经济危机中则充当商业银行的“最后贷款人”，最终确立了“银行的银行”的地位。从此，英格兰银行将国家的银行、发行的银行、银行的银行这三大职能集于一身，开创了中央银行制度的先河。

3. 法国的中央银行——法兰西银行

法兰西银行于1800年1月18日由时任第一执政的拿破仑·波拿巴建立，其成立的最初目的是负责纸币的发行，帮助法国经济摆脱法国大革命带来的萧条。其资本金3000万法郎，大部分是募集私资，采取私人股份公司的形式，拿破仑及其亲信认购了其中的部分股份。为了新兴资产阶级的需要，1808年法国政府通过法案授权法兰西银行在全国设立分支机构和发行银行券的权力，并在1809年将其资本增至9000万法郎。

法兰西银行对全国的货币发行权逐步进行垄断。仅在拿破仑时期，法兰西银行就已被授权在巴黎地区拥有15年的货币垄断权，后来又通过不断地合并其他银行，直至1848年终于取得了全国统一的发行权，该行发行的货币也成了全国性的法定货币，至此奠定了其民资官营的中央银行基础。由于当时的法国资本主义发展得较为落后，股份银行组织稀少，成立之后的较长时间内，法兰西银行仍只是经营商业银行的一些贴现和存款业务，作为“银行的银行”的形成过程也较为缓慢，直至19世纪70年代才开始形成中央银行。而在其形成中最显著的特点是与政府的关系过于密切，突出了其政府的银行的职能，使其日后的独立性相比其他发达国家中央银行较为逊色，1994年8月颁布的《法兰西银行法》使其大为改观，赋予法兰西银行独立制定和执行货币政策的权力，并且依法成立了法兰西银行的货币政策委员会，作为其制定货币政策的决策机构。

4. 美国的中央银行——美国联邦储备体系

相对于欧洲较早的中央银行萌芽，美国则比较晚，而且经历了漫长的摸索和探求过程。与英国不同，美国的中央银行并不是由商业银行演变而来，而是出于国家利益及金融管理的需要，由政府最后以法律的形式确定下来的。

（1）第一国民银行和第二国民银行

1791年2月25日，美国总统华盛顿签署了美国第一国民银行成立的特许状。美国第一国民银行是在联邦政府进行注册的，资本金1000万美元，其中20%由政府出资，营业期限为20年，采取股份制，在主要城市开设8家分行。其主要业务是发行货币、接受政府存款和向政府机构提供贷款以及办理票据贴现和接受私人存款。同时通过拒收过度发行的州立银行券或者要求发行银行兑换黄金，以此达到管理州立银行、整顿货币发行纪律的目的。但这一做法却引起了州立银行和反对加强联邦权力的农业州的普遍不满和反对，于是在1811年美国第一国民银行的经营许可期满时，美国国会以一票之差否决了第一国民银行的展期申请，第一国民银行被迫解散。虽然美国第一国民银行还不是真正意义上的中央银行，但却是美国中央银行的雏形，也是美国早期金融管理的最初尝试。

1812年，美国宣布与英国开战，各州银行给财政提供贷款，结果造成货币滥发，引起金融秩序的大混乱。因而，第二次独立战争要求重新建立中央银行来监管战争时期的金融体系。于是经过5年的金融混乱之后，1816年4月10日詹姆斯·麦迪逊总统签署了美国第二国民银行成立的特许状。第二国民银行的资本金为3500万美元，联邦政府拥有20%的股权，在组建、授权范围等方面的内容均与第一国民银行类似。但是，由于主张建立强大中央银行的支持者（联邦制拥护者）和主张进一步分权的反集权主义者（反联邦制者）之间的摩擦始终不断，1836年当美国第二银行期满时，安德鲁·杰克逊总统又否决了美国第二国民银行要求延长经营期限许可证的请求。

（2）国民银行制度

美国第二国民银行倒闭之后，1836—1863年美国出现了一段自由银行制度时期。在这段时期内，只要符合各州银行法的规定就可以成立州银行。直至1863年，美国州银行的数量已经上升到了1600余家，贷款余额也升至5亿美元，州银行发行的银行券已有上千种之多。但是由于银行资本的不足，发行的银行券质量较差，信贷准备金欠缺保证，导致贷款风险很大，货币体制紊乱，货币贬值，多数银行倒闭。加之1861—1865年的南美战争，人们又重新认识到了金融管理的必要性和重要性。1863年，为了结束此前的货币体制紊乱和为南北战争筹措经费，美国国会通过了《货币法》，1864年又通过了《国民银行法》，这两项法案旨在确立联邦政府对于银行业监督和干预的权威地位，以及建立统一监管下的国民银行体系以取代各州银行，从而达到协调货币流通、保证金融稳定、防范金融风险的目的。

（3）联邦储备制度

国民银行制度虽然初步建立了比较规范的银行体系，但并没有实现取代州银行的初衷。19世纪和20世纪早期，全国性的银行恐慌已经成为有规律的事情。1837年、1857年、1873年、1884年、1893年和1907年，都曾爆发过银行恐慌。1907年的银行恐慌所造成的如此广泛的银行倒闭和存款人的大量损失终于使美国公众相信需要有一个中央银行来防止将来再度发生恐慌了。1908年5月，国会建立了国家货币委员会，用以专门调查研究各国银行制度。1912年，决定建立兼顾各州利益，又能满足银行业集中管理需要的联邦储备制度。

1913年12月23日，国会通过了《联邦储备条例》，这是银行制度史上划时代的创举，为中央管理和地方管理、自愿参加和强迫参加、政府所有和私人所有、政府管理和私人管理的相互平衡和折中提供了成功的范例。该条例规定：（1）将全国分为12个联邦储备区，每区设立一家联邦储备银行，各联邦储备银行的资本金不得少于400万美元，并在董事会的监督管理下工作。这12家地区储备银行的职责包括为其成员银行进行支票交换、回收损毁货币并发放新币、对合并申请进行评估、向该区的成员银行投放贴现贷款、审查属于联邦储备成员的州立银行、就地方银行和经济状况提出分析和报告，以及进行一般的银行与经济研究并出版部分刊物。（2）强制国民银行以会员银行的身份加入联邦储备系统，符合条件的州银行可自愿申请成为联邦储备系统的会员银行。（3）建立存款准备金制度，会员银行必须按规定的比例向联邦储备银行缴纳存款准备金，该种存款不计利息。成员银行需向联邦储备银行缴纳相当于其资本和盈余总和的6%数量的资本。联邦储备银行则要每年向其成员银行支付其缴入资本的6%的红利，通常每年分两次支付。（4）联邦储备银行可以对会员银行贴现的各种商业票据进行再贴现，其再贴现率可根据情况随时调整。并建立了票据清算制度，所有会员银行可以享受免费的票据清算服务。1913年12月24日，美国大约有213家国民银行申请加入新联邦储备系统。

根据《联邦储备条例》，1914 年 11 月美国联邦储备体系建立，其主要任务是提供一种有弹性的货币，为商业票据提供一种再贴现手段，并在美国建立对银行更有效的监督。从法律规定来看，美国联邦储备体系已初步具有了发行的银行、政府的银行、银行的银行的职能，成为美国真正意义上的中央银行。

（二）初步形成时期中央银行制度的基本特征

虽然各国的政治、经济、社会、文化等要素构成的基本国情不同，导致其中央银行产生的历程与制度各不相同，但从上述几家中央银行的演变历程还是可以看出初步形成时期中央银行及相关制度所具有的一些共同特点：

第一，从产生过程看，初步形成时期的中央银行大多是在货币信用业漫长的发展过程中逐渐演变而形成的，是政府根据客观需要，不断赋予一家信誉好、实力强的私营商业银行以特权，使其最终发展成为中央银行。其产生过程可从两个角度进行描述：首先，从机构演变看，中央银行的形成过程可描述为：货币经营机构——高利贷银行——大银行——银行的银行——中央银行。其次，从业务经营范围看，中央银行的产生过程可描述为：主营商业银行业务——商业银行业务与中央银行业务兼营——主营中央银行业务和兼营商业银行业务——纯粹经营中央银行业务。

第二，从所有权方面看，初步形成时期的中央银行成立时一般都采取私人股份制或者政府和私人合股制，并非完全由国家出资建立和国家所有。与此对应，这一时期的中央银行仍然保留着商业银行职能和营利职能，并一直按股份向股东分配红利。

第三，从职能方面看，初步形成时期集中垄断货币发行是中央银行制度建设的重要内容。产生初期，中央银行制度本身并不完善，绝大多数的职能是服务性的，如货币发行、代理国库等，但货币发行权并没有垄断，中央银行也并不完全具有宏观调控国内金融市场、实行货币政策、干预整个国民经济的职能。从演变过程来看，早期中央银行的建立首先是基于政府需要而设立的，如为政府筹集资金、弥补财政亏空、维持庞大的军费开支，代表政府管理金融市场、货币发行等事宜，此时主要行使“政府的银行”的职能；后借助政府之势扩大自身的货币发行特权，直至垄断全国的货币发行权，成为“发行的银行”；最后才充当票据交换和清算中心，充当最后贷款人，成为“银行的银行”。

二、中央银行制度的普及发展时期（1914—1944 年）

从第一次世界大战爆发到第二次世界大战结束，即 1914 年至 1944 年间是中央银行制度的普及发展时期。

（一）中央银行制度普及发展时期的社会背景

在 1914 年至 1944 年的短短 31 年时间里，世界主要国家先后经历了两次世界大战和经济大危机的洗礼，巨大的政治和经济冲击给此时期的中央银行制度打上了深深的时代烙印。

1. 世界大战的影响

第一次世界大战爆发后，主要的资本主义国家先后放弃了金本位制度，各国为了维持庞大的军费开支，过量发行货币，导致普遍性的通货膨胀，使其货币制度陷入了极度混乱的境界。货币制度的不稳定导致整个经济的剧烈波动，使得众多国家政府和金融界人士迫切感到必须加强中央银行的地位以及对货币信用的监管。

2. 布鲁塞尔会议的影响

第一次世界大战结束后，许多国家经济与金融发生了剧烈波动，面对世界性金融危机和当时严重的通货膨胀，1920 年，世界主要国家在比利时首都布鲁塞尔召开国际金融会议，提出各国应努力使财政收支平衡，消除通胀的根源，中央银行为稳定币值应对政府保持独立性，减少政府控制，执行稳定的金融政策，同时，也提出了在世界各国普遍建立中央银行制度的必要性，重申了在现代经济中建立中央银行制度的重要性。并指出：（1）凡未设立中央银行的国家应尽快建立中央银行；（2）已建立中央银行的国家要进一步发挥中央银行的作用；（3）中央银行应摆脱各国政府政治上的控制，实行稳定的金融政策。这是国际社会战后重建中央银行制度的一次具体体现，会议中所倡导的 12 条决议也成为了战后中央银行制度建立的理论基石。在布鲁塞尔会议后的10年间，各国成立的中央银行有31家，中国、澳大利亚、南非、智利等国的中央银行相继建立，布鲁塞尔会议极大地推进了各国中央银行的普遍建立，推动了战后中央银行成立的第一次高潮。

3. 重建币制的需要

第一次世界大战前，世界各国普遍采用金本位制，即金币可以自由铸造，银行券等信用货币可以自由兑换黄金，黄金可以自由流动，但这在一定程度上限制了中央银行对货币供给量的弹性调节。第一次世界大战爆发时，为了加强对本国金融行业的控制，各国纷纷禁止黄金流出，并实行浮动汇率制。在第二次世界大战之前，由于在金本位制下美元、英镑、法郎等储备货币占据主导地位，使得美、英、法成为了能够影响国际金融活动的“中心国”，[①] 其他国家的贸易及财政活动则不得不受中心国的影响和控制。为了维护本国的利益，降低“中心国”的干预程度，各国不断完善本国的中央银行制度。

1922年在瑞士日内瓦召开的国际经济会议上，除了再次呼吁尚未建立中央银行的国家要尽快建立中央银行，重申和强调布鲁塞尔会议形成的决议外，还建议各国采取新平价，以共同维持国际金融体系和经济的稳定，由此推动了中央银行制度在世界范围内的普及推广。

在1929—1933年的世界性经济危机和货币信用危机的双重打击下，未建立中央银行的国家纷纷建立中央银行以稳定本国经济，已设立中央银行的国家则进一步采取措施，加强中央银行职能、强化组织机构，使之成为唯一的稳定货币和控制信用攻击的权威机构。各国纷纷推行纸币本位制而放弃传统的金本位制，即以不兑换金银的纸币及金属辅币作为法定货币来充当价值尺度和流通、支付、储备手段。

4. 新兴国家的产生及国际组织的支持

第一次世界大战和第二次世界大战之间均伴随着许多国家和民族的独立解放运动，产生了许多新兴的国家。为了促进国内的经济发展，这些国家在建国或独立后不久就先后建立了本国的中央银行。

在银行成立的浪潮中，众多国家由于战乱的长期破坏，金融秩序

① 陈燕：《中央银行理论与实务》，北京大学出版社2005年版，第16页。

紊乱，单凭本国的微薄之力根本无法建立起本国的中央银行。此时，外国及一些国际组织在这些国家的中央银行设立过程中起着极其重要的作用。1930 年，国际清算银行在瑞士的巴塞尔成立，旨在谋求各国中央银行作为本国金融机构的代表，加强国际合作。一战后的奥地利、秘鲁等南美国家，均是在国际联盟的帮助之下建立了本国的中央银行制度。

5. 货币发行的制度化

第一次世界大战之前，虽然货币的发行已经向中央银行集中，但是还是有商业银行参与货币的发行。甚至一战时，为了维持庞大的军费支出，有些国家的财政部也发行货币。战后，为了解决现有混乱的货币发行状况，各国相继出台法案不再允许财政部和商业银行发行货币，货币发行权由中央银行完全垄断。并且为了适应现行的币制改革需要，各国相继开始建立比例准备金制，将货币发行的准备分为现金准备（金、银、外汇）和保证准备（政府债券和贴现票据）两部分。

（二）中央银行制度普及发展的具体表现

仔细分析表 1－2 可发现，这一时期，中央银行制度的普及发展至少表现在两个方面：一是从数量上看，在这一时期里，全世界改组或设立的中央银行有 43 家，其中欧洲 16 家，美洲 15 家，亚洲 8 家，非洲 2 家，大洋洲 2 家，在短短的 20 多年时间里建立的中央银行数量比初创时期近 260 年时间里建立的中央银行总数还要多得多。二是从地区上看，不仅是在经济发达的欧洲国家普遍设立中央银行，在经济欠发达的美洲、亚洲等一些国家也纷纷建立中央银行，所建数目占这一时期产生的中央银行的一半以上，甚而在不发达的非洲和大洋洲也开始建立中央银行，足以显示中央银行制度在全世界的普及发展。

另外，中央银行制度的普及发展还表现在中央银行职能的扩展与完善上。此时期，中央银行职能已开始从简单的服务型职能向管理职能和宏观调控职能拓展。例如，美国联邦储备体系从建立伊始就十分注意加强对金融业的监督管理，并开始运用准备金制度和再贴现政策对金融业进行宏观调控。

表1-2 普及发展时期改组或新设立的中央银行

区域	家数	具体国别与建立时间
欧洲	16	俄国国家银行(1921年)、立陶宛银行(1922年)、拉脱维亚银行(1922年)、奥地利国家银行(1923年)、波兰国家银行(1924年)、但泽银行(1924年)、德国国家银行(1924年)、匈牙利国家银行(1924年)、阿尔巴尼亚国家银行(1925年)、南斯拉夫国家银行(1925年)、捷克斯拉夫国家银行(1926年)、爱沙尼亚国家银行(1927年)、保加利亚国家银行(1927年)、希腊银行(1928年)、冰岛银行(1942年)、爱尔兰中央银行(1942年)
美洲	15	秘鲁准备银行(1922年)、哥伦比亚银行(1923年)、乌拉圭中央银行(1924年)、墨西哥银行(1925年)、智利中央银行(1925年)、危地马拉中央银行(1926年)、厄瓜多尔中央银行(1927年)、玻利维亚中央银行(1929年)、萨尔瓦多中央银行(1934年)、阿根廷中央银行(1935年)、加拿大银行(1935年)、巴拉圭中央银行(1936年)、哥斯达黎加中央银行(1937年)、委内瑞拉中央银行(1940年)、尼加拉瓜中央银行(1940年)
亚洲	8	中国中央银行(广州)(1924年)、中国中央银行(上海)(1928年)、伊朗国民银行(1928年)、中华苏维埃共和国国家银行(1932年)、印度准备银行(1935年)、土耳其中央银行(1937年)、阿富汗国民银行(1941年)、泰国银行(1942年)
非洲	2	南非联邦准备银行(1921年)、埃塞俄比亚银行(1942年)
大洋洲	2	澳大利亚联邦银行(1924年)、新西兰准备银行(1934年)

资料来源：整理自刘锡良、曾志耕、陈斌编著：《中央银行学》，中国金融出版社1997年版，第13—14页。

（三）中央银行制度普及发展时期几个典型国家的中央银行

1. 德国国家银行

第一次世界大战期间，德国政府为筹措战争经费而大举向帝国银行贷款，引发了通货膨胀。而在战争结束后，德国政府面对高额的战争赔款、公债和战争受害者的补助金，唯有通过中央银行增加货币发行量，才能摆脱困境。1923年6月德国流通中的货币达到17万亿马克，比1914年的63亿马克增加了2750倍；而流动债券在1923年11月达到19万万亿马克，比1914年7月的30万亿马克增加6333千亿倍，1923年6月的物价是1913年的19985倍，马克完全丧失了购买手段和支付手段的职能，国内普遍进行实物交易或以外币作为购买手段和支付手段。

1919年，刚刚上台的魏玛政府对中央银行法律制度进行重大改革，增强帝国银行的独立性，以重建战后德国货币体制。在国内压力和国际呼吁下，1924 年魏玛政府颁布了《银行法》，规定：帝国银行独立于政府；帝国银行独立对其货币政策及其贷款活动承担责任；中央银行向政府提供贷款数额也有严格的限制；中央银行对于流通中的货币必须至少拥有 40% 的黄金及外汇储备，承担以黄金和外汇兑换其纸币的义务。另外，在机构设置上，为了保证帝国银行的独立性，摆脱德国政府的控制，设置了行使实质性权力的股东大会和理事会，同时，也为了保证政府对战胜的协约国履行赔款义务，该法还规定：帝国银行理事会中半数成员应当为外国人，而且其中负责发行货币的专员必须为外国人（1930 年德国国家银行再度改组，所有理事会全部由德国人担任）。此次中央银行法律制度的改革，在德国历史上第一次明确了央行应当独立于政府之外的理念，成为德国央行独立性体制的开端。

希特勒政府上台执政之后，为了使纳粹能任意利用信用扩张来支持战争经济的金融体制合法化，制定了一系列的新的银行法规。1933 年，重新修订的《银行法》颁布，规定：取消帝国银行的理事会，帝国银行行长及董事会成员的任命权转归国家元首；赋予帝国银行执行公开市场政策的权力；帝国银行可以对“创造就业汇票”进行贴现，以便向新政府为创造就业提供资金。1937 年 2 月，又颁布了《帝国银行新秩序法》，规定帝国银行董事会由元首直接领导，至 1939 年该董事会也被最终解散，该行的独立性被彻底剥夺。1939 年，纳粹政府又颁布了《帝国银行法》，规定：停止兑换纸币；由 40% 黄金和外汇构成的发行准备可全部由汇票、支票、短期国库券、帝国财政债券和其他类似债券充当；中央银行对帝国提供的贷款数额最终由“领袖和帝国元首”决定。至此，纳粹政府最终完成了中央银行法律上和经济上的国有化。

2. 苏联国家银行

1918 年十月革命胜利之后，俄罗斯共和国人民银行成立。但由于当时战乱连连，并未能真正的发挥中央银行的作用。1920 年 12 月，在全俄苏维埃第八次代表大会上，列宁提出可以用国家预算资金来为工业和贸易提供资金，并且使用财政机关来执行统一的经济计划。于是，

1921年1月19日，俄罗斯共和国人民银行被依法取消，由财政人民委员会接管。

1921年苏联国内战争结束后，为尽快摆脱战争影响，恢复经济，根据列宁的提议，俄共十大通过了从战时共产主义政策到实施新经济政策。1921年10月，俄罗斯国家银行重新成立，并于同年11月开始营业。从事的业务既有中央银行业务，也兼具商业银行业务，形成了“大一统”的复合式中央银行。1922年，该行被批准享有发行银行券的特权，规定发行新卢布，并建立了发行准备金制度，即规定发行的准备金中20%为黄金、白银，75%是商品和短期债券。1923年7月，在俄罗斯国家银行的基础上改组而成的苏联国家银行成立，办理存放款、票据贴现、国家预算出纳、对外汇兑等业务。

3. 美国联邦储备体系

20世纪30年代初期，美国受经济危机影响，几乎每年都有2000家以上的银行倒闭。为保护存款人的利益、维护金融稳定，美国国会于1933年通过《格拉斯—斯蒂格尔法》。这一法案主要讨论了美国金融一级市场的结构调整，包括将证券业和商业银行严格分离、建立存款保险制度和美联储Q条例所制定的利率上限。根据法案，联邦存款保险局（FDIC）成立，率先确立强制存款保险制度，并将其作为金融机构退出机制中的一项重要制度，还将不参加联邦储备系统的州银行和其他存款机构也纳入了监管范围。

经过金融危机的动乱后，美国开始就经济危机的起因、发展和对策进行多方分析，总结经验教训，并触发了关于联邦储备与政府及财政部关系的第二次大规模争论。凯恩斯主义的兴起为国家干预经济披上了合理的外衣，货币政策逐渐成为国家干预经济的重要工具，美国联邦储备体系随之发生了一些变化。

1935年，美国国会通过了《1935年银行法》，该银行法从加强联邦储备委员会金融决策权力和独立性的角度，对先前的银行法作了重要修改：第一，改变联邦储备委员会的人员结构。撤销联邦储备委员会，成立了联邦储备系统理事会。规定从1936年2月起，财政部长和货币监督局长不再担任联邦储备委员会的委员，使联邦储备委员会在政策选择和决策方面摆脱财政部的影响和控制。第二，将联邦储备委员会理事的任期由以前的10年延长为14年，每两年改派一人，这样，就可以避免总统直接操纵联邦储备委员会，保证中央银行的最高决策机构具有不受政府左右和影响的相对独立性。同时该法案还加强了联邦公开市场委员会的权力，将它作为联邦储备系统的决策机构。经过这次改革，12个联邦储备银行的权力被大大地削弱了，它改变了联邦储备委员会权力松散、独立决策机制不健全的旧局面，为美联储独立行使中央银行的职能提供了重要的立法基础，是其走向成熟的一个重要标志。

（三）普及发展时期中央银行制度的基本特征

普及发展时期，各国中央银行制度虽然变化较大，但也表现出一些共同特征，具体表现在以下几个方面：

1. 中央银行的设立普遍采用植入式

与初创时期不同，普及发展时期的大多数中央银行不是由商业银行自然演进而成，而是各国在货币制度混乱、通货膨胀居高不下的压力下，借鉴了前一时期欧美中央银行创设和发展的经验，运用政府力量而直接创建的。此时期的中央银行自成立起就是在法律上具有明确权责的特定机构，直接具备中央银行的各项基本职能，从而成为一国金融体系的核心。

2. 稳定货币、控制通货膨胀成为中央银行的核心任务

这一时期的中央银行的首要任务是稳定货币、控制通货膨胀。主要措施有：（1）进一步强化中央银行独占货币发行权，改变以往商业银行分散发行货币的局面；（2）完善货币发行准备制度，对货币发行规定严格的准备保证并进行集中管理；（3）调整中央银行与政府的关系，确保中央银行独立行使其职能的权力，控制政府向中央银行的透支行为，禁止货币的超经济发行和对政府财政的无限制长期垫款。

3. 金融监管与宏观经济调控逐渐成为中央银行制度的重要内容

中央银行职能的完善是中央银行制度迅速发展的表现，同时也是其结果。由于战后重建的需要，各国中央银行的职能由服务职能向管理职能和宏观调控职能拓展，金融监管和宏观经济调控逐渐成为中央银行制度的重要内容。与此对应，中央银行的业务范围也从当初的仅

仅开展集中办理票据交换和清算类服务性业务，拓展为开展再贴现、集中存款准备等业务。在美国，美联储甚至首创了存款保险制度。

三、中央银行制度的强化完善时期（1945 年至今）

中央银行制度的发展进程并没有因第二次世界大战结束而结束，相反，在稳定经济金融秩序和恢复并发展经济的现实需要以及凯恩斯宏观经济理论的指导下，走向了强化和完善的新阶段。而且随着这一阶段的不断发展和延伸，现代中央银行制度的内容也日益丰富。

（一）中央银行制度强化完善的具体表现

第二次世界大战结束后，各国政治形势发生了重大变化，民族解放运动风起云涌，一大批经济比较落后的国家摆脱了宗主国或殖民者的统治而获得了独立，他们把中央银行的建立视为巩固民族独立和国家主权的一大标志，纷纷创建自己的中央银行。他们借鉴欧美中央银行发展的经验，使中央银行直接具备比较全面的现代中央银行的职能和特征。亚非国家中央银行的普遍设立，使中央银行制度在全世界范围内迅速扩展为各国的一项基本经济制度。

在新兴国家纷纷创建中央银行的同时，欧美发达国家在二战后对本国的中央银行则进行了大力改组和强化。主要表现在两个方面：一是二战后中央银行的国有化，如 1945 年法兰西银行被收归国有，1946 年英格兰银行被收归国有，还有的国家虽然继续维持私有或公私合营的中央银行，但通过法律规定私人持股者只能获取约定股息；二是各国纷纷制定或完善银行法，从立法上保障国家对中央银行的控制权，明确中央银行的主要职责是贯彻货币金融政策，维持货币金融的稳定。表 1－3 对世界范围内 1945 年至 1971 年间新建、重建或改组的中央银行情况进行了统计和简介。

中央银行制度的强化和完善还表现在职能的完善上。这一时期，中央银行越来越注意运用其调节职能来进行宏观调控，且调控手段日益丰富多彩，不再只是单一地运用某一种货币政策工具，而是讲究多种货币政策工具的配套使用，同时开始注意与财政政策、收入政策、产业政策等其他政策手段的配合与协调。

表1-3 强化完善时期新建、重建或改组的中央银行

区域	家数	具体国别与建立时间
欧洲	10	波兰国家银行(1945年)、南斯拉夫人民银行(1946年)、保加利亚人民银行(1947年)、阿尔巴尼亚国家银行(1947年)、罗马尼亚国家银行(1948年)、匈牙利国家银行(1948年)、德意志国家银行(1948年)、捷克斯洛伐克国家银行(1950年)、德意志联邦银行(1957年)、马耳他银行(1963年)
美洲	7	多米尼加银行(1947年)、古巴国家银行(1948年)、哥斯达黎加银行(1950年)、洪都拉斯银行(1950年)、牙买加银行(1960年)、尼加拉瓜银行(1961年)、巴西中央银行(1965年)
亚洲	21	朝鲜中央银行(1946年)、缅甸联邦银行(1948年)、中国人民银行(1948年)、巴基斯坦中央银行(1948年)、菲律宾银行(1948年)、伊拉克银行(1949年)、韩国银行(1950年)、锡兰(斯里兰卡)银行(1950年)、沙特阿拉伯银行(1950年)、印度尼西亚银行(1952年)、以色列银行(1954年)、老挝银行(1955年)、越南国家银行(1955年)、叙利亚中央银行(1956年)、马来西亚银行(1959年)、伊朗中央银行(1960年)、苏丹银行(1960年)、约旦银行(1963年)、科威特银行(1966年)、黎巴嫩银行(1966年)、阿拉伯也门银行(1971年)
非洲	17	埃及中央银行(1951年)、刚果银行(1952年)、埃塞俄比亚银行(1955年)、赞比亚银行(1955年)、利比里亚银行(1956年)、布隆迪银行(1956年)、加纳银行(1957年)、中非货币联盟中央银行(1957年)、西非货币联盟中央银行(1958年)、尼日利亚银行(1958年)、突尼斯银行(1958年)、马拉维银行(1959年)、几内亚银行(1960年)、乌干达银行(1960年)、坦桑尼亚银行(1960年)、肯尼亚银行(1963年)、毛里塔尼亚银行(1966年)

资料来源：整理自刘锡良、曾志耕、陈斌编著：《中央银行学》，中国金融出版社1997年版，第20—21页。

（二）中央银行制度强化完善时期几个典型国家的中央银行

1. 法兰西银行

法兰西银行原为私人资本，二战过后，为了促进国家恢复经济、拉动投资，1945年12月2日，法国颁布国有化法令，将法兰西银行收归国有。原私人股东的股份按照1944年9月1日至1945年8月31日的市场行市计算，换取3%利率的政府债券。法兰西银行的最高权力机构为理事会，由总裁、副总裁2人和10名理事组成。总裁、副总裁由共和国总统委任，须经内阁会议通过任命。10名理事中除1名从法兰西银行职员中用无记名投票方式产生外，其他9名由财政部提名，经

内阁联席会议通过任命。

根据1973年1月3日颁布的《法兰西银行法》的规定，法兰西银行的总任务是在全国政治经济和金融领域中承担有关监督货币与信贷的职责。具体包括：（1）参与制定和贯彻执行国家的相关货币政策，如调整贴现率并限定中央银行对商业银行贴现的最高额度；（2）对各类银行实行存款准备金制度；（3）通过公开市场活动干预金融市场；（4）控制大额信贷，定期地限制银行信贷的增长并加以控制。

2. 英格兰银行

1946年，英国国会通过了新的英格兰银行法，将英格兰银行收归国有。当时规定，股东可用股票换取票面价值4倍的政府公债。国有化前英格兰银行的权力机构是董事会，国有化后改为理事会。原来的董事绝大多数被委任为理事，其职权由法律规定。理事会由该行总裁、副总裁和19名理事组成，都由政府推荐，英王任命。

在货币政策方面，二战后，英国不断发生财政赤字，大量发行公债和国库券，为了控制货币供应量，英格兰银行一度以公开市场活动作为主要的货币政策工具。但由于商业银行不愿意买进政府债券而更愿意贷款，致使公开市场活动不得不求助于其他手段。1946年英格兰银行确定了8%的存款准备金率，1971年又规定商业银行必须按照其合格负债的12.5%保持其流动性资产。1980年3月为了抑制通货膨胀，规定商业银行必须按照其合格负债的1.5%向英格兰银行无息存款。此外，伦敦清算银行还应按照合格负债的1.5%无息存入英格兰银行。英格兰银行的再贴现率统称为银行利率，1932年至1951年一直维持在2%的水平，但1952年之后逐步提高。1972年起，英格兰银行将具有百年历史的低贴现率改为最低贷款率，并每月公布一次。1976年将该利率调高到15%，1979年11月16日达到17%。1981年9月取消公布最低贷款利率的做法，商业银行可根据市场的资金供求自由决定利率，不过英格兰银行可以对其利率提出建议。

在金融监管方面，长期以来，英格兰银行和金融机构之间一直遵从“君子协定”和“道义劝告”原则，以自律为主。但随着经济金融形势的变化，英国的金融监管传统逐渐被改变。1979年《银行法》以制度化的文件确立了英格兰银行监管权的合法性，并对其监督管理权力进行了较为详尽的规定。1987年《银行法》进一步赋予英格兰银行以广泛的权力，诸如获取信息、履行调查、要求对第三者披露信息等方面的权力均得到拓展。

3. 美国联邦储备体系

1951年，由于当时的美国总统支持联邦储备委员会与财政部抗衡，便促成了美国财政金融史上闻名的《联邦储备系统—财政部协议》的达成。该协议规定美联储不再承担支持政府发行公债的义务，可以独立执行货币政策，与财政政策并列为国家干预和调节国民经济的两大工具。这一协议的生效，标志着联邦储备的独立性经历了从法律文字到实际落实的历史性飞跃，从而使联邦储备独立调节国民经济活动的作用得到了正常发挥。

1980年3月28日，美国国会通过的《放松存款机构管理与货币管制法》，计划到1986年3月31日前，分阶段取消Q条例对于存款机构持有的定期和储蓄存款的利率限制。同时也规定了所有参加存款的金融机构必须向联邦银行缴纳存款准备金，并提高了参加联邦银行存款保险公司的金融机构所缴纳保险费的份额。

这一时期，联邦储备体系对金融业的监管也上升到了一个新的水平。1978年制定了《统一鉴别法》，规定了对商业银行的检查主要包括资本充足度、资产质量、管理水平、盈利水平和流动性五个方面，通称“骆驼体系”，这使得其金融监管有了统一的量化标准。1997年，在原有基础上又进行了修订，增加了“市场风险敏感度”指标。1980年的《放松存款机构管理与货币管制法》及1982年的《加恩·圣杰曼存款机构法》肯定了不同金融机构业务交叉的合法性，分业监管开始放松。同时，在监管的方式方法上也有灵活化的趋向。

（三）强化完善时期中央银行制度的基本特征

1. 国有化成为设立中央银行的重要原则

以1945年法兰西银行被收归国有为起点，很多国家也开始进行中央银行的国有化，这既反映了中央银行在一国经济中的地位和作用的加强，又反映出各国政府都试图通过加强对中央银行的控制和干预以实现宏观经济调控的愿望。

2. 中央银行应保持相对独立性成为中央银行制度建设的又一项重要原则

中央银行的相对独立性是中央银行和政府关系的实质问题。第二次世界大战后，各国充分认识到，由于性质、职能与社会目标不同，中央银行在制定和执行货币政策时应保持独立性，不能完全受命于政府。

3. 货币政策工具的配套使用得到重大发展，尤其是发达国家已建立起较为完善的货币政策工具体系

4. 中央银行金融监管的手段日益丰富和完善

随着金融稳定问题的日益突出，各国中央银行不断完善金融监管手段，形成了一系列较为科学、健全的金融监管手段，如预防性管理、最后贷款人制度、资本充足性管理及存款保险制度等，以对金融机构和金融市场进行严格的监督管理。

5. 国际金融合作不断加强

经济全球化和金融全球化推动了各国中央银行的国际金融合作的加强，各种国际性金融组织（如国际清算银行、国际货币基金组织和世界银行等）和国际金融会议（如西方七国财长及中央银行行长会议等）则为各国中央银行的国际金融合作提供了制度保障和组织安排。

四、当代中央银行制度的新发展

20 世纪 70 年代以来，随着布雷顿森林体系的崩溃，世界货币制度与金融体系发生了翻天覆地的变化，金融业内部各部门之间的界限日益模糊，金融自由化和全球化迅猛发展，对中央银行的传统角色和功能提出了新的要求，为提高宏观调控的能力与效果，各国（特别是发达国家）纷纷变革中央银行体制，使当代中央银行制度呈现出三大发展趋势。①

（一）更强的独立性

中央银行的独立性问题首次受到世界性关注最早可追溯到 1920 年

① 刘丽巍著：《当代中央银行体制——世界趋势与中国的选择》，人民出版社 2007 年版。需要说明的是，虽然刘丽巍著作中对央银行体制和中央银行制度进行了严格区分，但由于体制只是制度的外在表现和实施形式，故本书这里并不严格区分中央银行体制和中央银行制度。

的布鲁塞尔会议和1922年的日内瓦会议。在这两次国际金融会议的倡导与影响下，一些国家纷纷开始组织独立的中央银行，并在法律中设置有关中央银行独立性的条文。但是，在世界范围内，加强中央银行独立性的这次努力并没有普及和持续，随后爆发的经济大萧条致使人们对中央银行的信心大减，其独立性地位随之削弱。第二次世界大战后，凯恩斯理论的兴起和布雷顿森林体系的建立，从理论和实践上使人们越发忽视中央银行独立性的重要性。

20世纪70年代发生的两件大事彻底改变了这一局面：一是布雷顿森林体系崩溃，各国纷纷建立不兑现的信用货币制度；二是“滞胀”现象在西方国家的普遍出现。于是从20世纪70年代末期开始，一场以加强独立性为核心内容的中央银行制度改革在世界范围内逐渐展开。表1-4对此情况作了简单概括和反映。

表1-4　主要国家中央银行体制及货币政策框架变化

国家		改革年	前次变化年	主要变化
发达国家	希腊	1982	1945	禁止中央银行向政府贷款
	新西兰	1989	1936	颁布《储备银行法》授予储备银行独立执行货币政策的权利；与财政部共同制定通货膨胀目标
	葡萄牙	1990—1995	1936	1990年，限制中央银行向政府贷款；1993年取消中央银行向政府贷款；1995年提出货币政策的主要目标是保持价格稳定
	意大利	1992—1993	1936	自主决定官方贴现率；禁止中央银行向政府贷款；中央银行可自行决定准备金率
	比利时	1993	1939	政府不能影响中央银行有关货币政策和汇率政策决策，禁止中央银行向财政贷款
	法国	1993	1945	中央银行制定执行货币政策以保证币值稳定；中央银行不接受来自政府的任何命令；禁止中央银行向政府贷款
	西班牙	1994	1938	货币政策最终目标是保持货币币值稳定；自主执行货币政策
	澳大利亚	1996	1986	政府通过声明承认尊重中央银行的独立性，中央银行以维护物价稳定为中心任务
	日本	1997	1942	颁布新《日本银行法》，把物价稳定作为中央银行的宗旨；加强货币政策委员会的决策机构地位
	英国	1997		成立货币政策委员会，利率由货币政策委员会决定

	以色列	1985	1954	严格限制中央银行向财政贷款
	智利	1989	1953	中央银行的目标在于保持货币体系的稳定以及国际国内债务的到期支付;1975 年后,货币政策委员会由 5 人小组进行决策
	南非	1989	1944	保持货币稳定和平衡经济增长;但是货币政策责任在中央银行和政府之间不明
	哥伦比亚	1991—1992	1926	保持货币购买力;提高中央银行地位;自主运用货币政策工具,限制中央银行向财政贷款
	阿根廷	1992	1946—1949	以固定汇率出售外汇,保持非限制外汇储备不低于基础货币的 100%
	秘鲁	1992		保持货币稳定作为货币政策唯一目标;禁止向政府贷款,并严格限制在国债二级市场购买
	委内瑞拉	1992	1939	提高中央银行自主性,将货币稳定作为唯一目标;增强中央银行管理利率和银行储备的地位,禁止中央银行直接向政府贷款
发展中国家	阿尔巴尼亚	1992	1945	宪法规定,中央银行由银行监管委员会管理,该委员会由央行行长领导,独立行使权利,直接对议会负责
	墨西哥	1993	1985	保持货币购买力;保持金融体系的稳定和发展;完善支付体系的合理功能
	菲律宾	1993	1944	保持价格稳定实现可持续经济增长;增强货币稳定和可兑换性;提高中央银行的独立性
	乌干达	1993	1966	保持货币稳定,实现经济增长;规定中央银行向政府贷款限额
	巴基斯坦	1994	1956	增加中央银行自主性,增加成员;但政府仍负责货币政策决策
	洪都拉斯	1995		给予中央银行更高的地位;中央银行注资
	中国	1995	1994	颁布《中国人民银行法》,禁止财政透支和借款
	塔吉克斯坦	1996	1992	通过修订的《民族银行法》,规定央行只对最高议会负责;央行独立行事,任何国家机关不得干涉其活动;央行主席及 1 名副主席直接参加政府会议;央行负责直接向总统提交有关国际储备状况报告等
	波兰	1997	1990	中央银行负责制定和实施货币政策,以保持稳定的价格水平和加强货币地位为目标
	阿富汗	2003		颁布中央银行法和商业银行法,规定阿富汗中央银行作为一个独立的机构运作,不受任何政治干预
	叙利亚	2003		总理签署法令,中央银行直接隶属总理府,总理兼任央行行长

资料来源：刘丽巍著：《当代中央银行体制——世界趋势与中国的选择》，人民出版社 2007 年版，第 35—36 页，略有修改。

（二）更强的透明度

从历史上看，神秘性是中央银行一直坚守的传统。美联储对此提供了五大理由：中央银行的信息披露可能导致不公平竞争、引起不良的市场反应、损害国家的商业利益、不利于平滑利率波动、不合适实现承诺。为恪守神秘性原则，从威廉·马丁（William McChesney Martin Jr.，1951—1970年任美联储主席）、保罗·沃尔克（Paul Volcker，1979—1987年任美联储主席）到阿伦·格林斯潘（Alan Greenspan，1987—2005年任美联储主席），历任美联储主席似乎都掌握了高超的“无意义措辞”的语言技巧，在公开场合的谈话闪烁其辞，令人费解。对此，格林斯潘的经典名言是：“如果你认为你已经完全理解了我的意思，那么你一定是误解了我的意思。”而诺贝尔经济学奖获得者罗伯特·索罗（Robert Solow）对这些美联储主席的评价更形象：他们就像乌贼，喷出一团墨水后就溜之大吉，让听者抓耳挠腮，摸不着头脑。

然而时过境迁，从20世纪90年代初开始，提高货币与金融政策的透明度被越来越多的国家列为金融制度建设的重点。各国中央银行强调更全面、更频繁地向公众解释其所作所为，并陈述理由，不仅是为了履行问责义务，也是为了避免公众对其政策行为产生误解和迷惑，为了获得公众对其推行的货币政策和金融政策的支持。2000年，弗瑞（M. Fry）等人曾对94个国家的中央银行进行了调查研究，结果显示有74%的中央银行认为透明度在他们的货币政策框架中非常重要，其重要性仅略低于中央银行独立性和稳定通货膨胀预期。在实行通货膨胀目标制的加拿大、新西兰、英国等国，已经将加强与公众的信息交流、提高透明度作为货币政策获得成功的关键，他们不仅公开承诺一个明确的低通货膨胀率作为政策目标，还常常通过《通货膨胀报告》、公开演说、新闻发布等形式，向公众披露对通货膨胀和未来经济的预测、阐明中央银行的货币政策意图以及说明过去的政策失误等。其他很多国家也都通过修改法律增强了中央银行的透明度，一些国家尽管没有修改法律，但也通过声明或一些制度化措施在透明度方面进行了改进。各国中央银行纷纷主动向公众及时提供货币政策委员会的政策决策及会议记录等信息。

1999年9月26日，基于对亚洲金融危机的反思，作为其加强国际货币和金融体系架构的重要举措，国际货币基金组织采用问卷调查的方式，综合分析上百个国家中央银行的透明度情况，集合操作比较成功的中央银行做法，颁布了《货币与金融政策透明度良好行为准则》，并与其他国际组织和机构编写了《货币与金融政策透明度良好行为准则辅助文件》，对中央银行和金融管理机构应该努力遵守的与货币和金融政策透明度有关的一系列广泛原则进行了概括与阐述，为各国改善货币与金融政策的透明度状况提供了指导性意见，成为各国行动的共同指南。

（三）金融监管职能从中央银行分离

20世纪80年代以前，大多数国家的中央银行都是一身两任：在制定和执行货币政策的同时肩负着金融监督和管理的职责。但进入20世纪80年代后，金融自由化和金融创新浪潮此起彼伏，金融机构间竞争激烈，金融工具、金融交易手段不断创新，金融品种交叉运用。银行传统的资产、负债业务的主导地位受到动摇，具有一定风险的中间业务品种，如信用证、金融期货期权交易、信托、代理融资、担保见证、债券回购等品种和投资银行、金融机构并购等业务不断衍生。直接金融的发展和混业经营的出现使部分发达国家和发展中国家开始出现金融监管与中央银行分离的现象。例如，1997年，英国工党上台后不久，就将英格兰银行的银行监管职能分离出来，与原有的9个金融监管机构[①]合并成立了独立于英格兰银行的综合性金融监管机构——金融服务管理局（Financial Services Authority，简称FSA），负责对各领域金融活动进行监管。2000年6月，英国通过了《金融市场与服务法案》，从法律上确认了上述中央银行制度和金融监管制度改革。2001年12月1日，FSA正式开始承担金融监管职能。英国的这次改革产生了广泛而深远的影响。随后，澳大利亚、卢森堡、匈牙利、爱尔兰、奥地利、南非、以色列、韩国、日本等国也先后开展起类似改革，使得金融监管与中央银行分离成为中央银行制度发展变化的一种世界性新趋势。表1-5对这些国家的改革内容进行了简单概括。

---

① 9个金融机构具体包括：证券和投资委员会（SIB）、个人投资局（PIA）、投资管理监管组织（IMRO）、证券和期货局（SFA）、英格兰银行的审慎监管司（SSBE）、房屋互助协会委员会（BSC）、贸易和工业部的保险董事会（IDDTI）、互助会委员会（FSC）和互助会登记管理局（RFS）。

表1-5 采用综合性金融监管机构的国家（至2003年）

国家	机构	时间	成立方式	监管对象
挪威	Banking Insurance and Securities Commission of Norway（Kredit tilsynet）	1986	将银行监管局与保险监管局合并	银行、证券、保险
加拿大	Office of the Superintendent of Financial Institutions（OSFI）	1987	将银行监管机构和保险监管机构合并	所有在联邦注册登记的金融机构和加拿大政府的养老金计划
丹麦	Danish Financial Supervisory Authority（Finans tilsynet）	1981.01.01	将银行与储蓄监管局、保险监管局合并	银行、保险公司、抵押贷款机构、养老基金和社会基金
瑞典	The Swedish Financial Authority（Finans inspektione）	1991	将银行监管局与保险监管局合并	银行、证券、保险
英国	Financial Services Authority（FSA）	1997.10	银行监管职能从英格兰银行分离，与原有的9个金融监管机构合并	各领域的金融活动
韩国	Korea Financial Supervision Commission（KFSC）	1998.04.01	将银行监管职能从韩国银行分离并与银行监管厅（OBS）、证券监管委员会（SSB）、保险监管委员会（ISB）和非银行金融机构监管局（NSA）合并	各领域的金融活动
澳大利亚	Australian Prudential Regulatory Authority（APRA）	1998.07	将银行监管职能从澳大利亚储备银行分离，与银行保险局合并	银行、保险、养老基金、储蓄机构，信用社、住房贷款协会和友好互助协会
卢森堡	Commission de Surveillance de Secteur Financier（CSSF）	1999.01	接管原由中央银行负责的金融监管职能并与证券监管部门合并	银行、证券
冰岛	Financial Supervisory Authority（FSA）	1999.01	将中央银行的银行监管职能与保险监管局的监管职能合并	银行、证券、保险
匈牙利	Hungarian Financial Supervisory Authority（HFSA）	2000.04.01	将匈牙利银行与资本市场监管局、国家保险监管局、国家养老基金监管局合并	银行、证券、保险、投资基金、养老基金

日本	Financial Services Authority (FSA)	2000.07.01	将金融监管机构和金融体系计划厅从大藏省分离,成立综合性监管机构	各领域的金融活动
马耳他	Malta Finance Services Centre (MFSC)	2001	中央银行将银行管理职能移交给马耳他金融服务中心	各领域的金融活动
拉脱维亚	Financial and Capital Markets Commission(FCMC)	2001.07	将中央银行的金融监管职能分离出来,划归金融市场监管委员会	银行、证券、保险、和养老基金,并管理储蓄保险资金
爱沙尼亚	Estonia Financial Supervisory Authority(EFSA)	2002	将中央银行的银行监管职能与负责证券保险的金融监管部合并	银行、信用社、资金管理公司、证券市场参加者、保险和养老基金
爱尔兰	Irish Financial Services Regulatory Authority(IFSA)	2003.05	将中央银行的银行和证券监管权分离出来,成立爱尔兰金融服务监管局	银行、信贷协会、保险公司、投资中介、抵押估价人、股票经纪人和共同基金

资料来源：刘丽巍著：《当代中央银行体制——世界趋势与中国的选择》，人民出版社2007年版，第42—43页，略有修改。

第三节 中国中央银行制度的建立与发展

中国的货币起源于4000多年前，在7世纪到10世纪初期的唐朝，已经出现了办理金融业务的独立机构，但经营范围比较单一。明朝中叶出现的钱庄和清朝产生的票号，实际都具有银行的性质。这类采取封建式组织管理形式的金融机构，都是独资或合资经营的，很少有分支机构，资金力量薄弱，业务范围小，与股份制银行在业务经营和管理方式等方面有着很大的差别。鸦片战争以后，外资银行开始进入中国，落户沿海城市。中国的第一家民族资本银行是1897年成立的中国通商银行，最早的国家银行则是1905年成立的户部银行。

一、中央银行的萌芽

中央银行在我国的萌芽较晚。20世纪初，国际银价不断下跌，银元、铜钱、银票、私贴以及外国银元同时流通，成色不一，货币秩序十分混乱。为了整顿币制，1904 年（光绪 30 年）户部奏请清政府成立户部银行，资本金 400 万两白银，由国内各界认股。可由于认股不踊跃，结果由政府拨款 20 万两，于 1905 年 8 月在北京正式成立，并在上海、天津、汉口、库伦、奉天、营口、济南、青岛、烟台、张家口等地设立分行。户部银行是模仿西方国家中央银行而建立的我国最早的中央银行，其实质是官商合办的股份制银行，但是实际的管理大权却操纵在政府手中。户部银行主要是发行纸币、经营工商信用业务，同时代理国库，身兼中央银行和商业银行的双重职能。

1906 年 9 月，户部改为度支部。1908 年 7 月，户部银行改为大清银行，按《大清银行则例 24 条》规定：（1）大清银行增股 600 万两，总计资本金 1000 万两，划为 10 万股，依旧官商各半。（2）大清银行为国家发行货币、代理国库的特权银行。（3）大清银行的八大业务为：短期拆息；各种期票的贴现或买卖；生金银买卖；汇兑划拨公司款项及贷款物押汇；代收取公司银行所发票据；收存各种款项及保管紧要贵重物件；放出款项；发行各种票据。大清银行权力组织采用监督集权制，机构庞杂，运行中常人浮于事，事权不一，调度不灵。名为官商合办，实际由官僚把持，且多为贪污腐败之徒，主要负责经营管理的人员又多无现代银行知识。所以尽管大清银行仿照外国银行法制定了较为全面的管理原则，却无法避免因经营不善、效率低下而走向绝境这一结局。1911 年底，该行款项亏空额已高达 2000 余万两，竟超过总资本的一倍以上！

1907 年，邮传部在奏文中指出："臣部所管轮、路、邮、电四政，总以振兴实业，挽回利权为宗旨，设立银行，官商合办，名曰交通银行。"指责户部银行对外汇管理不力，要求成立交通银行。1908 年 3 月 4 日，交通银行开业，负责发行货币和经办铁路、轮船、电报、邮政等部门的一切收支，与大清银行共同分担部分中央银行的职能。1909 年 6 月，清政府颁布《通用银钱票暂行章程》，将纸票的发行权集中于大清银行。

二、民国时期的中央银行

1912 年，中华民国成立。由于民国时期政局动荡，中央银行在此期间的发展也经历了一个曲折变化的过程。

（一）北洋政府的中央银行

民国初立，大清银行被迫停业。在大清银行商股股东联合会的要求下，南京临时政府决定将上海的大清银行改组为中国银行，作为国家中央银行。旋即，袁世凯组建北京政府，在对大清银行进行清理的基础上于北京另组中国银行，并于 1912 年 8 月 1 日开张营业。受政府委托，中国银行代国家发行国币，协助政府整理币制，推广纸币发行，同时经理国库和公债。但是政府无限制的财政借款，极大阻碍了中国银行自身的发展。因而随着商股的不断增加，中国银行摆脱政府控制的欲念愈来愈强烈，表现在业务经营上即更偏重于向普通商业银行方向发展。

1908 年成立的交通银行在民国初期被改组，交通部委派袁世凯之亲信梁士诒为交通银行总经理。经梁士诒的活动，交通银行取得分理金库的特权，财政部还专门规定："委托交通银行之范围，以国债收支一部分为主，但租税系统内之出纳，亦得酌量各该地情形委托交行代收"。又规定代理比例为中国银行七成，交通银行三成。另外，轮船、邮电、电讯、铁路四政之国库金仍归交行，立特别会计。1914 年制定的《交通银行则例》明确规定了其国家银行特权。1915 年 10 月，袁世凯申令"中国、交通两银行具有国家银行性质"，"该两银行应共同负责，协力图功，以符国家维护金融、更新财政之至意"。这样，中国、交通两银行（中行占绝对优势地位）便成为了北洋政府时期的中央银行。

（二）广州国民政府的中央银行

早在 1917 年，孙中山先生在中国国民党成立宣言中，就曾提出建立中央银行的主张。1924 年，孙中山改组国民党，进行了第一次国共合作。1924 年 8 月 16 日，南方革命政府初设中央银行于广州，该银行于 1929 年 2 月改组为广东中央银行，1932 年 1 月又改组为广东省银行。1926 年北伐军攻占武汉，同年 12 月在武汉设立中央银行。在广州和武汉设立的这两家中央银行存在的时间都比较短，其主要的目的仅是为了筹集军费而发行钞票，虽然都采用了中央银行的名称，但都没有真正行使中央银行的职能。

（三）南京国民政府的中央银行

1924 年，蒋介石破坏国共合作之后在南京成立了新的国民政府，1927 年 10 月颁布了《中央银行条例》，之后在 1928 年 10 月又颁布了《中央银行章程》，同年 11 月 1 日正式成立中央银行，总部设在上海，资本金 2000 万元，全部由政府拨款。作为国家银行，中央银行的宗旨是统一币制、统一金库及调剂金融，享有经理国库、发行兑换券、铸造和发行国币、经募国内外公债等特权。中央银行的总裁由国民政府特任，理事、监事由国民政府委派，受国民政府行政院的直接领导。

1935 年 5 月 23 日，国民政府立法院通过了《中央银行法》，进一步明确了中央银行是国家银行，隶属于总统府，总行由上海移至南京，资本金增加至 1 亿元，并就中央银行的组织、特权、业务、决算及报告事宜作了明确规定。之后在 1935 年 11 月 4 日进行了币制改革，放弃了银本位制，规定中央银行、中国银行和交通银行发行的货币为法币，中国农民银行发行的货币虽然不是法币，但是也被允许与法币同时流通。至此，国民政府的中央银行具备了中央银行的基本特征，只是此时尚未垄断货币发行权。1937 年 7 月，“四行联合办事处”在上海成立，主要任务是应付战时金融紧急情况，协调中央银行、中国银行、交通银行和中国农民银行四行的业务。1939 年 9 月又对四联总处进行改组，将其从四行之间的联系机构改变为中国金融的最高决策机构。

抗日战争爆发后，中央银行临时迁移至上海，后又移至重庆。1939 年颁布了《国库法》，中央银行依法取得代理国库的权力。1942 年 6 月，中央银行开始集中各银行的存款准备金，以各银行吸收存款的 20% 作为准备金交由中央银行收存，其他三行（中国银行、交通银行和中国农民银行）过去收存的存款准备金一律转存于中央银行。此外，中央银行还统一外汇管理，建立全国的国库网，实行公库制度。1942 年 7 月 1 日起，中央银行成为全国唯一的货币发行的银行，所有法币发行业务由中央银行办理。至此，中央银行凌驾于其他金融机构之上，到抗日战争结束时，中央银行已具备了应有的职能，中央银行制度基本建立起来了。1945 年 3 月，财政部授权给中央银行检查监督全国的金融机构。抗战胜利之后，中央银行迁回上海。1949 年 12 月，中央银行随国民党政府撤往台湾。

三、苏维埃政府的中央银行

早在北伐战争时期，中国共产党在湖南衡山县柴山洲特区开展农民运动时，就于1926 年 10 月成立了柴山洲特区第一农民银行，发行白布印制的票币，发放贷款，促进生产，这是中国共产党最早设立的人民的银行。

1931 年 11 月 7 日，中华苏维埃政府在江西瑞金成立了中华苏维埃共和国国家银行，并于 1932 年 2 月 1 日在江西瑞金正式营业，它隶属于中央政府财政人民委员会，资本金 100 万元，毛泽民任行长，其主要职能是发行钞票、代理国库，同时还承办存贷、结算等普通银行业务。为带动根据地银行走向集中和统一，中华苏维埃共和国国家银行在中央革命根据地所辖各地建立了分行和支行。1934 年 10 月，苏维埃共和国国家银行跟随红军长征转移。

1935 年 11 月，红军长征到达陕北之后，中华苏维埃共和国国家银行与原在陕北的陕甘晋银行合并为中华苏维埃共和国国家银行西北分行，由中央财政部长林伯渠兼任行长。1937 年，在陕甘宁边区政府成立以后，国家银行西北分行改组为陕甘宁边区银行，总行设在延安，其主要职能是：(1) 发行纸币，为财政筹措经费，支持战争开支需要；(2) 代理国库，收缴战争资财，补充财政支出；(3) 开展一般银行业务，为此后的金融业发展打下基础。

四、新中国的中央银行

作为新中国的中央银行，中国人民银行是在革命根据地银行的基础上，由当时解放区内的华北银行（华北各解放区）、北海银行（山东解放区）、西北农民银行（陕甘宁边区）于 1948 年合并组成。1983 年

9 月，国务院决定中国人民银行专门行使国家中央银行职能。1995 年 3 月 18 日，第八届全国人民代表大会第三次会议通过了《中华人民共和国中国人民银行法》。至此，中国人民银行作为新中国的中央银行以法律形式被确定下来。2003 年 12 月 27 日全国人大常委会第六次会议通过了《中国人民银行法》和《商业银行法》的修改决定，通过了《银行业监督管理法》，从法律上分清中国人民银行和银监会的职责。

半个多世纪的改革强化了中国人民银行作为我国的中央银行在实施金融宏观调控、保持币值稳定、促进经济可持续增长和防范化解系统性金融风险中的重要地位与作用，使其日益呈现出以下特征：(1) 中央银行体制走向成熟。这既表现在《中国人民银行法》的正式出台和中国人民银行不再承担商业银行或政策性银行职能而只专门承担中央银行职能上，又表现在央行的独立性增强上——《中国人民银行法》规定，中国人民银行虽然是国务院的直属机构，但又向全国人大汇报工作，与国务院保持相对独立；中国人民银行不准对政府财政透支，不直接认购、包销国债和其他政府债券。(2) 基本确立了以间接调控为主的宏观金融调控体系。这方面的成绩包括：从 1993 年下半年开始研究公开市场业务，进一步发展再贴现业务，改革存款准备金制度，完善利率形成机制，从 1998 年起取消对国有商业银行贷款规模的限制，灵活利用利率政策，配合总量调控等。(3) 中央银行管理体制框架基本形成。总行下设 9 个分行，货币政策权集中于总行，分行集中力量加强地方金融调研，金融服务地方化和基层化。(4) 货币政策操作框架日益科学化、现代化。表现在："稳定币值，并以此促进经济增长"被确定为中国人民银行货币政策的最终目标；从 1994 年第三季度起，中国人民银行推出了货币供应量统计监测指标体系，定期向社会公告；货币政策的中介目标开始由信贷规模向货币供应量转化，并于 1998 年最终完成等。

本章小结

社会生产力的迅速发展和商品流通的不断扩大，促使货币信用制度进一步发展完善，商业银行体系也逐渐发展。正是在此发展过程中出现的信用、银行券流通、票据交换及金融监管等问题促使中央银行应运而生。因而，中央银行产生的历史必然性与当时的货币与信用、银行体系以及社会经济状况密切相关。

19 世纪末 20 世纪初，在英格兰银行转化为中央银行的带动下，当时资本主义比较发达的地区出现了中央银行成立的第一次高潮。第一次世界大战结束后，面对世界性的金融恐慌和严重的通货膨胀，布鲁塞尔国际经济会议和日内瓦国际经济会议推动了中央银行成立的又一次高潮。第二次世界大战结束后，亚非国家中央银行的普遍设立，使中央银行制度在全世界范围内迅速扩展为各国的一项基本经济制度。进入 20 世纪 70 年代后，当代中央银行制度呈现出三大发展趋势：更强的独立性、更高的透明度和金融监管职能从中央银行的分离。

中央银行在我国产生较晚。1905 年清政府成立户部银行是中国最早的国家银行。新中国成立后，中央银行制度获得了长足发展。1984 年以来的改革彻底改变了中国人民银行“一身二任”的状况，建立了以中国人民银行为核心、各家商业银行为主体、多种金融机构并存的现代金融体系。1995 年出台的《中华人民共和国中国人民银行法》首次以国家立法形式确立了中国人民银行作为中央银行的地位，标志着中央银行体制走向了法制化、规范化的轨道，是中央银行制度建设的重要里程碑。

重要概念

中央银行　银行券　货币发行权　中央银行制度　美国联邦储备体系　骆驼体系　中央银行的独立性　货币政策透明度

复习思考题

1. 试述中央银行产生的历史背景和客观原因。
2. 如何理解一部中央银行史首先是一部独占货币发行权的历史?
3. 试述美国联邦储备体系的产生原因及发展过程。
4. 中央银行制度在初步形成时期和普及发展时期各有何特点?
5. 1945 年以来,中央银行制度的强化和完善表现在哪些方面?
6. 如何理解当代中央银行制度的新发展?
7. 试述中国人民银行的发展历程。
8. 结合现实,分析自 1995 年以来,中国人民银行作为中央银行在哪些方面得到了强化和完善?

第二章　中央银行的性质与职能

中央银行的职能是由中央银行的性质决定的，同时也是中央银行性质的具体体现。目前，世界各国几乎都已设立了中央银行这一特殊的金融机构。尽管称谓不尽相同，且由于各国的社会经济金融环境、政治金融体制、法律制度及社会历史风俗等方面有较大的差异，使中央银行在具体行使其职能时表现出一定的差异和侧重，但就实质内容而言，各国中央银行的一般性质和基本职能仍大体相同。本章重点研究现代中央银行的地位、性质、职能以及中国人民银行在性质和职能上的特点。

第一节　中央银行在现代经济体系中的地位

随着经济的迅猛发展，实物经济运行与金融运行相互交融，金融已成为现代经济的核心。在经济金融化与金融全球化的共同促进下，各国政府对经济和金融运行的干预程度不断增强，使得中央银行在现代经济体系中的地位和作用日益显现。中央银行已成为现代经济体系中最为重要的组成部分和经济运行的轴心，它不仅是整个金融运行的中心和全社会货币、信用的调节者，还是经济与社会稳定、健康发展的主要组织者和保证者。

一、从经济体系运转看，中央银行是现代经济发展的条件和经济运行的保障

货币是商品经济的润滑剂。在现代信用货币制度下，中央银行通

过控制货币供应而对一国的经济发展和经济运行产生深刻影响。

(一) 中央银行是现代经济发展的条件

从经济体系运转的角度看，随着商品生产和流通规模的不断扩大，社会对货币的需求不断增长。在金本位制下，由于金币本身具有内在价值并被允许自由铸造，所以当流通领域对货币的需求量增加时，便会有相应的金条、金块被铸造成金币进入流通，货币流通与商品流通之间的严格对应关系自动得以调整和维持。可是在中央银行垄断货币发行之后，尤其是在管理纸币流通条件下，中央银行控制着货币供应，经济发展对货币的需求只能通过中央银行增减基础货币来满足。虽然商业银行等金融机构也具有创造货币信用工具的职能，但这一职能的行使及其作用发挥的程度，却直接取决于中央银行，中央银行很容易通过各种货币政策工具对金融机构施加影响，使货币信贷规模控制在合意范围。因而，中央银行能够根据经济发展的需要，调节流通中的货币量以满足商品生产和流通，不断地为经济发展创造条件。

同时，在市场经济条件下，货币还是经济发展的第一推动力和持续推动力。市场经济是商品经济，商品生产依赖于劳动与资本的投入。当劳动和资本也成为商品时，两者的获得及其在企业内部的组合就得依赖于货币媒合。在传统经济中，货币对劳动和资本的媒合尽管不像现代经济这么紧密，但随着社会化大生产规模的扩大，特别是当货币信用关系基本上涵盖全社会经济运行时，劳动和资本的投入就都必须借助于货币来实现，只有通过货币才能把各种生产要素有机结合起来并形成现实的生产力。而且，在资本投入中的新增资本几乎全部都来自于货币的投入。因此，在现代经济体系中，中央银行的货币供应在为经济发展提供必要条件的同时，还提供了新的货币推动力，从而使中央银行成为推动经济发展的重要力量。

(二) 中央银行为经济体系的正常运行提供有效的保障

中央银行在为经济发展不断创造货币和信用条件从而促进经济增长的同时，还为经济机体的正常运转提供有效的保障。这种保障体现在如下两方面：

一方面，中央银行为经济运行提供了稳定的货币环境，而稳定的货币环境反之又促进了经济的稳定发展。信用货币制度在为中央银行最大限度地推动经济发展创造条件和提供动力的同时，也会使得货币的过量供给成为可能。如果货币供给超过经济发展的客观需要量，纸币就会贬值，引起通货膨胀，并导致经济运行紊乱。中央银行通过垄断货币发行和制定执行正确的货币政策，保持货币的稳定，为经济的正常运行和稳定发展提供了货币保障。

另一方面，中央银行为经济运行中的信用活动提供支付保障。虽然中央银行的业务对象主要是金融机构，而不是工商企业和居民个人，但是作为商业银行等金融机构的“最后贷款人”，中央银行对全社会支付体系的正常运转提供信心支持并承担着最终的保证责任。而且，中央银行作为一国支付清算体系的核心参与者和管理者，可通过一定的方式和途径，使金融机构之间的债权债务清偿与资金转移顺利完成并维护支付系统的平稳运行。因而，中央银行通过保持货币的稳定和信用支付体系的畅通，为整个经济的正常运转提供有效的保障。

二、从对外经济金融关系看，中央银行是对外联系的桥梁和纽带

由于中央银行与国际贸易、国际收支、国际储备、国际资本流动、国际结算、国际金融市场以及国际合作与交流等许多要素有着极强的相关性，因而，随着世界经济一体化和金融国际化的不断发展，各国间政治、经济和文化的相互渗透、相互依赖也日益加强，越来越多的国家将发展对外金融关系作为中央银行的最重要任务之一，促使其发挥桥梁和纽带作用。

（一）中央银行是政府对外金融活动的全权代表

由于中央银行在一国经济和社会生活中的特殊地位和作用，其业务与技术的高度专业性及其在国内外金融领域中的丰富经验，使得中央银行成为各国政府对外金融活动的代表者，代表国家出席各种国际性金融会议，参与国际间金融谈判，推动国际金融合作与协调。

（二）中央银行是国际收支差额最终清偿的承担者

国际收支是一定时期内一国居民与非居民之间经济交易的系统记

录，反映国家之间复杂的金融关系与活动。各国之间一旦出现国际收支差额，可由其中央银行出面，通过以黄金、外汇储备、储备头寸和特别提款权等储备资产为手段进行最终的清算，或者直接运用改变官方负债的方法加以调整。

（三）中央银行是国际储备资产的管理者

黄金和外汇储备作为一国最基本的支付手段或最终清偿手段，是保持本币汇率稳定和从事国际经济交易的基础。中央银行很早就开始承担诸如保管黄金，调整外汇储备的数量、币种结构和期限结构等职能。作为国际储备资产的管理者，中央银行可通过持有和运用由黄金、外汇和本币组成的外汇平准基金，来应付外汇市场的非常情况，以维持本币汇率的稳定。

（四）中央银行是国际资本流动的调节者

中央银行调节国际资本流动的方法很多，例如，通过制定汇率政策和外汇管制政策，直接规定国际借贷的条件或控制额度；通过调整国内利率水平，影响货币替代，调控外币存款规模；通过规定银行对外借款特别准备金的缴纳等，调节和控制资本的流出或流入。

（五）中央银行是对外金融发展战略的制定者

对外金融发展战略是一国国民经济与社会发展战略的重要组成部分。作为对外金融活动的全权代表，中央银行理所当然地应该在对国际金融形势进行持续、全面调查研究的基础上，结合本国国情制定并推行与国民经济和社会发展战略相适应的对外金融发展战略，以便最大限度地服务于本国国民经济和社会发展总体战略，促使其顺利、全面实现。

三、从国家对经济的宏观管理看，中央银行是实现内外均衡目标最重要的宏观调控部门之一

在开放经济条件下，既保持经济机体自身的稳定发展，又使其对外开放处于合理状态之中，是各国政府实施宏观调控的两个重要目标——经济的内部均衡与外部均衡，统称为内外均衡。内外均衡之间的关系并不完全一致，当政府采取政策措施实现某一均衡目标时，有

时会促进另一均衡目标的实现，而有时又会使另一均衡目标的实现陷入困境。为此，在开放经济条件下如何确定经济的内外均衡目标并同时实现它们，便成为各国政府要研究和解决的重大问题。

金融是国民经济的神经中枢，是现代经济的核心。整个经济运作是靠金融市场的运作来完成的。在现代经济中，如果金融出现了问题，即便是某些局部问题，也会发生连锁反应，从而影响整个经济机体的正常运转，甚至瘫痪。由于所有的经济运转都伴随着货币的流通和资金的流动，而中央银行又处于货币流通的起点和信用活动的中心，因此，中央银行在内外均衡目标实现中具有极为重要的作用。在现代市场经济体制下，国家实现内外均衡目标主要依靠财政政策和货币政策，而中央银行是货币政策的制定者和执行者，因而成为国家实现内外均衡目标最重要的宏观调控部门之一。

中央银行作为宏观经济的调节者和管理者，围绕着内外均衡的目标应主要研究和解决以下问题：（1）内外均衡调节和政策搭配。研究外部失衡怎样冲击内部均衡，从而确定应怎样在内部均衡的基础上达到外部均衡。（2）经济依存和政策协调。研究经济依存的判断、溢出效应和跨国传导机制以及经济调节和汇率干预的协调等内容，以期在较少牺牲内部均衡的条件下达到外部均衡。（3）研究货币危机的相关问题。即货币危机产生的原因，货币危机对他国经济乃至整个国际货币体系的传导和影响，以及本国政府的应对措施。（4）汇率和利率的调节及均衡水平。主要研究汇率和利率对经济的影响以及均衡汇率和均衡利率的确定。其实质是研究汇率和利率如何调节内外均衡以及内外均衡要求确定怎样的均衡汇率和均衡利率。

第二节　中央银行的性质

中央银行的性质是指中央银行自身所具有的特有属性，是由其在国民经济中的地位决定的，并随着经济、政治的发展而不断发展变化。中央银行的性质决定着中央银行的职能，明晰中央银行的性质有利于正确规定其职能，明确其经营原则，充分发挥其作用。

一、中央银行的性质

从中央银行业务活动的特点来看，中央银行是一特殊的金融机构，与商业银行有很大的不同。商业银行以追求利润最大化为经营目标，通过存贷汇兑业务广泛地与一般工商企业和个人发生联系。而中央银行不以赢利为目的，不经营商业性业务，只与特定的对象如政府机构、商业银行等打交道，不与一般公众发生业务关系。另外，国家还赋予中央银行一些特有的权力与业务，如垄断货币发行、集中存款准备金、代理国库、管理黄金和外汇储备、维护支付清算系统的正常运行等。

从中央银行发挥的作用来看，中央银行是制定和实施货币政策、监督管理金融业的宏观管理部门。中央银行是全国货币信用的提供者和调节者，并按照经济发展的客观需要发行货币并保持币值稳定，是整个金融运行的中心。中央银行还是各国金融体系的核心，承担着制定和执行货币政策、防范和化解金融风险、保障金融稳健运行的重要职责。

此外，中央银行又具有国家管理机关的性质，主要表现在：中央银行代表国家制定和执行统一的货币政策；代表国家运用货币政策对宏观经济进行干预；代表国家参加国际金融组织和国际金融活动。但中央银行又明显不同于一般的国家行政管理机关，这是因为中央银行更多地运用经济手段而非行政手段或法律手段来进行宏观调控和管理。

综上所述，中央银行的性质可简单概括为：中央银行是为商业银行等普通金融机构和政府提供金融服务的特殊金融机构，是代表国家制定和实施货币政策、监督管理金融业、规范与维护金融秩序、调控金融和经济运行的宏观管理部门。

二、中央银行性质的具体表现

中央银行代表国家进行金融调控与管理，是具有国家机构性质的特殊金融机构，具有主次有别的两重属性：一方面，中央银行是银行，但不是一般银行，而是一个特殊的银行；另一方面，中央银行是国家机构，但不是一般的国家机构，而是一个特殊的国家机构。在这两重属性中，银行属性是基础，国家机构属性是主导。银行特性与国家职能加以结合和调整，就是中央银行。

(一) 银行性

中央银行是银行，不仅因为其起源于商业银行，更为重要的是，时至今日，中央银行虽然在地位、性质、职能与作用等方面已大大不同于过去，但其银行特性仍然十分明显。因为现代的中央银行仍旧是经营货币和信用业务的金融机构，其主要业务活动同样具有商业银行固有的“存、贷、汇”等业务特征。不过，作为特殊的金融机构，中央银行与商业银行又存在着诸多不同。其特殊性具体表现在：

1. 特殊的经营目的

中央银行和一般金融机构尽管都从事货币信用活动，但其经营目的却截然不同。作为市场经济主体，商业银行等金融机构与一般工商企业一样，其经营目的是为了实现利润最大化。而中央银行在从事货币信用活动中虽然也能获得一定的盈利，但它并不以获取最大利润为目的，而是代表国家制定和执行统一的货币金融政策，监督各国金融机构在本国的业务活动，通过货币信用活动来调整货币资金运行与配置，从而达到一定的宏观经济目的。

2. 特殊的业务对象

一般金融机构主要以众多的工商企业和家庭个人为业务对象，而各国中央银行的业务对象仅限于政府、商业银行和其他金融机构。而且，中央银行不同其他银行和金融机构进行业务竞争，因此，一般不会成为这些金融机构的竞争对手。

3. 特殊的业务方式

虽然中央银行业务经营内容也主要是存贷汇，但方式与一般金融机构有着显著的不同。具体表现在：（1）中央银行的存款主要由财政存款和金融机构的准备金存款构成。财政存款是中央银行代理国家金库的结果，纯属保管性质。存款准备金和往来存款户的存款，是中央银行集中存款准备和为票据清算服务的结果，属于调节性质和服务性质。因此，中央银行一般对存款不付利息或付息很低，并由中央银行自主决定，而不是根据市场供求关系决定；同时，中央银行还可以通过调整存款准备金比率使其存款增加或减少。相反，商业银行的存款主要按照自愿原则，来源于企业存款和居民储蓄，属于营利性质，其利率高低取决于市场的资金供求情况。（2）在运用资金时，更多的基于对宏观经济形势的考虑，而不存在安全性、盈利性、流动性问题。并且，中央银行的资金运用许多都是短期调节性的。而商业银行必须在遵循“安全性、盈利性、流动性”三性原则基础上，根据市场条件运用资金，以谋求利润最大化。（3）为了加强其权威性，并有利于国内外有关方面了解其金融政策，中央银行要定期公布其业务状况及有关资料，而一般金融机构则不必要这样做。

4. 特殊的地位

中央银行享有国家法律赋予的某些特权，这是一般金融机构所无法比拟的。一般金融机构在国家金融法规许可的范围内从事货币资金的营运，是一个独立的企业法人，只有一般的法人权利，而中央银行作为一个国家机关则享有法律赋予的种种特权，如垄断货币发行、集中管理存款准备金、代理国家进行国际金融交流等。这样，中央银行就成为居于商业银行和其他金融机构之上的特殊法人，是政府的银行，处于超然地位，甚至在一些国家享有部分立法行政权，具有很高的独立性。

5. 特殊的领导成员组成

一般金融机构的领导成员是由创立者担任，或者按照控股权多少通过股东大会选举产生。而对中央银行来说，不论其组织形式如何，领导成员均是由国家政府任命或推荐，而且有一定的任期。例如，美国联邦储备委员会的7名理事，都是由总统任命；英格兰银行的18名理事由政府推荐，英国国王任命。

（二）机关性

从中央银行的历史发展过程来看，中央银行是商业银行与国家政权相结合的产物。随着中央银行职能的加强与完善，它已由为政府解决财政困难、抑制通货膨胀，逐步发展成为国家控制金融、调节经济的重要部门，即具有银行特征的国家机关。这是现代中央银行区别于其他金融机构的独特性质。

1. 中央银行是最高的国家金融管理机构

现代的中央银行，无论公有或私有，都受国家控制，代表国家管理各种金融事务。表现在：（1）各国的银行法都明确规定中央银行是全国金融业的最高管理机构；（2）代表国家制定和推行统一的货币金融政策，监督全国金融机构的活动；（3）代表国家参加国际金融组织和国际金融活动，制定对外金融发展战略。

2. 中央银行是重要的国家宏观调控部门

中央银行是整个信用体系和一切信用活动的中心环节，是一国信用活动的组织者。它通过调节信用活动，来实现对宏观经济的调节。第一，中央银行作为整个银行体系的核心，它可以根据经济发展的客观需要运用货币政策工具影响商业银行的信用活动，进而达到控制社会信用规模、调节信用结构的目的。第二，中央银行既是金融市场的参与者，又是金融市场的管理者，在金融市场上处于支配地位。它可以直接参与金融市场活动，对金融市场进行必要的行政干预，调节社会货币供应量，引导信用活动按中央银行的政策意图来进行。第三，中央银行是商业银行的最后贷款者，它可以通过对商业银行贷款规模和结构的调节，间接地影响社会经济活动。

不过，应当指出，中央银行虽然具有重大的公共权力与责任，具有国家机关性质，但与一般的国家行政机关相比，它又具有特殊性。表现在：（1）管理对象特殊。中央银行立足于货币信用领域，主要以金融机构和金融市场为管理对象；而一般国家机关各有分工，其管理对象十分庞杂，政治、经济、文化、教育、环境、外交等都可以成为某一国家机关的业务领域。（2）管理方式特殊。中央银行主要通过存款准备金、再贴现和公开市场业务等方式作用于管理对象，融管理于银行业务操作之中，经济手段运用较多；而一般国家机关通常采用计划和指令等方式来管理业务对象，行政手段运用较多。（3）管理过程特殊。货币政策作为一种需求管理政策，它主要通过调控社会货币供应量首先影响利率，然后通过利率影响投资并最终影响总产出，因此其作用具有间接性和弹性；相反，一般国家机关主要借助行政隶属关系，自上至下将计划和指令进行层层分解与传达以作用于管理对象，因此其作用直接且具有刚性。（4）与政府的关系特殊。中央银行具有相对独立性，可根据一国的客观经济发展状况和需要独立地制定和执行货币政策，较少受到政府的干预；而一般政府机关的最高领导者由国家最高行政负责人任命，并对其负责，各政府机关接受最高政府的统一领导，在行为决策上不得与政府的意愿相背离。

第三节　中央银行的职能

中央银行的职能是中央银行性质的具体体现。关于中央银行的一般职能，目前主要有两种表述：一种是从中央银行业务对象出发，把中央银行的一般职能概括为发行的银行、银行的银行和政府的银行。人们通常将按这一种方法划分的职能称为中央银行的基本职能。另一种是从中央银行业务性质出发，把中央银行的一般职能概括为服务职能、调节职能和管理职能。相应地，人们通常将按这一种方法划分的职能称为中央银行的综合职能。基本职能划分是对早期中央银行职能的传统典型概括。现代发达市场经济以及国内外经济金融形势的发展，要求中央银行不断调整自身的职能，以适应新形势的需要。从这个意义上看，综合职能划分更能概括现代中央银行的一般职能。

一、中央银行的基本职能

发行的银行、银行的银行和政府的银行是对早期中央银行职能的传统典型概括，尽管随着中央银行制度的发展，现代中央银行的职能有了更加丰富的内容，但这种概括由来已久，已被社会普遍接受，因此，我们首先介绍中央银行的基本职能。

（一）发行的银行

发行的银行是指国家赋予中央银行集中与垄断货币发行的特权，是国家唯一的货币发行机构（在有些国家，硬辅币的铸造与发行由财政部门负责）。在金本位制下，货币发行权主要指银行券的发行权。在信用货币制度下，货币发行权主要指中央银行根据国家授权，以国家信用为基础，按照经济发展的客观需要和货币流通及其管理的需要发行货币的权利。到目前为止，在实行中央银行制度的国家中，除了极少数特殊情况以外，其货币发行权基本上都是由中央银行一家独占，其他银行和金融机构都无权发行货币。中央银行集中与垄断货币发行权是其自身之所以成为中央银行的最基本、最重要的标志，是国家赋予中央银行的最重要特权之一，是所有授权中首要的也是最基本的特权。考察中央银行产生和发展的历史，不难看出，一部中央银行史首先是一部货币发行权由分散逐步走向集中、垄断和独占的历史。

垄断货币发行权是中央银行发挥其职能作用的基础。中央银行垄断货币发行权的意义在于：（1）有利于通货形式的统一及其币值的稳定，避免造成货币流通混乱，适应商品经济的需要；（2）有利于政府监督管理，推行国家的货币政策；（3）有利于随时根据经济发展的客观需要，调节货币供应量；（4）有利于掌握资金来源，控制商业银行的信贷活动。

中央银行垄断全国货币发行，并不意味着中央银行可以任意决定货币发行量。相反，在发行现钞、供给货币的同时，中央银行应承担如下基本职责：

第一，根据国民经济发展的客观需要，掌握货币发行，调节货币的流通。在信用货币制度下，中央银行在发行货币时应严格遵守经济发行原则，其供应的货币数量要与经济发展的客观需要相符合，保持良好的货币供应弹性，使货币供应与流通的货币需求相吻合，为经济稳定和持续增长提供良好的金融环境。

第二，掌握货币发行准备，控制信用规模，调节货币供应量。货币发行准备是指信用货币制度下发行货币时用作保证的资产。掌握货币发行准备，是国家控制或调节货币供应量和信用规模的重要手段。虽然随着社会的发展，货币发行准备的重要性在逐渐下降，但是中央银行发行货币与某资产挂钩仍能对货币的发行起到制约作用。因而，不少国家还是实行货币发行准备制度，如英国实行贵金属和债券联合准备制度，而美国实行证券准备限额发行制。

第三，根据流通的实际需求，印制、铸造或者销毁票币，进行库款的调拨，以调剂地区间的货币分布和面额比例，满足社会对票币的提取和支付的不同需求。

（二）银行的银行

中央银行履行“银行的银行”的职能最初产生于商业银行（特别是规模小、地方性的商业银行）将其储备集中保存在一家或少数几家信誉良好的主要商业银行或票据结算中心的要求。[①] 随着中央银行发展壮大，特别是政府的政治支持以及他们庞大的黄金储备，中央银行发行的票据要比那些由小银行发行的票据更安全，中央银行的存款持有者更容易将存款转换成现金。并且，中央银行同一般商业银行并不构成同业竞争关系，不存在利益冲突，也不以利润最大化为目标。正是这种安全性、便捷性和公正性使得早期的中央银行从众多的商业银行中脱颖而出，成为最大也是最可靠的银行，迅速说服大多数其他银行愿意将自己的一部分资金作为储备存放在中央银行。因此可以说，银行的银行这一职能，是与中央银行的产生与发展紧密相连的，是中央银行自身之所以成为中央银行的另一重要标志，它最能体现中央银行作为特殊金融机构的性质。

在现代中央银行制度下，中央银行是银行的银行具有如下几层含义：（1）中央银行是以政府、商业银行和其他金融机构作为业务对象的金融机构；（2）中央银行的业务活动仍具有银行固有的办理“存、贷、汇”业务的特征；（3）中央银行是商业银行和其他金融机构的管理者。作为银行的银行，中央银行的职能作用主要体现在以下三个方面：

1. 集中存款准备金

将存款准备金集中于中央银行最初始于英国，在18世纪，英国的私人银行发现将准备金的一部分交存英格兰银行，开立活期存款账户十分便利。但是真正以法律的形式规定的存款准备金制度是在1842年，美国路易斯安那州的银行法中规定了银行必须将其存款及银行券

---

① 徐刚，沈禹均：《中央银行学概论》，上海财经大学出版社2000年版，第48页。

的三分之一作为准备金。而1914年美国联邦储备体系成立，对各种存款和各类银行制定了不同档次的准备金率，标志着现代存款准备金制度的建立。之后，大多数国家纷纷效仿，建立了存款准备金制度。特别是在第二次世界大战之后，存款准备金制度成为西方国家调节货币信用规模和货币供应量的重要工具。

中央银行集中保管存款准备金的最初动机在于加强商业银行等存款类金融机构的支付和清偿能力。因为如果没有存款准备金制度，那么商业银行为实现盈利最大化的经营目标，一般将尽可能保持少的准备金。一旦遇到意外大额提现或贷款不能收回，银行便会出现支付困难，甚至破产倒闭。为了保证商业银行和其他存款机构的支付和清偿能力，从而保障存款人的资金安全及合法权益，也为了保障商业银行等金融机构自身运营的安全，各国一般都通过法律规定，商业银行及其他存款金融机构必须按存款的一定比例向中央银行交存存款准备金，中央银行充当法定存款准备金的唯一保管者。在商业银行及有关金融机构出现支付和清偿困难，并在中央银行认定的必要条件下，允许商业银行及有关金融机构动用其在中央银行的存款准备金，从而保障存款人的资金安全，防止存款类金融机构发生挤兑倒闭。随着中央银行作用的强化，存款准备金率成为一种重要的货币政策工具。中央银行可根据宏观调控的需要调整存款准备金的上缴比率，影响货币乘数，改变商业银行及其他存款机构的信用创造能力，以调节货币供应量。

集中存款准备金是中央银行作为“银行的银行”的重要基础，在一定程度上能够起到防范金融风险、保障金融稳定的作用，具有重要的意义。表现在：（1）保持商业银行的清偿能力，保障存款人的资金安全和合法权益，保证金融机构自身运营的安全；（2）改变商业银行的存款创造能力，从而调节全国信用规模和货币供应量；（3）增强中央银行的资金实力，为中央银行再贴现、再贷款等业务的开展增加了资金来源。

2. 最后贷款人

“最后贷款人”一词是巴奈霍特（Balaihit）于1837年在其《伦巴第街》一书中首次提出的，意思是在其他资金来源无法筹集时，作为最后的一种筹款方法。巴奈霍特认为，中央银行应对陷入资金困境的银行承担最后贷款人的角色，以避免因银行倒闭而带来的巨大负面效应。因为中央银行具备印制货币的能力，这意味着它能够发放贷款，即便是在没有其他机构能够发放时，包括在危机期间。在金融恐慌情况下，如果所有的储户在同一时间都要取回其账户余额，那么银行就会倒闭。在这个时候，其他商业银行往往无力或不愿意向发生挤兑的银行等金融机构提供资金支持，能够而且可以将现金提供给这些银行的中央银行便成了商业银行和其他金融机构在资金上的最后贷款人。《新帕尔格雷夫货币金融大辞典》将“最后贷款人”定义为在危机时刻中央银行应尽的融通的责任，它应满足对高能货币的需求，以防止由恐慌引起的货币存量的收缩。“最后贷款人”角色确立了中央银行在金融体系中的核心和主导地位，确立了中央银行对金融机构实施金融监督管理的必然性和必要性。

作为最后贷款人，中央银行向金融机构融资的方式主要有两种：一是再贴现，即商业银行把用贴现方式收进来的票据向中央银行贴现，取得贷款以补充资金；二是再抵押，即商业银行把手中的票据或有价证券作为抵押品向中央银行进行贷款。当然，在特别需要时，中央银行也可采取直接提供贷款的方式给金融机构融资。无论采取哪种方式，最后贷款人职能的宗旨都是确保有偿付能力的银行和金融机构能够继续运营，促使整个金融体系更加稳定。

需要注意的是，履行最后贷款人职责只是中央银行行为的一种规定，而不是中央银行定义的一部分。一个中央银行可能未尽最后贷款人之职，如1931—1933年的美国联邦储备体系，但是它并不因为这样的事件就不是中央银行了。相反，当事件发生时，如果一个非中央银行机构能够扩张可得的资产存量，使这种资产被商业银行作为储备持有，那么，这个机构就具有充当最后贷款人的能力。

中央银行动用最后贷款人的紧急救助贷款机制，其实质是利用中央银行垄断货币发行的特殊地位，动用公共资源和公共资金维护金融系统稳定。因此，启动这种救助机制应该是审慎的，也必须是在其他手段不能奏效的情况下启动的“最后”措施。中央银行一般要求陷入困境的银行已经作了所有合理的努力来提高必要的流动性，并且是把最后贷款人支持真正看做是最后手段。

3. 组织全国的清算

随着商品经济和货币信用的发展，人们需要通过一定的途径来进行相互之间的支付，金融机构也需要一个便宜可靠的途径来实现彼此之间资金的转移。所有的银行都在中央银行设立账户的事实使得中央银行自然而然地承担了银行间的结算事务。大约在19世纪中期，英格兰银行就开始发挥资金清算中心的功能。1854年，英格兰银行采取了对各银行之间每日清算差额进行结算的做法，大大简化了各银行之间资金往来的清算程序。这一做法被其他国家相继效仿。目前，随着经济、金融全球化的发展，中央银行的清算职能甚至超越了国界，各国中央银行可通过参加国际性的资金清算中心，并借助现代信息网络技术，使其清算支付服务遍及全球。

中央银行办理银行间的清算这一职能是在中央银行执行货币的发行和集中存款准备金的基础上发展起来的。各金融机构通过在中央银行的活期存款账户交换票据所产生的应收、应付差额，并在全国范围内办理划拨清算，不仅可以借助中央银行的权威性保证清算过程的安全，而且可以缩短清算时间，减少清算费用，加速资金周转。同时，也便于中央银行及时掌握金融系统乃至全社会的资金运动状况，有利于中央银行实施金融监管及制定和实施恰当的货币政策。

中央银行的支付清算服务主要包括以下几方面：（1）组织票据交换；（2）办理异地跨行清算；（3）为私营清算系统提供差额清算服务；（4）提供证券和金融衍生产品清算服务；（5）跨国支付服务；（6）提供透支便利服务等。

（三）政府的银行

所谓中央银行是政府的银行，并不是指中央银行的资本所有权属于国家，而是指中央银行与政府关系密切，既作为政府的代表监督管理金融业及制定和实施货币政策，又作为服务者，在法律允许的范围内为政府提供信用、代理国库、代理政府债券发行、持有和经营管理国际储备等。政府的银行的职能有利于中央银行在控制货币市场和对其他银行进行借贷方面处于更强、更有利的地位。作为政府的银行，中央银行的具体职能主要包括：

1. 代理国库

国家财政收支一般不另设机构，而是通过财政部在中央银行系统内开立的各种账户进行。中央银行代理国库实质是执行国库出纳的职能，管理政府资金，为政府服务，其工作具体包括：代财政税收部门收缴库款；按财政支付命令划拨资金；随时向财政部门反映预算收支执行情况；经办其他有关国库事务。

2. 代理政府债券发行

一国政府通常以发行债券筹集资金，来调剂政府收支或弥补政府收入，扩大公共支出，刺激经济增长。中央银行代理政府债券发行具体包括：发行规模的预测、规定价格的幅度、制定竞投标的的规则以及办理债券到期时的还本付息等。

3. 为政府融通资金

自产生之日起，为政府融资就是中央银行的最重要职能之一。中央银行为政府提供融资服务的方式主要有两种：（1）在法律许可范围内，直接向政府提供短期融资或透支。中央银行向政府融通的资金主要是用于弥补财政收支的临时差额，一般不会承担向政府提供长期或无限额贷款的责任。中央银行通常是以国家有价证券作为抵押或者国库券贴现的方式发放短期贷款，这一贷款只为解决短期临时的财政赤字，不会引起货币流通的混乱。如若财政赤字状况长期持续，此时中央银行为了支持财政而发行的货币，则会对货币流通产生不利的影响。为防止其发生，大多数国家都立法加以严格的限制和规定。（2）购买政府债券。购买政府债券一般分为两种情况：一种是中央银行在一级市场上购买，这实际上等同于直接向政府融资，因而有的国家禁止此类购买；另一种是间接在二级市场上购买，这是对政府的一种间接融资。

4. 持有和经营管理国际储备

世界各国的国际储备一般都由中央银行持有并进行经营管理。在经营管理国际储备方面，中央银行的主要职责是：（1）通过增加或减少其储备资产，实现货币发行与国际收支相适应、国际收支平衡、物价和汇率稳定的目的。（2）通过管理储备资产的结构，实现保值增值的目的。（3）合理地运用储备资产，促进内外均衡。

5. 代表政府参加国际金融组织和活动

随着经济一体化和金融国际化步伐的加快，国际性的金融协调显得越来越重要。中央银行作为政府的金融代理人，除了代理政府保存和管理国家黄金外汇储备或办理买卖黄金外汇业务外，还代表政府参加国际金融组织和活动，与他国的中央银行就金融贸易进行谈判和协商，并管理政府之间金融往来的债权债务关系。

6. 制定和实施货币政策

货币政策是政府对经济实行宏观调控的基本经济政策之一。对于货币政策的制定和实施，世界各国一般都是通过法律赋予中央银行此项职责。中央银行根据经济发展的实际情况，通过实施货币政策，对货币和信用进行调节和控制，达到稳定币值和物价、促进经济增长等目的。

7. 监督管理金融业

由于外部效应和信息不对称因素的存在，需要中央银行独自或与其他金融监管机构一起对金融业进行监督管理。监管内容主要有：制定并监督执行有关金融法规、基本制度、业务活动准则，使金融机构的活动有法可依；监督管理金融机构的业务活动，如业务范围、流动性要求等；管理、规范金融市场。

8. 为政府提供经济金融情报和决策建议，发布经济金融信息

中央银行是社会资金的清算中心，是全国货币、信用的调剂中心，还是金融业的重要管理机构。由于中央银行能够掌握比较详细且真实可靠的经济金融活动的资料，因而可为政府决策提供有益的建议。此外，中央银行还通过定期公布物价水平、货币供应量等信息，使社会公众对本国的经济金融运行有一客观认识。

总之，发行的银行、银行的银行和政府的银行，体现了中央银行的基本职能。值得注意的是，这些职能并非在中央银行产生时就得到了完全充分的体现，而是随着经济和中央银行制度本身的发展而逐步

完善起来的。而且，中央银行职能的发挥还受到一国经济发展水平和社会经济金融环境的制约。这决定了，一方面，各国中央银行在不同的发展时期，基本职能的具体内容和侧重点会不断发展变化。另一方面，即使在同一时期，但在基本职能的具体内容上，各国中央银行之间又会有所差异，有的比较全面，有的则不够全面。

二、中央银行的综合职能

从中央银行业务的性质角度分析其职能有助于我们进一步理解中央银行的性质和作用，以及中央银行的职能如何随着中央银行制度的发展而得到不断的补充和完善。

（一）服务职能

服务职能是指中央银行向政府、金融机构及社会公众等提供发行货币、划拨清算、融通资金、代理业务等方面的金融业务。服务职能是中央银行最早具备的职能，从产生之日起，中央银行就承担着为政府和普通银行提供服务的职责。服务职能又是中央银行的最基本职能，调控职能和管理职能就是在其基础上产生并发展的。中央银行发展至今，其服务职能的内容已十分广泛，大体可作如下概括：

1. 中央银行为政府服务

中央银行是代表政府制定和执行货币政策，并对金融业进行监督和管理的特殊金融机构，其独特的性质与作用决定了中央银行要为政府提供服务。中央银行向政府提供的金融服务有：代理国库、代理政府债券发行、短期融资、充当境外金融活动的政府代表、充当政府的金融顾问及参谋等。

2. 中央银行为银行和其他非银行金融机构服务

中央银行作为银行的银行，是现代金融体系的核心和资金往来的枢纽，客观上要求其为所有金融机构服务。中央银行向银行和其他非银行金融机构提供的服务主要有：短期融资、票据交换、资金清算、准备金保管、最后贷款人等。

3. 中央银行为社会公众服务

中央银行肩负着为社会提供货币和信用的重大公共责任，这决定了它不仅要为政府服务和金融机构服务，还要为整个国民经济服务，为社会公众服务。主要内容包括：（1）根据社会经济发展和商品流通的客观需要，发行适量货币，为国民经济发展和商品交换的正常运转服务；（2）通过制定和执行货币金融政策来调节货币供应量，通过资金的分配来引导投资，反映、监督国民经济；（3）搜集和整理有关经济资料，将资产、负债状况定期向社会公布；（4）通过政策措施及监督管理活动来维护客户存款安全，使其财产不受损失。

（二）管理职能

中央银行的管理职能是指中央银行作为全国最高金融行政管理机关，为了维护全国金融体系的健全与稳定，防止金融秩序混乱给国民经济发展造成不良影响，而代表国家对金融机构的金融活动和金融市场进行监督管理和控制的职能。

早期，中央银行管理职能的内容较为狭窄，主要是对银行的注册登记和发行银行券进行管理。随着金融业的发展，管理职能的内容不断扩大，管理方法也日渐完善。目前，各国中央银行管理职能的主要内容是：

第一，制定有关的金融政策、法令及规章制度，使其作为一国金融活动的准则和中央银行进行金融监管的依据。它有利于金融机构的活动走上正轨，为金融体系的稳定奠定基础。

第二，监管金融机构。中央银行对金融机构的监管可进一步细分为预防性管理和对金融业务活动进行管理两方面。前者指中央银行负责在本国境内设置、撤并金融机构，为各类金融机构办理注册登记和颁发营业执照等手续。后者指中央银行定期或不定期地对金融机构的清偿能力、资产负债结构、存款准备金的交存等情况，进行检查监督；同时，还对金融机构的各种业务凭证、营业报告等进行检查、稽核，以为防范和化解金融风险，维护金融稳定。

第三，监管金融市场。主要包括对金融市场主体的监管和对金融市场客体的监管两个方面。中央银行监管金融市场的目的是营造一个安全、稳定、有序、高效的金融市场，为资金融通提供良好的条件与场所。

（三）调控职能

中央银行的调控职能是指中央银行通过制定和执行货币金融政策，运用各种货币政策工具，对货币信用进行调节和控制，进而影响和干预整个国民经济，以实现稳定物价、促进经济增长等货币政策最终目标的职能。

严格地讲，中央银行的调控职能是在第二次世界大战之后形成的。随着中央银行在国家宏观经济中的地位不断增强，中央银行的调控职能不断得到发展和完善。特别是20世纪70年代以来，由于货币主义和供给学派等的兴起，各国宏观经济政策的侧重点越来越转向货币政策，中央银行调控职能的地位日益上升，从而成为现代中央银行的首要职能。

中央银行主要通过对货币供应量的控制与调节来实现调控职能。为实现这一职能，中央银行不仅要确定一个国家货币政策的目标，还要通过制定和执行货币和信贷政策，运用各种金融手段，调节全社会的货币供应量和信用总量，从而力图实现社会总供给和总需求的平衡。中央银行完成调控职能的政策工具很多，如法定存款准备金率、再贴现、再贷款、公开市场操作、直接信用控制、窗口指导等。

中央银行的服务职能、调节职能和管理职能之间存在着相互依存、相互补充的关系。其中，服务职能是基础，它贯穿于管理与调控过程的始终。只有搞好了服务，支持银行与金融机构提高其经营管理的水平，使其健全稳定的发展，才能为中央银行实现金融管理和调控提供良好的金融基础。反过来，管理职能和调控职能的实施，又能为服务职能提供更广泛的空间。只有发挥好管理职能和调控职能，才能促进服务职能。同理，管理职能与调控职能也密切相关，两者是同一问题的两个方面。因为管理必然伴随着调控，无调控的管理是难以实现理想的管理目标的。同时，调控促进着有效管理的实现，管理对调控本身也有促进作用，因为扶持和调节本身就是一种积极的管理。

三、中央银行职能的扩展和变化

20世纪70年代，随着布雷顿森林体系的崩溃，世界各国纷纷建立起完全意义上的信用货币制度，加之国内经济的迅速发展和经济金融全球化的日益加强，中央银行在现代经济体系中的地位变得越来越重要，中央银行的职能开始发生扩展与变化。主要表现在：

第一，从发行的银行这一职能看，早期的中央银行主要通过集中垄断银行券来体现，这一职能的核心作用也主要是维护货币的统一和币值的稳定。而在现代，随着政府对经济调控的增强，中央银行垄断货币发行的意义不再仅仅只是维护货币的统一和币值的稳定，相反，中央银行作为发行的银行其更重大的意义变为保证货币供应量适合本国经济发展的需求，并在此基础上促进经济增长和增加就业机会。换句话说，发行的银行这一职能现在通过货币政策的制定与实施体现出来。

第二，从银行的银行这一职能看，存款准备金作为银行支付保证的职能已经淡化，现在主要是作为中央银行调控货币供应量的一种手段。最后贷款人的职能也与其一样成为了中央银行扩大货币供应的手段。原先的清算体系现如今已经变得相当复杂，成为现代经济体系运转的重要条件。

第三，从政府的银行这一职能看，由于政府经济职能的增强，政府收支在国民经济中的比重节节攀升，使得帮助政府筹划资金融通、代理政府证券发行、直接或间接买卖政府债券等业务成为了中央银行的经常性业务。同时，随着经济全球化和金融国际化脚步的加快，中央银行代表政府参与各种国际经济组织和各国政府间经济协调的职能也越来越凸显。

第四，从货币政策与金融监管的关系看，随着包括货币市场和资本市场在内的金融市场在金融体系中的重要性逐渐增强，直接参与金融市场的交易越来越成为中央银行调控经济的主要方式。但同时，这也使得中央银行作为市场参与者和管理者及金融监管目标和货币政策目标之间的矛盾频发。为了解决这一矛盾，中央银行将其货币政策职能和金融监督职能分离，把金融监管划出由专门的机构实施对所有的金融机构进行全方位的监管，既意味着国家对监管工作的强化，也意味着中央银行进一步强化其货币政策方面的职能。

第四节 中国人民银行的性质与职能

中国人民银行从成立之日开始，就担负着中央银行的职责。不过，由于在短短的半个多世纪以来，我国在政治上经历了从新民主主义革命时期过渡到社会主义时期，在经济上则经历了从计划经济体制转型为市场经济体制，这决定了中国人民银行的性质和职能同样需要经历一个复杂、曲折的演变与完善过程。

一、中国人民银行的发展历程

中国人民银行成立60多年来，随着经济发展和自身职能的不断调整，其发展主要经历了以下几个阶段：

（一）初创时期（1948—1952年）

1948年12月1日，中国人民银行在河北省石家庄市宣布成立。华北人民政府当天发出布告，由中国人民银行发行的人民币在华北、华东、西北三区统一流通，所有公私款项收付及一切交易，均以人民币为本位货币。1949年2月，中国人民银行由石家庄市迁入北平。按行政区设立分行、中心支行和支行（办事处），支行以下设营业所，基本上形成了全国统一的金融体系。

1949年9月，中国人民政治协商会议通过《中华人民共和国中央人民政府组织法》，把中国人民银行纳入了政务院的直属单位系列，并接受财政经济委员会指导，与财政部保持密切联系，赋予了其国家银行职能，承担发行国家货币、经理国家金库、管理国家金融、稳定金融市场、支持经济恢复和国家重建的任务。

在国民经济恢复时期，中国人民银行在中央人民政府的统一领导下，着手建立了统一的国家银行体系：一是建立独立统一的货币体系，使人民币成为境内流通的本位币，与各经济部门协同治理通货膨胀；二是迅速普建分支机构，形成国家银行体系，接管官僚资本银行，整顿私营金融业；三是实行金融管理，疏导游资，打击金银外币黑市，取消在华外商银行的特权，禁止外国货币流通，统一管理外汇；四是开展存款、放款、汇兑和外汇业务，促进城乡物资交流，为迎接经济建设做准备。

初创时期，中国人民银行作为中央银行具有如下几个明显特点：(1) 实行集中的国家银行制度；(2) 中央银行职能与商业银行职能并存，但中央银行的职能作用更加突出；(3) 综合运用行政、法律和经济手段管理金融业；(4) 稳定物价成为此时期货币政策的核心。

(二)"大一统"时期 (1953—1978 年)

在统一的计划体制中，自上而下的人民银行体制，成为国家吸收、动员、集中和分配信贷资金的基本手段。随着社会主义改造的加快，私营金融业纳入了公私合营银行轨道，形成了集中统一的金融体制，中国人民银行作为国家金融管理和货币发行的机构，既是管理金融的国家机关又是全面经营银行业务的国家银行。

从 1953 年开始，为了与高度集中的银行体制相适应，我国建立了集中统一的综合信贷计划管理体制，即全国的信贷资金，不论是资金来源还是资金运用，都由中国人民银行总行统一掌握，实行"统存统贷"的管理办法，并将银行信贷计划纳入国家经济计划，成为国家管理经济的重要手段。中国人民银行不仅担负着组织和调节货币流通的职能，还要统一经营各项信贷业务，并在国家计划实施中具有综合反映和货币监督功能。银行对国有企业提供超定额流动资金贷款、季节性贷款和少量的大修理贷款，对城乡集体经济、个体经济和私营经济提供部分生产流动资金贷款，对农村中的贫困农民提供生产贷款、口粮贷款和其他生活贷款。这种长期资金归财政、短期资金归银行，无偿资金归财政、有偿资金归银行，定额资金归财政、超定额资金归银行的体制，一直延续到 1978 年，期间虽有几次变动，但基本格局变化不大。

这一时期，中国人民银行的最大特点就是所谓的"大一统"。具体表现为：(1) 独家垄断金融业；(2)"计划"色彩浓重，既非真正的商业银行，又非真正意义上的中央银行；(3) 忽视用经济手段调节国民经济运行；(4) 职能萎缩，服务职能突出，而金融监管职能和宏观调控职能基本丧失；（5）货币政策实际上就是综合信贷政策且目标单一。

（三）改革时期（1979—1992 年）

1979 年 1 月，为了加强对农村经济的扶植，恢复了中国农业银行。同年 3 月，为了适应对外开放和国际金融业务发展的新形势，改革了中国银行的体制，使中国银行成为国家指定的外汇专业银行；同时设立了国家外汇管理局。之后，又恢复了国内保险业务，重新建立中国人民保险公司；各地还相继组建了信托投资公司和城市信用合作社，出现了金融机构多元化和金融业务多样化的局面。

日益发展的经济和金融机构的增加，迫切需要加强金融业的统一管理和综合协调，由中国人民银行来专门承担中央银行职责，成为完善金融体制、更好发展金融业的紧迫议题。1982 年 7 月，国务院批转中国人民银行的报告，进一步强调"中国人民银行是我国的中央银行，是国务院领导下统一管理全国金融的国家机关"，以此为起点开始了组建专门的中央银行体制的准备工作。

1983 年 9 月 17 日，国务院发布了《关于中国人民银行专门行使中央银行职能的决定》，明确由中国人民银行专门行使中央银行的职能，并具体规定了人民银行的 10 项职责。从 1984 年 1 月 1 日起，中国人民银行开始专门行使中央银行的职能，集中力量研究和实施全国金融的宏观决策，加强信贷总量的控制和金融机构的资金调节，以保持货币稳定；同时新设中国工商银行，将人民银行过去承担的工商信贷和储蓄业务由中国工商银行专业经营；这标志着单一制央行制度的建立。人民银行分支行的业务实行垂直领导；设立中国人民银行理事会，作为协调决策机构；建立了存款准备金制度和中央银行对专业银行的贷款制度，初步确定了中央银行制度的基本框架。

改革时期是中国人民银行迈向现代中央银行制度的关键时期，它彻底改变了中国人民银行"一身二任"的状况，建立了以中国人民银行为核心，各家商业银行为主体，多种金融机构并存的现代金融体系。这一时期中央银行制度表现出如下特征：（1）过渡性特征明显。例如，中央银行体制虽然已经形成但职能结构还不完善；商业性业务剥离并不彻底，中国人民银行还承担了部分专项贷款业务，兼办一些政策性贷款业务；中央银行与财政关系仍十分密切，独立性很小。（2）经济调控手段开始丰富。如改革了信贷资金管理体制、确立存款准备金制度、强化中央银行职能和法规建设、开办商业票据的再贴现等。（3）货币政策仍然对经济增长负责。

（四）完善时期（1993 年至今）

1993 年，按照国务院《关于金融体制改革的决定》，中国人民银行进一步强化金融调控、金融监管和金融服务职责，划转政策性业务和商业银行业务。

1995 年 3 月 18 日，全国人民代表大会通过《中华人民共和国中国人民银行法》，首次以国家立法形式确立了中国人民银行作为中央银行的地位，标志着中央银行体制走向了法制化、规范化的轨道，是中央银行制度建设的重要里程碑。

1996 年中国人民银行开办了公开市场业务，标志着一套完整的金融间接调控机制的基本建立。1997 年 3 月中国人民银行建立了货币政策委员会，使制定和实施货币政策的体系和制度逐步完善，货币政策的制定向科学化、民主化迈进了一大步。1998 年 1 月 1 日起，中国人民银行取消对国有商业银行贷款限额的控制，在推行资产负债比例管理和风险管理的基础上，实行“计划指导，自求平衡，比例管理，间接调控”的新的管理体制，各商业银行对资金来源与资金运用实行自求平衡，其商业化和独立性大大增加，也标志着中央银行调控手段由直接控制改为间接调控。

1998 年 10 月，按照中央金融工作会议的部署，中国人民银行及其分支机构在全国范围内进行改组，撤销中国人民银行省级分行，在全国设立 9 个跨省、自治区、直辖市的一级分行，重点加强对辖区内金融业的监督管理。这次改革彻底改变了我国几十年来按行政区划设置分支机构的框架，这对减少行政干预、推进区域经济和金融发展、加强中央银行的金融监管，显然有着深远的意义。

1992 年 12 月，国务院证券委员会和中国证券监督管理委员会成立，与中国人民银行共同管理证券业。1997 年 11 月，原来由中国人民银行监管的证券经营机构划归中国证监会统一监管。1998 年11 月，中国保险业监督管理委员会成立，负责监管全国商业保险市场。2003 年4 月，中国银行业监督管理委员会成立，统一监管银行、金融资产管理公司、信托投资公司等金融机构。中国人民银行不再履行上述金融监管职责后，其主要职能转变为制定和执行货币政策，不断完善有关金融机构的运行规则，更好地发挥作为中央银行在宏观经济调控和防范与化解系统性金融风险中的作用。这种职能的变化集中表现为“一个强化、一个转换和两个增加”。

“一个强化”，即强化与制定和执行货币政策有关的职能。中国人民银行要大力提高制定和执行货币政策的水平，灵活运用利率、汇率等各种货币政策工具实施宏观调控；加强对货币市场规则的研究和制定，加强对货币市场、外汇市场、黄金市场等金融市场的监督与监测，密切关注货币市场与房地产市场、证券市场、保险市场之间的关联渠道、有关政策和风险控制措施，疏通货币政策传导机制。

“一个转换”，即转换实施对金融业宏观调控和防范与化解系统性金融风险的方式。由过去主要是通过对金融机构的设立审批、业务审批、高级管理人员任职资格审查和监管指导等直接调控方式，转变为对金融业的整体风险、金融控股公司以及交叉性金融工具的风险进行监测和评估，防范和化解系统性金融风险，维护国家经济金融安全；转变为综合研究制定金融业的有关改革发展规划和对外开放战略，按照我国加入WTO 的承诺，促进银行、证券、保险三大行业的协调发展和开放，提高我国金融业的国际竞争力，维护国家利益；转变为加强与外汇管理相配套的政策的研究与制订工作，防范国际资本流动的冲击。

“两个增加”，即增加反洗钱和管理信贷征信业两项职能。今后将由中国人民银行组织协调全国的反洗钱工作，指导、部署金融业反洗钱工作，承担反洗钱的资金监测职责，并参与有关的国际反洗钱合作。由中国人民银行管理信贷征信业，推动社会信用体系建设。

二、中国人民银行的性质

从中国人民银行的发展历程可看出，在 1984 年以前，即在中国人民银行未专门行使中央银行职能前，中国人民银行的性质具有明显的双重性：既是国家机关，代表国家管理金融业；又是国营金融企业，办理一般的工商企业和个人信贷业务。中国人民银行作为现代中央银行的性质的明确始于1983年国务院《关于中国人民银行专门行使中央银行职能的决定》的发布，1984年中国工商银行的成立实现了中国人民银行企业属性的剔除和国家机关属性的单一化，而1995年颁布的《中国人民共和国中国人民银行法》从法律上将中国人民银行的性质规定为：中国人民银行是中华人民共和国的中央银行。中国人民银行在国务院领导下，制定和实施货币政策，对金融业实施监督管理。进入21世纪后，随着经济金融环境的变化和金融体制改革的深入，中国人民银行面临诸多新形势、新问题、新机遇和新挑战。为更好地发挥中央银行的职能与作用，2003年12月27日第十届全国人民代表大会第六次会议对《中国人民共和国中国人民银行法》进行了部分修改。修改后的《中国人民银行法》将中国人民银行的性质定位为：中国人民银行是中华人民共和国的中央银行。中国人民银行在国务院领导下，制定和执行货币政策，防范和化解金融风险，维护金融稳定。

三、中国人民银行的职能

中国人民银行的职能是由其机构性质决定的。与其他国家中央银行类似，在一般意义上，我们也可以将中国人民银行的职能概括为三大方面：发行的银行、银行的银行和政府的银行。其中：

发行的银行，是指中国人民银行是有权发行银行券的银行，它垄断货币发行特权，成为全国唯一的货币发行机构。这种对发行权的独占，一方面有利于防止因分散发行造成的信用膨胀、货币紊乱和币制不统一；另一方面也有利于调节和控制货币流通量。而且，从某种意义上说，由中国人民银行发行钞票，并有政府作后盾，也有利于货币的稳定。

银行的银行，是指中国人民银行只与普通银行和非银行金融机构发生业务往来，不与工商企业和居民个人发生直接的信用关系，因而是银行的银行。中国人民银行作为银行的银行，原因在于其在我国的金融体系中处于领导地位，而且各商业银行具有的创造“存款货币”能力是中国人民银行进行货币信用控制的对象。中国人民银行作为银行的银行具体职能主要有：集中保管存款准备金，成为普通银行的现金准备中心；建立全国金融业票据结算中心；充当最后贷款人，当普通银行和非银行金融机构资金周转困难时，可以向中央银行融资，主要方式为办理再贴现、再抵押或直接取得贷款。

政府的银行，是指中国人民银行作为特殊的银行对政府提供金融服务。中国人民银行作为政府的银行职能主要包括：充当政府的金融顾问；代理国库、管理政府资金；作为政府证券的代理机构；代理政府进行黄金和外汇交易，或管理国家黄金外汇储备；直接对政府贷款；代表政府签订国际金融协定，从事国家金融活动以及与国外中央银行进行交易。

四、中国人民银行的主要职责

职责是职能的具体化。根据 2003 年 12 月 27 日第十届全国人民代表大会常务委员会第六次会议修正的《中华人民共和国中国人民银行法》的规定，中国人民银行的主要职责为：

（一）发布与履行其职责有关的命令和规章。

（二）依法制定和执行货币政策。

（三）发行人民币，管理人民币流通。

（四）监督管理银行间同业拆借市场和银行间债券市场。

（五）实施外汇管理，监督管理银行间外汇市场。

（六）监督管理黄金市场。

（七）持有、管理、经营国家外汇储备、黄金储备。

（八）经理国库。

（九）维护支付、清算系统的正常运行。

（十）指导、部署金融业反洗钱工作，负责反洗钱的资金监测。

（十一）负责金融业的统计、调查、分析和预测。

（十二）作为国家的中央银行，从事有关的国际金融活动。

（十三）国务院规定的其他职责。

2008年7月10日，国务院批准并印发了《中国人民银行主要职责内设机构和人员编制规定》。在这份文件中，中国人民银行的主要职责被调整为：

（一）拟订金融业改革和发展战略规划，承担综合研究并协调解决金融运行中的重大问题、促进金融业协调健康发展的责任，参与评估重大金融并购活动对国家金融安全的影响并提出政策建议，促进金融业有序开放。

（二）起草有关法律和行政法规草案，完善有关金融机构运行规则，发布与履行职责有关的命令和规章。

（三）依法制定和执行货币政策；制定和实施宏观信贷指导政策。

（四）完善金融宏观调控体系，负责防范、化解系统性金融风险，维护国家金融稳定与安全。

（五）负责制定和实施人民币汇率政策，不断完善汇率形成机制，维护国际收支平衡，实施外汇管理，负责对国际金融市场的跟踪监测和风险预警，监测和管理跨境资本流动，持有、管理和经营国家外汇储备和黄金储备。

（六）监督管理银行间同业拆借市场、银行间债券市场、银行间票据市场、银行间外汇市场和黄金市场及上述市场的有关衍生产品交易。

（七）负责会同金融监管部门制定金融控股公司的监管规则和交叉性金融业务的标准、规范，负责金融控股公司和交叉性金融工具的监测。

（八）承担最后贷款人的责任，负责对因化解金融风险而使用中央银行资金机构的行为进行检查监督。

（九）制定和组织实施金融业综合统计制度，负责数据汇总和宏观经济分析与预测，统一编制全国金融统计数据、报表，并按国家有关规定予以公布。

（十）组织制定金融业信息化发展规划，负责金融标准化的组织管理协调工作，指导金融业信息安全工作。

（十一）发行人民币，管理人民币流通。

（十二）制定全国支付体系发展规划，统筹协调全国支付体系建设，会同有关部门制定支付结算规则，负责全国支付、清算系统的正常运行。

（十三）经理国库。

（十四）承担全国反洗钱工作的组织协调和监督管理的责任，负责涉嫌洗钱及恐怖活动的资金监测。

（十五）管理征信业，推动建立社会信用体系。

（十六）从事与中国人民银行业务有关的国际金融活动。

（十七）按照有关规定从事金融业务活动。

（十八）承办国务院交办的其他事项。

本章小结

中央银行的性质是指中央银行自身所具有的特有属性。中央银行的性质是由其业务活动的特点和所发挥的作用来决定的。中央银行代表国家进行金融调控与管理，是具有国家机构性质的特殊金融机构，具有主次有别的两重属性：一方面，中央银行是银行，但不是一般银行，而是一个特殊的银行；另一方面，中央银行是国家机构，但不是一般的国家机构，而是一个特殊的国家机构。在这两重属性中，银行属性是基础，国家机构属性是主导。银行职责与国家职能加以结合和调整，就是中央银行。

中央银行的职能是中央银行性质的具体体现。发行的银行、银行的银行和政府的银行是中央银行的基本职能，服务职能、调节职能和管理职能则是中央银行的综合职能。

根据2003年12月27日颁布的《中国人民共和国中国人民银行法》第一章第二条对中国人民银行的性质作如下规定：中国人民银行是中华人民共和国的中央银行。中国人民银行在国务院领导下，制定和实施货币政策，对金融业实施监督管理。中国人民银行的职能是由其机构性质决定的，在一般意义上，我们也可以将中国人民银行职能概括为三大方面：发行的银行、银行的银行和政府的银行。

重要概念

发行的银行　银行的银行　政府的银行　存款准备金　最后贷款人　再贴现　服务职能　管理职能　调控职能

复习思考题

1. 为什么说中央银行是现代经济发展的条件和经济机体运行的保障?
2. 如何理解中央银行是对外联系的桥梁和纽带?
3. 如何理解中央银行的性质?
4. 比较中央银行与商业银行、一般政府机关的异同点。
5. 阐述中央银行的基本职能。
6. 中央银行的服务职能、调节职能和管理职能的具体内容是什么?三者有何关系?
7. 20世纪70年代以来,中央银行的职能发生了哪些扩展与变化?
8. 中国人民银行的性质是什么?如何理解?
9. 认真比较1995年版和2003年版《中国人民银行法》,分析中国人民银行性质和职能的新变化。

第三章 中央银行制度类型与组织结构

中央银行的组织形式是中央银行履行职能、发挥作用、实现目标的保证。由于各国的社会制度、历史文化传统、经济发展水平、金融发展状况互不相同，使得各国的中央银行制度类型和组织结构也存在着较大差异。本章重点介绍中央银行的组织形式、资本来源、权力结构、职能部门和分支机构设置，并探讨中国人民银行的组织结构设置模式。

第一节 中央银行制度类型

虽然世界各国基本都实行了中央银行制度，且在现代经济生活中各国中央银行在地位、性质、职能和作用等方面大同小异，但就其制度类型而言则差别很大，并不存在一个统一的模式。本节将从机构设置和资本结构两个视角分析中央银行的制度类型。

一、按机构设置划分的中央银行制度类型

按照机构设置来划分，中央银行制度大致可分为单一型中央银行制度、复合型中央银行制度、准中央银行制度和跨国中央银行制度四种形式。

（一）单一型中央银行制度

单一型中央银行制度是指国家建立单独的中央银行机构，并由其全面行使中央银行权力、履行中央银行全部职责的中央银行制度。一

般地，中央银行的总行常常设在首都，也有少数国家设在该国经济金融中心城市。例如，作为印度中央银行的印度储备银行就设在孟买。总行可按照客观经济需要在全国范围内设立若干分支机构，并对这些分支机构进行集中统一领导。单一型中央银行制度的最大特点是中央银行的权力高度集中，职能完善，部门体系完整统一。

各国中央银行中大约有80%以上都实行单一型中央银行制度，包括大多数发达资本主义国家、发展中国家和中央计划经济国家。单一型中央银行制度又可进一步细分为两种：一元型中央银行制度和二元型中央银行制度。

1. 一元型中央银行制度

一元型中央银行制度是指一国只设立一家统一的中央银行行使中央银行权力并履行中央银行全部职责的中央银行制度。实行一元型中央银行制度的中央银行是完整的、标准意义上的中央银行，它在分支机构的设置上一般采取总分行制，逐级垂直隶属，具有权力集中、职能完善、有较多的分支机构、货币政策传导较为迅速等明显特点。目前，大多数国家都实行这种中央银行制度。例如，英格兰银行总行设立在首都伦敦，在伯明翰、布里斯托、利物浦等经济中心城市设立分行，在利物浦等4个城市设有代理处。法兰西银行总行设立在首都巴黎，并在国内设置了200多家分行和若干的办事处。日本银行总行设立在首都东京，在全国的47个都、道、府设有33家分行和12个办事处，并在纽约、伦敦、法兰克福、香港等地设有办事处。① 我国自1984年以后也实行这种制度，只不过在1998年之前按照行政区划在全国设立分支机构，1998年开始按照经济区划设立分支机构。

2. 二元型中央银行制度

二元型中央银行制度是一种在一国国内建立中央和地方两级相对独立的中央银行机构，并按法律规定分别行使中央银行职能的中央银行制度。在这种中央银行制度下，虽然中央级中央银行仍是最高金融决策机构，地方级中央银行要接受中央级中央银行的监督和管理，但

① 张贵乐、吴军主编：《中央银行学》，中国金融出版社1999年版，第58页。

两者之间并非总分行关系，在实施货币政策、金融监管及开展其他中央银行业务时，地方级中央银行在其辖区内具有一定的独立性。二元型中央银行制度的特点是权力和职能相对分散，分支机构较少。

通常实行联邦制的国家较多地采用这种形式，如美国和德国。其中，美国的中央银行称为联邦储备体系，其联邦级中央银行由联邦储备理事会、联邦公开市场委员会和联邦顾问委员会组成，地方级中央银行则由12家联邦储备银行及其分支结构组成。而作为德国中央银行的德意志联邦银行在联邦一级设立中央银行理事会和执行理事会，同时，在地方一级根据其1992年修订的《德意志联邦银行法》，在巴伐利亚、柏林和勃兰登堡、不莱梅、汉堡等9个地区设立州中央银行，独立负责辖区内业务并承担管理职责。

（二）复合型中央银行制度

复合型中央银行制度是指把中央银行职能与商业银行职能集于一体的一种中央银行制度，即一家很大的国家银行既履行中央银行职能，又开展一般商业银行的业务。苏维埃俄国在十月革命胜利之后，最早建立了大一统的复合型中央银行制度。受其影响，社会主义阵营的其他国家在其经济体制改革之前也都不同程度地采用这种中央银行制度，如苏联和东欧等国。我国在1984年中国工商银行成立以前也一直实行这种制度。复合型中央银行制度是与当时国家实行的高度集中的计划经济体制相适应的。严格意义上讲，该制度下的国家银行并不是真正意义上的中央银行，充其量也仅仅是充当实施计划的工具而已。

（三）准中央银行制度

现在几乎所有的国家都建立了中央银行，但也有个别国家和地区例外，这些国家和地区没有独立的中央银行，但仍有一些类似的机构在行使中央银行职能，如新加坡、中国香港、卢森堡、马尔代夫、斐济、沙特阿拉伯、阿拉伯联合酋长国、塞舌尔等。准中央银行制（又称“类似中央银行制”），是指在一个国家或地区没有设立通常意义上的真正专业化的、职能完善的中央银行，而是由政府制定或授权几个机构或商业银行履行有限中央银行职能的中央银行制度。实行准中央银行制的典型国家或地区是新加坡和中国香港。

新加坡中央银行的职能由新加坡金融管理局和新加坡货币局两个法定机构共同承担。金融管理局成立于1971年，是由政府完全拥有和控制的法定机构，该局董事会主席由财政部长担任。金融管理局行使除货币发行以外的所有中央银行职能，是政府的银行和银行的银行。新加坡货币局成立于1967年，其董事会由6名成员组成，其中财政部长担任主席，副主席和另外四名成员由经验丰富的银行、金融界或商界人士充任。货币局主要负责货币发行和保管发行准备。

作为准中央银行制度的另一个典型，中国香港的中央银行职能是由多家公私金融机构共同行使的。其中，在货币制度方面，港币发行由汇丰银行和渣打银行负责，长期实行英镑汇兑本位，1972年开始与美元挂钩，1983年10月开始实行与美元挂钩的联系汇率制。1994年5月1日起，中国银行香港分行成为香港的第三家发钞银行。20世纪60年代以前，香港基本上没有金融监管，1964年《银行业条例》颁布后，金融监管的趋势才有所加强。1993年4月1日，香港特区政府以外汇基金为基础，将银监处合并过来，成立金融管理局，该局集服务、支持、调节和监管四大职能于一身，实际上已成为一个准中央银行机构。票据清算由汇丰银行进行。香港特区政府财政资金的进出则根据《公共财政条例》（香港法律第2章）由财政司长书面授权民间银行办理。

（四）跨国中央银行制度

跨国中央银行制度是指若干主权独立的国家共同组成一个中央银行，由这一共同的中央银行在成员国中行使中央银行的部分或全部职能的中央银行制度。建立跨国中央银行制度多数是为了与区域性经济联合和货币联盟体制相适应，成员国之间地域相邻、习俗相近、经济发展水平相当。跨国中央银行的最大特点是跨国行使中央银行职能，其主要职能包括发行货币、为成员国政府服务、执行共同的货币政策及其有关成员国政府一致决定的事项等。实行跨国中央银行制度的典型代表是西非货币联盟、中非货币联盟和东加勒比海货币管理局、欧洲中央银行等。

西非货币联盟制度，最初建立于1962年5月12日，当时由非洲西部的塞内加尔、尼日尔、贝宁、科特迪瓦、布基纳法索、马里、毛里塔尼亚7个成员国组成。1963年11月，多哥加入了该联盟。西非货币联盟成员国原系法国的领地或殖民地，是法郎区的一部分，这些国家在独立前后的一段时期，使用的货币为“法属非洲法郎”。1962年11月1日，西非货币联盟成立了“西非国家中央银行”，作为成员国共同的中央银行，总行设在塞内加尔首都达喀尔，在各成员国设有代理机构，总行负责制定货币政策，管理外汇储备，发行共同的货币“非洲金融共同体法郎”（简称“非洲法郎”），统一规定各国商业银行的再贴现总量和统一的准备金率，规定对政府贷款的数量。

中非货币联盟制度由喀麦隆、乍得、刚果、加蓬和中非共和国5个成员国组成，这些成员国原来亦系法国殖民地，也是法郎区的一部分，与西非货币联盟成员国一样，独立前后使用的货币也是法属非洲法郎。1973年4月1日，中非货币联盟成立了共同的中央银行，称为“中非国家银行”，总行设在喀麦隆首都雅温得，发行共同的货币“中非金融合作法郎”。西非和中非两个货币联盟虽然各自发行不同名称的货币，但都采取钉住法国法郎的货币发行机制，两种货币是等值的。中非国家银行的组织结构基本上类似于西非国家中央银行，只是独立性弱于后者，在制定货币政策等方面主要取决于各成员国的意见，成员国有较大的自主权，且银行立法也因国而异，由各国自己执行。

东加勒比货币区也属于区域性货币联盟制度，该货币区由安提瓜、多米尼加、格林纳达、蒙特塞拉特、圣卢西亚、圣文森特等国组成。1965年，东加勒比货币区各国成立了共同的货币管理局，废止了原来的货币——“英属西印度元”，开始发行“东加勒比元”，实行与英镑挂钩的联系汇率。1976年7月7日，东加勒比元与英镑脱钩，改为钉住美元，20多年来，汇率一直固定在2. 70元兑1美元的水平上。该货币管理局统一发行区内各国共同使用的货币——“东加勒比元”，但不负责对各国银行的监督，不规定上缴存款准备金，也不承担“最后贷款人”的义务。1983年10月1日，东加勒比货币区成立了东加勒比中央银行，取代了原来的货币管理局。

欧洲中央银行的起源可以追溯至欧洲经济合作组织于1950年7月

1日建立的“欧洲支付同盟”。经过将近50年的摸索和发展，1998年7月1日欧洲中央银行正式成立，并于1999年1月1日正式启动欧元。欧洲中央银行是国际金融史上一次前所未有的创新，也是历史上第一个超级的跨国中央银行，法国、德国、卢森堡、比利时、荷兰、意大利、西班牙、葡萄牙、芬兰、奥地利和爱尔兰等成为首批欧元国。欧洲中央银行设在德国的金融中心法兰克福，其主要任务包括：（1）在欧盟国家内发行统一的纸币和硬币；（2）确定和实施欧盟统一的货币政策；（3）促进欧盟内结算系统的顺利运行；（4）经营各项外汇业务；（5）持有和管理成员国官方外汇储备；（6）负责金融机构监管、提供顾问咨询和信息统计等。

通过对各种类型的中央银行制度及其典型的分析可看出，一个国家所实行的中央银行制度并非纯主观产物，而是要受一些客观因素影响。首先是受一国的商品经济发展水平和货币信用发达程度的影响。一般来说，商品经济发展水平较高和货币信用较发达的国家，大多实行单一型中央银行制度；反之，实行准中央银行制度或跨国中央银行制度。其次是受国家政体的影响。凡地方自治权较大、实行联邦制的国家往往实行二元型中央银行制度；反之，那些政治、经济、立法统一、国家权力集中的国家，则大多实行一元型中央银行制度。最后是受经济运行体制的影响。市场经济体制国家多实行单一型中央银行制度，而前苏联及东欧等实行计划经济体制的国家，它们采取的是复合型中央银行制度。此外，一国的经济规模及历史文化传统也对一国中央银行制度的选择和确立有着重要影响。因此，在研究和评价一国的中央银行制度时，不能仅从制度本身出发而简单判断优劣。相反，应结合该国的国情和实际情况，在充分考虑其适应性和灵活性的基础上才能评价一国中央银行制度的优或劣。

二、按资本构成划分的中央银行制度类型

作为中央银行制度的一个重要内容，中央银行的资本构成是指作为中央银行营业基础的资本金的构成情况，即中央银行资本金的所有制形式。归纳起来，各国中央银行的资本构成主要有五种类型：国家

所有、公私共有、私有、无资本以及跨国所有。与此对应，按资本构成划分的中央银行制度也有五种，它们分别是：

（一）全部资本为国家所有的中央银行

随着中央银行地位的上升和作用的增强，各国为了使中央银行更好地行使各项职能，从20世纪30年代后期开始掀起了一场中央银行资本国有化运动。全部资本为国家所有的中央银行即国有化的中央银行，它是目前大多数国家所采取的中央银行资本金所有制形式，如法国、英国、德国、荷兰、西班牙、瑞典、印度、挪威、秘鲁、埃及、尼日利亚、中国等。从历史来看，中央银行国有化的方式主要有两种：一种是中央银行的资本原来为私人所有，后来国家通过购买方式拥有了全部股权；另一种是在中央银行成立之初，全部资本便由国家拨付。一般说来，历史比较悠久的中央银行大多是由私营银行演变而来，国家通过购买方式实行了中央银行的国有化，如法兰西银行于1945年、英格兰银行于1946年被收归国有。二战后，一大批新独立的发展中国家在筹建自己的中央银行时便直接由政府拨款建立。

（二）资本由国家和私人混合所有的中央银行

这种中央银行的资本一部分属于国家，另一部分属于私人（指政府以外的法人，而非个人），但国家资本所占比重大多在50%以上。如日本银行，政府拥有55%的股份，民间持有45%的股份，私股持有者不能参与经营决策，所拥有的唯一权利是每年领取5%的红利。墨西哥中央银行的股份，政府持有53%，私人持有47%。巴基斯坦中央银行的股份，政府持有51%，私人持有49%。厄瓜多尔、委内瑞拉、比利时三国的中央银行股份，政府和私人股份各占一半。值得注意的是，在资本由国家和私人混合所有的中央银行里，私人股东通常只拥有获得分红的权力，而无经营管理和决策权，其所持有的股份也必须经中央银行同意后方可进行转让和流通。

（三）全部资本为私人所有的中央银行

这类中央银行的资本全部为民间所有，经政府授权，这一银行执行中央银行职能。如美国联邦储备银行的资本全部由参加联邦储备体系的各会员银行所拥有，各会员银行认购的股票数额相当于本身实收资本和公积金的6%（实际上缴股款为3%）。意大利银行的资本由储蓄银行、公营信贷银行、保险公司、社会保障机构所拥有，股份转让也只能在上述机构之间进行，并需得到意大利银行董事会的许可。

（四）无资本金的中央银行

无资本金的中央银行是指在中央银行没有自有资本，而由国家直接授权履行中央银行职能的中央银行。韩国中央银行是当今世界唯一没有资本金的中央银行。1950年韩国银行成立时，注册资本为15亿韩元，全部由政府出资。1962年《韩国银行法》的修改使韩国银行成为“无资本的特殊法人”。该行每年的净利润按规定留存准备后，全部汇入政府的“总收入账户”，如发生亏损，首先用提留的准备金弥补，不足部分从政府的支出账户中划拨。

（五）资本为跨国所有的中央银行

这种中央银行即为跨国中央银行，如西非货币联盟、中非货币联盟、东加勒比海货币管理局、欧洲中央银行等。跨国中央银行的资本不为某一国所独有，而是由跨国中央银行的成员国共同所有。

值得注意的是，虽然按照资本构成可将中央银行分成上述五种类型，但无论是哪种类型的中央银行，其职能都是由国家通过法律（或条约）直接赋予的，它的地位、性质、职能和作用并不受资本所有制形式的影响。

第二节　中央银行的组织结构

中央银行的组织结构是中央银行制度的重要内容之一，主要包括中央银行的权力结构、内部职能机构以及分支机构设置等方面。各个国家中央银行通常根据自身制度的要求以及国情、政治经济制度，对其中央银行机构进行合理设置，确保其各项职能的发挥。

一、中央银行组织结构的原则

由于各国经济发展水平、经济运行体制、组建组织机构的目的性不同，使得构建的中央银行组织体系也略显不同，但是都必须遵循一些基本原则：

第一，设立的中央银行组织结构应当上下级关系合理，职权明确。作为一国金融体系的核心和枢纽，中央银行应能对金融市场发生的新现象、新问题作出及时的反应，并及时予以解决。明确各组织部门的权职范围有利于提高工作效力，并且更好地履行中央银行的职能。

第二，各组织机构之间应合理清楚地划分职能。中央银行的最高权力机构在制定和执行政策过程中，需要有具体的职能部门进行操作和实施，这些职能部门是中央银行正常运作的前提和保证。

第三，组织机构中的人员任职资格和程序应当透明、明确，力求奖惩严明。由于中央银行工作的特殊性，因此中央银行组织机构中的工作人员的选任和任职程序必须纪律严明，这样才有利于保证其工作的质量，提高工作效率。

二、中央银行的组织结构

各国中央银行的组织结构大都由专门的法律或专项规定来确定，一般比较稳定，以有利于中央银行更好地行使各项职能。

（一）中央银行的权力结构

中央银行的权力结构主要指最高权力分配状况，它一般通过最高权力机构的设置和职责分工来体现。虽然由于各个国家经济政治状况、历史传统以及中央银行产生方式不同，中央银行最高权力机构的权力行使和职责分工会有差异，但也具有共同特点，包括：（1）最高权力机构地位超然，权力很大，其成员任期很长，其成员一般都由国会，皇室或总统任免。（2）中央银行总裁是核心人物，在中央银行执行乃至制定金融政策中起着举足轻重的作用。（3）中央银行最高权力机构的成员一般具有极广泛的代表性。

中央银行的最高权力大致可划分为三种：决策权、执行权和监督权。其中，决策权是权力的核心，是中央银行权威的体现；执行权是权力的集中体现，在执行中可包含次级决策权；监督权是对决策和执行权力的约束，是对中央银行有效行使职能的保证。根据决策权、执行权和监督权的机构配置情况，我们一般将各国中央银行的权力结构分为以下两种模式：

1. 三权合一模式

顾名思义，采取三权合一模式的中央银行往往通过建立理事会而将决策权、执行权和监督权集于一身，理事会既是货币政策、业务方针和规章制度的制定者，也是具体实施和监督者。三权合一模式的特点是决策层次少，权力比较集中，决策和操作便捷迅速，有利于政策间的衔接和一致。不足是缺乏制衡，容易带来集权和独裁。三权合一模式的典型代表是美国联邦储备体系和英格兰银行。

美国联邦储备体系的最高决策机构是联邦储备银行理事会（也称联邦储备委员会）。美国联邦储备理事会有 7 名董事；都是由总统任命并经参议院确认，董事的任期为 14 年，各董事任期的起始时间不同，每 2 年离任 1 人，相互交错。理事会主席和副主席从 7 名董事中产生，由总统指定并经参议院同意，但任期只有 4 年（可在他们董事任期内连任）。理事会的主要职责如下：(1) 向国会就美国经济状况和美联储对货币和信用增长的目标等进行年度和年中汇报。理事会主席经常与总统和财政部长会面，理事会董事们则要经常在国会陈述作证。(2) 设定存款准备金率及批准由各联储银行董事们提出的贴现率。(3) 制定和执行金融安全、健康以及保护消费者的有关规定。(4) 检查联储银行的服务、监管及会计程序，批准各联储银行的预算等。

英格兰银行的最高权力机构是英格兰银行理事会，负责货币政策的制定和实施。理事会由正副总裁及 16 名理事共同构成，均由政府推荐，英王任命。正副总裁任期 5 年，可以连任。理事任期 4 年，轮流离任，每年更换 4 人。16 名理事中有 12 名是兼职的，由私营商业银行行长、实业家和工会领袖等组成，下议院议员、政府部长和公职人员不得入选。此外英格兰银行还聘请 6 名助理理事和 4 名主要顾问，他们与 5 位部门负责人一起主持英格兰银行的日常工作。1997 年成立了货币政策委员会，主要负责再贴现率的调整，组成人员为英格兰银行的正副总裁和英格兰银行内部委员 2 名及外部委员 4 名。

2. 三权分立模式

三权分立模式是指中央银行设立几家不同的最高权力机构，分别行使决策权、执行权和监督权。三权分立模式有利于专业化的管理和权力制衡，但是容易带来较高的协调成本，造成效率低下等问题。实行三权分立模式的典型国家有日本、瑞士等，欧洲中央银行也实行这一模式。

日本银行的最高决策机构是政策委员会，政策委员会是以1949年修订的《日本银行法》为基础设立的，宗旨是提高日本银行的自主性，实现日本银行的民主化。政策委员会由6名审议委员和日本银行总裁、2名副总裁共计9人组成。总裁代表日本银行，遵照政策委员会制定的方针政策，管理日本银行的全盘事务。副总裁和理事负责辅佐总裁执行业务，总裁及副总裁由国会通过，内阁任命，总裁、副总裁的任期为5年，均可以连任。日本银行政策委员会主要负责：改变再贴现率和存款准备金率；协调金融市场运行以及日本银行主要职能机构的变更等重要事务。日本银行的最高权力执行机构是日本银行理事会，主要负责执行政策委员会的决定和日常经营中的重大事项，由日本银行正副总裁和17名理事组成，正副总裁任期5年，其他理事为4年，均由大藏大臣任命。另外，日本银行还设有监事会，由5名成员组成，任期4年，内阁任命，负责监督检查日本银行的业务和政策执行情况。

瑞士国家银行的最高权力决策机构是理事会，由40名理事组成，其中包括主席、副主席在内的25名理事由联邦政府任命，其余15名理事由股东大会选举股东担任。理事会的主要职责是制定和实施货币政策、制定业务制度、审核年度决算、向联邦政府提出执行理事会成员和分行行长人选等。瑞士国家银行的最高权力执行机构是执行理事会，其成员有3名，由理事会提名，联邦政府任命，任期6年，主要负责处理中央银行的日常重要事务，定期向银行委员会提供口头或书面报告。瑞士国家银行的监督机构是银行委员会，共有10名成员，由理事会选出。银行委员会每月召开一次会议，主要预审理事会将要处理的所有事项。

欧洲中央银行的权力结构采用的也是三权分立模式。其中行长理事会是欧洲中央银行的最高决策机构，由执行董事会全体成员和欧元区所有成员国中央银行行长组成。行长理事会实行一人一票制，一般遵循简单多数的原则。行长理事会的职责是制定必要的指导方针和做出必要的决定，以保证完成《欧洲联盟条约》与《欧洲中央银行体系章程》赋予欧洲中央银行体系的任务；制定欧元区统一的货币政策，包括制定欧洲中央银行体系中的货币中介目标、准备金制度、基准利率等政策，并为落实这些政策而采取必要的措施。执行董事会是欧洲中央银行日常业务管理的机构，由主席、副主席和 4 名其他成员组成。执行董事会的成员专职执行其职务，未经行长理事会的特殊许可，不得从事任何其他有报酬的或无报酬的职业，任期为 8 年，不得连任。执行董事会的主要职能，是根据行长理事会所通过的指导方针和相关决定来实施货币政策。执行董事会在具体实施货币政策的过程中，应该对各成员国中央银行发出必要的指示。对于行长理事会做出的决策，执行董事会可以享受其授予的某些权利。除此之外，执行董事会还兼有若干其他任务：（1）执行董事会负责行长理事会会议的准备工作；（2）根据行长理事会确定的原则编制欧洲中央银行的年度账目；（3）为了分析与操作的目的，编制一份欧洲中央银行体系的综合预算表，其中包括纳入欧洲中央银行体系的各成员国中央银行的资产与负债。

值得注意的是，除行长理事会和执行理事会外，欧洲中央银行还有两个权力机构：一个是普通理事会，由欧洲中央银行行长、副行长和欧盟 15 国中央银行行长组成。这是一个补充性质的决策机构，由于欧盟目前还有 3 个成员国没有加入欧元区，而有关政策事宜需要在整个欧盟范围内进行磋商，因此，普通理事会的成员就包括了参加欧元区和未参加欧元区的所有成员国中央银行的行长。一般情况下，普通理事会会议由欧洲中央银行行长筹备并主持，欧盟理事会主席、欧盟管理委员会的 1 名成员以及执行董事会的其他 4 位成员也可以参加普通理事会会议，但是没有投票权。另一个是各成员国的中央银行。这些中央银行应根据欧洲中央银行的指导方针和指示采取行动。各成员国中央银行行长委员会应采取必要步骤，以保证使各成员国中央银行遵守欧洲中央银行的指导方针和指示，并应要求各成员国中央银行向欧洲中央银行提供一切必要的信息。各成员国中央银行可行使其他职责，但不得行使行长委员会认为有损于欧洲中央银行体系目标和任务的职责。各成员国中央银行在行使其他职责时，应自担风险和责任，并且上述其他职责不应视为欧洲中央银行体系职责的一部分。

（二）中央银行的内部机构设置

为确保各项职能顺利行使，各国中央银行必须在对中央银行总行或总部机关的职能进行划分与分工的基础上，设立具体的职能部门来进行操作，这就是中央银行的内部机构设置。图3-1对美国联邦储备体系的内部机构设置情况进行了简单概括。

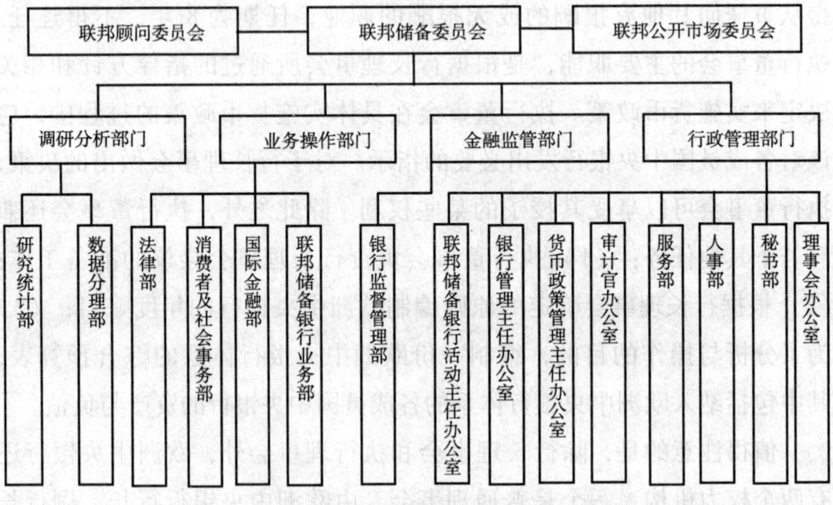

图3-1　美国联邦储备体系的内部机构设置

尽管各国中央银行设置的内部机构的数量和名称存在差别，但总体来看，大都包括以下几种部门：①

1. 行政管理部门

行政管理部门是中央银行运转的综合性非业务部门，主要负责日常的行政管理、秘书、人事、后勤等方面的工作。例如，英格兰银行的工商服务部，日本银行的秘书室、总务局和人事局，美国联邦储备

① 张贵乐、吴军主编：《中央银行学》，中国金融出版社1999年版，第66页。

系统的服务部、人事部、理事会办公室、秘书室等。

2. 业务操作部门

业务操作部门是中央银行执行货币政策及进行有关业务活动而设的部门，主要职能是负责办理货币发行、再贴现、公开市场操作业务、收受存款准备金、发行债券等业务操作。例如，在法兰西银行设有发行总局、贴现总局、信贷总局等。

3. 金融监管部门

虽然有的国家其金融监管职能已从中央银行分离出去，但在没有实行分离的国家，金融监管部门仍旧是中央银行的一个重要部门。例如，为了进行金融监管，日本银行设立了管理局和监察局，而美国联邦储备委员会则设有银行监督管理部。作为中央银行贯彻执行金融政策、监督金融政策实施以及对全国金融业进行有效监督管理的职能部门，金融监管部门的主要职责是对金融机构的事前管理和事后调查及其业务活动进行相关的指导，规范金融市场。

4. 调研分析部门

调研分析部门是中央银行的情报、参谋顾问部门，主要负责有关经济金融资料和情报的收集、整理、统计、分析，对国民经济和社会发展情况进行研究，从而就金融政策向决策部门提出建议。例如，美国联邦储备委员会的研究统计部和数据分理部。

（三）中央银行的分支机构设置

中央银行分支机构是中央银行全面行使职能和履行规定职责所必需的组织保证。各国中央银行基本上都设立了自己的分支机构。中央银行分支机构的设置大致有以下三种类型：

1. 按经济区域设置

这种设置方法是中央银行根据各地地域关系、历史传统、经济金融发展状况和中央银行业务量的大小，视实际需要而按经济区域设立分支机构。按经济区域设置分支机构有利于中央银行减少地方政府的干预，保证各项政策方针的贯彻执行和货币政策的集中统一。同时，按经济区域设置还能够更好地体现经济原则，减少成本，提高中央银行分支机构运营效率。

目前，世界上大多数国家，特别是市场经济国家的中央银行基本上都是按照经济区域来设置分支机构的。例如，美国就将全国的50个州和哥伦比亚特区按照经济区域划分为12个联邦储备区，在每一个联邦储备区的中心城市设立1家联邦储备银行，它们分别是：纽约联邦储备银行、波士顿联邦储备银行、费城联邦储备银行、克利夫兰联邦储备银行、里奇蒙联邦储备银行、亚特兰大联邦储备银行、芝加哥联邦储备银行、圣路易斯联邦储备银行、明尼伯利联邦储备银行、堪萨斯联邦储备银行、达拉斯联邦储备银行和旧金山联邦储备银行。各联邦储备银行可以根据需要设立分支机构，目前的分支机构包括25家分行和9家办事处。英格兰银行则在伯明翰、布里斯托尔、利兹、曼彻斯特和纽卡斯尔设立了5个区域分行，另外还在格拉斯哥、利物浦和南安普顿设立了3个代理处。印度的中央银行将全国的29个邦划分为4个区，分别设立大区理事会，负责邦级行政单位的金融监管。同时，还下设14个直属分行，负责货币发行和信贷业务。

2. 按行政区划设置

按行政区划设置方式要求中央银行分支机构的设置与国家行政区划相一致，逐级设置分支行，分支行的行政级别和规模与对应的行政区划级别相关，而与业务量关系不大，各分支机构之间也按照行政级别发生垂直的隶属关系。

这种设置方式一般与计划经济体制相适应，前苏联以及其他实行计划经济体制的国家基本上都采取这种方式。例如，中国人民银行在1998年以前就是采取这种方式设置其分支机构的：在首都北京设立总行，在各省、自治区、直辖市以及经济特区和国家确定计划单列的重点城市设立一级分行，在省辖地区和市设立二级分行，在全国的县一级设立支行，各级机构实行垂直领导。这种设置方式容易带来政府干预，造成人为的地方条块分割，既不利于中央银行独立性的保持和货币政策的实施，也不利于商品经济的发展，弊端较多。随着各国经济金融体制改革的推进，按行政区划设置分支机构的做法正逐渐被取代。

3. 以经济区域为主、兼顾行政区划设置

这种设置方式一般是按照经济区划设置分行，而分行以下的机构设置则考虑行政区划因素。采用这种模式的国家主要有日本、德国、意大利、匈牙利、前南斯拉夫和1998年后的中国等。以日本为例，日本银行把全国47个都、道、府、县划分为33个业务区，设立33家分行和12个代理处。分行所在的中心城市也是金融机构比较密集的地区，各分行直接接受总行领导，与地方政府没有领导、被领导关系，也不受地方政府管理，但分行以下分支机构的设立则更多地考虑行政区划。

第三节 中国人民银行的组织结构

1984年以前，中国人民银行既执行中央银行职能，又经办一般金融业务，实行的是典型的复合型中央银行制度。1983年9月17日，国务院正式决定，从1984年1月1日开始，中国人民银行作为我国的中央银行，专门行使中央银行职能。以此为标志，中国人民银行进入了单一型中央银行制度建设时期。中国人民银行的这种制度变迁历程给其组织结构打上了深深的历史烙印。

一、中国人民银行的权力结构

从1948年12月1日成立一直到1983年底，中国人民银行虽然名义上是我国的中央银行，但实际上只有执行权而没有决策权：在社会主义改造时期，中国人民银行更多的是作为国家机器的一部分，承担接管官僚资本银行、整顿私营金融业、支持经济恢复和国家重建等政治任务；在计划经济时期，中国人民银行实质成为中央政府的出纳，组织和调节货币流通，按照经济计划指标确定信贷规模，同时对居民实行存贷业务是其最主要的任务。

1984年1月1日开始，一直到1995年《中国人民银行法》颁布前，出于专门行使中央银行职能的需要，中国人民银行拥有的自主决策权越来越多。为加强决策的科学性和民主性，中国人民银行建立了中国人民银行理事会作为最高权力决策机构。① 理事会成员包括中国人民银行行长、副行长、少数顾问和专家、1 位财政部副部长、1 位国家计委副主任、各专业银行行长、中国人民保险公司总经理等。其中，理事会理事长由中国人民银行行长担任，副理事长从理事中选举产生，秘书长由理事兼任。理事会在意见不能统一时，理事长有裁决权，重大问题请示国务院决定。理事会的主要职责是：（1）审议金融方针、政策问题；（2）审议年度国家信贷计划、现金计划和外汇计划的有关重大问题；（3）确定专业银行和其他金融机构的设置、撤并、业务分工的原则；（4）研究设计金融全局的其他重要事项。

1995 年，《中华人民共和国中国人民银行法》颁布，取消中国人民银行理事会，规定"中国人民银行实行行长负责制。行长领导中国人民银行的工作，副行长协助行长工作"，"中国人民银行设行长一人，副行长若干人。中国人民银行行长的人选，根据国务院总理的提名，由全国人民代表大会决定；全国人民代表大会闭会期间，由全国人民代表大会常务委员会决定，由中华人民共和国主席任免。中国人民银行副行长由国务院总理任免"。2003 年颁布的《中华人民共和国中国人民银行法》（修正）重复了上述内容。这表明，从 1995 年开始至今，中国人民银行的最高决策权被高度集中在行长一人手中，属于决策权、执行权和监督权合一的中央银行。

值得注意的是，为有助于货币政策的正确制定，中国人民银行根据《中华人民共和国中国人民银行法》（修正）的要求设立了货币政策委员会。目前，货币政策委员会由下列单位的人员组成：中国人民银行行长 1 人，国务院副秘书长 1 人，国家发展改革委员会副主任 1 人，财政部副部长 1 人，国家统计局局长 1 人，中国人民银行副行长 2 人，国家外汇管理局局长 1 人，中国银行业监督管理委员会主席 1 人，中国证券业监督管理委员会主席 1 人，中国保险业监督管理委员会主席 1 人，中国银行业协会会长 1 人，金融专家 1 人。中国人民银行行长为主席，副主席由主席指定。其中，中国人民银行行长、国家外汇管

① 王广谦主编：《中央银行学》（第 2 版），高等教育出版社 2006 年版，第 29 页。

理局局长、中国证券监督管理委员会主席为货币政策委员会的当然委员。货币政策委员会其他委员人选，由中国人民银行提名或者中国人民银行会商有关部门提名，报请国务院任命。作为中国人民银行制定货币政策的咨询议事机构，货币政策委员会的主要职责是，在综合分析宏观经济形势的基础上，依据国家的宏观经济调控目标，讨论下列货币政策事项，并提出建议：（1）货币政策的制定、调整；（2）一定时期内的货币政策控制目标；（3）货币政策工具的运用；（4）有关货币政策的重要措施；（5）货币政策与其他宏观经济政策的协调。

二、中国人民银行的内部机构设置

2008 年 7 月 10 日，国务院批准并印发了《中国人民银行主要职责内设机构和人员编制规定》。这份文件在 2003 年颁布的《中华人民共和国中国人民银行法》（修正）的基础上，对中国人民银行的主要职责进行了一定的调整。相应地在内设机构上，中国人民银行在保留原有 18 个职能司（局）的基础上新增了一个汇率司。这些内设机构的具体名称与职能如下：

（一）办公厅（党委办公室）

负责文电、会务、机要、档案等机关日常运转工作以及信息综合、应急管理、安全保密、政务公开、来信来访、新闻发布等工作。承办人民银行党委办公室的日常工作。

（二）条法司

起草有关法律、行政法规草案；拟订或组织拟订、审核与履行职责有关的金融规章；负责中国人民银行金融法律事务、咨询服务和法制宣传工作；承担机关有关规范性文件合法性审核工作；办理行政复议和行政应诉工作。

（三）货币政策司

拟订货币政策中介目标并组织执行；提出货币政策工具选择建议并组织实施；拟订并组织实施存款准备金率及差别准备金率的调整；拟订本外币利率政策、管理办法、调整方案并组织实施；拟订本币公开市场操作方案并组织实施；承办中国人民银行货币政策委员会及宏观调控部门协调机制的有关工作。

（四）汇率司

拟订人民币汇率政策并组织实施；研究、制订并实施外汇市场调控方案，调控境内外汇市场供求；根据人民币国际化的进程发展人民币离岸市场；协助有关方面提出资本项目兑换政策建议；跟踪监测全球金融市场汇率变化；研究、监测国际资本流动，并提出政策建议。

（五）金融市场司

拟订金融市场发展规划，协调金融市场发展，推动金融产品创新；监督管理银行间同业拆借市场、银行间债券市场、银行间票据市场和黄金市场及上述市场的有关衍生产品交易；分析金融市场发展对货币政策和金融稳定的影响并提出政策建议；拟订宏观信贷指导政策，承办国务院决定的信贷结构调节管理工作。

（六）金融稳定局

综合分析和评估系统性金融风险，提出防范和化解系统性金融风险的政策建议；评估重大金融并购活动对国家金融安全的影响并提出政策建议；承担会同有关方面研究拟订金融控股公司的监管规则和交叉性金融业务的标准、规范的工作；负责金融控股公司和交叉性金融工具的监测；承办涉及运用中央银行最终支付手段的金融企业重组方案的论证和审查工作；管理中国人民银行与金融风险处置或金融重组有关的资产；承担对因化解金融风险而使用中央银行资金的机构的行为的检查监督工作，参与有关机构市场退出的清算或机构重组等工作。

（七）调查统计司

负责金融业的统计、调查、分析和预测。拟订金融业综合统计制度，编制金融业统计报表；负责有关货币政策和金融稳定的数据采集并按规定对外公布统计结果；按照规定提供金融信息咨询。

（八）会计财务司

协助有关部门完善中央银行和商业银行会计准则、制度、办法和会计科目；组织实施中国人民银行财务制度；编制并监督检查中国人民银行系统财务预决算；编制中国人民银行资产负债表和损益表等会计财务报表；承办中国人民银行系统会计、财务、基建、固定资产和政府采购项目管理工作。

（九）支付结算司

拟订全国支付体系发展规划；会同有关方面研究拟订支付结算政策和规则，制定支付清算、票据交换和银行账户管理的规章制度并组织实施；维护支付清算系统的正常运行；组织建设和管理中国现代支付系统；拟订银行卡结算业务及其他电子支付业务管理制度；推进支付工具的创新；组织中国人民银行会计核算。

（十）科技司

拟订金融业信息化发展规划，承担金融标准化的组织管理协调工作；指导、协调金融业信息安全和信息化工作；承担中国人民银行信息化及应用系统的规划、建设、安全、标准化及运行维护等工作；承办中国人民银行系统的科技管理工作；拟订银行卡业务技术标准，协调银行卡联网通用工作。

（十一）货币金银局

拟订有关货币发行和黄金管理办法并组织实施；承担人民币管理和反假货币工作；制定现钞、辅币和贵金属纪念币的生产计划，负责对人民币现钞、贵金属纪念币的调拨、发行库管理及流通中现金的更新和销毁；管理现金投放、回笼工作和库款安全；管理国家黄金储备；承办国务院反假货币联席工作会议的具体工作。

（十二）国库局

组织拟订国库资金银行支付清算制度并组织实施，参与拟订国库管理制度、国库集中收付制度；为财政部门开设国库单一账户，办理预算资金的收纳、划分、留解和支拨业务；对国库资金收支进行统计分析；定期向同级财政部门提供国库单一账户的收支和现金情况，核对库存余额；按规定承担国库现金管理有关工作；按规定履行监督管理职责，维护国库资金的安全与完整；代理国务院财政部门向金融机构发行、兑付国债和其他政府债券。

（十三）国际司（港澳台办公室）

承办金融业务开放的相关工作；承办中国人民银行与国际金融组织和各金融当局的交流与合作；承办对港澳台的金融交流与合作；承

办中国人民银行外事管理工作；指导中国人民银行驻外机构的业务工作；协调国际金融合作；开展国际金融调研工作。

（十四）内审司

拟订中国人民银行内审工作规章、制度和办法；监督检查中国人民银行各级机构及其工作人员执行金融政策、法规，依法履行公务和执行财务纪律的情况；承办主要负责人的离任审计工作，对违法违规人员的处理提出建议；指导、监督、检查中国人民银行系统内审工作。

（十五）人事司（党委组织部）

拟订中国人民银行人事、教育、劳动工资管理制度、办法并组织实施；承办中国人民银行系统机构、编制和干部管理工作；承办中国人民银行系统社会保险管理工作；拟订人员培训规划，组织人员考试测评工作；负责中国人民银行系统统战工作。

（十六）研究局

综合研究金融业改革、发展及跨行业的重大问题，协调拟订金融业改革发展战略规划，研究促进金融业对外开放的政策措施；围绕中央银行职责，研究分析宏观经济、金融运行状况，以及货币信贷、金融市场、金融法律、法规等重大政策或制度的执行情况，并提出政策建议。

（十七）征信管理局

组织拟订征信业发展规划、规章制度及行业标准；拟订征信机构、业务管理办法及有关信用风险评价准则；建设金融征信统一平台，推进社会信用体系建设。

（十八）反洗钱局（保卫局）

承担反洗钱工作的组织协调和监督管理职责；会同有关部门拟订反洗钱政策和规章；监督、检查金融机构及非金融机构高风险行业履行反洗钱义务情况；收集、分析和监测相关部门提供的大额和可疑交易信息；对可疑交易开展反洗钱调查，协助公安司法机关调查涉嫌洗钱犯罪案件；负责中国人民银行系统安全保卫工作；承办反洗钱国际合作工作；承办反洗钱工作部际联席会议办公室的具体工作。

（十九）党委宣传部（党委群工部）

负责中国人民银行系统党的思想建设和宣传工作；负责思想政治工作和精神文明建设；负责指导、协调本系统群众工作。

除上述19个内设职能机构，中国人民银行还设有13个直属事业单位和7个驻外机构。其中，13个直属事业单位分别是：中国反洗钱监测分析中心、中国人民银行征信中心、中国外汇交易中心、中国金融出版社、金融时报社、中国人民银行清算总中心、中国印钞造币总公司、中国金币总公司、中国金融电子化公司、中国人民银行研究生部、中国人民银行北京培训学院、中国人民银行郑州培训学院和中国钱币博物馆。7个驻外机构分别是：中国人民银行驻欧洲（伦敦）代表处、中国人民银行驻法兰克福代表处、中国人民银行驻北美洲代表处、中国人民银行驻加勒比海开发银行联络处、中国人民银行驻东京代表处、中国人民银行驻南太平洋代表处和中国人民银行驻非洲代表处。

三、中国人民银行的分支机构设置

自1984年我国确立中央银行制度至1998年10月，中国人民银行的分支机构一直是按行政区划设置的。即在中华人民共和国的31个省、自治区、直辖市及计划单列市设立一级分行，在地区一级的中心城市设立二级分行，在各县及县级市设立支行。

1995年，《中华人民共和国中国人民银行法》规定：中国人民银行的分支机构是总行派出机构，中国人民银行对分支机构实行集中统一领导和管理。中国人民银行的分支机构根据中国人民银行的授权，负责本辖区的金融监督管理，承办有关业务。根据国务院《关于金融体制改革的决定》中国人民银行分支行的基本职能是：金融监督管理、调查统计分析、横向头寸调剂、经理国库、现金调拨、联行清算和外汇管理。

但在实践中，由于分支机构是按行政区划设置的，往往存在以下问题：（1）由于内部机构设置基本与总行一一对口，使得机构庞大，人员冗杂；（2）各级行政部门对各级人民银行分支机构干预较多，有时十分严重；脱离总行管理，地方化倾向严重，使中国人民银行的货币政策和金融监管的职能有时很难有效实施；（3）机构臃肿，人浮于事，效力低下，人员素质较差，已不能适应人民银行职能转换与强化的要求。为解决上述问题，1998年和2005年，中国人民银行在管理体制上进行了两次重大改革。

（一）大区行体制改革

1998年11月，中国人民银行管理体制实行改革，撤销省级分行，跨行政区设置分行。具体的改革内容如下：

1. 撤销中国人民银行各省、自治区、直辖市分行，在全国设立9个跨行政区分行，作为中国人民银行的派出机构

新设的9大跨行政区分行是：天津分行（管辖天津、河北、山西、内蒙古）、沈阳分行（管辖辽宁、吉林、黑龙江）、上海分行（管辖上海、浙江、福建）、南京分行（管辖江苏、安徽）、济南分行（管辖山东、河南）、武汉分行（管辖江西、湖北、湖南）、广州分行（管辖广东、广西、海南）、成都分行（管辖四川、贵州、云南、西藏）、西安分行（管辖陕西、甘肃、青海、宁夏、新疆）。另外，在北京和重庆分别设立中国人民银行营业管理部和中国人民银行重庆营业管理部，履行所在地中央银行职责。

中国人民银行分行的职责是：贯彻执行国家有关法律、法规和方针、政策，依据中国人民银行的授权，对辖区内金融机构（不包括证券、保险机构，下同）的业务活动进行全面的监督管理，依法查处辖区内金融违法违规案件；管理辖区内金融监管办事处和中心支行的人事、财务工作；管理辖区内中央银行资金、存款准备金、再贴现、利率和现金管理等有关货币信贷政策业务；对辖区内经济金融形势和区域金融风险进行分析；对辖区内外汇、外债和国际收支进行管理；协调辖区内中心支行的国库经理、支付清算、现金发行和金融统计等业务。

2. 在不设中国人民银行分行的省、自治区人民政府所在地城市，设20个金融监管办事处，作为中国人民银行分行的派出机构

金融监管办事处的主要职责是：根据中国人民银行分行的授权，

对所在省、自治区的金融机构实施现场检查，查处中国人民银行分行交办的金融违法、违规案件。

2003 年金融监管职能从中国人民银行分离出来后，相应地，这些金融监管办事处被并入地方银监局。

3. 在不设中国人民银行分行的省、自治区人民政府所在地城市，设立 20 个中心支行，作为中国人民银行分行的派出机构

中心支行的职责是：负责汇总所在省、自治区各项经济金融统计数据；管理所在地省级发行分库业务；管理所在地国家金库省级分库业务；管理所在地电子结算分中心业务和原省级分行营业部的业务。金融监管办事处与中心支行都是分行的派出机构，相互之间不是领导与被领导的关系。

4. 深圳市、大连市、宁波市、厦门市、青岛市及原地级市（州、盟、区）分行更名为中心支行，其职责不变；县（县级市、旗）支行保持现状，职责不变

1999 年 1 月 1 日，新的中国人民银行管理体制正式运行。经此改革后，中国人民银行实现了变按照行政区划设置分支机构为按照经济区域为主、兼顾行政区划设置分支机构的改革意图。1998 年的中央银行管理体制改革体现了以下特点：（1）在货币政策上，总行进一步集中了货币政策决策权，分行在认真分析、研究辖区内的经济金融形势的基础上，为货币政策决策提供政策建议，既可保证货币政策的权威性，又可保证货币政策操作的针对性和灵活性。（2）在金融监管职能上，工作重点在分行，要保证各项金融监管政策的贯彻执行，强化金融监管的独立性，全面监管辖区内的金融机构，依法查处金融违法、违纪案件，分析研究、防范和化解金融风险，实行金融监管责任制。（3）在金融服务职能上，遵循属地原则，主要由中心支行承担，金融服务贴近基层，面向企业、广大金融机构，有利于利用现有设备和技术力量，改进和提高金融服务效率。

1998 年的中央银行管理体制改革减少了地方政府对中国人民银行的干预，有利于增强中央银行的独立性，有利于提高货币政策执行的权威性和金融监管的公正性。但也存在一些不足之处：（1）脱离国情，

大区行体制相对超前。中央银行要增强独立性，防止地方政府的干预，这是正确的，但只有中央银行本身已经具有较强的独立性，大区中央银行才能在货币政策等重要事项的决策中发挥更有意义的作用。同时，由于目前四大国有银行都是按照省级行政区划设立分行，且中国存在着大量的地方性金融机构，如信托公司、城乡信用社等，这使得货币政策的传导和金融监管必须依靠地方政府甚至要在地方政府的统一协调与领导下才能顺利进行。正是因为超前于货币政策决策体制和金融业管理体制，大区行体制运行不到 3 年就开始进行重大调整。（2）9 大区行并不是严格按照经济区域的原则划分的结果。如长三角地区的上海、浙江和江苏，经济结构相似程度高，原则上应考虑在此设立一个分行，管辖长三角地区。但实际上却把这三个地区人为分成了两部分：上海分行和南京分行。前者管辖上海、浙江和福建，后者管辖江苏和安徽。（3）内部组织体系紊乱。一个有效的组织机构应该是内部组织机构合理、组织体系明朗、领导和管理关系明确，但由于人民银行既要“大胆改革”，又要尊重历史，也要考虑平衡，实际上又不得不保持与地方党政的协调，包括与我国其他经济政治体制的衔接（如计划单列体制），因而只好乱了自己，总行与分行之间又出现营业部，分行与中心支行之间又冒出个营业管理部、监管办事处，也有特殊的省会城市中心支行、计划单列市中心支行，其职责范围、功能定位各不一样，组织活动、开展工作、贯彻方针政策、执行国家法律方面难免择其所需，形成合力大大打折。（4）分支机构职能重叠，大区行职能“空壳化”。改革之初，大区行的核心职能有两项：监管地区金融业和执行货币信贷政策。随着金融监管职能的剥离和地方银监局的成立，执行货币信贷政策成为大区分行的核心职责。但由于公开市场操作和法定存款准备金率这两项政策高度集中于总行，现在大区分行剩下来的主要职能就是执行央行货币政策中的再贷款、再贴现业务，而这部分恰恰和中心支行的职能重叠。2004 年 5 月，总行明确规定，货币信贷职能也由大区管理改为由省会中心城市支行负责，并直接向总行负责，这意味着大区分行再贷款、再贴现业务也被剥夺，从而出现了职能的“空壳化”。

针对这些问题，大区行体制改革的再改革已在所难免。根据中国当前的现实情况，大区行体制再改革的方向应是：[①]（1）大区行体制不应半途而废，而应继续调整和完善。这是基于两个基本事实而作出的判断：一是我国经济发展已呈现出明显的地区特色，如珠三角、长三角、环渤海、东三省、大西北等，中央银行的分支机构应该适应经济区域化发展的需要；二是任何体制改革都有可能引起人心浮动，导致制度和程序的破坏，造成文化、信息、资产和人才的流失，因此，机构改革需谨慎，不能过于频繁和随意。（2）重新定位中国人民银行分支机构的功能和组织。大区行应加强对本辖区经济金融情况的调查，为货币政策决策提供建议，要在维护金融稳定方面发挥更大作用。应抓住国有商业银行股份制改革的契机，从成本与风险出发按照地区经济发展状况设立分支机构，调整工作重心，改进工作方法，提高货币政策执行能力。（3）简化中国人民银行分支行的内部机构设置，提高经济金融研究能力和水平。我国现行中央银行总分行之间上下对口设置内部机构的做法，偏离了中央银行的主要目标任务，不仅机构臃肿，而且事无重心，是中央银行运作效率不高的组织根源。未来分支机构的改革应当通过逐步撤并和人员的转岗分流，减少现有分支机构的内设部门，提高办事效率。同时，还要对现有工作人员进行合理定编定岗，加大岗位培训力度，并积极储备经济金融人才，提高调研水平，为货币政策的制定和执行提供完整、准确的第一手资料。（4）提高中国人民银行分支机构的透明度。分支机构应加强与企业和社会公众的联系，不仅要为总行制定货币政策提供市场微观主体的真实信息，还要成为总行传达政策意图与实施公众经济教育的喉舌，实现货币政策的公开、清晰、诚实和共同理解。

（二）成立中国人民银行上海总部

为进一步完善中央银行决策和操作体系，发挥金融市场一线的优势，提高中央银行宏观调控的水平和效率，经中央有关部门批准，设

① 刘丽巍著：《当代中央银行体制——世界趋势与中国的选择》，人民出版社 2007 年版，第 213—219 页。

立中国人民银行上海总部。2005 年 8 月 10 日，上海总部正式挂牌成立。

上海总部是人民银行总行的有机组成部分，在总行的领导和授权下开展工作，其职能定位是总行的货币政策操作平台、金融市场监测管理平台、对外交往重要窗口，主要承担公开市场操作、金融市场监测、金融信息分析研究、金融产品研发和交易、区域金融合作等职责。上海总部将承担的主要职责有：（1）根据中国人民银行总行提出的操作目标，组织实施中央银行公开市场操作；（2）承办在沪商业银行及票据专营机构再贴现业务；（3）分析市场工具对货币政策和金融稳定的影响，监测分析金融市场的发展，防范跨市场风险；（4）密切跟踪金融市场，承办有关金融市场数据的收集、汇总、分析，定时报送各类金融动态信息和研究报告；（5）研究并引导金融产品的创新，促进金融市场协调、健康、规范发展；（6）承办有关区域金融交流与合作工作等。

上海总部成立初期与中国人民银行上海分行合署办公，并逐步与上海分行整合。上海总部根据总行授权，还承担对中国外汇交易中心（全国银行间同业拆借中心）等总行直属在沪单位的管理工作，以及上海黄金交易所、中国银联等有关机构的协调、管理工作。中国人民银行上海总部的设立，有助于扩大上海金融市场对国内金融业乃至亚太地区金融的整体影响力，从而加速上海国际金融中心的建设。

本章小结

虽然世界各国基本上都实行了中央银行制度，但由于各国的经济、政治、历史文化习俗发展状况不同，中央银行的制度类型也存在着很大差异。归纳起来大致可分为单一型中央银行制度、复合型中央银行制度、准中央银行制度和跨国中央银行制度四种形式。

中央银行的资本构成是指作为中央银行营业基础的资本金的构成情况，即中央银行资本金的所有制形式。归纳起来，各国中央银行的资本构成主要有五种类型：国家所有、公私共有、私有、无资本以及跨国所有。

各国中央银行为了确保其各项职能的发挥，根据自身制度的要求以及国情、政治经济制度，对其中央银行机构进行合理设置。中央银行的组织结构主要包括中央银行的最高权力机构设置、内部机构设置以及分支机构设置。

1984 年以前，中国人民银行实行的是典型的复合型中央银行制度。从 1984 年 1 月 1 日开始，中国人民银行进入了单一型中央银行制度建设时期。1984 年至 1994 年中国人民银行的最高权力决策机构是中国人民银行理事会，1995 年至今，中国人民银行的最高决策权被高度集中在行长一人手中，属于决策权、执行权和监督权合一的中央银行，货币政策委员会只是中国人民银行制定货币政策的咨询议事机构。1984 年至 1998 年 10 月，中国人民银行的分支机构一直是按行政区划设置的。1998 年 11 月开始，中国人民银行管理体制实行改革，撤销省级分行，跨行政区设置分行，并于 2005 年 8 月 10 日设立中国人民银行上海总部。

重要概念

单一型中央银行制度　一元型中央银行制　二元型中央银行制　复合型中央银行制度　准中央银行制度　跨国中央银行制度

复习思考题

1. 试述中央银行的制度类型形成的影响因素。
2. 比较分析一元型中央银行制和二元型中央银行制的优缺点。
3. 如何按资本构成划分中央银行制度类型?
4. 比较美国联邦储备体系和欧洲中央银行体系的组织结构的异同。
5. 评述1998年我国的大区行体制改革。

第四章　中央银行的独立性

在现代经济生活中，中央银行是一国金融体系的核心，它不仅是社会信用制度的枢纽，而且还担负着宏观经济调控、管理其他金融机构的经营活动等多种职能。中央银行已经成为各个国家最重要的公共权力机构之一。正是由于中央银行的这种特殊地位，从20世纪70年代开始，世界各国都非常强调本国中央银行的独立性。本章将紧紧围绕中央银行独立性问题，从定义、历史由来、理论争议、实证检验和各国实践等方面进行介绍和分析。

第一节　中央银行独立性的定义与历史由来

中央银行这一制度安排从17世纪到现在已有300多年的历史。在这一过程中，随着中央银行性质、职能、作用和组织结构的不断发展和完善，中央银行对一国经济运行的影响力日趋加深，而它与政府的关系也逐渐变得微妙起来。在有关中央银行的独立性问题上，人们产生了许多不同见解。

一、中央银行独立性的定义

有关中央银行独立性的定义，不同的学者有着不同的解释。其中，经典定义有两个：一是弗里德曼（M. Freidman）在1962年所下的定义："中央银行应该是与立法、行政及司法部门同等的一个独立的政府部门，而且它的行动受制于司法部门的解释。"二是凯派与古德哈特

（F. Capie & G. Goodhart）在1995年所下的定义："中央银行的独立性是指中央银行拥有不接受来自政府的指令，亦不必与政府协商，而无条件地拥有自主决定维持或变更现行货币政策的权力。"前者是有关中央银行独立性的最早的定义，后者则是当今被引用最多的定义，虽然两个定义的视角与表述完全不同，但从实质内容上看，两者都强调中央银行在履行自己的职能时拥有不受政府干预的自主性和独立性。

更多的经济学家则是从揭示中央银行独立性的具体内容角度来界定这一概念的。例如，1990年，哈森（Hassen）将中央银行的独立性概括为三方面：人事独立性（Personnel Matters Independence）、财务独立性（Financial Independence）和政策独立性（Independence with Respect to Policy）。其中，人事独立性即政府对中央银行领导人任免程序与任期的影响程度，它主要考察中央银行行政领导的任命方式、任期以及这些领导与该国最高行政长官之间隶属关系等内容。财务独立性即政府直接或间接从中央银行获得信贷以融通政府支出的能力，独立性强的中央银行应该能够抵制财政透支以及其他不合理的融资要求。政策独立性即中央银行制定和执行货币政策的自主权，这是现代中央银行独立性的核心内容。费雪（Fisher）进一步将政策独立性分解为目标独立性（Goal Independence）和工具独立性（Instrument Independence）。前者是指中央银行可以自由制定货币政策的最终目标。如果法规对央行的目标没有规定或规定得不具体，那么央行就有较大的权力自由裁量，从而具有较大的目标独立性。后者是指在货币政策最终目标确定后，中央银行有权自行决定采取什么样的货币政策工具，进行自己认为合适的操作，以实现其目标。1991年，格里利、马辛达罗和泰伯利尼（Grilli, Masciandaro & Tabellini）则将中央银行的独立性概括为政治独立性和经济独立性。其中，中央银行的政治独立性涉及到央行官员的任免与任期、政策目标的确定以及冲突解决程序等方面。中央银行的经济独立性主要是指中央银行在制定、执行货币政策，向政府提供信用，利用货币政策工具以及财务方面的独立性，因此，也被称为操作上的独立性或工具独立性。此外，法律独立性（或立法独立性，Legal Independence）和实际独立性（Actual Independence）也是人们常用的有关中央银行独立性的一种概括。前者指法律定义上对中央银行独立性的规定，后者指中央银行在履行自身职能时的实际权力大小。在法制健全的发达国家法律独立性往往作为评价一国中央银行独立性的重要尺度，而在发展中国家“实际独立性”更具有现实意义。

综合上述各种定义可看出，中央银行的独立性主要指中央银行履行自身职责时法律赋予或实际拥有的权力、决策和行动的自主程度，其实质是中央银行与政府之间的关系。不过，从实践来看，现代中央银行的独立性，不是指中央银行完全独立于政府之外，不受政府任何约束，而是指中央银行在国家权力机构或政府的干预和指导下，根据本国总体的社会经济发展目标，独立制定和执行货币金融政策。因此，现代中央银行的独立性是指相对独立性，它具有两层含义：

1. 中央银行应与政府保持一定的独立性，能够独立地制定和执行货币政策，而避免来自政府的干预和控制

这是因为：（1）中央银行与政府的行为目标不同。中央银行在现代经济金融体系中处于重要地位，负有稳定货币币值的重任，而政府则更关注就业、经济增长、地区平衡发展、社会稳定等问题，且不同时期政府的工作侧重点不断变化；（2）稳定币值是长期目标，而政府存在“政治商业周期”，执政党于选举前推行扩张性财政政策和货币政策来影响选举，政策紧缩往往出现在选举之后；（3）中央银行对宏观经济的调控和对金融业的监督管理具有很强的专业性和技术性，由政治家们参与或决策不太合适；（4）政府历来具有实施扩张财政政策的倾向，中央银行需要保持独立性来抵制来自财政部的压力，以避免货币的赤字化发行；（5）中央银行必须具有一定的独立性，这是维护公众信心的一个必要条件。

2. 中央银行不能完全脱离政府，其活动不能背离国家总体经济发展目标

主要原因有：第一，中央银行的政策目标不能背离国家总体经济发展目标，中央银行作为金融系统的管理者，应当服从于经济社会大系统的运转，中央银行的货币政策必须支持和配合国家的经济发展目

标，不能自行其道；第二，货币政策是整个国家宏观经济政策的一部分，货币政策的实施应与财政政策等其他政策相配合，因而中央银行的政策实施要与政府其他部门协作；第三，中央银行具有国家管理机关的性质，在有些国家，中央银行直接就是政府的组成部分，中央银行的主要负责人也大多由政府委任。

二、中央银行独立性的历史由来

从历史上看，中央银行独立性问题的产生和发展经历了三个阶段：

（一）第一次世界大战以前

早在19世纪初，古典经济学家大卫·李嘉图就开始关注中央银行的独立性问题。他曾不无忧虑的说：“纸币发行权操在政府手里比操在银行手里似乎有更容易被滥用的风险”，而且，“经验证明，国家和银行在握有不受限制的纸币发行权以后是没有不滥用这种权力的”。并建议国家银行应被赋予完全独立于政府的自主权，扮演总银行家的角色，它不能把钱直接借给政府，只能在公开市场上购买政府债券，从而有效地限制政府滥发货币的权力。

不过，作为政府的银行，中央银行虽然从产生之日起就与政府有着不解之缘，但直到第一次世界大战前夕，中央银行与政府之间的关系还十分简单，主要体现在五个方面：一是努力争取政府支持，垄断货币发行；二是管理国库；三是为政府融资提供服务；四是为政府解救货币经济危机；五是由政府任命中央银行总裁。显然，在这些关系中，前四项都可视为业务关系而与中央银行独立性问题关系不大，只有第五项才与中央银行的独立性密切相关。但是，由于当时尚处于自由资本主义阶段，金本位制又正处鼎盛时期，各国金融秩序相对比较稳定，加之在经济思想上崇尚自由竞争和政府的自由放任，中央银行并没有成为国家干预和调节经济的工具，这决定了从中央银行产生至第一次世界大战爆发之前的长达数百年时间里，政府对中央银行的控制和干预程度都非常有限，而使中央银行一直保持着较高的独立性。

（二）第一次世界大战至20世纪60年代末

第一次世界大战期间，各国为了筹措军费，无不利用中央银行增发纸币或要求中央银行直接购买国债，中央银行的自由原则和独立性受到了严重侵犯。而战后的经济困难要求各交战国继续采用增发货币的办法以恢复经济，中央银行被迫发行纸币的结果是战后大多数国家的恶性通货膨胀。以德国为例，到1923年11月15日德意志帝国银行发行的纸币达到9280万万亿马克，与1913年相比纸币发行量增加了2450亿倍，物价上涨了13800亿倍，被称为世界货币史的噩梦。

第一次世界大战之后，世界各国要求中央银行独立的呼声日益高涨。1920年召开的布鲁塞尔国际金融会议作出以下决议："中央银行必须不受政府的压力，而应依循审慎的金融路线而行动"。1922年热那亚国际金融会议也同样强调了上述宗旨。1931年出版的《麦克米伦报告》对20世纪20年代中央银行独立性的强烈要求加以综合说明，该报告指出："健全的货币政府之主要目的，须由具有不受挑衅的独立立场者，不断地利用知识、判断及权威，自由运用其巨大的资源与各种技术始能达成。其管理当局应为英格兰银行，因为英格兰银行具有实现此目的之各种优良工具，并独立于政治影响之外，专为公益而努力，对其发展相随而生的变化并不怀疑；并对担负新的责任而无踌躇，虽置身于追求利润的奋斗中，但却超然于私人利益之外。"当时西方各国中央银行的首脑，如英格兰银行总裁诺曼（Montagn Norman）、德国国家银行总裁薛德（Schacht）、美国联邦储备委员会主席司脱朗（Strong）等，均赞同中央银行独立，为战后的金融稳定和经济发展做出了积极贡献。

但是，20世纪30年代的世界性经济危机和金融危机给中央银行带来了挑战，面对经济大萧条，中央银行束手无策，从而导致人们对中央银行的信心大减。人们开始怀疑中央银行，认为中央银行的力量远不足以保持经济和金融的健康稳定发展，必须配合实施相应的财政政策。而财政政策在这次大萧条过程中的确发挥了相当大的作用，因此中央银行应该独立于政府的观念受到了很大的冲击，中央银行逐渐丧失了独立性。1931年9月21日，英国首先放弃金本位制，英格兰银行听命于政府，独立性完全丧失；法兰西银行总裁因拒绝贴现国库券而被迫辞职；德国则重新制定了国家银行法，其中央银行也成为推行政府政策的工具。

第二次世界大战期间，各国中央银行又重蹈第一次世界大战时期的覆辙，自由原则和独立性被侵犯，成为整个战争机器的一部分。战后，凯恩斯主义的流行使得西方国家普遍干预国家经济，而货币政策只是国家宏观经济政策的一个组成部分，其必须与财政政策配合使用且符合国家经济调控的总目标。政府加强了对中央银行的控制，中央银行在这个阶段的独立性相对较弱。

总之，在第一次世界大战至20世纪60年代末的数十年间，虽然有一段时间人们开始认识到中央银行独立性的重要性，但在实践中，这一时期各国中央银行的独立性基本丧失。

（三）20世纪70年代至今

从20世纪70年代开始，人们的注意力重新转回中央银行的独立性。促成这一转变的主要原因是：（1）布雷顿森林体系瓦解，世界各国的货币稳定性受到很大的挑战；（2）滞胀使凯恩斯主义陷入困境，凯恩斯关于国家干预和调节经济的理论走向尽头，以弗里德曼为代表的现代货币主义代之而起，“单一规则”取代“相机抉择”成为西方主要国家货币政策操作的指导原则；（3）德意志联邦银行的高度独立性和其一直坚持的反通胀的货币政策使得马克成为最稳定的货币，并且使德国在二战后的通货膨胀水平在所有发达工业国家中保持最低纪录，德国中央银行成为各国中央银行学习的典范；（4）很多拉美国家为了避免回到以前高通胀的老路上，纷纷寻求机构上的安排和法律上的保证；（5）对于大部分经济转轨中的国家来说，一个独立的中央银行是建立有序的市场经济框架的必要前提。

正是由于以上的种种原因，世界各国都认识到了保持中央银行独立性的重要，而且伴随着全球性的金融创新和金融深化，各国纷纷加快金融改革，并且以立法的形式来提高中央银行独立自主的程度。例如，1975年美国国会通过了《联邦储备法修正案》，将联邦储备银行可直接向政府买卖政府公债的规定修订为完全禁止联邦储备银行直接购买公债。该法案的通过标志着美国率先建立起了规范化的政府与中央银行之间的融资关系。英国政府在1997年也做出了改革中央银行的重大决定：一是授予英格兰银行货币政策决定权，二是成立没有政府代表的货币政策委员会，使英格兰银行走上了独立化的道路。德国国会于1994年通过了《德意志联邦银行法修正案》，废除了“联邦银行在规定限额内对政府机构、专门公共财产机构提供短期保证交款”的条文，在资金运用方面进一步强化了中央银行的独立性。日本也在1997年提出了《日本银行修正案》，该修正案明确的规定了银行的职能、银行最高决策机构的组织与职能和银行人事权，其最核心的内容是从法律上确立了日本中央银行的独立地位。此外，许多发展中国家也采取了类似的法律措施以保证本国中央银行的独立性。由以上可以看出，增强中央银行的独立性是世界各国立法的大趋势。

通过以上对中央银行独立性问题发展的历史分析可以看出，中央银行独立性问题的实质就是中央银行和政府的关系。一般说来，中央银行的独立性在政治经济平稳发展时体现得较为充分，而一旦发生战争，或者出现严重的经济金融危机时，政府为了保证国家的安全，就会出面干预经济和利用中央银行控制金融，中央银行的独立性会被大大削弱，甚至完全丧失。

第二节　中央银行独立性的理论分析

中央银行的独立性问题既是一个现实选择问题，又是一个理论热点问题。正如在实践中各国中央银行独立性历经各种曲折与反复一样，在理论界，有关中央银行独立性问题的研究也存在着种种分歧与争议。赞成者有之，反对者亦有之。

一、倡导中央银行独立性的理论观点

尽管早在1823年古典经济学代表人物大卫·李嘉图就提出了由独立的公共货币管理机构管理货币发行的必要性，但在长达一百多年的时间里，这一主张一直未被经济学家们所重视。直到20世纪70年代开始，随着加强中央银行独立性成为一种世界范围内中央银行体制改

革的新趋势后，李嘉图关于中央银行独立性的朴素认识才被众多学科理论予以阐释、论证及修补，其中最具影响力的是时间非一致性理论、政治经济周期理论和公共选择理论。

（一）时间非一致性理论

2004 年度诺贝尔经济学奖获得者基德兰德（Finn Kydland）和普雷斯科特（Edward Prescott）的一个重要贡献是，在其 1977 年的经典论文中提出了经济政策中存在时间非一致性问题。时间非一致性，又称“动态非一致性”，是指一项政策在制定的初期可能满足最优原则，但是在实施过程中由于新情况的出现，可能不再停留在最优状态，政府就要随时调整政策，经过重新考虑选择的最优政策与最初的最优政策存在一定的差异，这就形成最优政策的动态时间非一致性。

1. 巴罗—高登模型

在基德兰德和普雷斯科特理论的基础上，1983 年巴罗（Barro）和高登（Gordon）通过引入供给冲击、稳定政策和理性预期理论，构建了一个基本模型——巴罗—高登模型。这一模型详细地阐释了货币政策的时间非一致性问题，从而成为当前支持中央银行独立性的最重要的一种理论。

巴罗—高登模型的基本假设包括：①经济主体具有理性预期；②经济体系存在一个稳定的均衡产出增长率；③短期内通货膨胀与失业存在替代关系，长期内货币中性；④政府当局与经济主体之间存在非合作博弈。总产出由卢卡斯总供给函数给定，其形式为：

$$y = y_n + b(\pi - \pi^e) + \varepsilon \quad (4.1)$$

其中，y 表示产出，y_n 表示经济体的自然产出，π 表示通货膨胀率，π^e 表示预期通货膨胀率，ε 表示平均值为 0 的干扰项，参数 b 表示经济主体预料之外的通货膨胀对产出的影响力度，$b>0$。要确定中央银行的货币政策选择，必须先规定中央银行的偏好，一种较为合理的假设是中央银行想要使社会总损失最小化。该损失函数由产出和通货膨胀的波动决定，其形式可表示为：

$$V=\frac{1}{2}[a\pi^2+(y-y_n-k)^2] \tag{4.2}$$

其中，参数 a 表示中央银行给予通货膨胀率在社会损失中的权重（相对于产出波动而言），$a>0$。参数 k 表示产出 y 高出自然产出 y_n 的部分，这意味着，中央银行想要使社会损失最小，须同时稳定产出和通货膨胀。换言之，通货膨胀率要稳定在0附近，而产出要稳定在 y_n+k 附近。关于 $k>0$ 的假设有几种常见的解释，大多数情况下人们将这一问题的存在归于劳动市场的扭曲（如工资税）的存在，认为这些扭曲使经济的均衡产出率陷入无效率的低水平；也可以认为垄断竞争部门的存在使均衡产出水平变得效率低下。这样，试图运用货币政策使产出水平稳定在 y_n+k 附近的做法只能是一种次优选择（最优办法应当包括消除那些初始扭曲）。另一种解释认为，k 产生于对中央银行施加的政治压力，这种政治压力是指由选举产生的当政者具有一种经济扩张的倾向，因为经济扩张看起来似乎可以提高他们再度当选的可能性。k 增大了社会损失，对货币政策影响很大，其深层含义在于应进行制度改革以使中央银行承受的政治压力最小化。

忽略干扰项，把（4.1）式代入（4.2）式，并对 π 求导可得：

$$\frac{dV}{d\pi}=a\pi+b^2(\pi-\pi^e)-bk \tag{4.3}$$

令（4.3）式最小化的条件是 $\frac{dV}{d\pi}=0$。由此可见，在相机抉择的货币政策规则下，政府所选择的通货膨胀率为：

$$\pi=\frac{b^2\pi^e+bk}{a+b^2} \tag{4.4}$$

考虑货币政策当局与经济主体之间的博弈过程。据（4.1）式可知，为使货币政策起到增加产出的作用，即 $y=y_n+k$，必须使 $\pi-\pi^e>0$。要实现这一条件，中央银行必须采取措施尽可能地降低经济主体的通货膨胀预期。假定中央银行在事先宣布以物价稳定为货币政策的目标，从而经济主体的初始预期通货膨胀率 $\pi^e=0$。据（4.4）式可知，满足社会损失最小化的通货膨胀率为：

$$\pi = \frac{bk}{a + b^2} > 0 \tag{4.5}$$

（4.5）式表明，一旦经济主体形成了零通货膨胀率的预期，中央银行放弃其已经做出的承诺，转而采取通货膨胀的政策就将成为其最佳的货币政策选择。这样，最优的货币政策选择在通货膨胀率预期形成前后就发生了变化，即存在着时间非一致性。然而，在经济主体具有理性预期的情况下，中央银行就不可能使预期通货膨胀率最终低于实际通货膨胀率，因为由于经济主体考虑到了政府的企图，他们在最初就自然调高了通货膨胀预期。通过反复的调整，预期通货膨胀率和实际通货膨胀率最终将相等，并且：

$$\pi = \pi^e = \frac{bk}{a} > 0 \tag{4.6}$$

在这一通货膨胀水平下，根据（4.1）式和（4.2）式，可得社会损失为：

$$V_d = \frac{1}{2}k^2(1 + \frac{b^2}{a}) \tag{4.7}$$

如果改变上述分析中相机抉择的重要假设，而假定中央银行在宣布零通货膨胀政策后能够坚持这一简单规则，即 $\pi = \pi^e = 0$，则相应的社会损失为：

$$V_p = \frac{1}{2}k^2 \tag{4.8}$$

显然，$V_d > V_p$，这就意味着相机抉择的货币政策将造成更大的社会损失。基于此，巴罗和高登认为，就货币政策操作策略而言，按简单规则行事优于相机抉择。这样，作为一种全新的货币政策研究框架，巴罗—高登模型强调了中央银行动机对于货币政策的重要性，同时也突出了可信度的重要性。这种见解把政策分析的焦点从对单个政策决策的分析转移到能够缓解时间非一致性问题的制度设计上来，从而论证了中央银行避免政府干扰、保持独立性的必要性。

尽管严格地按规则行事具有潜在的好处，但是在实际的操作中规则必须是十分简单的，这也构成规则的一个明显缺陷，因为这让政策难以对未预见到的事件做出反应。因此，货币政策运行机制的设计应在简单规则与相机抉择之间，在可信性和灵活性之间左右权衡。围绕这一问题，许多货币经济学家提出了自己的理论见解，“保守的中央银行家”（Conservative-central-banker）和“最优激励合约”（Optimal-incentive-contract）就是两个比较有影响的理论尝试。

2. 保守的中央银行家理论

1985 年，罗戈夫（Rogoff）从立宪的角度提出了解决时间非一致性问题的思路。他证明，如果把货币政策委托给比政府更加关注稳定价格目标的“保守的中央银行家”，并在宪法中明确规定中央银行更大的独立性，赋予后者独立地履行货币政策管理的权限，那么时间非一致性问题会得到缓解。因为对于保守的中央银行家来说，通货膨胀所造成的损失系数 a_c 大于对政府来说的同一系数 a，即 $a_c > a$。这样，保守中央银行家的个人损失函数变为：

$$V = \frac{1}{2}[a_c\pi^2 + (y - y_n - k)^2] \tag{4.9}$$

将（4.1）式代入（4.9）式，并对 π 求一阶导数，得出保守中央银行家相机抉择下的最优通货膨胀率为：

$$\pi = \frac{b^2\pi^e + bk}{a_c + b^2} > 0 \tag{4.10}$$

由于 $a_c > a$，比较 4.10 式和 4.4 式可知：

$$\frac{b^2\pi^e + bk}{a_c + b^2} < \frac{b^2\pi^e + bk}{a + b^2} \tag{4.11}$$

同理：

$$\frac{bk}{a_c + b^2} < \frac{bk}{a + b^2} \tag{4.12}$$

这表明，当中央银行家认识到通货膨胀对于其自身的信誉将造成严重的影响而更偏好稳定的价格水平，但对产出波动缺乏敏感性时，即使是相机抉择的货币政策策略，如果交给这些保守的中央银行家独立执行，也能够得出更低的通货膨胀率，且中央银行家越趋于谨慎，均衡通货膨胀率越接近简单规则行事的结果，同时不失灵活性，货币政策在灵活性和可信性之间求得均衡。只要公众信任中央银行家是稳健的，预期通货膨胀就会降低，货币政策的内在通货膨胀偏差就会减少乃至消除，最终增进整个社会的福利。因此，立宪方法实际上是对物价稳定政策的一个可信承诺，这种对保守的中央银行家的授权，既包含了目标独立性，也包含了工具独立性。这种制度安排的好处是获得较低的平均通货膨胀，而代价则取决于总供给的具体情况，即会增加产出的波动性。基于此，罗曼（Lohmann）在1992年指出，如果政府在任命一个保守的中央银行行长的同时，又对中央银行的独立性有所限制，以便在总供给冲击过大时废止中央银行的措施，这样政府可以做得更好。当然，多大的冲击发生时政府才应该压制中央银行的独立性，取决于政府本身的成本收益比较。所以，即使两个中央银行在法律上的独立性相同，在实践中，两个中央银行事实上的独立性也会存在巨大差异，这种差异的大小取决于政府越权行动的净收益。通常，德国联邦银行被视为罗戈夫的保守中央银行家模型的典型实例。①

罗戈夫是研究中央银行独立性的先驱，其得出的中央银行独立性和通货膨胀率成反比的结论，在20世纪80年代中后期到90年代初的西方国家经济发展过程中也得到了验证。但同时，保守的中央银行家理论也存在一定的缺陷，比如该模型只考虑了经济因素产生的冲击，而忽略了政治方面的因素，像不同政策偏好的执政党和国外政治势力等因素都会造成产出的变动。此外在罗戈夫的理论中，政府对中央银行的管理者缺乏约束机制，虽然可以增加中央银行政策上的独立性，但也使得货币政策与财政政策之间的协调变得更加困难。

3. 最优激励合约理论

根据罗戈夫的理论，如果社会委托一个保守、独立的中央银行家制定和实施货币政策，那么均衡时的通货膨胀率会减小。然而，如果

① 刘丽巍著：《当代中央银行体制——世界趋势与中国的选择》，人民出版社2007年版，第52页。

经济上供给出现较大变动时，委托一个只关注通货膨胀的保守型中央银行家并非最优选择。中央银行除了完成既定的货币政策目标外，政府同时还要设计出能够有效激励和约束中央银行制定和执行货币政策的机制。基于此，1993 年开始，佩尔松和塔贝利尼（Persson & Tabellini）、瓦什（Walsh）和斯文森（Svensson）等人先后提出了通过完善政府与中央银行之间的委托代理关系来解决货币政策时间非一致性的理论，这就是最优激励合约理论（或委托—代理理论）。

最优激励合约理论的核心思想是：将货币政策模型简化为中央银行和政府之间构造的合约，政府为委托人，中央银行为代理人，委托人和代理人签订契约，中央银行与政府就通胀目标或路径达成协议并签订书面合约，合约中载明双方根据历史经验、现实情况和未来预期而确定的通货膨胀率，政府将货币政策的具体运作权限交由中央银行独立行使，政府将根据中央银行控制通货膨胀的成效相应地予以奖惩。在这种制度下，当经济平稳运行时，中央银行会按固定规则行事，降低市场对于通货膨胀的预期，从而减少社会的损失；当意外的冲击出现时，中央银行又能根据冲击对政策进行调整，避免了可能因为制度僵化而造成的危害。可以看出，此时的货币政策既具有采用固定规则时的优点，而且还兼具了相机抉择货币政策的灵活性。1989 年新西兰中央银行改革被视为“最优激励合约”模型的典型实例。

总而言之，虽然保守的中央银行家理论和最优激励合约理论有关中央银行独立性的解决思路不同，而且在保守的中央银行家理论中，中央银行具有更高的独立性，不仅能够独立设置独立的政策目标，而且具有政策工具使用的独立性，也就是说，政府已经将货币的管理权完全交给了保守的中央银行家。而在最优激励合约理论下的中央银行基本上不具有政策目标上的独立性，而仅仅拥有选择货币政策工具的权利，也就是政府只将货币管理权的一部分交给了中央银行。但是，两种理论并非截然分开，而是存在着十分密切的联系，表现在：一方面，两者都是以“时间非一致性”为理论基础，针对通货膨胀偏差问题而提出的，两者都强调中央银行独立地制定和实施货币政策的重要性；另一方面，从本质上讲，最优激励合约理论实际上是通过契约的形式制造出了保守型中央银行家，因为在最优激励合约理论中，中央银行家不得不遵守契约规定的保守型条件，即较低的通货膨胀率。在这个意义上，最优激励合约理论可看成是保守的中央银行家理论的一种精致化和具体化。

（二）政治经济周期理论

政治经济周期（Poltiical Business Cycles）是指由政治过程引发的经济周期性波动，例如，代议制民主国家的货币政策制定者对经济增长和充分就业目标的刻意追求会制造出一个经济周期。根据影响经济周期的政治假设不同，政治经济周期理论大致可分为两类：一是以政府为谋求连任采取策略性经济政策而形成的选举经济周期理论；二是由于不同政党的意识形态差异而形成的政党经济周期理论。

选举经济周期理论是由美国著名经济学家威廉·诺德豪斯（William Nordhaus）于1975年提出的。选举经济周期理论建立在三个重要假设基础上：一是通货膨胀率与失业率存在负相关关系，即存在菲利普斯曲线；二是政府可运用货币政策促进经济增长和就业以改善选民的经济状况，且货币政策的实际经济效果会比货币效应（主要指通货膨胀）更早显现；三是选民在投票时以实际的经济状况为导向，偏好高增长、低失业率和低通货膨胀率。这样，政府为保证自身能够再次当选必然在选举日到来之前推行扩张性货币政策刺激就业与经济增长，以有助于赢得选举。但当随后通货膨胀预期缓慢地调整到较高水平时，已经成功当选的政府就需要立即执行一项紧缩性货币政策并忍受由此带来的失业率升高，以此降低通货膨胀预期直至下一个选举日，从而政府又可以故伎重施，通过实施扩张型货币政策争取选票。最终，政府的周期性政策调整直接导致宏观经济运行也围绕选举日呈现明显的经济周期。1977年，理查德·瓦格纳（Richard Wagne）同样以谋求连任解释周期性的货币扩张，但是他认为，中介目标是政府支出融资，而不是改变通货膨胀和失业率。政府公开市场操作若不与特定的政府支出相搭配，将在整个经济范围创造失业下降的“益处”，而更有效的在位者最大化连任机会的战略则应以特定居民为目标，如在选票“摇摆地区”提供新的工作培训机会。政治家们用支出计划购买选票，则需要获得更多的铸币税收入的支持，政治经济周期是附带结果，即政治铸币税周期。

希布斯（Hibbs）则是政党经济周期理论的先驱。1977 年，希布斯对美国民主党和共和党的执政情况进行了比较研究，结果发现，左翼政党与右翼政党对通货膨胀和失业有着不同的偏好，右翼政党执政，任职期间有较高的失业率和较低的通货膨胀率；而左翼政党执政，情况恰恰相反，两党轮流执政的国家中，不同政党的政府制定不同的政策，必然要发生与大选周期同步的经济波动现象。1987 年，阿莱西纳（Alesina）等人将理性预期引入原始的希布斯理论中，提出了所谓的“理性党派信徒”模型，从政党意识形态与政策选择的关系角度解释政治经济周期。该模型首先假定：（1）工资合约在选举前签署；（2）党派之间存在差异，且党派效应越大，不稳定性越大，因为有很大分歧的政策必然产生不确定性并使预期不稳定；（3）选举充满不确定性，即使通货膨胀预期的形成是理性的，实际可观测的政党想采取的政策之间的差异以及谁将赢得选举胜利的不确定性就可以导致经济活动的周期性行为，选举的意外程度和选举之后实际经济活动的波动规模之间呈正相关。“理性党派信徒”模型的核心思想是：每个政党都代表着不同的利益集团，因此，执政党将执行支持它的利益集团认为是最优的政策，理性的选民预测到这一点，就会选择其意识形态与自己的偏好最相近的政党。周期性存在与否就取决于选举结果中的不确定性了。在一个两党轮流执政的国家中，不同政党的政府要制定与实施不同的政策，从而两党轮流执政也就意味着政策的反复调整。所以，就必然要发生与大选周期同步的经济波动。

比较两种理论可看出，选举经济周期理论与政党经济周期理论其实具有内在一致性。因为在选举经济周期理论中，决策者完全受执政动机的驱使，即选票最大化的机会主义者，这是以所有投票人偏好相同为前提的，选举是加总具有不同利益的投票者偏好的一种方式，因此，投票人的不一致性以及由此产生的选举中的党派信徒属性，应当是解释政治经济周期的一个重要因素，即决策者是重视选民的意识形态最大化者。

选举经济周期理论与政党经济周期理论的基本命题是：经济运行往往围绕政治选举而波动，在大选之前政府一般都采取有利于当选的经济措施，而把不利的经济后果拖延到大选之后。这表明，政治家并不能最优地使用财政货币工具，为避免货币政策为政客而不是公众服务，成为政府谋求连任的伎俩，并缓和因政府更迭而造成的经济波动，从而使经济运行有一个稳定的货币环境，就应当建立一个中立的、能够抗拒政治压力的中央银行，使其在一个隔绝政治影响的制度环境中独立管理货币政策，以保证固定货币政策规则的实施。

（三）公共选择理论①

政府经济周期理论与时间非一致性理论都将中央银行独立性视为政府为消除通货膨胀偏差而做出的努力，但是也有一些学者认为中央银行独立性在更大程度上是政治家、金融利益集团以及金融资产持有者之间基于各自利益的彼此妥协的产物，消除或减缓通货膨胀偏差不过是附带的影响而已。有关中央银行独立性的公共选择理论由此产生，其代表人物有坡森（Posen）、宾纳（Bemhard）和沃森（Watson）等。

1993年，坡森在金融利益集团理论中指出，经济政策反映不同利益集团为争取自身利益而进行的斗争和努力，货币政策深受金融部门政治游说的影响，而金融部门通常被认为是高度厌恶通货膨胀的。“对于货币政策，我们经常能看到偏好低利率的集团（如抵押贷款所有者或行业）如何成功为能够暂时产生更低利率而进行的政策游说，而那些想要更高利率的人（如储蓄人）很少能对货币政策有影响。”金融部门通过政治游说促成中央银行独立性的形成会获得一劳永逸的收益：首先，金融部门只需要游说独立的中央银行，而不必投入无休止的精力去游说庞大的政治官僚体系；其次，独立的中央银行与私人银行之间有着频繁的人事往来，金融部门的呼声便更容易得到货币当局的重视。正是出于利益的互补性，金融部门和中央银行结成联盟，支持相互的需求，从而既取得了中央银行独立性又保持了较低的通货膨胀率。在这种分析框架下，事实上并不是外生的独立的中央银行降低了通货膨胀率，而只是私人金融部门将通货膨胀厌恶的偏好更好地传递给了

---

① 闫海：《中央银行独立性：一个新政治经济学分析框架》，《上海金融学院学报》2008年第2期，第58—59页，略有修改。

货币当局，从而实现了低通货膨胀。

1998年，宾纳认为独立的中央银行以及中央银行独立性的程度是政治家理性选择的结果，当政府官员、立法机构和政府的政治同盟存在不同的货币政策偏好或激励，政府官员害怕立法机构和政治同盟因为货币政策上意见的不一致而放弃支持政府时，政治家倾向于选择独立的中央银行，从而规避政治上的冲突，赢得更多的政治支持。正如弗里德曼1968年所言，货币政策效果的显现带有非均匀和不确定的时滞，并会对经济系统产生很多间接性的影响，由此，货币政策经常导致出乎政府意料的结果，政治家有动机规避这种不确定性对其执政地位的威胁。同时，货币政策的改变会对经济的不同部门产生再分配效应，政治家也有动机规避这种由再分配而产生的政治压力。金融市场和金融技术的复杂化加大了政治家管理货币的难度，使得政治家倾向于将货币管理权交给独立的中央银行。

2002年，沃森从金融市场与收入分配的角度阐述政治家越来越能够同意中央银行某种程度的独立性的理由。他认为，随着金融市场的发展，资产货币化程度提高，人们有意识或无意识地被卷入金融市场，金融市场日益成为人们创造和积累财富的场所，也成为财富分化和社会力量分化的场所，中央银行的任何货币政策调整都会打破金融市场中的现有收入分配格局，从而可能招致来自不同利益集团的不满。如果政府将货币政策管理权委托给独立的中央银行，那么，追求选票最大化的政府就可免于来自不同利益集团的政治压力。中央银行独立性这一制度设计不仅保证了货币政策的保守性，而且为政治家提供了一种规避政治风险的机制——这种政治风险来自于金融市场中特定货币政策所引发的不对称性收入分配。

以上研究超越了中央银行独立性与通货膨胀相联系的分析思路，运用公共选择理论中的自利、理性的政治人假设，对政治家、金融利益集团或公众的不同利益及选择予以分析。尽管每个主体视角研究都存在一定局限性，但是如果综合为一体，则深刻地阐明，中央银行的独立性是由政治家、金融利益集团和公众的理性行动所共同汇集的，是不同利益集团相互博弈与妥协的产物。

二、反对中央银行独立性的理论观点

一种观点认为，中央银行的独立是违反民主政治原则的，因而缺乏合法性。持这种观点的代表人物就是现代货币主义学派的开创者、著名经济学家米尔顿·弗里德曼。在弗里德曼看来，独立的中央银行在政治上是不可忍受的，让如此之大的权力集中在独立于任何种类的、直接的和有效的政治控制之外的团体手中，是明确的和彻头彻尾的独裁主义和极权主义。独立的中央银行导致货币政策过分地依赖于个人的品质，它促成由于中央银行负责人及其个性方面的偶然改变而造成的不稳定。因而，这实际上是一种人治的体制而不是一种法治的体制。为反对中央银行的独立性，弗里德曼提出的解决办法是让美国财政部从美联储手中接管货币政策权力。

另一种观点认为，将货币政策赋予独立性充分的中央银行会造成货币政策与其他宏观经济政策（特别是财政政策）的协调困难，进而产生政策“摩擦损失”（Friction Losses）。为便于宏观经济政策的协调并减少各种“摩擦损失”，总体经济政策指导原则的制定应该交由一个单一的政策决策机构——政府负责，而中央银行只能作为政府的附属机构，协助政府制定和实施货币政策。

还有一种观点认为，理性人假设也适用于中央银行的主要官员，为谋求个人或机构的利益最大化，这些官员也可能从事一些非正当的行为。例如，古德哈特（Goodhart）认为，赋予中央银行以独立性事实上是把中央银行抛回了政治舞台，因为中央银行实际上变成了另一个政治演员，他需要“具备全部的政治及表演技巧”来证明其行为的正当性。另一些经济学家则认为，中央银行拥有的权限过大，中央银行主要官员就容易具有独特的、垄断性的信息优势。如果中央银行的有关官员利用这些信息优势从事为自己谋求经济利益的活动，或者巧妙地推卸责任，就会严重损害公共利益。

此外，鉴于有关中央银行独立性的必要性的现代理论主要建立在通货膨胀偏差的基础上，一些经济学家从通货膨胀问题入手，提出了反对中央银行独立性的理由。综合来看，这方面的观点大致可分为两种。第一种观点的核心思想是：即使中央银行独立性与通货膨胀存在负相关关系，但并不意味着两者之间一定存在因果关系，通货膨胀的产生很可能是其他因素导致，因此，提高中央银行的独立性并不必然带来低通货膨胀率。作为公共选择理论的代表人物之一的坡森就是持这种观点。第二种观点则是从治理通货膨胀的成本以及负面效应出发，批评和反对中央银行的独立性。如格里利、马辛达罗和泰伯利尼等人认为，尽管中央银行独立性可能有利于通货膨胀的降低，但对生产并没有什么有利影响。因为从长期来看，就业率基本维持在自然就业率水平上，甚至由于中央银行独立性可能带来更高的财政赤字，更高的实际利率、更低的储蓄率，反而可能对生产有轻微的负面影响。坡森也发现，在中央银行独立性相对高的国家，治理通货膨胀所花费的成本更高、时间更长，而不是相反。而且，在具有独立中央银行的国家，其货币化政府赤字的表现也并不优于那些由政府直接控制货币政策的国家。

总之，有关中央银行独立性的争论，到目前为止还没有得出统一的结果。不论是赞成者还是反对者，其观点都有其合理的因素。但通过以上分析，可以看出理想的中央银行的独立程度，取决于特定国家的若干因素，比如一国的通货膨胀历史、政治制度中的牵制与平衡、公众的经济意识、金融市场的发展等情况。

第三节　中央银行独立性的实证分析

虽然中央银行独立性问题的提出最早可追溯到 19 世纪，其最早定义出现在 20 世纪 60 年代，但有关中央银行独立性的实证分析却是在 20 世纪 80 年代后期才开始陆续出现，并迅速成为宏观经济研究的热点问题。概括而言，有关中央银行独立性的实证分析可分为两个层次：一是研究如何衡量一国中央银行的独立性；二是研究中央银行独立性与各种经济变量之间的关系，即中央银行独立性与经济绩效。显然，前者是进行中央银行独立性实证研究的前提，后者则是最终目的。

一、中央银行独立性指数

对中央银行的独立性程度进行全面精确的衡量是很困难的，因为影响中央银行独立性的关键因素不仅体现在立法方面，而且还体现在很多无法量化的方面，所以目前对发达国家中央银行独立性的衡量大多集中在立法上。

西方学者测算中央银行独立性的指标体系主要有7种，如表4－1所示。根据这些指标体系，如果我们对每一指标按照一定规则赋予一

表4－1　中央银行独立性指标体系

指标体系名称	主要内容	主要特点	适用国家
Bade & Parkin 指标(BP,1988)	中央银行是否为货币政策最终决策当局；中央银行理事会是否有政府官员；理事会成员的任命是否独立于政府	侧重法律上的独立性	发达国家
Grilli, Masciandaro & Tabellini 指标(GMT,1991)	中央银行理事会的任命程序；中央银行理事会与政府之间的关系；中央银行的最终责任	侧重政治独立性	发达国家
Cukierman, Webb & Neyapti 指标(CWN, 1992)	中央银行行长的任期及任命罢免程序；中央银行目标与政府目标发生冲突时的解决程序，以及货币政策决策权的制度安排；价格稳定在所有央行目标中的重要性；政府从中央银行借款的限制程度	指标更为细致，首先涵盖了立法独立性指标	发展中国家
Eijffinger & Schalling 指标(ES,1993)	对货币政策最终责任的界定；政府官员是否在中央银行董事会中任职；中央银行中由政府任命的董事会成员占所有董事会成员的比例	指标与GMT大致相同，侧重政治独立性	发达国家
Debelle · G & Fischer 指标(DF, 1995)	目标独立性和工具独立性，前者反映了中央银行根据其货币政策制定其目标的自由度，后者反映了中央银行为达到目标可利用工具的选择空间	侧重货币政策制定、执行过程中的独立性	发达国家
Loungani & Sheets 指标(LS,1997)	物价稳定是否为首要目标；央行是否有效控制货币政策工具；对政府融资是否有限制；行长的任命是否比选举周期长；政府官员能否进入理事会等14项内容	包括目标、经济、政治独立性，更贴近转型国家实际	转型国家
Maliszewski 指标(2000)	结合GMT、CWN指标，涵盖了政治独立性指标和经济独立性指标	重视转型国家法律独立性高而实际独立性低的特点	转型国家

资料来源：陈奉先、涂万春：《西方中央银行独立性与宏观经济表现研究述评》，《广西财经学院学报》2006年第6期，第74页，略有修改。

定的数值，然后将数值加总在一起，就可以得到所谓的中央银行独立性指数。这些指数虽然在标准选取、解释、数值和权数设定方面各有侧重，但研究思路完全一致，即通过对"独立性"内涵的界定，选择若干衡量指标并设定相应的备选项，每一项赋予一定的数值和权数，以此为参照，汇总计算出中央银行独立性指数，从而对各国中央银行立法及其运作进行综合评判，进而分析独立性与宏观经济变量的关系。下面分别选择格里利、马辛达罗和泰伯利尼、库克曼（Cukierman）以及朗格尼和希茨（Loungani & Sheet）的分析方法，介绍 GMT 指数、LS 指数和库克曼指数。

（一）GMT 指数

GMT 指数是根据 GMT 指标体系计算的一种中央银行指数，主要适用于测度发达国家（或工业化国家）的中央银行独立性指数。GMT 指标体系共设计了 15 项具体的衡量指标，如表 4 - 2 所示。表中的指标 1、2、4、10、11、12 主要涉及央行政策目标的法律地位、央行官员及董事会成员任命程序、任期的规定等，用来考察中央银行的政治独立性。指标 3、5、14 反映央行制定货币政策的权威及对银行业的监管，指标 6、9 和 13 决定央行是否有权控制政府借款的数量、期限、利率和方式等，两者相结合用以考察中央银行的经济独立性。将各指标结论简单加总得到独立性指数。GMT 指数的优点是未给各个指标赋予权数，这样就避免了因为权数选择而产生的主观性，但同时也常被批评过于简单。

根据表 4 - 2，格里利、马辛达罗和泰伯利尼对 18 个工业化国家（澳大利亚、奥地利、比利时、加拿大、丹麦、德国、法国、希腊、爱尔兰、意大利、日本、荷兰、新西兰、葡萄牙、西班牙、瑞士、英国、美国）中央银行 1950—1989 年在经济上、法律上的独立性进行了测定。结果表明，德国、荷兰、美国、瑞士、加拿大、意大利的中央银行在政治上拥有较高独立性，比利时、日本、葡萄牙、新西兰、比利时的中央银行在政治上拥有的独立性则很低。德国、新西兰、美国、奥地利、比利时的中央银行在经济上的独立性最强；相反，意大利、新西兰、葡萄牙、希腊和西班牙的中央银行几乎没有独立性。

表 4－2　GMT 指数测度计算表

（Grilli、Masciandaro & Tabellini－GMT，1991）

衡量指标	评判标准
1. 央行官员的任命	不是由政府任命为 1，否则为 0
2. 央行官员的任期	任期超过 5 年为 1，否则为 0
3. 货币政策制定的权威	无须经政府同意为 1，否则为 0
4. 价格稳定作为法定目标	若至少为法定目标为 1，否则为 0
5. 解决冲突的法律规定	若强化央行地位为 1，否则为 0
6. 央行对政府借款的利率	采取市场利率为 1，否则为 0
7. 央行给政府借款的期限	若只是临时借款为 1，否则为 0
8. 央行给政府借款的数量	若存在数量限制为 1，否则为 0
9. 从初级市场上购买政府债务	央行不参与购买为 1，否则为 0
10. 央行董事会的任命	若不由政府任命为 1，否则为 0
11. 央行董事会的任期	若超过 5 年为 1，否则为 0
12. 央行董事会的政府代表	若非必须出席为 1，否则为 0
13. 央行给政府贷款的可得性	若非自动获得为 1，否则为 0
14. 贴现率设定的权威	由央行设定为 1，否则为 0
15. 央行监管的角色	央行不涉及银行监管为 2，不单对银行监管为 1，否则为 0

资料来源：张旭、伍海华：《中央银行独立性测度的比较及对我国的启示》，《财贸研究》2002 年第 3 期，第 39 页，略有修改。

（二）LS 指数

朗格尼和希茨认为，保持央行的独立性对经济转轨国家（或转型国家）同样重要。在对 GMT 指数等主要用于测算工业化国家中央银行独立性的各种指数进行修正的基础上，朗格尼和希茨提出了 LS 指数，用以测度中东欧和中国等经济转轨国家的中央银行独立性。他们认为，独立性测度应从目标独立、经济独立和政治独立三方面进行。其中，目标独立性是指一国中央银行是否将物价稳定作为主要的宏观经济目标，经济独立性是指中央银行运用资金、投放或回笼基础货币的自主程度，政治独立性包括中央银行官员的任免程序、政府参与中央银行董事会议的程度以及中央银行董事的任期。在此基础上，他们共设计了 14 项问题，如表 4－3 所示。对于问题 1、3、4 和 7、8，若回答为“是”得 1 分。问题 5、6 和 9－14，回答“否”为 1 分。在问题 2 中，三大政策工具每一项各得 1/3 分。上述问题凡未有明确选择的，可给 0.5 分。经加权汇总得到 LS 指数。

与 GMT 指数测度方式相比，LS 指数编制有两个特点：第一，两者所选问题虽然基本一致，但 LS 指数中不包含监管内容，且对央行董事会的组成、成员的任命、任期及决策（投票）权的分析较为详细。同时，在问题的赋值上规定，当答案不明确时为0.5，从而避免了研究者对标准解释的分歧而导致指数值偏差扩大。第二，LS指数在数值加权时进行了特殊处理。考虑转轨国家的特殊性，他们采用两种方法（见表4-3）。一是德贝勒和费希尔（DF）的加权方法。DF强调，若央行的主要目标为价格稳定，且控制着货币政策工具，则央行具有有效的独立性。因此，DF对目标、经济独立采用相同权数（各为1/2），再根据备选问题多少平均分配每项权数。二是德意志联邦银行的权数设定方式（SIB）。原因在于，德意志联邦银行被公认是独立、有效中央银行的样板，而且已被多数经济转轨国家央行所效仿。SIB分析重点从目标、经济独立性转向了政治独立性。朗格尼也认为，在转轨经济中，政治独立性远比工业化国家重要。以此分析方法，独立性测度仅包括德国央行独立性的评判标准，取消了问题4、9、10、11、12（即权数为0）。

表4-3　LS指数测度计算表

（Prakash Loungani & Nathan Sheets - LS，1997））

衡量标准	DF权数	SIB权数
（一）目标独立		
1. 中央银行法是否将价格稳定作为宏观经济目标的中心	1/2	1/9
（二）经济独立		
2. 央行是否控制着货币政策三大工具	1/8	1/9
3. 对央行向政府直接融资是否存在法律限制（以当年财政收入的10%为限）	1/8	1/9
4. 是否允许政府从央行接受任何形式的直接融资	1/8	0
5. 央行在货币政策执行中是否接受政府指令	1/8	1/9
（三）政治独立		
6. 若政策产生冲突，央行官员能否被行政机构或议会解职	0	1/9
7. 央行官员的任期是否超过选举周期	0	1/9
8. 央行董事会成员的任期是否超过选举周期	0	1/9
9. 央行官员是否由行政机构任命	0	0
10. 行政机构能否任命央行董事会其他成员	0	0
11. 在央行董事会成员中，由行政部门任命的人数是否超过其他部门任命的人数	0	0
12. 央行董事会中是否有政府官员或代表	0	0
13. 央行董事会中的政府官员或代表是否具有投票权	0	1/9
14. 央行董事会中的政府官员或代表是否具有否决权	0	1/9

资料来源：张旭、伍海华：《中央银行独立性测度的比较及对我国的启示》，《财贸研究》2002年第3期，第40页。

LS 指数考虑了经济转轨国家的特殊性，突出了立法对央行目标、政策权限或者政治方面的独立性的关注，而舍弃了对董事会组成结构、任命程序的考察，对于研究处于建立和完善进程的中央银行制度具有一定的现实性。表 4 – 4 列出了 8 个经济转轨国家中央银行的 LS 指数。

表 4 – 4　LS 对转型国家中央银行独立性的测度结果（1997）

	8 国平均	保加利亚	捷克	爱沙尼亚	匈牙利	波兰	罗马尼亚	俄罗斯	中国
DF 指数	0.530	0.875	0.875	1.000	0.312	0.500	0.500	0.375	0.750
SIB 指数	0.644	1.000	1.000	0.667	0.722	0.611	0.556	0.500	0.675

资料来源：张旭、伍海华：《中央银行独立性测度的比较及对我国的启示》，《财贸研究》2002 年第 3 期，第 41 页。

（三）库克曼指数

库克曼认为，立法的独立性只是决定实际独立性的几个基本因素之一。实际上，社会传统、与政府机构间的非正式安排、央行研究部门的业务素质及关键领导者的个性，至少会部分影响央行独立性水平，而这些内容很难以一种公认的方式进行度量。发展中国家经济金融体制不健全，情况更为突出。故库克曼认为，适用于工业化国家的立法总指数（Legal Index）和信贷限制指数（Lending Limit Index，简称 LL 指数）并不能准确反映发展中国家央行的实际独立性。为弥补这一不足，库克曼进而提出了中央银行官员换任频率指数（the Turnover Rate of Central Bank Governors Index，简称 TOR 指数）和政治变动指数（Political Vulnerability Index，简称 POL 指数）两个指标，用来更准确地测量发展中国家央行的独立性。其中，TOR 指数的数值为一定时期央行官员平均任期的倒数，其核心理念是，如果政府当局常常有机会选择新的央行官员，那么，它至少可以选择那些能满足其愿望的人选。换任率高，央行官员任期短于行政机构，则央行易受政府的影响，无法实行长期的政策。由于大多数国家的选举周期为 4—5 年，故 TOR 指标在 0.2—0.25 之间为正常值，数值越高，央行独立性越差。POL 指数是指政治变动（即新一届政府上台）后六个月内，央行官员更换的比率。该指标检验了政治变动与随后央行官员撤换的关系，它与 TOR

指数高度相关，能够更好地测度政治对央行的实际影响。表4－5就是根据上述思想计算出的几个发展中国家的中央银行独立性指数。

表4－5　1980—1989年发展中国家独立性指数

	阿根廷	巴西	墨西哥	印度	韩国	马来西亚	泰国	中国
Legal 指数	0.40	0.21	0.34	0.34	0.27	0.36	0.27	0.29
LL 指数	0.42	0.33	0.22	0.35	0.12	0.37	0.24	—
TOR 指数	1.00	0.80	0.30	0.30	0.50	0.20	0.10	0.20
POL 指数	1.111	1.000	0.667	0.667	0.667	0.000	0.111	—

注：我国的TOR指数是根据1990—1999年的资料数据计算。

资料来源：张旭、伍海华：《中央银行独立性测度的比较及对我国的启示》，《财贸研究》2002年第3期，第42页。

二、中央银行独立性与经济绩效

20世纪80年代以来，货币经济学家们对中央银行独立性与经济绩效进行了大量实证研究。最初西方学者主要探讨中央银行独立性指数与通货膨胀、经济增长之间的关系，后来研究范围逐渐拓展到中央银行独立性指数与就业、政府赤字等方面。进入20世纪90年代后，在研究方法上也有所突破，从简单的纵向比较转向计量模型分析。

（一）中央银行独立性与通货膨胀

西方学界对中央银行独立性与通货膨胀之间关系的实证研究比较充分，其主要方法是针对不同类型具有代表性的国家群体，将长时期的物价与中央银行独立性进行简单的纵向比较或计量模型分析，以确定二者之间是否相关，进而是否负相关。主要研究成果如表4－6和表4－7所示。其中，表4－6采用简单的纵向比较方法，对两者之间的关系进行了考察，而表4－7则对1988年以来西方学者运用计量模型分析方法所进行的主要研究情况进行了简单概括。

表4－6　1973—1986年中央银行独立程度和通货膨胀率的跨国比较

国家	平均通货膨胀率(%)	中央银行独立程度指数
意大利	13.7	1/2
西班牙	13.6	1

新西兰	12.0	1
英国	10.7	2
芬兰	9.8	2
澳大利亚	9.7	1
法国	10.7	2
丹麦	8.8	2
瑞典	8.7	2
挪威	8.4	2
加拿大	7.8	2
比利时	6.9	2
美国	6.9	2
日本	6.4	3
荷兰	5.5	2
瑞士	4.1	4
德国	4.1	4

资料来源：Alberto Alesina，"Politics and Business Cycles in the Industrial Democracies"，*Economic Policy*，1989(4)。

表4－7　中央银行独立性与通货膨胀率之间关系的实证研究

实证研究	与通货膨胀的关系	与通货膨胀变动率的关系	备注
Bade，Parkin(1988)	反向关系	无关系	—
Alesina(1988，1989)	反向关系	—	不显著
Grilli，Masciandaro & Tabellini (1991)	显著负相关（除了1950—1969年间）	—	其他
Cukierman(1992)	LVAW指数对工业化国家非常显著，对发展中国家不显著；	—	—
Cukierman，Webb & Neyapti (1992)	TOR对发展中国家显著	TOR对发展中国家显著	—
De Haan，Sturm(1992)	显著负相关（除了1960—1969年间）	显著负相关（除了1960—1969年间）	包括其他变量
Alesina，Summers(1993)	显著负相关	显著负相关	—
Eijffinger，Schaling(1993)	显著负相关（除了GMT法政治独立性）	无关系（除了GMT法政治独立性）	按月计算方差

Havrilesky, Granato(1993)	显著负相关	—	考虑社团机构的测度
De Haan, Eijffinger(1994)	显著负相关	无统一结果	结果依赖于国家的数目
De Haan, Siermann(1994)	行长流动率(TOR)对通货膨胀有正向影响	—	考虑政治的不稳定
Eijffinger, Van Rooij & Schaling(1994)	显著负相关(除了GMT指数)	无关系(除了GMT法政治独立性)	—
Fratianni, huang(1994)	显著负相关	显著负相关	—
Al-Marhubi, Willet(1995)	显著负相关	—	考虑社团机构及其他因素的测度
Cargrill(1995)	无明显联系	—	统计上的关联不显著,它取决于所研究的国家和回归方法
Cukierman, Webb(1995)	中央银行政治脆弱性与通货膨胀有显著正向关系	中央银行政治脆弱性与通货膨胀有显著正向关系	政治的不稳定性也包含于回归分析中
Debelle, Fischer(1995)	与工具独立性和要求物价稳定的法令关系显著,与任命程序关系不显著	—	—
De Haan(1995)	与工具独立性关系显著负相关	与工具独立性关系显著负相关	
Eijffinger, Van Keulen(1995)	与总体的样本国家没有显著关系	无关系	《中央银行法》实施5年以上国家,独立性与通货膨胀负相关(GMT和ES指数)
Bleaney(1996)	显著负相关	—	考虑社团机构测度
Loungani, Sheets(1997)	显著负相关	—	即使考虑控制变量
Keefer, Stasavage(1999)	与法律独立性负相关	—	考虑控制变量
De Haan, Kooi(2000)	显著负相关	—	—

注：LVAW即Cukierman' s Weighted Legal - independenge Index。

资料来源：整理自Sylvester C. W. Eijffinger and Jakob De Haan, *The Political Economy of Central - Bank Independence*, Princeton University Printing Services, 1996; Helge Berger, Jakob De Haan and Sylvester C. W. Eijffinger, "Central Bank Independence: An Update of Theory and Evidence", *Journal of Economic Surveys*, 2001, Vol. 15, No. 1, pp. 3 - 40。

分析表4－6和表4－7可知，尽管研究者所选的样本国家和采用的方法不同，各自设计的权数和计算的独立性指数结果也并不一样，但是大多数实证研究都得出了类似的结论，这就是：中央银行独立性与平均通货膨胀率负相关，较高的独立性程度伴随较低的平均通货膨胀，即使引入制度改革变量，结果依然。对此，理论上的解释是，中央银行独立性的提高增强了中央银行的能力以承担稳定价格的义务，这将导致低且稳定的通货膨胀率。因此，建立独立性强的中央银行是防止通货膨胀的一个重要承诺机制。正因为如此，实践中越来越多的国家开始赋予中央银行以更大的独立性。不过，值得注意的是，上述有关实证研究虽然证实了中央银行独立性与通货膨胀之间存在负相关关系，但其研究结果并不能证明两者之间的关系是否为因果关系，这在一定程度上限制了各国加强中央银行独立性的实践。

（二）中央银行独立性与经济增长

实证研究表明，中央银行独立性与产出之间的关系是不确定的。例如，1991年，格里利、马辛达罗和泰伯利尼对18个OECD国家1950—1989年间的数据进行了研究，结果发现中央银行独立性与产出之间关系不确定。1993年，阿莱西纳和萨默斯（Alensina & Summers）对16个OECD国家1955—1988年间的数据的分析表明，中央银行独立性与各国年均实际GDP增长率没有明显的相关性，同样与GDP增长率的方差也没有显著相关。在他们的样本中，虽然中央银行独立性最强的国家瑞士，其经济增长速度及波动性最小，同样央行独立性比较强的德国、荷兰，经济表现良好；中央银行独立性比较差的西班牙，国内经济发展缓慢且波幅较大，但同样央行独立性较差的法国经济却获得长期稳定的发展。这似乎表明中央银行独立性与产出之间的关系并不明确。1993年，库克曼等人（Cukierman，Kalaitzidakis，Summers & Web）在控制了可能影响产出的结构性因素之后发现工业国的产出增长与中央银行独立性之间没有明显的关系。1993年，德隆和萨默斯（Delong & Summers）在消除国别之间的差异之后，对OECD国家（新西兰除外）1955—1990年间的数据进行分析，结果发现：中央银行独立性与人均产出之间存在明显的正相关关系；但是对于发展中国家，当他们使用中央银行行长更换率作为替代中央银行独立性指标时，发现中央银行独立性与经济增长正相关。1998年，乔丹（Jordan）对17个OECD国家1971—1990年间的数据进行了分析，结果发现：虽然在20世纪80年代中央银行独立性与总产出存在负相关关系，但与经济增长率不相关。1998年，阿克汗（Akhand）对62个国家1960—1989年间的数据进行分析，结论是：无论采用何种指标衡量中央银行的独立性，它们与经济增长之间的关系都十分脆弱。2000年，德·哈恩和科伊（De Haan & Kooi）对97个发展中国家进行了研究，结果发现：中央银行独立性虽然与通货膨胀存在显著关系，但与经济增长之间的关系却不明确。

（三）中央银行独立性与就业

从理论上讲，中央银行独立性与就业率之间在短期可能存在正相关关系，而长期趋于不相关。这是因为，从菲利普斯曲线可知，短期内通货膨胀与失业率存在负相关，即政府可以通过制造“小型通货膨胀”来提高就业率，但长期价格具有充分弹性，人们的货币幻觉消除，社会充分就业，菲利普斯曲线是垂直的，政府的扩张行为必然趋于无效。这一点在一定程度得到了实证研究的支持。例如，Summers和Wadwhan（1989）的实证研究表明中央银行独立性与就业的相关度在统计上不明显；Haan和Sturm（1992）、Summers（1993）、Alensina和Summers（1997）的研究也支持这一点。另外，吉尔珀伦（Kilponen，1999）对17个OECD国家进行研究时也发现，中央银行的政策目标虽然与通货膨胀不相关，但与工资增长相关，如果在工资谈判中采取合作，则会带来低通胀和低失业。

（四）中央银行独立性与财政赤字

实证研究的结果表明中央银行独立性与政府赤字之间呈负相关关系。例如，Parkin（1987）、Masciandaro和Tabellini（1988）对中央银行独立性与赤字率（政府赤字总额/GDP）之间关系的回归结果表明二者之间存在明显的负相关关系；而格里利、马辛达罗和泰伯利尼1991年的研究表明，虽然从表面上来看二者负相关，但是若将政治因素也引入回归分析过程中，中央银行独立性与赤字率之间的关系并不明显，也就是说，提高中央银行独立性也不一定能有效降低政府赤字，因为财政支出总是带有刚性的。Maxwell J. Fry（1998）则认为财政因素对中央银行独立性起了决定性的影响，发展中国家的银行独立性与财政赤字大小有明显的负相关关系。

第四节 中央银行独立性的模式

从中央银行发展的历史来看，各国的中央银行最终无不在追求自身的独立性，尤其是20世纪70年代资本主义国家都陷入了滞胀的困境之后，人们重新认识到了物价稳定的重要，从而设计出了各种制度来保证中央银行的独立性，以解决滞胀问题。根据中央银行独立于政府的强弱程度，我们可把中央银行与政府关系，即中央银行的独立性划分为三种模式：独立性较强的模式、独立性稍次的模式和独立性较弱的模式。

一、独立性较强的模式

独立性较强模式的一般特点是，中央银行直接对国会负责，可以独立地制定和实施货币政策，政府不得直接对其发布命令和指示，不得干涉货币政策。如果中央银行与政府发生冲突，可以通过协商解决。独立性较强模式的典型代表是美国联邦储备体系、德意志联邦银行和欧洲中央银行。

（一）美国联邦储备体系的独立性

美国联邦储备体系是世界上公认的独立性最强的中央银行之一，很多国家也吸取了美国的一部分成功经验。我国设立的九大区域行就是模仿美国的十二大联储分行的做法。美国联邦储备体系的独立性主要体现在以下几个方面：

1. 人事独立性

美联储的核心机构——联邦储备委员会由7名理事组成，他们由美国总统在征求参议院的同意后任命。联邦储备委员会主席和副主席由总统从7名委员中挑选任命，任期4年，可以连任，并与总统的任期错开。联邦储备委员会的7名理事须经参议院同意，任期14年，期满后不得连任。在理想状态下，理事会每4年只有2个名额变动，每2年更换1名理事，因此总统在任期内不可能更换联储内的大部分成员，从而保证了总统无法在人事上控制美联储，有利于中央银行摆脱政府短期政治压力的影响，保证货币政策的连续性。

2. 经济独立性

美联储在财务上是完全独立于财政的，所有的经费都靠自己解决，其资金来源于对银行的贴现收入和持有政府债券所获得的收入，而不是依靠国会的拨款，这样就保证了美联储在预算开支上不会受到财政部的制约。此外，美联储的所有资本金都是以股份的形式由联邦储备体系内的会员银行认购，而且为了防止政府部门和集团公司以控股的形式控制联储，联邦储备法对于会员银行认购联邦储备银行的股份有严格的规定，还禁止转让或抵押联储的股票。作为中央银行，代理国库和国债的发行是其重要职责，并且有义务支持财政，但美联储并没有支持财政融资的责任。美国在法律上是完全禁止联储直接购买财政债券的，包括国家债券和当地政府债券。联储只有在特殊的情况下，才能向财政部提供数量有限的短期借款，而且还要用特别债券作抵押。由此可以看出，联储在经济上是完全独立的。

3. 政策独立性

拥有货币政策决策的自主权是衡量中央银行独立性的重要标准。美联储的联邦储备委员会直接向国会负责，除非在特殊时期，国会可授权美国总统对联邦储备委员会下达命令，否则任何人和部门都无权干涉联邦储备委员会制定和实施货币政策。美联储可以根据现实经济的状况，独立实施货币政策三大工具，即存款准备金率、贴现率和公开市场业务，并对货币政策的执行结果负责。美联储在制定和实施货币政策时具有高度公开性和透明性，这样不仅可以显示出货币政策制定和执行的独立，而且还能得到全体公民的理解和支持，使总统并不能随意对美联储发布命令。此外，联储主席在每年两次的国会听证会上，就国家的经济金融发展状况和货币政策的情况以及决策目标阐述联储的立场和处理方法，只要决策正确而且得到了民众的支持，那么即使总统和其他政府部门反对也无济于事。可以说，美联储的高度独立性是影响美国经济稳定发展的重要因素。由以上可以看出，美联储确实可以说是世界上独立性最高的中央银行之一。

总之，美联储不是一个纯粹的政府行政机构，不受政府的直接管辖，除了要向国会提供报告之外，实际上不受到国会的任何控制，因而具有高度独立性。但值得注意的是，从另外一个角度，美联储有时在某种程度上会成为其自身独立性的囚犯。有些情况下，联储为了保住自己的独立地位不得不做出一定的让步。另外，美联储的独立性并不是完全没有限制的，总统还是能对美联储产生很大影响的。在不违背自身职责的情况下，总统向央行发出的道义劝告一般都会被采纳，因为美联储在很多情况下也需要得到总统的支持，所以具有与总统保持良好关系的动机。

（二）德意志联邦银行的独立性

德意志联邦银行被认为是西方发达国家中独立性和权威性最强的中央银行，其地位被直接写入宪法。德意志联邦银行的独立性较高充分体现在以下几个方面：

1. 人事独立性

德意志联邦银行具有最高国家级别，组织上不受总理的领导，直接向议会负责。德意志联邦银行的最高决策机构是中央银行理事会，执行理事会是其执行机构。行长、副行长及执行理事会的其他成员虽由联邦政府提名，联邦共和国总统任命，但其任期与联邦总统任期不一致，且中央银行理事会成员在任期结束前，除非因他们个人的原因(发生了犯罪或严重行为不当)，以及该动议来自其本人或中央银行理事会，否则就不能解除其职务。联邦政府成员有权出席中央银行理事会会议，但无表决权。

2. 经济独立性

在德国，法律禁止政府向联邦银行透支，政府机构虽然可以向联邦银行借款，但必须保证归还，并且在数额上也有限制。

3. 政策独立性

1957 年通过、1992 年修改的《德国联邦银行法》明确规定，货币政策的目标是稳定货币，当货币政策可能与政府的其他政策发生冲突时，保卫货币的任务是第一位的。联邦政府与联邦银行不存在行政上的隶属关系，联邦政府在任何时候都无权向联邦银行发布命令，对联邦银行理事会的决定，政府只能要求联邦银行最多推迟两周作出决议，但不得要求联邦银行改变政策，实际上政府一般也很少使用这种权力。

当然政策独立性也不是绝对的，德国联邦银行法也要求德意志联邦银行在其职责的执行不受侵犯的条件下应支持联邦政府的一般经济政策，并就重大的货币政策问题向联邦政府提供咨询，应政府要求提供有关信息。

（三）欧洲中央银行的独立性

欧洲中央银行是以德国中央银行为范本，根据严格的经济、金融法案设立的。最近几年成功的运行和发挥的作用也说明了在规范法律下具有独立性的中央银行的重要性。欧洲中央银行的独立性主要体现在：

1. 组织独立性

欧洲中央银行体系在组织上具有很高的独立性。首先，欧洲中央银行在结构上独立于欧盟的其他机构和成员国政府。欧洲中央银行是独立于各成员国的自主机构，与欧洲议会、部长理事会以及欧洲法院等并列于欧盟各机构之列，各成员国只能服从欧洲中央银行的指令，不受成员国政府的监督。而且欧洲中央银行在各成员国领土内还享有履行其职责所必需的特权和豁免权。从以上有关欧洲中央银行机构上的设置可以看出，欧洲中央银行体系在结构上几乎享有完全独立的地位，它不受任何单位的直接领导，独立自主地制定和实施货币政策以实现其政策目标。

2. 人事独立性

欧洲中央银行作为独立的机构还具有高度的人事独立性。欧洲中央银行体系在人事安排方面的特殊的制度设计，在一定程度上保证了它的独立性。这些人事上的特殊设计主要有：第一，欧洲中央银行的官员必须由成员国政府根据欧盟理事会的推荐，并在欧洲议会以及欧洲中央银行决策理事会商议后，以一致意见选择在货币或银行事务方面有声望和专业经验的人担任，而不能由某个欧盟机构或成员国政府单独决定。第二，欧盟规定欧洲中央银行的执行董事会成员任期为8年，不得中途更换也不得连任，成员国央行行长任期不得少于5年，而欧盟委员会委员任期为5年。可以看出，欧洲中央银行体系的官员的任期比欧盟其他机构或成员国政府官员的任期要长，这样可以避免欧洲央行体系的执行董事会成员为了连任而去讨好欧盟内和各成员国的政治家。第三，当央行的执行董事会成员不再具备履行职务所要求的条件或有严重的过错时，须经决策理事会或执行理事会申请后，由欧洲法院将其强行辞退。同样，只有成员国中央银行行长不再具备履行职务所要求的条件或有严重的过错时才能被解除职务，但欧洲法院可对解除决议进行审查，以对解除决议的正当性和合理性作出评价。有关欧洲法院是否能够恢复某一成员国央行行长职权的问题现在仍充满争议，因为这等于对做出罢免决定的成员国政府发起了一项不信任的动议。总之，通过以上的有关欧洲中央银行体系的人事安排可以看出，无论是在任命程序、任期的设计还是罢免程序等各个方面都在一定程度上维护了欧洲央行的独立性。

3. 经济独立性

欧洲中央银行体系在经济上的独立是其拥有充分独立性的必要条件。首先，欧洲中央银行创办时的股本由成员国中央银行按照所属国人口和国民生产总值在共同体内所占比重分别认购，而且成员国央行所持有的股份不得转让、抵押或扣押。此外，欧洲中央银行可以自由地支配自己的收入，拥有独立预算权和独立决算权，其在运作过程中发生的收益分配和亏损弥补与欧盟的其他机构和成员国政府没有任何关系。这些规定使得欧洲中央银行在经济上拥有充分的独立性，保证其不会在资金的问题上受到其他机构和成员国政府的利用，能够独立地追求自身的政策目标。

4. 政策独立性

《马斯特里赫特条约》指出：“欧洲中央银行的首要目标是保持物

价稳定。”为了保证这一目标的实现，首先要保证货币政策的决策体系具有很高的独立性。欧洲中央银行理事会在制定货币政策时采取的是一人一票的简单多数制，票数相等时由行长最终决定，各国的投票权相等，这样可以保证不会因为过多地偏袒大国而影响货币政策的独立性。欧洲中央银行的决策理事会选择合适的货币政策后，交给执行董事会具体实施。执行董事会既可以独立运行，也可以要求成员国央行与其协作。执行董事会可以独立运用公开市场操作、存贷款利率和最低存款准备金比率等政策工具。从以上可以看出，欧洲中央银行拥有广泛的授权，它不仅具有货币政策目标的独立性，而且还可以自主地运用各种货币政策工具。

二、独立性稍弱的模式

独立性稍弱模式下的中央银行虽然名义上隶属于政府，但实际上保持着较大的独立性，特别是可以独立地制定和执行货币政策。英格兰银行、日本银行和一些新兴工业化国家的中央银行采用的就是这一模式。

（一）英格兰银行的独立性

英格兰银行隶属于政府的财政部，名义上独立性较差，但实际所享有的独立性要远远高于法律所赋予的独立性，特别是1997年工党上台后，其独立性进一步加强。英格兰银行的独立性也可以从人事、经济和政策方面加以分析。

1. 人事独立性

英格兰银行的最高决策机构是董事会，其16名成员没有政府代表，均由政府推荐，国王任命。正副总裁任期5年，理事任期4年。

2. 经济独立性

英格兰银行一般不给政府垫款，只提供少量的隔夜资金融通。当政府需要融通资金时，英格兰银行一般可采取两种办法来解决：一是每周对国库券招标；二是每天在证券市场上卖出国库券，以筹集资金，满足财政需要。

3. 政策独立性

在1946年《英格兰银行法》的制度框架下，英格兰银行仅仅是以财政部为代表的英国政府制定货币政策的咨询机构和具体执行机构，而且财政部在认为必要时，可在与英格兰银行总裁磋商后直接向英格兰银行发布命令，但实际上财政部从未使用过这个权力，政府一贯尊重英格兰银行有关货币政策的意见，一般不过问货币政策的制定也不参与理事会的评议。因此，这一时期，英格兰银行的法律独立性虽然不强，但实际独立性并不弱。不过，这一局面在1998年后有所改变。1998年修改后的《英格兰银行法》把原法中"财政部有权对英格兰银行发布命令"的规定，调整为"与货币政策无关的问题，财政部有权对英格兰银行发布指令"。由此，英格兰银行取得了较大的法律独立性。

另外，尽管英格兰银行并没有被赋予自行决定货币政策目标的权力，而是把这一权力留给了以财政部为代表的英国政府，但由于财政部在确定货币政策目标时也必须遵守维护物价稳定这一原则，因此英格兰银行的目标独立性还是可以得到保障的。在货币政策工具的运用方面，英格兰银行有直接决定的权力，如调整利率等。为使货币政策决策免受各种政治压力，新《英格兰银行法》规定，政府的各部部长、其他依靠国会拨款的政府部门的工作人员，以及英格兰银行理事会的理事不得担任货币政策委员会委员的职务。新《英格兰银行法》还规定，财政部向英格兰银行发出的关于货币政策目标的书面指令必须公开发表，并且要提交国会备案。

（二）日本银行的独立性

日本银行设立于明治时代，隶属于大藏省（1999年7月，大藏省更名为财务省）即财政部。日本银行的独立性经历了一种以立法独立性为发端，从工具独立性最终到实质独立性的发展历程。从开始完全没有独立性的《日本银行条例》时期，到具有不完全货币政策决策权的旧《日本银行法》时期，再到有充分独立性和透明度的新《日本银行法》时期，我们可以清楚地看到日本银行独立性发展的脉络，这实际上也反映了现代市场经济发达国家中央银行体制的变迁。1997年6

月新《日本银行法》的颁布是日本银行具有充分独立性的标志，主要表现在：

1. 政治独立性

新《日本银行法》的关键在于从法律的角度明确了日本银行的独立地位，新法给了日本银行在进行金融调控时拥有独立自主性的法律保障。在新《日本银行法》下，日本银行与政府的关系已经发生了根本性的变化。日本政府长期拥有的业务指令权、日本银行高级职员罢免权等全部被废除，而且禁止日本银行认购政府的长期债券和向政府提供长期贷款，日本银行只能向政府提供少量的贷款。

2. 人事独立性

首先，新《日本银行法》在组织上进一步确立了货币政策委员会作为日本银行最高决策机构的地位，货币政策委员会的委员由以前的7名增加到9名，审议委员由原来的4名增加到6名。不仅如此，新《日本银行法》改变了日本银行官员的任命方式和时间，总裁、副总裁由以前的内阁直接任命方式改为经参议院和众议院同意后，再由内阁任命，而监事则改为由内阁直接任命，监事任期改为4年。并且废除了由大藏大臣任命委员会委员的条款，委员会不再有政府代表，在不触犯法律的情况下，政府不能罢免货币政策委员会委员的职务，同时委员会有日本银行内部干部审批权，从而保证了日本银行的独立性，排除了日本政府通过人事安排干预货币政策决策的可能性。不过，日本银行在日本银行章程的修订、分行事务所及代理行的设置等方面仍需经大藏省的批准。

3. 经济独立性

日本银行在财务方面仍受大藏省的控制。新《日本银行法》在经费方面仍延续了旧《日本银行法》的审批制度，由大藏省审批日本银行的货币制造费、工资等对调节货币及金融没有影响的经费。日本银行的利润，扣除规定的比例后，全部上缴财政，如果发生亏损，由国库款弥补。在与政府的资金关系方面，日本银行原则上不承担向政府提供长期贷款和认购长期政府债券的义务，但政府发行的短期债券则大部分由日本银行认购。

4. 政策独立性

新《日本银行法》规定政府“必须尊重日本银行进行货币与金融调控的自主性”，日本银行独立于政府，处于中立的地位，在自我责任制原则下开展业务，制定并执行货币政策。同时，货币政策委员会是所有金融政策的最高决策机构，也是日本银行内部事务的最高权力机构。根据新法的规定，新《日本银行法》“通过谋求物价的稳定来促进国民经济的健康发展”，把维护物价稳定作为日本银行的运营宗旨，并把物价稳定视为经济健康发展的基本条件。为提高货币政策的效率，新的《日本银行法》还提出，日本银行应具备“公开独立性”，即要保持货币政策制定的透明度，要向公众及时提供信息，公布政策制定的细节等。新《日本银行法》还提出，在必要情况下，政府代表可以出席日本银行最高决策机构——政策委员会的金融政策审议例会，并且政府与会代表可以向金融政策审议例会提出议案或要求决议延期，但最终是否延期由货币政策委员会决定。

三、独立性较弱的模式

独立性较弱模式的中央银行的特点是，中央银行隶属于政府，不论在名义上还是在实际上，中央银行在制定和执行政策、履行其职责时，都比较多地服从政府或财政部的指令。

意大利银行、法兰西银行及一些处于经济转轨时期国家的中央银行是独立性较弱模式的典型代表。以意大利银行为例，作为西方发达国家中独立性较弱的中央银行，其独立性受到了政府的很多限制，主要表现在：(1) 人事上，意大利银行的最高权力机构是理事会，意大利银行总裁由理事会提名，总统任命，任期不限。理事会 13 名理事由 13 个地区行的股东大会选举，任期 3 年，可以连任。意大利银行受财政部管辖，财政部代表可以出席理事会会议，财政部代表在认为会议作出的决议与国家法令不一致时，有权暂时停止决议的执行。(2) 经济上，意大利银行可以向财政部提供不超过财政预算支出 14% 的短期贷款，同时还大量认购政府的长期债券。(3) 政策上，意大利银行有关货币政策措施必须经过信用与储蓄部际协调委员会批准后方可执行。

意大利银行与政府发生分歧时，经磋商后仍不能解决的，政府可以根据法定权限指令意大利银行执行既定政策，同时向议会报告。意大利银行向议会汇报工作，主要目的是提供情报。

第五节 中国人民银行的独立性

中国人民银行专门行使中央银行的职能开始于1984年1月1日，与此同时，中国人民银行的独立性问题也开始逐步受到关注。1995年3月18日，全国人民代表大会通过《中华人民共和国中国人民银行法》，首次以国家立法形式确立了中国人民银行作为中央银行的地位，标志着中央银行体制走向了法制化、规范化的轨道，成为中国人民银行独立性建设的重要里程碑。下面以2003年的《中华人民共和国中国人民银行法（修正案）》（简称《人行法》）为基础，结合现实分析中国人民银行的独立性。

一、中国人民银行的组织独立性

从法律上确定中央银行的独立地位是实现中央银行独立的基础和必要条件。《人行法》规定："中国人民银行是中华人民共和国的中央银行。中国人民银行在国务院领导下，制定和执行货币政策，防范和化解金融风险，维护金融稳定。"这体现了中国人民银行的地位，表明中国人民银行虽然隶属于国务院，是在国务院领导下的一个直属部级机构，但在组织上享有与国务院其他直属政府部门平行的地位，特别是与财政部地位平等，不受财政部的制约。因此，从与财政部的关系可以看出中国人民银行已具备一定的独立性。

《人行法》规定，中国人民银行实行行长负责制，最高决策人是行长，最高决策机构理应是行长办公会议，由行长和若干副行长组成，就货币政策的重大事项做出决定。但是，"中国人民银行就年度货币供应量、利率、汇率和国务院规定的其他主要事项做出的决定，报国务院批准后执行"。可见，中国人民银行在独立地制定和执行货币政策的权力上，与美国联邦储备体系相比，显得有所欠缺，最高决策机构的设置也不科学，决策方式也不合理。同时，中国人民银行参照国际惯例，也相应设立了货币政策委员会，但是货币政策委员会只是“中国人民银行制定货币政策的咨询议事机构”，而非中央银行的最高决策机构，其职责、组成和工作程序也由国务院规定，这有悖于国外常规。

另外，1998 年中国人民银行进行了大区行体制改革。改革后，分行的主要职责是监管辖区内的金融机构（2003 年后被剥离），维护金融稳定，执行总行的货币政策并向总行报告辖区的经济金融运行情况；建立总行党委与分行党委的隶属关系，终止分行与地方之间的隶属关系。这在制度上有利于排除地方政府和其他政府部门的干扰，对强化中国人民银行的独立性和权威性具有积极作用。

二、中国人民银行的人事独立性

《人行法》规定，中国人民银行行长的人选，根据国务院总理的提名，由全国人民代表大会决定；中国人民银行副行长由国务院总理任免。关于行长的任期和副行长的人数，《人行法》没有专门的规定，因为中国人民银行是国务院下属的一个正部级单位，因而行长任期应该与政府任期一致。当然，由于法律没有在此方面做出专门的规定，这就为政府大面积和随意更换人民银行领导埋下了伏笔。不过，自 1995 年《人行法》颁布以来，正如表 4－8 所示，行长的任期明显延长，且其人选也逐渐趋于向“专家”角色转变，这两项又意味着中国人民银行正在步入独立性较高的中央银行行列。

当前，货币政策委员会共有 13 名成员，包括中国人民银行行长、国务院副秘书长、国家发改委副主任、财政部副部长、国家统计局局长、国家外汇管理局局长、银监会主席、证监会主席、保监会主席、中国银行业协会会长、金融专家各 1 人和中国人民银行副行长 2 人。显然，这样的人事安排存在着很多不足，如缺乏代表性、缺乏专业性、官方色彩太浓、大多数委员任期不确定、金融专家任期较短（只有 2 年）等。因此，很难说货币政策委员会具有什么独立性。

表 4-8 中国人民银行历任行长简介（1978—2006）

姓名	任职时段	上任年龄	学历背景	任中国人民银行行长前历任主要职务
李葆华	1978—1982	69	大专	水电部副部长
吕培检	1982—1985	54	大专	审计署审计长，财政部副部长
陈慕华	1985—1988	64	高中	国家计生委主任，妇联主席
李贵鲜	1988—1993	51	本科	辽宁省电子工业局副局长、总工程师、党组副书记，辽宁省、安徽省省委书记
朱镕基	1993—1995	65	本科	中国社科院经济研究所主任，国家经委副主任，上海市市长，国务院副总理
戴相龙	1995—2002	51	本科	中国农业银行副行长，交通银行总经理兼副董事长，中国太平洋保险公司董事长，中国人民银行副行长
周小川	2002——	54	博士	中国经济体制改革研究所副所长，国家经济体制改革委员会委员，国家外汇管理局局长，中国人民银行副行长，中国建设银行行长，中国证监会主席

资料来源：刘丽巍著：《当代中央银行体制——世界趋势与中国的选择》，人民出版社2007年版，第129—130页，略有修改。

至于曾经存在的省级分行过多受地方政府干预的状况，在1998年大区行体制改革后，中国人民银行分支机构的人事方面就实现了独立于地方政府。

三、中国人民银行的经济独立性

中国人民银行和财政部一样，同属于国务院领导的正部级单位，他们之间不存在行政隶属关系，也不存在谁领导谁的问题，两个独立的部门是以平等独立的身份协调配合工作。在资金关系上，《人行法》规定，中国人民银行不得对财政透支，不得直接认购和包销政府债券；不得向地方政府、各级政府部门提供贷款；并实行独立的财务预算管理制度，依法提取总准备金后的净利润全部上缴中央财政，亏损由中央财政拨款弥补。因此，在法律条文上，中国人民银行在与政府的资金往来及财务方面，享有较大的独立性。

实践中，从1994年开始，中国人民银行停止向中央财政透支，1995年停止借款。中央财政的赤字通过社会融资弥补，中国人民银行在中央银行进行融资时只提供专业支持和服务。不过，由于中国人民银行是在国务院领导下制定和实施货币政策的，长期以来中央银行对金融机构贷款较多，且对国务院作出的向特定的非银行金融机构融资的决定有履行的义务，因而中国人民银行经济独立性的实际提高也是有限的。

四、中国人民银行的政策独立性

《人行法》规定："中国人民银行就年度货币供应量、利率、汇率和国务院规定的其他重要事项做出的决定，报国务院批准后执行，中国人民银行就前款规定以外的其他有关货币政策事项做出决定后，即予以执行，并报国务院备案"；"中国人民银行在国务院领导下依法独立执行货币政策，履行职责，开展业务，不受地方政府、各级政府部门、社会团体和个人的干涉。"这些都意味着中国人民银行在货币政策的制定和执行方面已经具有很大的自主权。考虑到中国人民银行在货币政策决策中的信息优势和技术优势，它上报的决策方案往往是唯一可选择或选择余地很小的方案，因此很难被否决，这样国务院的决策结果往往符合中国人民银行的意图。换句话说，中国人民银行虽然名义上并不具备完全的货币政策自主权，但除重大事项外，中国人民银行却拥有实际的决定权和执行权。

另外，《人行法》还规定："中国人民银行应当向全国人民代表大会常务委员会提出货币政策情况和金融业运行情况的工作报告。"从中央银行独立性的角度看，这一规定有助于提高中国人民银行的独立性。因为中国人民银行向全国人大或人大常委会报告工作和接受其监督，可以使得中央银行在制定和执行货币政策时避免其他部门的干扰。

当然，除受决策过程的影响外，中国人民银行货币政策的独立性还受到多重目标的约束，如物价稳定、促进就业、确保经济增长、支持国有企业改革、配合积极的财政政策扩大内需、确保外汇储备不减少、保持人民币汇率稳定、化解金融风险，甚至包括促进资本市场发展等。由于多目标之间是存在冲突的，因此它迫使中央银行在多目标之间寻找平衡，往往可能采取机会主义的手段注重短期效果和表面效果。这种做法会使货币政策无所适从，从而影响其“长期物价稳定”这一最终目标的实现，也削弱了中国人民银行的目标独立性。

另外，中国人民银行的政策独立性也受制于金融发展的现状。这突出表现在两个方面：一方面，由于中国货币政策传导利率渠道效应很弱，而通过国有商业银行的信贷渠道则较强，这意味着货币政策操作与国有商业银行之间存在密切的依存关系，它必然削弱中央银行的工具独立性。因为当中国人民银行以再贷款为主要的政策工具试图实施紧缩政策时，它必须召集各方商业银行领导，讨论削减信贷规模的问题，而政策能否最终贯彻实施，很大程度上由商业银行的行为决定，反之亦然。另一方面，由于中国金融资产结构单一、货币市场不发达，以及利率市场化的状况难以在短期内产生本质的变化，这种状况显然也会极大地限制中央银行的工具独立性。

综上所述，在有关中国人民银行的独立性问题上，我们可得到三个重要结论：一是提高中国人民银行独立性是我国中央银行体制改革的一项重要内容，最近几年中国人民银行的独立性有不断增强的趋势。二是中国人民银行是在国务院领导下的中央银行，在重大的决策方面，其相对于政府的独立程度还是很弱，但对于地方政府和各级行政部门来说，中国人民银行可以说具有完全的独立性。三是与独立性较高的美国联邦储备体系和德意志联邦银行相比，《人行法》使中国人民银行在法律上已具备相当程度的独立性，但由于我国尚处于经济转轨时期，故而中国人民银行在实际操作中的独立性又相对偏低。

本章小结

中央银行独立性问题的实质就是中央银行与政府关系的问题，主要表现在组织上的独立、经济上的独立和职能上的独立三个方面。中央银行的独立性是相对的，既要保持一定的独立性，也不能完全脱离政府。

中央银行的历史发展证明，中央银行的独立性在政治经济平稳发展时能够充分体现，而一旦出现危及国家安全的事情，政府就会出面利用中央银行控制金融，此时中央银行会基本丧失其独立性。但从各国的金融改革和立法上看，都有不断增强中央银行独立性的趋势。

在理论界，有关中央银行独立性问题的研究也存在着种种分歧与争议。赞成者有之，反对者亦有之。在赞成中央银行独立性的理论中，最具影响力的是时间非一致性理论、政治经济周期理论和公共选择理论。

有关中央银行独立性的实证分析可分为两个层次：一是研究如何衡量一国中央银行的独立性；二是研究中央银行独立性与各种经济变量之间的关系即中央银行独立性与经济绩效。中央银行独立性指数主要通过对“独立性”内涵的界定，选择若干衡量指标并设定相应的备选项，每一项赋予一定的数值和权数，以此为参照，汇总计算得出。在中央银行独立性与经济绩效方面，西方学者最初主要探讨中央银行独立性指数与通货膨胀、经济增长之间的关系，后来研究范围逐渐拓展到中央银行独立性指数与就业、政府赤字等方面。

根据中央银行独立于政府的强弱程度，我们可把中央银行与政府关系，即中央银行的独立性划分为三种模式：独立性较强的模式、独立性稍次的模式和独立性较弱的模式。

提高中国人民银行独立性是我国中央银行体制改革的一项重要内容，最近几年，中国人民银行的独立性有不断增强的趋势。中国人民银行是在国务院领导下的中央银行，在重大的决策方面，其相对于政府的独立程度还是很弱，但对于地方政府和各级行政部门来说，中国人民银行可以说具有完全的独立性。同时，中国人民银行在法律上虽已具备相当程度的独立性，但在实际操作中其独立性偏低。

重要概念

中央银行的独立性　人事独立性　财务独立性　政策独立性　目标独立性　工具独立性　政治独立性　经济独立性　法律独立性　实际独立性　时间非一致性　中央银行独立性指数　GMT 指数　LS 指数　库克曼指数

复习思考题

1. 中央银行独立性表现在哪些方面？为什么说中央银行的独立性是相对的？
2. 衡量中央银行独立性的主要指标有哪些？这些指标测算的标准是什么？
3. 中央银行独立程度对经济有何影响？
4. 试述从 20 世纪七八十年代开始世界各国致力于增强其中央银行独立性的原因。
5. 简述时间非一致性理论。
6. 保守银行家理论和最优激励合约理论是如何解决货币政策的时间非一致性问题的？
7. 比较选举经济周期理论与政党经济周期理论的异同。
8. 公共选择理论是如何论证中央银行独立性的必要性的？
9. 反对中央银行独立性的的理论观点主要有哪些？
10. 试简要评述欧洲中央银行的独立性。

11. 比较美国联邦储备体系和中国人民银行的独立性程度。

12. 中国人民银行的独立性主要体现在哪些方面？结合实际，谈谈如何进一步加强我国中央银行的独立性。

第五章　中央银行的资产负债业务

作为最重要的宏观调控部门之一，中央银行的业务活动既对金融机构和金融市场有着支配性影响，又对一国的整体经济运行具有重大的影响力和作用力。中央银行的超然地位和特定作用要求其业务活动必须具有特殊性，并遵循特殊的经营原则。本章将在介绍中央银行业务活动原则的基础上，具体阐述各项资产与负债业务及其操作，并形成资产负债表，以使读者对中央银行的特殊性有更为深刻的认识和理解。

第一节　中央银行业务活动的基本原则与分类

中央银行各项职责的履行以及货币政策目标的实现，都要通过其业务活动来完成。中央银行不同于普通的商业银行和其他金融机构，其业务活动有着自己特殊的活动原则和种类。

一、中央银行业务活动的基本原则

总体上看，因为中央银行的全部业务活动都是为其履行职责服务的，是其行使特定职权的必要手段，所以中央银行的各项业务活动必须围绕各项法定职责展开，必须以有利于履行职责为最高原则。而在具体的业务活动中，中央银行奉行非盈利性、流动性、公开性、主动性和合法性五项基本原则。

（一）合法性

合法性是指中央银行的业务活动必须根据法律赋予的特权在法定范围内展开。中央银行在一国金融体系中具有特殊地位和作用，其业务活动需要通过法律加以规范，这样既可以使中央银行开展业务时有法律作保证，又可以对中央银行的业务活动进行必要的法律约束，有利于各国规范金融秩序，维护金融业的健康发展。

合法性原则通过可作为和不可作为两方面来体现。就可作为而言，中央银行一般都被赋予以下一些法定业务内容：（1）垄断货币发行；（2）集中存款准备金；（3）为金融机构办理再贷款和再贴现业务；（4）在公开市场买卖有价证券；（5）代理国库；（6）经营黄金外汇业务；（7）组织协调各金融机构间的清算，提供必要的清算设施与服务；（8）代理政府发行、兑付国债和其他政府债券；（9）对全国的金融活动进行统计、调查，统一编制并定期公布全国金融统计数据、报表；（10）对各金融机构的业务活动进行稽核、检查和审计；（11）对中央银行的财务收支进行会计核算；（12）法律允许的其他业务，如外国中央银行或外国政府的存款，对国际金融机构的贷款等。

就不可作为而言，各国对中央银行的业务又往往存在以下诸多限制：（1）不得经营一般性银行或非银行业务；（2）不得直接对任何企业或个人发放贷款，不得向任何企业或个人提供担保，有的国家还规定不得向地方政府、各级政府部门、非银行金融机构提供贷款；（3）不得直接从事商业票据的承兑、贴现业务；（4）不得从事不动产买卖和不动产抵押贷款；（5）不得从事商业性证券投资业务；（6）一般情况下，不得向财政透支、直接认购包销国债和其他政府债券；（7）当中央银行是股份制方式时，不得回购本行股票。

（二）非盈利性

非盈利性是指中央银行的一切业务活动不以盈利为目的，这是由中央银行的特殊地位和作用决定的。因为中央银行是宏观金融管理机构而非商业性营利机构，它必须以稳定物价、维护金融秩序为己任，这决定了各国中央银行虽然与一般工商企业一样，大多拥有自己的资本金，但其一切活动必须以社会的整体利益为主要目标，而不能像一般工商企业那样追求自身利润最大化。更为重要的是，在很多情况下，只要业务有利于社会整体利益，即使这些业务不盈利甚至亏损，中央银行也得去做。因此，衡量中央银行业务开展的成败得失的标准是其对整个经济影响的好坏，而非利润的多寡。

当然，中央银行的业务活动必须遵循非盈利性原则并不意味着中央银行的业务活动无法盈利，相反，中央银行在开展公开市场业务、对商业银行的再贴现或再贷款等业务时，中央银行会获得一定的利润，但这只是一种客观结果，而非中央银行主观所刻意追求的目标。有的国家为了抑制中央银行的盈利动机，甚至强制规定中央银行的盈利必须上缴财政。另外，非盈利性也不意味着中央银行一定不讲经济效益。相反，在可能的情况下，中央银行的业务活动应该获得应有的收益，或尽量减少亏损，以降低宏观管理成本。

（三）流动性

流动性是指中央银行的资产要保持流动性，一般不做期限长的资产业务。这是因为作为宏观经济管理部门，中央银行手中需要掌握相当数量的货币资金，以满足其调节资金供求、稳定金融体系、促进经济增长的需要。因此，保持资产的高度流动性是中央银行履行其职能、实现货币政策目标的前提。一旦某银行出现资金困难，甚或整个金融体系出现流动性危机时，中央银行应该能拿出必要的资金。虽然中央银行可以通过增加货币发行来解决流动性问题，但货币的非经济发行会破坏全国的货币和信用秩序，而且这也有悖于中央银行的使命，因此中央银行的资产要保持较高的流动性。流动性原则与非盈利性原则是相一致的。正因为中央银行的业务活动不以盈利性为目的，中央银行才得以保持资产的充分流动性，而不受金融资产流动性和盈利性之间矛盾的限制。为了使资产保持较高的流动性，中央银行一般不发放长期贷款。例如，《中国人民银行法》第 27 条规定："中国人民银行根据执行货币政策的需要，可以决定对商业银行贷款的数额、期限、利率和方式，但贷款的期限不得超过一年。"

（四）公开性

公开性是指中央银行的业务状况公开化，定期向社会公布业务与财务状况，并向社会提供有关的金融统计资料。中央银行遵循业务公开性原则的好处有：第一，使中央银行的业务活动置于社会公众监督之下，防止黑箱操作，有利于增加中央银行的权威和信誉；第二，有利于社会各界及时了解中央银行的政策意图，准确分析经济金融形势，形成合理的预期，增强货币政策效应。正因如此，各国大多以法律形式规定，中央银行必须定期公布其业务财务状况以及金融统计资料，在业务活动中必须保持公开性，不能隐匿或欺瞒。如德意志联邦银行规定必须在每月 7 日、15 日、23 日和最后一天各发表一份财务报告书，公布其资产负债表。

（五）主动性

主动性是指中央银行在资产负债业务上需要保持主动性，应根据经济金融运行情况主动采取措施，通过具体业务活动实现调控目标。这是因为，一方面，中央银行的资产负债业务直接与货币供应量相联系，例如，货币发行业务直接形成流通中的货币，存款准备金业务不仅影响基础货币，而且还通过货币乘数影响货币供给，再贴现、公开市场业务等都会改变基础货币的数量；另一方面，由于货币政策存在作用时滞，中央银行必须准确分析判断经济金融形势，并及时、主动采取措施，通过资产负债业务的调整实施货币政策和金融监管，从而更加有效地控制货币供应量和信用总量。

二、中央银行业务活动的一般分类

中央银行在上述原则指导下，运用各种法定权利履行各项职责，形成了各种业务活动。根据不同的分类标准，中央银行的业务可以有多种分类。[①] 例如，按照中央银行的性质，可以将其业务分为货币发行业务、政府银行的业务和银行的银行业务；按照不同的业务属性，可以分为货币发行业务、货币政策业务、服务性业务、管理性业务；按照是否进入资产负债表，可以分为表内业务和表外业务；按照中央银行的业务活动是否与货币资金的运动相关，可以分为银行性业务和管

---

① 王广谦主编：《中央银行学》（第二版），高等教育出版社 2006 年版，第 63 页。

理性业务。鉴于最后一种分类相对比较清晰，这里主要对银行性业务和管理性业务作一简单介绍。

- 银行性业务
  - 资产负债业务
    - 再贴现业务
    - 贷款业务
    - 公开市场业务
    - 黄金和外汇储备业务
    - 货币发行业务
    - 存款业务
    - 发行中央银行债券业务
    - 资本业务
  - 支付清算业务
  - 经理国库业务
  - 会计业务
- 管理性业务
  - 存款准备金管理业务
  - 货币流通管理业务
  - 货币市场监管业务
  - 黄金、外汇管理业务
  - 征信管理业务
  - 金融风险评估与管理业务
  - 反洗钱和金融安全管理业务
  - 国际金融活动与协调管理业务
  - 金融统计业务
  - 对金融机构的稽核、检查和审计业务

图5－1　中央银行的银行性业务和管理性业务

（一）银行性业务

银行性业务是与货币资金直接相关的中央银行业务的统称，是中央银行作为银行的特性的体现，也是中央银行开展管理性业务的基础。当中央银行开展这类业务时，它会引起货币资金的运动或数量变化。中央银行的银行性业务主要包括以下几种具体业务：（1）资产负债业务；（2）支付清算业务；（3）经理国库业务；（4）会计业务。

（二）管理性业务

管理性业务是中央银行作为一国最高金融监管当局，代表国家而开展的对金融业的监督、管理、协调和统计等业务的统称。管理性业务主要服务于中央银行履行宏观金融管理的职责，其最大特点有两个：一是与货币资金的运动没有直接关系，因而不会引起货币资金的数量或结构变化；二是必须接受国家的授权，属于中央银行的特权业务。管理性业务具体包括：（1）存款准备金管理业务；（2）货币流通管理业务；（3）货币市场监管业务；（4）黄金、外汇管理业务；（5）征信管理业务；（6）金融风险评估与管理业务；（7）反洗钱和金融安全管理业务；（8）国际金融活动与协调管理业务；（9）金融统计业务；（10）对金融机构的稽核、检查和审计业务。图 5－1 对银行性业务和管理性业务的具体内容进行了概括。

第二节　中央银行的资产业务

中央银行的资产是指中央银行所持有的各种债权。中央银行的资产业务就是通过对所持有资产的运用，以调控货币，并履行中央银行职能的业务。中央银行的资产业务主要包括再贴现业务、贷款业务、公开市场业务和黄金外汇储备业务等。

一、再贴现业务

再贴现又叫“重贴现”，是指商业银行为取得资金，将尚未到期的已贴现商业票据提交中央银行以融通资金的票据行为。与再贴现相关且容易混淆的概念还有两个：贴现和转贴现，三者之间的关系如图 5－2所示。从图 5－2 中可看出，贴现是个人或企业在需要资金时，将未到期票据转让给商业银行以融通资金的行为；转贴现是将未到期的已贴现票据由贴现银行再次转让给其他商业银行或金融机构的行为；而再贴现则是将未到期的已贴现票据由贴现银行再次转让给中央银行的行为。从形式上看，再贴现与贴现、转贴现并无区别，都是一种票据和信用相结合的融资方式，但从职能上看，再贴现是商业银行和其他金融机构向中央银行融通资金的重要方式。更为重要的是，作为中央银行执行货币政策的重要手段之一，再贴现能直接扩张或收缩社会信用，并及时将货币政策的意图传递给社会，影响市场利率，引导人们的投资和消费行为。

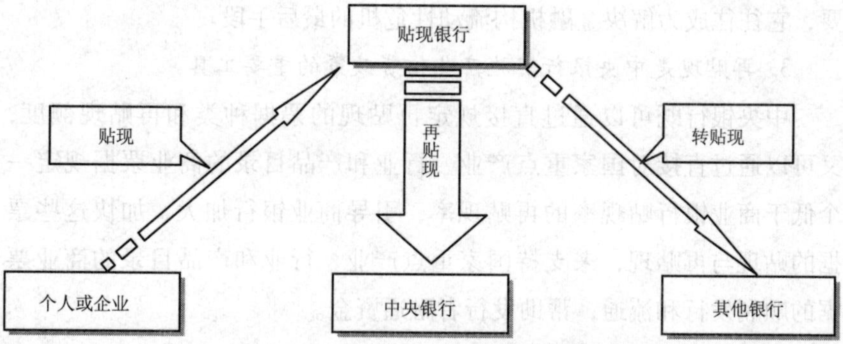

图 5－2　贴现、再贴现和转贴现

（一）再贴现业务的概念与意义

中央银行的再贴现业务也就是中央银行通过贴现向商业银行提供资金融通的业务。20 世纪 60 年代以前，再贴现业务在中央银行的资产业务中一直占有较大的比重。虽然近年来随着金融市场的发展和外汇资金的迅速增长，再贴现业务在中央银行的资产业务中所占比重有所下降，但作为一种信用行为，再贴现业务对中央银行仍具有十分重要的政策意义，再贴现率已成为现代中央银行的三大一般性货币政策工具之一。

1. 再贴现是中央银行提供基础货币、调控货币供应量的重要渠道

如果中央银行降低再贴现率，商业银行的筹资成本下降，商业银行将有动力向中央银行申请开展再贴现业务。当商业银行向中央银行提供未到期票据以融通资金时，商业银行的准备金增加，基础货币增加，然后通过货币创造而引起货币供应量增加。由此，中央银行就可达到调控货币供应量的目的。

2. 再贴现是中央银行履行“最后贷款人”职能的具体手段

商业银行等金融机构在日常的经营过程中可能会面临资金周转困

难或挤兑的危机。面对这种危机，正常情况下，商业银行等金融机构虽然能够通过同业拆借市场来加以解决，但同业拆借的资金规模有限，特别是当遇到普遍的金融危机时，情况就会变得十分严重。为避免金融机构倒闭带来的巨大负外部性，中央银行作为“最后贷款人”，通过再贴现或贷款业务向商业银行等金融机构提供资金融通就变得十分重要，它往往成为解决金融机构流动性危机的最后手段。

3. 再贴现是中央银行实施产业信贷政策的重要工具

中央银行既可以通过直接规定再贴现的票据种类和再贴现额度，又可以通过直接对国家重点产业、行业和产品目录的商业票据规定一个低于商业银行贴现率的再贴现率，引导商业银行加大、加快这些票据的贴现与再贴现，来支持国家重点产业、行业和产品目录的商业票据的顺利发行和流通，帮助发行者融通资金。

（二）再贴现业务的一般规定

再贴现业务与货币供应量的密切关系及其在金融危机时期的巨大作用，使各国中央银行在开展这项业务时都较为谨慎，制定了一系列的规章制度来加以规范。综合来看，各国有关再贴现业务的一般规定有：

1. 再贴现业务开展的对象

由于中央银行开展再贴现业务的目的是提供短期的资金融通，因此许多国家规定，只有在中央银行开立账户的商业银行等金融机构才能成为再贴现业务的对象。如我国《商业汇票承兑、贴现与再贴现管理暂行办法》规定，再贴现的对象是在中国人民银行及其分支机构开立存款账户的商业银行、政策性银行及其分支机构。对非银行金融机构再贴现，必须经由中国人民银行总行批准。

2. 再贴现票据的规定

大部分国家都对商业银行等金融机构再贴现的票据进行了规定，要求是确有商品交易为基础的自偿性票据。例如，美国联邦储备体系规定，申请再贴现的票据必须具备以下条件：（1）商业票据不得超过90天，有关农产品交易的票据不得超过9个月；（2）必须是根据交易行为产生的自偿性票据；（3）必须是直接从事经营工、农、商业的借款人所开出的票据；（4）凡是投机或长期资本支出所产生的票据均不能申请贴现。随着各国经济发展以及经济环境的变化，各国对再贴现票据资格的规定和限制有所放宽和变通。我国《商业汇票承兑、贴现与再贴现管理条例》第三条规定：承兑、贴现、转贴现、再贴现的商业汇票，应以真实、合法的商品交易为基础。第五条规定：再贴现的期限，最长不超过四个月。随着各国经济的发展以及经济环境的变化，以上有关再贴现票据的规定都有逐步放宽的趋势。

3. 再贴现业务的申请和审查

各国中央银行一般都专门设有再贴现窗口，用来受理、审查、审批各商业银行等金融机构的再贴现申请，并办理其他和再贴现有关的业务。商业银行等金融机构必须以符合规定的合法票据申请再贴现。中央银行在接受商业银行的再贴现申请时，必须审查票据的合理性和申请者资金运营状况，以确定申请者和再贴现对象是否符合再贴现条件。若审查一致通过，商业银行则在票据上背书并办理再贴现手续。

4. 再贴现率

由于中央银行的再贴现对象通常是短期票据，因此再贴现率是一种短期利率，对金融市场的影响主要集中在货币市场。尽管如此，货币市场上短期利率的波动，经过一段时间就会波及资本市场，从而导致长期利率的相应变化。如果中央银行提高再贴现率，就会抑制商业银行的资金需求，从而造成流通体系中购买长期有价证券的资金减少，最终引起长期证券价格的下降，长期利率也随之提高。此外，有一些国家将再贴现率定在较高的水平上，作为“惩罚性利率”，以引导商业银行尽量利用市场的力量来解决资金融通的问题，但大多数国家还是将再贴现率作为“基准利率”，用来反映中央银行的政策意向，其他的利率则随着再贴现率的变化而变化。由于再贴现率是由中央银行决定的，而且在利率完全市场化的经济体系中，再贴现率是中央银行唯一可以调控的利率，因此再贴现率是中央银行最常运用的货币政策工具和信贷政策工具。

5. 再贴现金额

再贴现票据的票面金额扣除再贴现利息后，就可得再贴现金额，即再贴现时中央银行实际支付的金额。其具体计算方法包括：

再贴现实付金额＝票面金额－再贴现利息　(5.1)

再贴现利息＝票面金额×日贴现率×未到期天数　(5.2)

日贴现率＝（年贴现率÷360）＝（月贴现率÷30）　(5.3)

需要注意的是，再贴现金额只与票面金额、再贴现率以及未到期天数有关，而与票据原来的利息或利率并无直接关系。

6. 再贴现额度的规定

在大多数国家，由于再贴现利率略低于货币市场上的利率，商业银行资金不足且条件允许时，一般都希望通过再贴现窗口来获得资金。但很多国家的中央银行为了与金融监管相配合，并不希望商业银行过多地依赖于中央银行的再贴现融资，因而大多数国家都对商业银行的再贴现额度进行了限制，并对过多利用这一权利的商业银行进行检查。例如，中国人民银行规定，各级人民银行对再贴现业务实行限额管制，任何时点都不得突破，也不得与其他再贷款限额相互串用。

7. 再贴现的收回

再贴现的票据到期，中央银行可通过票据交换和清算系统向承兑单位或承兑银行收回资金。如果承兑单位资金不足，就由承兑单位开户银行将原票据按背书行名退给申请再贴现的商业银行，并按逾期贷款处理。

（三）中国人民银行的再贴现业务

中国人民银行的再贴现业务起步比较晚。计划经济时期，商业信用受到限制，没有商业票据，自然也就没有再贴现业务。直到20世纪80年代中期，我国银行才开始办理商业票据的承兑贴现业务。1986年，中国人民银行上海分行开办再贴现业务。以此为起点，中国人民银行的一些其他分行也纷纷开始办理再贴现业务。1994年，中国人民银行总行开始办理再贴现业务。不过，自产生至今，由于票据市场发育不健全、贴现率和再贴现利率结构不合理及再贴现的条件比较苛刻等原因，再贴现业务在中国的发展一直较为曲折，其发展历程可简单概括为五大阶段：

1. 1986—1993 年为探索阶段

此阶段虽然再贴现政策作为宏观调控的货币政策工具得以正式启动并发挥作用，但此时期中国的再贴现业务进展缓慢，截至1993年底，全国再贴现贷款余额为48.66亿元，仅占同期中央银行再贷款余额的0.49%。

2. 1994—1995 年为全面启动阶段

党的十四大提出建立市场经济体制以后，根据社会主义市场经济对经济体制改革的要求，1994年中国人民银行开始大力推广和扩大再贴现业务，1994年10月中国人民银行总行首次安排100亿元再贴现资金，专项用于煤炭、电力等五行业及棉花、生猪、烟叶、食糖四种农副产品的已贴现票据的再贴现。同时，中国人民银行还通过多种渠道调动企业与商业银行开展再贴现业务的积极性，使再贴现得到全面启动，并在宏观调控中起到积极作用。1995年《票据法》的颁布，对于票据的推广使用以及贴现提供了有力的法律保障，极大地促进了再贴现业务的发展。

3. 1996 年为全面发展阶段

这一时期再贴现已由国家支持的“五行业，四产品”辐射到各行各业，成为基层人民银行解决商业银行临时性资金困难的主要途径，再贴现业务得到迅速发展。截至1996年末，全国再贴现累计金额1358亿元，余额416亿元；各商业银行累计贴现2264亿元，余额506亿元。

4. 1997 年为业务规范阶段

亚洲金融危机的冲击使商业银行把防范借贷风险、保全金融资产作为其业务发展的重点。银行在控制总量的同时，严格票据签发的审查，从而使商业票据承兑和贴现量大为降低，使再贴现业务发展受到了冲击。

5. 1998 年至今为深化改革阶段

1998年3月，改革再贴现率的确定方式，与再贷款率脱钩，单独发布再贴现率，使之首次成为基准利率，强化了再贴现率的货币政策信号作用。1999年7月，中国人民银行进一步改进和完善再贴现业务管理，具体内容包括：（1）进一步完善再贴现操作体系，加快发展以中心城市为依托的区域性票据市场。（2）根据国民经济发展的需要，适当扩大再贴现的对象和范围。（3）改进再贴现操作方式，提高业务效率。随着制度建设的规范，再贴现业务的规模也发展迅速，起到了日益重要的作用。据统计，2008 年，企业累计签发商业汇票 7.1 万亿元，比 2007 年增长 20.7%；累计贴现 13.5 万亿元，同比增长 33.6%；累计办理再贴现 109.7 亿元。2008 年末，商业汇票承兑余额为 3.2 万亿元，同比增长 30.9%；贴现余额为 1.9 万亿元，同比增长 50.4%。

二、贷款业务

中央银行的贷款业务是指中央银行向商业银行、政府及其他部门进行放款的行为。与商业银行类似，中央银行贷款既可采用信用贷款方式，也可采用担保贷款或抵押贷款方式。在现代经济中，与再贴现业务一样，中央银行的贷款业务不仅是中央银行提供基础货币、调控货币供应量的重要渠道，还是中央银行履行“最后贷款人”职能的具体手段。另外，当财政收支出现不平衡时，中央银行的贷款业务也能发挥重要重用。

（一）贷款业务的种类

中央银行作为银行的银行和政府的银行，在商业银行或政府出现资金紧张时，有责任向它们提供信贷支持，以解决它们资金周转上的困难。中央银行贷款主要分为以下几种：

1. 对商业银行的贷款

中央银行对商业银行的贷款又叫最后贷款，因此中央银行也被称为最后贷款人。这种贷款与一般商业银行贷款存在诸多不同：（1）贷款对象不同。中央银行贷款的对象主要是商业银行，而一般商业银行的贷款对象主要是个人和工商企业。（2）贷款目的不同。中央银行对商业银行的贷款主要是为了“救急”，因此它不以盈利为目的，而商业银行作为金融企业，其贷款主要是为了赚取存贷利率差，以实现利润最大化。（3）期限不同。由于中央银行向商业银行的贷款主要是为了解决商业银行临时的资金需要，因此中央银行向商业银行发放的贷款主要是短期的流动性贷款和季节贷款，而且中央银行的流动性原则也要求中央银行不能向商业银行提供长期贷款，而商业银行贷款则没有太多的期限限制，既可以是短期的，也可以是长期的。（4）对经济的影响不同。中央银行贷款会带来基础货币的增加，因此常被当作一种货币政策工具，用以调节货币供应量，进而调控宏观经济；另外，中央银行贷款还可作为最后贷款，保证商业银行的最终清偿能力和流动性，避免因为金融恐慌而造成的金融体系的混乱。而商业银行贷款的主要作用在于重新配置货币资金，进而改变社会货币资金存量的结构。当然，中央银行并不能无限制地向商业银行发放贷款，各国的中央银行通常都会对商业银行向中央银行借款的限额加以限定，以防止商业银行利用中央银行低利贷款转手进行高利贷款。此外，各国政府还规定商业银行在申请贷款时必须报送资金营运或财务情况报表，说明贷款的理由和资金用途，中央银行再根据货币政策的需要、货币流通状况和提出申请的商业银行的实际情况来决定是否贷款、贷款金额、期限和利率。

中央银行对商业银行贷款的方式主要有三种：（1）信用放款，是指中央银行根据商业银行的信誉而提供的一种贷款，通常期限较短。中央银行对这种贷款额度的控制很严，只有少数信用极高的大型商业银行，而且还要在中央银行放松银根的时候才能获得这种优惠贷款，因此信用贷款在中央银行对商业银行贷款中所占的比重很小。（2）担保放款，是指商业银行以其客户发出的合格的商业票据为担保向中央银行申请的贷款。这种贷款的手续较为复杂，中央银行必须要审核这些作为担保的票据，风险较大，现在基本上已被再贴现所取代。（3）抵押放款，是指商业银行将其持有的政府债券或其他有价证券交给中央银行作抵押申请的贷款，一般商业银行所抵押的证券都有较为活跃的二级市场，因此这种贷款的风险较小，目前中央银行对商业银行发放的贷款多属于此类。

随着金融市场的发展和金融创新，虽然商业银行的融资渠道和融资手段都日益增加，但中央银行仍然是商业银行解决临时资金需要和保证支付的最终途径。

2. 对政府的贷款

中央银行对政府的贷款是为了弥补政府在提供公共服务过程中出现的暂时性收支失衡。一般通过两种渠道：向政府直接提供贷款和买入政府债券。为了防止中央银行向政府过度贷款而引起通货膨胀，各国都对中央银行对政府的贷款进行严格的控制，大多数国家都把直接贷款限定于短期，并通过法律或协议限制贷款的额度。与商业银行对政府的贷款业务相比，商业银行对政府的贷款不受限制，主要是因为商业银行对政府的贷款不会给通胀带来直接的压力。

3. 其他贷款

除对商业银行和政府外，中央银行还可对外开展一些其他贷款业务。按照贷款的对象，可将这些贷款分为三种：一种是其他金融机构贷款，如政策性银行、金融信托公司和租赁公司、证券公司、财务公司、保险公司等；二是对非金融部门的贷款，一般都是有特定的目的和用途，贷款对象的范围也比较窄，如我国老少边穷地区的贷款；三是对外国政府和金融机构的贷款，如中日韩三国和东盟十国签订的货币互换协议规定，如果协议签订国发生国际支付困难，其他签订国使用本国货币提供贷款，这就构成了对外国政府的贷款。

（二）再贴现业务与贷款业务的区别

作为中央银行的两种重要的资产业务，再贴现业务和贷款业务在本质上都是中央银行作为债权人与其他经济主体所发生的债权债务关系，都是中央银行提供基础货币、调控货币供应量的重要渠道和履行“最后贷款人”职能的具体手段，两种业务的开展最终都会带来社会货币供应量和信贷规模的扩大，但两者之间又是有区别的，主要表现在：

1. 本息的收取不同

再贴现是中央银行在支付现金的同时获得利息，而贷款是在资金支出并被使用一段时间之后或归还本金时收取利息。再贴现的借款人只是获得了部分的资金，而贷款业务中的借款人则获得了全额资金。因此，对商业银行而言，即使再贴现票据的票面价值与贷款数量相等，但由于采用这两种融资方式所获得的资金数量不相等，因而对商业银行准备金充实和信贷规模扩大的影响却可以产生很大的不同。

2. 偿还的方式不同

再贴现票据到期时，中央银行向票据承兑人出示票据并要求票据承兑人兑付，以收回资金。而贷款归还则是在贷款到期之后，借款人直接向中央银行归还本金。

3. 承担的风险不同

再贴现本质上属于抵押贷款，各国对能够进行再贴现的票据都有严格规定，它们往往是有商品交易为基础的自偿性票据，并通常得到了商业银行等大金融机构的承兑，因此违约可能性非常小，中央银行在票据到期后能够很容易地收回投放出去的资金。但是，贷款的偿还有赖于借款人的未来经营情况，而未来具有极大的不确定性，这决定了贷款的风险往往远远高于再贴现的风险。

4. 对经济的影响不同

中央银行通过再贴现而增加的货币投放，属于货币的经济发行，它是对于合格的商业票据进行再贴现而增加的资金投放，体现了商品流通中对货币的需要。但是，通过贷款，特别是通过信用贷款增发的货币就不一定是商品交易的正常需要，可能属于没有物资保证的非经济发行，在贷款到期后，中央银行也不一定能够收回投放出去的货币，一旦发生这种情况，很有可能导致金融的不稳定。

（三）中国人民银行的贷款业务

中国人民银行自 1984 年开始专门行使中央银行职能之后，对银行的贷款不仅一直是其最主要的资产业务，也是中国人民银行控制基础货币的最主要的途径。1993 年之前，我国贷款业务占总资产的比重高达 70% 以上。1994 年我国外汇管理体制进行重大改革之后，中国人民银行的外汇资产业务迅速上升，贷款的比重相对下降。从贷款的结构看，自 1998 年开始，由于商业银行的“存差”不断扩大，中国人民银行的再贷款主要发放给政策性银行和农村信用社。目前，中国人民银行对商业银行等金融机构的贷款全部由总行集中控制，并由总行直接向国有商业银行和其他商业银行的总行发放。我国从法律上限制了中央银行向政府贷款。如《中国人民银行法》第二十九条规定：中国人民银行不得对政府财政透支，不得直接认购、包销国债和其他政府债券。第三十条规定：中国人民银行不得向地方政府、各级政府部门提供贷款。

三、公开市场业务

中央银行公开市场业务也叫证券买卖业务，是指中央银行作为市场主体，在公开金融市场上进行证券买卖。由于中央银行买卖证券一般是在公开金融市场上进行的，故把中央银行的这种证券买卖行为又称做公开市场买卖或公开市场操作。与贷款业务和再贴现业务一样，公开市场业务也是中央银行的主要资产业务，并且随着证券市场的发展，公开市场业务在中央银行的资产业务中所占的比例也越来越高。中央银行在证券买卖的过程中虽然会获得一些买进或卖出时的价差收益，但中央银行买卖证券的目的是调节货币供给和利率，以履行自身的职责，而并不是为了盈利。

（一）中央银行买卖证券的意义

中央银行在公开市场上买卖证券，会产生三方面的积极意义：一是调控货币供应量。当中央银行在公开市场上购买证券时，银行体系的准备金增加，这将刺激银行增加贷款的发放，从而增加全社会货币供应量；反之，当中央银行出售证券时，则减少货币供应量。二是调控利率。中央银行购买证券会使市场上对证券的需求增加，引起证券价格上升和利率下降；反之，中央银行出售证券则会引起证券价格下跌和利率上升。三是中央银行可通过买卖不同期限的证券来影响利率结构，进而影响对不同利率有不同敏感性的贷款与投资。

（二）公开市场业务的一般规定

由于中央银行用自己发行的货币买入有价证券实际上是通过市场向社会投放货币，因此各国对中央银行开展公开市场业务都有着严格的规定。

1. 买卖证券的规定

中央银行经营的一切业务都需要遵循中央银行的经营原则，中央银行的证券买卖业务也不例外。为了能灵活调节货币供给，控制货币供应量，中央银行的公开市场业务必须遵循流动性原则。因此，中央银行买卖的证券类型只包括政府公债、国库券以及其他市场性很高的有价证券。例如，美联储证券买卖业务的对象是政府债券，英格兰银行规定的证券买卖业务的对象为商业债券和政府债券，日本银行则规定为商业票据、银行承兑票据和政府公债。

2. 证券买卖市场的规定

为了防止中央银行直接买卖政府债券而引发的通货膨胀，一般国家都规定了中央银行的公开市场业务只能在二级市场上进行。因为如果不对中央银行买卖政府债券进行限制，在中央银行缺乏独立性的情况下，就可能造成中央银行被迫直接购买大量政府债券，从而使中央银行沦为政府弥补财政赤字的工具。

3. 买卖证券的方式

中央银行买卖证券有直接购买和附有回购协议的买卖两种方式。直接购买是指当中央银行认为需要增加或减少商业银行的超额准备金时，就会一次性地直接购买或出售某种证券，一般是由证券商出面，按照最高价卖出、最低价买入的原则，直到卖足或买足为止。附有回购协议的买卖是指在购买时就签订协议，卖者必须在指定的日期按约定的价格再购回那些原出售的证券。

直接购买和附有回购协议的买卖区别在于：直接购买是主动出击型的，它会直接改变商业银行的准备金数量和货币存量；而附有回购协议的买卖是防御型的，它是用来抵消市场暂时的冲击，以保证商业银行准备金的相对稳定。

（三）证券买卖业务与贷款业务的异同

中央银行的证券买卖业务和贷款业务既有相同之处，也有不同之处。① 相同之处主要有：

1. 融资效果相同

中央银行买进证券实际上就是用自身的负债来扩大资产，这本质上等同于中央银行发放贷款；而卖出证券则相当于贷款的收回。从融资效果的角度来看，二者是没有区别的。

① 刘肖原主编：《中央银行学教程》，中国人民大学出版社2007年版，第111—112页。

2. 对货币供应量的影响相同

中央银行买进证券和发放贷款一样，都会引起经济体系中基础货币量的增加，并通过货币乘数的作用，最终引起货币供应量的成倍扩张；相反，中央银行卖出证券也会和贷款一样，最终引起货币供应量的成倍收缩。

3. 证券买卖业务和贷款业务都是中央银行调节和控制货币供应量的工具

中央银行的证券买卖业务与贷款业务的不同之处在于：

1. 资金的流动性不同

虽然中央银行的贷款大部分都是短期的，但也都必须要等到期才能收回，证券业务却可以随时买卖，并不存在到期问题。因此，证券买卖业务的资金流动性要高于贷款业务的流动性。

2. 收益的表现形式不同

中央银行在贷款业务中可以通过收取贷款利息来获得收益；而未到期的证券买卖却没有利息收入，证券买卖的盈亏只能通过买进或卖出的价差来实现。

3. 对金融环境的要求不同

中央银行的贷款业务对经济、金融环境的要求较低，一般国家的中央银行都可以办理贷款业务；但中央银行买卖证券需要发达的证券发行和流通市场，对整个经济、金融环境的要求较高。

4. 信用的依据不同

贷款业务是以商业银行的信用为依据的；而证券买卖是以证券的质量为依据的。

（四）中国人民银行的公开市场业务

长期以来，中国由于金融体制改革没有到位，金融市场特别是货币市场发展滞后，不具备开展公开市场业务的条件，使中央银行的宏观调控失去了一个理想的工具。进入20世纪90年代后，随着市场化金融改革的进展，在改善宏观调控方式方面做了大量基础性工作，公开市场操作的条件逐渐成熟。1994年，进行外汇体制改革并建立统一的银行间外汇市场后，中央银行在上海成立了公开市场操作室，对外汇市场进行调控。1996年4月9日，中央银行本币公开市场操作开始启动，但在当时商业银行普遍流动性过剩的形势下，需要中央银行通过公开市场业务收缩商业银行的流动性，即要求中央银行卖出债券（不能从市场上买入，否则将进一步增加流动性），而中央银行当时由于缺少债券资产储备，严重制约了公开市场操作的起步，只能采取以少量资金向商业银行回购，临时调节其短期资金头寸，因而公开市场的交易数量很小。1997年初，根据货币政策操作的需要，向商业银行融资的债券回购交易实际暂时停止了。1998年5月，中央银行为了发展公开市场业务，更加灵活有效地管理基础货币，保证商业银行的资金需要，又恢复了以国债回购为主的公开市场操作。1998年中央银行通过公开市场累计融出资金1761亿元，净投放基础货币701亿元，占基础货币投放总额的2.3%。1999年以来，公开市场操作已成为中国人民银行货币政策的重要工具，对于调控货币供应量、调节商业银行流动性水平、引导货币市场利率走势发挥了积极的作用。

四、黄金外汇储备业务

世界各国之间的商品和劳务往来、资本借贷以及各种馈赠和援助都会产生相互之间的债权债务关系。在不同的货币制度下，要用不同的国际通用货币对这些债权债务进行清算。例如，在金本位制度下，就使用黄金作为国际间清算的手段。在布雷顿森林体系下，使用的是美元和黄金，并创设了国际货币基金组织份额和特别提款权作为国际清算手段。在牙买加体系下，实现了国际清算手段的多元化，一些主要发达国家的货币都成为了国际清算手段。在一定时期内，国家之间的债权债务是需要使用这些国际清算手段进行清算的。因此，持有这些可作为清算手段的国际储备是非常必要的。大多数国家都将外汇和黄金以及其他国际清算手段作为储备资产委托给中央银行保管和经营，从而形成了中央银行的黄金外汇储备业务。

（一）中央银行黄金外汇储备业务的意义

各国的中央银行，无论是从国家利益方面考虑，还是从稳定货币的角度出发，抑或是从加强国际经济往来着想，都需要保留一定数量的黄金和外汇储备。在现代不兑换的信用货币制度下，中央银行开展黄金外汇储备业务具有重要意义。

1. 稳定币值

稳定币值是中央银行最重要的货币政策目标之一，很多国家为了稳定币值必须要保留一定数量的国家黄金外汇准备金。这样，就可以在国内出现通货膨胀时，利用手中的黄金外汇储备从国外进口商品，以抑制物价上涨。

2. 稳定汇价

在实行浮动汇率时，一国货币的相对价值经常发生变化，汇率过大的波动会给一国的国际贸易带来很大的不确定性，甚至会对经济发展造成很大的影响。为了稳定币值，中央银行就需要在汇率波动过大时通过买卖国际通货，使汇率维持在合理的水平。另外，中央银行如果持有足量的黄金外汇储备，就表明该国维持汇率稳定的能力强，国际社会对该国货币的币值与购买力也充满信心，愿意持有该国货币，因此有利于汇率稳定。

3. 调节国际收支

一国在对外经济交往中，不可避免地会发生国际收支不平衡，如果这种不平衡得不到及时弥补，将不利于本国国内经济和对外经济关系的发展。当国际收支发生逆差时，中央银行就可以利用自身的黄金外汇储备来弥补所需外汇的不足，以保持国际收支的平衡。而当国际收支的经常项目出现顺差、黄金外汇储备有结余时，就可以用其清偿外债，以减少外国资本的流入，从而平衡国际收支。

（二）国际储备资产的构成

国际储备是指一国货币当局为弥补国际收支赤字、维持本国货币汇率稳定而持有的国际间可以接受的一切资产。国际储备资产数量的多少往往体现一国国际清偿能力的强弱。对于任何一个国家来说，其国际储备中至少包括黄金储备和外汇储备。此外，如果该国是国际货币基金组织的成员国，则国际储备中还包括在基金组织的储备头寸和特别提款权。

1. 黄金

黄金是最古老的国际储备资产，也是最安全可靠的，从长期的趋势来看，黄金还具有保值的特点。但在现代社会中，黄金已不符合人们对国际储备资产的要求，它既不能直接用来支撑汇率，也不能按照确定的汇率兑换成能实现上述政策目的的资产。而且，保存黄金没有收益，同时还要支付较高的管理成本。实际上，作为国际储备资产的黄金已极少用于直接充当国际清算手段，即使要用黄金弥补国际收支逆差或清偿国际债务，通常也是先将黄金作为商品，随行就市，换成外汇后再支付。因此，在世界各国中，黄金所占储备资产的比重已经越来越低了。不过，由于黄金的天然属性，并作为一种最后支付手段，黄金仍然受到诸多国家的青睐，而保留在中央银行的国际储备之中。

2. 外汇

外汇是中央银行持有的国际储备货币的总称，目前充当外汇储备的主要货币有美元、日元、欧元、瑞士法郎、英镑等。外汇具有流动性好、管理成本低、有收益等特点。但是，外汇的风险相对于其他的储备资产较大。因为外汇的汇率变幻莫测，很容易因为外汇的贬值而造成储备资产的损失，从而降低了外汇储备资产的实际价值，削弱了本国的支付能力，所以各国都通过外汇资产的多元化来分散风险。

3. 特别提款权以及在国际货币基金组织的储备头寸

特别提款权是国际货币基金组织为了解决国际储备不足问题，经过长期的谈判后于1969年在基金组织第24届年会上创设的新的国际储备资产。储备头寸则是成员国在基金组织储备的部分提款权余额，再加上向基金组织提供的可兑换货币贷款余额，其数额的大小主要取决于该会员国在国际货币基金组织认缴的份额，会员国可使用的最高限额为份额的125%，最低为0。与黄金、外汇储备资产相比，特别提款权以及在国际货币基金组织的储备头寸既安全可靠又可灵活兑现。但是，这些储备资产并不能随意购入，因此不能成为各国主要的储备资产。

从以上对各种储备资产特点的分析可以看出，三种国际储备资产各有优缺点。各国中央银行要从流动性、安全性和收益性三个方面综合考虑，以实现储备资产的最优配置。目前，各国中央银行解决储备资产构成问题的普遍做法是：努力优化国际储备的构成，实现外汇资产的多样化，以分散风险，在此基础上争取最大流动性，并获得一定的收益。

（三）黄金外汇储备业务的核心内容

中央银行保管和经营黄金外汇储备资产的核心内容有两个：一是保持合理规模，二是保持合理结构。

1. 保持合理的黄金外汇储备规模

黄金外汇储备资产过多是对资源的浪费，过少则可能造成国际支付能力的不足，并动摇国际社会对本国货币和外债的信心。因此，各国都需要确定并保持一个合适的黄金外汇储备规模。各国应该持有多少黄金外汇储备资产，目前并没有统一的标准。一般来说，商品进口额、对外负债数量与期限、经济的对外依存度、外汇管制以及国际金融环境等都是影响黄金外汇储备资产合理规模的重要因素。从国际经验看，一国黄金外汇储备资产的合理规模至少应控制在相当于本国2—3个月的进口额的水平上。

2. 保持合理的外汇储备结构

自从布雷顿森林体系崩溃之后，各国的储备货币都从单一的美元转变为美元、欧元、日元、英镑等多种储备货币并存的局面。但不同储备货币的汇率、利率的不同波动，给各国的外汇储备管理带来了很大的不确定性。为保持合理的外汇储备结构，中央银行必须综合考虑以下影响因素：（1）本国对外贸易和其他金融性支付所使用的币种；（2）本国外债的币种构成；（3）国际货币体系中各主要储备货币的地位，及其市场的深度、广度和弹性；（4）对各种储备货币汇率走势的预测情况；（5）储备货币汇率与利率的比较、汇率与收益率之间的比较，以及有关国家的货币政策；（6）本国的经济发展目标和经济政策的要求。

（四）中国人民银行的黄金外汇储备业务

我国国际储备各部分所占的比重很不平衡，黄金储备、特别提款权和在国际货币基金组织的储备头寸偏低，绝大部分储备资产是外汇。

其中，黄金储备规模长期不变，为1929万盎司（约600吨），仅占外汇储备规模的1.3%左右，而根据2006年国际货币基金组织和世界黄金协会统计数据：美国中央银行持有黄金储备8135吨，黄金储备占外汇储备的75%；德国中央银行持有黄金储备3427.8吨，占外汇储备的62.9%；法国中央银行持有黄金储备2790.9吨，占外汇储备的64.8%。在基金组织中的储备头寸和特别提款权所占比例也非常小。鉴于我国国际储备的结构特点，中国人民银行的国际储备管理主要集中在外汇储备的管理方面。

1996年底，中国外汇储备首次突破了1000亿美元，此后4年，储备上升相对平稳。但自2000年起，我国外汇储备呈快速增长趋势。在2001年底外汇储备规模突破2000亿美元大关之后，持续扶摇直上：2003年底增加到4033亿美元；2004年达到6099亿美元；2005年底达到8188亿美元，居全球第二位；2006年2月底，我国外汇储备余额为8537亿美元，超过日本的8501亿美元，首次成为全球外汇储备最大持有国；2008年上半年，我国外汇储备余额达18088亿美元，高居各国之首。我国外汇储备的主要组成部分是美元资产，其主要持有形式是美国国债和机构债券。我国外汇储备的结构没有对外明确公布过，目前属于国家金融机密。据估计，外汇储备中美元资产约占70%左右，日元约为10%，欧元和英镑约为20%。

虽然巨额的外汇储备有利于维护国家和企业的对外信誉，增强海内外对我国经济和人民币的信心；有利于拓展国际贸易，吸引外商投资，降低国内企业的融资成本；有利于维护金融体系稳定，应对突发事件，平衡国际收支波动，防范和化解国际金融风险。但是，外汇储备的快速飙升也带来了一系列新问题，主要表现在：（1）造成国民福利丧失。因为绝大部分外汇储备被投放于中国境外的金融市场，并未参与到境内资金循环过程中来。（2）加剧中国人民银行所承受的汇率风险。中国人民银行长期以来一直是外汇市场的出清者，因此在中国人民银行的资产负债表上，资产方的外汇储备不断扩张，资产越来越"外币化"；同时负债方的基础货币外汇占款发行也在飙升，负债越来越"本币化"，中国人民银行面临日益严重的货币错配风险，以至于使国民经济运行中的汇率风险加速向央行集中。(4) 造成维持汇率稳定背景下的储备增长机制代价昂贵。在现行外汇管理体制下，外汇储备的增加加大了央行基础货币的投放，为了对冲过多的流动性，央行又不得不采取大量发行央行票据和上调法定存款准备金率，这在一定程度上对央行的货币政策独立性产生了影响。(4) 从国际金融体系角度观察，我国外汇储备快速上升，还使得我国经济增长已有成果和未来命运承受着巨大的美元汇率风险。由于国际货币的主要发行国处于负债方地位，因此汇率调整成本将由该种货币金融资产的债权方来支付。

针对上述问题，中国人民银行可采取如下一些应对措施：(1) 改革目前结售汇制度，由强制结汇制向自愿结汇制转变，将外汇保留在企业手中，不仅能减轻外汇储备压力，也能降低企业举借外债的数量。(2) 调整中国的外汇储备的币种结构，推进币种多元化，扩大欧元、英镑和日元的外汇储备份额，化解汇率风险，最大限度地降低因美元汇率下滑而导致的外汇储备缩水。(3) 合理划分经常性储备和战略性储备，实现流动性和收益性的统一。其中，经常性储备应保持流动性，主要用于干预外汇市场、稳定人民币汇率以及调整国际收支；战略性储备应注重收益，可用来进行中长期投资或用于国家重点建设项目。(4) 增加黄金储备份额，抑制外汇储备缩水，减轻人民币升值压力，提高外汇储备的投资收益。(5) 稳步放宽外汇的管制，进一步扩大开放，实施“走出去”发展战略，支持企业在国外投资。同时，调整对外贸易政策，适当抑制贸易顺差，严格控制国际热钱进入。

第三节　中央银行的负债业务

中央银行的负债业务是指金融机构、政府以及其他部门持有的对中央银行的债权，它形成中央银行的资金来源。中央银行的负债业务主要包括货币发行业务、存款业务、发行中央银行债券业务、对外负债业务以及资本业务等。

一、货币发行业务

货币发行有两种不同的含义：一是从货币发行过程的角度看，货币发行是指货币从中央银行的发行库通过各家商业银行的业务库流到社会，是中央银行单方面向社会投放货币资金的行为；二是从货币发行结果的角度看，货币发行是指货币从中央银行流出的数量大于流通中回笼的数量，最终引起货币供应量净增加的行为。在现代不兑现信用货币制度下，作为中央银行最重要的负债业务，货币发行业务事实上是中央银行长期的无需清偿的债务。

根据发行依据的不同，货币发行可分为经济发行和财政发行两种。经济发行是指中央银行根据国民经济发展的客观需要，通过正常的信用渠道增加货币供应量的行为。货币经济发行使货币投放适应于流通中货币需要量增长的需要，有利于币值稳定和货币流通正常，有利于市场的活跃和经济的发展。财政发行是指为弥补国家财政赤字而发行货币的行为。在现代信用货币的制度下，一般不允许直接发行货币来弥补财政赤字，只能通过向银行借款或发行公债，迫使银行系统增加货币发行。由于没有真实的经济增长作为基础，财政发行所增加的货币会形成超经济需要的过多货币量，容易引起市场供求失衡和物价上涨。

中央银行发行货币的渠道主要包括：向商业银行等金融机构提供贷款、接受商业票据的再贴现、购买有价证券、购买金银和外汇等。回笼货币则进行上述渠道的反操作。各国都对货币的发行和回笼有着法律规定的程序。大部分国家都是根据本国货币流通量宏观控制的需要，以本国的货币发行机制为基础，制定本国货币发行与回笼的法律程序和操作程序，以确保货币发行和回笼的安全、准确和严密。

（一）货币发行的原则

为保证货币发行能满足经济发展对货币所提出的客观要求，各国中央银行都制定了货币发行的原则，主要包括：

1. 垄断发行原则

统一货币发行是中央银行制度形成的最基本动因之一，当今世界各国大多都用法律形式规定了中央银行垄断货币发行权。遵循垄断货币发行原则，就是要求货币发行权高度集中统一于中央银行。中央银行垄断货币发行具有很多积极意义：一是有利于统一币制，以避免多头分散发行所造成的货币流通混乱和经济动荡；二是有利于中央银行货币政策的制定和执行，以调控货币供应和宏观经济运行；三是有利于增强中央银行的经济实力，以满足中央银行履行职能的需要；四是有利于使货币发行的利润归政府所有，保证政府得到一定的收益。

2. 信用保证原则

所谓信用保证原则，是指中央银行应建立一定的货币发行准备制度，使其货币发行有一定的黄金或有价证券作为保证。在现代不兑现信用货币制度下，严格遵守信用保证原则发行纸币显得尤其重要。只有使纸币的发行量与客观的国民经济发展水平、客观的货币需要量之间保持相对应关系，才能保证币值的稳定，进而保证社会经济乃至政治的安定。

3. 弹性原则

弹性原则是指货币发行应具有一定的伸缩性和灵活性，以适应经济状况变化的需要。弹性原则要求把握好货币发行的“度”，使货币发行既要满足经济增长和经济发展的需求，避免通货不足而导致通货紧缩、经济衰退，又要严格控制货币发行数量，避免因通货过多造成通货膨胀、经济过热。

（二）货币发行准备制度

货币发行准备制度是指中央银行以某种或某几种形式的资产作为货币发行准备，从而使货币发行量与这种或这几种资产之间建立起联系和制约关系的制度。从实践来看，一国的货币发行准备制度其核心内容有两个：一是规定发行准备，二是规定发行准备的比率。

1. 发行准备

在不同的货币制度下，货币的发行准备是不同的。在早期的金属货币制度下，以法律所规定的贵金属金或银作为货币发行准备，且各国货币发行一般都采用100%的金属准备。随着商品经济和信用制度的发展，各国货币发行开始采用部分金属准备制度，金属准备的比例逐步减少，直至金属货币制度的崩溃。在现代不兑现信用货币制度下，货币发行准备制度已与贵金属脱钩，有的国家以现金、外汇资产作准备，有的国家以政府有价证券或合格的商业票据作准备，还有的国家以一定物资作准备。

2. 发行准备的比率

发行准备的比率有两层含义，即货币发行的准备与货币发行量之间的比率和货币发行准备中现金准备与证券准备之间的比率。由于现金准备的发行缺乏弹性，证券准备又不易控制，因此货币发行准备常采用两者搭配的方法。两者的比率既可以是固定的，也可以是弹性的。大部分国家在规定现金准备比率的同时，都留有变通的余地。

3. 几种主要的货币发行准备制度

为了维护货币信用，各国对本国中央银行的货币发行都规定有准备制度。归纳来看，当今的货币发行准备制度大致可分为以下几种主要类型：（1）现金准备发行制。它是指货币的发行以100%的黄金或外汇等作为准备。这种制度的优点是可以有效地防止货币发行的过量，而缺点则是缺乏弹性。（2）证券准备发行制。即货币的发行以短期商业票据、短期国库券和政府公债作为准备。这种制度使中央银行在调控宏观经济上有较大的余地，但是需要发达的金融市场和较高的控制技术，且容易导致货币的财政发行。（3）现金准备弹性比例发行制。它是指货币发行数量超过规定的现金准备比率时，国家对超过部分的货币发行征收超额发行税。这种制度兼顾了信用保证原则和弹性原则，在一定程度上能够限制货币的过量发行，不过这种限制作用要取决于超额发行税的制约作用和中央银行的独立性。（4）证券准备限额发行制。它是指在规定的发行限额内，可全部用规定证券作为发行准备，超过限额的货币发行必须以十足的现金作为发行准备。这种制度有利于限制货币的财政发行，但缺乏弹性，容易使货币发行量脱离国民经济发展的客观需要。（5）比例准备制。它是指在规定的货币发行准备中，现金与有价证券各占多大比重。这种制度克服了现金准备发行制缺乏弹性的缺点和证券准备发行制易导致货币财政发行的缺点，但难点是如何确定两种准备资产的合适比例。

（三）主要国家和地区的货币发行制度

货币发行准备制度的选择既与该国当前的政治经济条件相关，又与其历史文化传统相关。这意味着，从横向来看，不同国家在同一时期可根据本国国情选择不同的货币发行准备制度；而从纵向来看，各国的货币发行准备制度又不是一成不变的，一国可在不同的历史时期实行不同的货币发行准备制度。

1. 美国的货币发行制度

1980年以前，美国实行的是现金准备弹性比例发行制。联邦储备券的发行必须以黄金或黄金证券作为准备，准备率也不得低于流通量的40%。如果低于40%，联邦储备委员会会对其征收超额发行累进税。但当联邦储备银行被征收超额发行税时，其对商业银行的再贴现率也会提高，因而其部分税收将会在贴现率中得到补偿。而当贴现率提高时，商业银行的贷款成本就会增大，需求也就会减少，从而使货币的发行量也随之降低。因此，征收超额发行税可以在一定程度上保证货币流通的稳定。1980年之后，随着黄金的非货币化，美联储改为实行证券准备限额发行制，货币的发行必须有100%的合格证券作为保证。这些合格证券包括：黄金证券、美国联邦政府债券、经联邦储备银行审查合格的商业票据、抵押票据、银行承兑票据和地方政府发行的债券。美国的货币发行程序是：联邦储备银行向联储理事会任命的货币发行代理人申报需要现钞的数额，同时递交商业票据或其他债券作为担保；货币发行代理人对联邦储备银行提出的货币发行申请和进行抵押的证券进行审查、核实后，将合格的发行抵押品换给等额的现钞；联邦理事会有权通过货币发行代理人部分或全部拒绝联邦储备银行的货币发行申请；回笼的现钞由联邦储备银行还给货币发行代理人，同时货币发行代理人将抵押证券还给发行银行。

2. 英国的货币发行制度

英格兰银行是世界上最早集中全国货币发行业务的中央银行。1884年的《银行条例》规定英格兰银行发行银行券必须要有足额的黄金储备，以政府债券作准备的信用发行量不能超过1400万英镑。随后，频繁爆发的经济危机突破了1400万英镑的限制。1939年公布的货币法改革了英国的货币发行制度，规定了货币发行总额的最高限额，限额内可以完全地以政府债券或其他证券作为发行准备，但英格兰银行可以根据自身持有的黄金数量超额发行。英格兰银行目前的货币发行已变为完全的证券准备发行制。

3. 日本的货币发行制度

日本实行现金准备弹性比例发行制。大藏大臣规定最高发行限额，日本银行在这个范围内发行货币。在连续进行限度外发行超过 15 日时，需经大藏大臣许可，超过 15 日须征收发行税。发行准备包括金银、外汇、3 个月到期的商业票据、银行承兑票据及三个月内到期的以票据、国家债券、其他有价证券及金银、商品为担保的放款等。金银和外汇之外的保证物品充当保证的限度由大藏大臣决定，不同的时期有着不同的比例要求。在此限度外，金银和外汇也与其他保证物同样处理。现行的日本银行制度对本位货币准备没有特别要求。

4. 中国香港特别行政区的货币发行制度

因为香港没有真正意义上的中央银行，香港行政当局将货币发行权授予汇丰银行、渣打银行和中国银行。按照香港的法律规定，发行港元必须有 100% 的等值外汇资产作为准备金，港币与美元之间实行“联系汇率制”。这种制度的主要内容是：港币的发行与美元之间的汇率保持固定的联系，但在外汇市场上则按照市场规律来调节其汇率。这种特殊的货币发行制度比较适合香港的经济发展状况，有利于本地区的货币的稳定。

（四）人民币的发行与管理

人民币是我国的法定货币。自成立以来，中国人民银行分别于 1948 年 12 月 1 日、1955 年 3 月 1 日、1962 年 4 月 20 日、1987 年 4 月 27 日和 1999 年 10 月 1 日，先后陆续发行了五套人民币。现在人民币已形成纸币与金属币、普通纪念币与贵金属纪念币等多品种、多系列的货币体系。截至 2008 年底，中国人民银行共发行人民币 37115. 76 亿元，占当期负债总额 207095. 99 亿元的 17. 9%。

1. 人民币发行的原则

《人行法》规定，中国人民银行是我国唯一的货币发行机构，独立承担货币的印刷、发行、调拨、兑换等职责。中国人民银行发行货币的基本原则是根据货币流通规律的要求，适应商品流通的需要；发行权高度集中统一，对货币发行实行计划管理；坚持经济发行，保持币值稳定；独立自主发行，不依附外币。

2. 人民币发行机构

长期以来，我国的货币发行机构比照中国人民银行的分支机构而设置，共分为四级：中国人民银行总行设货币发行职能司（局）和发行库总库，一级分行（现为大区分行、营业管理部或省会中心支行）设货币发行处和发行库分库，二级分行（地市中心支行）设货币发行科和发行库中心支库，县级支行设货币发行股和发行库支库。此外，根据需要，中国人民银行总行还在部分地区设置了总行重点库和代保管库。各级人民币发行库主任由同级中国人民银行行长担任。四级货币发行机构具体经办货币发行业务，履行中央银行货币发行职能。

3. 发行基金

发行基金是指各级发行库为国家保管的待发行的货币。其主要来源是中国人民银行总行所属印钞企业按计划印制解缴发行库的新人民币和开户的金融机构缴存发行库的回笼款。《人行法》规定，中国人民银行设立人民币发行库，在其分支机构设立分支库。分支库调拨人民币发行基金，应当按照上级库的调拨命令办理。任何单位和个人不得违反规定，动用发行基金。发行基金和现金本质上是不同的，现金是处于流通状态的货币，而发行基金则是尚未发行的货币。发行基金从发行库进入业务库成为现金，现金则从业务库缴存到发行库成为发行基金。

4. 发行基金计划

发行基金计划是指在一定时期内，中央银行发行或回笼货币的计划。发行基金计划是一个差额计划，由货币投放、货币回笼和货币净投放三部分组成。其中，货币投放的主要渠道有：工资及个人其他支出、城镇储蓄存款支出、农副产品采购支出、行政企业管理费支出及其他支出等；货币回笼的主要渠道有：商品销售收入、服务事业收入、税收收入、储蓄存款收入和其他收入等。发行基金计划通过货币投放和货币回笼的差额，即货币净投放反映一定时期内的货币数量的变化。只有充分考虑货币的发行和回笼的发行基金计划才符合社会经济对流通中货币的客观需求。

5. 货币发行业务

货币发行业务就是人民币从发行库进入业务库，再从业务库进入流通的过程，如图 5 - 3 所示。其中，发行库是为国家保管待发行的货币（发行基金）的金库。其主要职能是：保管人民币发行基金；办理人民币发行基金出入库和商业银行等金融机构的现金存取业务；办理中国人民银行业务库现金收付业务；负责回笼现金的整理清点等。业务库则是商业银行基层行（处、所）为了办理日常现金收付业务而建立的金库，它保留的现金是商业银行现金收付的周转金和营运资金的组成部分，经常处于有收有付的状态。

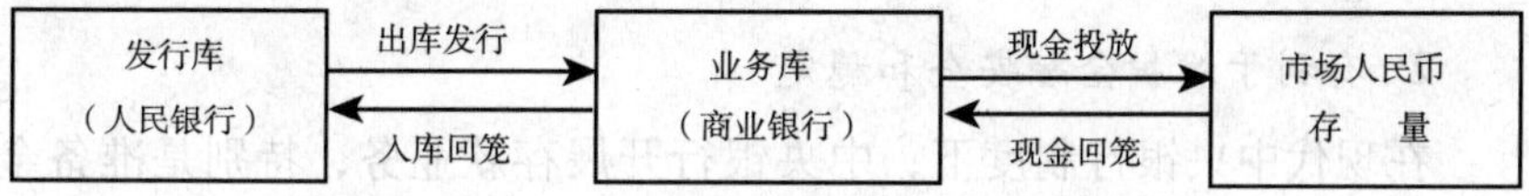

图 5 - 3　中国人民银行人民币发行及回笼程序

6. 货币发行管理

为了保证人民币的正常流通，中国人民银行不仅要负责货币的发行，还要负责货币的管理。货币发行管理的内容很多，一般可概括为四个方面：一是规定发行库和业务库的职能及其区别，二是对发行基金的运送管理，三是反假币及票样管理，四是人民币出入境限额管理等。

7. 货币发行收入

虽然发行货币是中央银行的负债业务，但中央银行在发行货币的同时又形成资产业务，因此发行货币会给中央银行带来收益。这个收益可以说是国家赋予中央银行的，因此中央银行应该在扣除自身开展业务的成本后，将收益上缴给国家。

二、存款业务

与商业银行一样，存款业务也是中央银行的一项主要负债业务。

不过，由于地位、性质和职能不同，中央银行的存款业务有着特定的意义、特点和种类。

（一）中央银行存款业务的意义

商业银行开展存款业务的意义在于组织资金来源并用来进行贷款和投资，以获取盈利，而中央银行开展存款业务则是为了履行职能，有着十分重大的经济意义，主要表现在：

1. 有利于调控信贷规模与货币供应量

中央银行通过对法定存款准备金比率的规定，不仅可以直接限制商业银行创造信用的规模，而且可以间接影响商业银行的超额存款准备金的数量，从而达到控制商业银行信贷的目的。同时，中央银行通过存款业务集中资金，可以更好地开展再贴现业务和公开市场操作，增强自身控制货币供应量的能力。

2. 有利于维护金融安全和稳定

在现代中央银行制度下，中央银行开展存款业务，特别是准备金业务，具有十分积极的意义，主要表现在：第一，从各国中央银行发展的历史来看，中央银行集中保管准备金可以大大缓解单个商业银行支付能力不足的问题，相对节约商业银行的资金占用；第二，当商业银行出现清偿力不足时，中央银行可以利用手中集中的存款，向商业银行提供贷款，发挥最后贷款人的角色；第三，通过为商业银行等金融机构开设的账户，中央银行可迅速、全面、及时地了解这些金融机构的经营状况并加强监管，督促其提高经营管理能力，从而防范和减少金融业的风险。

3. 有利于实施国内的资金清算

作为全国的支付清算中心，中央银行通过开展存款业务有利于商业银行等金融机构之间债权债务的顺利清偿，从而加速社会资金的周转。

（二）中央银行存款业务的特点

作为特殊的金融机构，中央银行的存款业务具有如下一些显著特点，从而与普通商业银行的存款业务相区别：

1. 存款的强制性

商业银行在办理存款业务时一般都遵循“存款自愿、取款自由、存款有息、为存款人保密”的原则。而中央银行吸收的存款一般都带有强制性。例如，世界上大部分国家的中央银行都通过法律手段，对商业银行、非银行金融机构的存款规定了存款准备金比率，并强制商业银行按规定比率上缴存款准备金。

2. 存款动机的非盈利性

商业银行吸收存款是为了扩大资金来源，在运用资金时获得收益，其最终目的是利润最大化。而中央银行吸收存款主要是为了更好地调控社会信贷规模和货币供应量，监管金融机构，从而实现稳定币值等目标，具有非盈利性。

3. 存款对象的特定性

商业银行可以直接吸收个人和工商企业的存款。而中央银行却不直接面对个人和工商企业，而只吸收商业银行、财政等部门的存款。中央银行吸收存款的目的是调控信贷规模和货币供应量，因此中央银行只吸收能够有效控制而且能够对信贷规模和货币供应量的收缩和扩张产生多倍影响的存款。个人和工商企业的存款往往不受中央银行的控制，增加或减少都与货币政策无关。而商业银行等金融机构的准备金存款一般都是由法律规定的，而且商业银行的存款准备金的变化可以对信贷规模和货币供应量产生重要影响。此外，虽然财政存款不受中央银行控制，但财政存款与财政政策密切相关，而财政政策又需要与货币政策相互配合。因此，中央银行吸收存款的对象是商业银行、非银行金融机构和财政等部门。

4. 存款当事人关系的特殊性

商业银行与存款当事人之间是一种纯粹的经济关系。个人、工商企业到银行存款是为了保值和获得利息，商业银行吸收存款则是为了扩大资金来源以获得盈利，银行与存款人之间是平等互利的。而中央银行在吸收商业银行存款时，中央银行处于领导者的地位，商业银行则处于被领导的地位，二者之间是管理者与被管理者的关系，并非平等的经济利益主体。

（三）中央银行存款业务的种类

根据存款主体的不同，中央银行的存款业务可分为准备金存款业务、政府存款业务、非银行金融机构存款业务、外国存款业务、特定机构和私人部门存款业务以及特种存款业务等。

1. 准备金存款业务

准备金存款是中央银行存款业务中最重要和最主要的内容，与存款准备金制度直接相关。存款准备金制度是中央银行为了维持金融机构资产流动性和进行宏观货币管理的需要，根据法律规定从事存款业务的金融机构缴存中央银行存款准备金的比率和结构，并根据货币政策的要求对既定比率和结构进行调整，以实现对社会货币供应量控制的制度。

（1）存款准备金的含义

存款准备金是商业银行等存款类金融机构按吸收存款的一定比例提取的准备金。它由以下三部分组成：①自存准备金，即存款类金融机构为应付客户的提现而以库存现金持有的准备金；②法定准备金，即存款类金融机构依照法定存款准备金率提取并上缴中央银行的准备金；③超额准备金，即商业银行在中央银行的存款中超过法定准备金的部分。显然，只有法定准备金和超额准备金才构成中央银行的存款。值得注意的是，虽然法定准备金的所有权仍属存款类金融机构，但支配权却在中央银行手中。

（2）存款准备金业务的主要内容

尽管由于政治、经济和历史文化背景等原因，不同国家有着不同的存款准备金制度，但在存款准备金业务方面却大同小异，一般都包括以下几个方面的内容：

①规定存款准备金的比率及调整幅度

由于存款准备金率的高低直接影响商业银行的信贷规模和货币创造能力，其微小调整都会对商业银行的信用创造能力产生巨大的冲击，因此各国对存款准备金率的确定都十分重视和谨慎，对其调整幅度也有不同程度的规定，有的国家甚至制定了调整的最高与最低限。

存款准备金率的具体确定通常遵循两种做法：一是按存款的类别

规定准备金比率。这是因为不同类型存款的货币属性是不同的，一般说来，存款期限越短，其货币属性就越强，而被提取的可能性就越大，所以多数国家的一般活期存款的准备金率最高，定期存款次之，储蓄存款准备金率最低。不过有些国家为了控制定期存款的增长，反而规定定期存款的准备金比率要高于活期存款准备金率。还有些国家甚至只对活期存款收取准备金。1953 年之后建立存款准备金制度的国家，大多数都是采用单一存款准备金率制度，不过目前有一些国家正在改革这种单一的存款准备金制度。二是按金融机构的信用创造能力不同规定不同比率。各种金融机构的信用创造能力主要是受金融机构的类型、经营规模、经营环境等因素的影响。从金融机构的类型来看，商业银行的信用创造能力比其他金融机构要高，有些国家对不同类型的金融机构规定不同的法定准备金率，商业银行的存款准备金率一般都比其他的金融机构略高一些。也有一些国家对各种类型金融机构实施统一的准备金政策。从经营规模来看，规模越大，其创造信用的能力一般也越强，对其规定的存款准备金比率也越高。从经营环境来看，如果金融机构所处地区经济比较发达，经营环境越好，其创造信用的能力也越强，因而其存款准备金率也越高。但有些国家不论金融机构规模的大小和经营环境的好坏，一律规定同样的存款准备金比率。一般情况下，对不同经营规模和经营环境的银行制定不同的比率，更有利于中央银行控制货币供应量。

②规定可充当存款准备金资产的内容

由于金融资产的流动性不断提高，金融机构不一定需要以现金的形式持有准备金，因此很多金融机构根据资产的流动性，将存款准备金资产划分为一线准备和二线准备。一线准备又称“现金准备”，主要包括库存现金以及存放在中央银行的法定准备金。二线准备是指银行最容易变现而又不遭受重大损失的资产，如国库券及其他流动性资产。不同国家对于法定准备金存款的内容也有不同的规定，例如，美、德、法等国将库存的现金计入存款准备金，而在日本和意大利却不能。

③确定存款准备金的计提基础

确定存款准备金的计提基础主要涉及两个方面的问题：一是确定

存款余额。这有三种方法可供选择：日平均余额法、旬末余额法和月末余额法。日平均余额法是指每日计算准备金存款的余额，具有及时性和保证性，能够更好地防止商业银行将法定准备金用于资产业务，中央银行也能够准确地通过准备金比率来控制货币量。但这种方法的计算和管理比较麻烦，难以保证有效地执行。旬末余额法和月末余额法比较容易操作，但不能准确地反映存款的实时变化。商业银行可能通过在期末暂时挪用其他资金冲抵法定准备金，或者通过压低存款余额的方法，以逃避法定存款准备金比率的限制，从而导致中央银行控制货币供应量的能力被削弱。二是确定存款准备金的缴存基期。通常有两种做法，第一种做法被称做当期准备金账户制，即以当期的存款数作为结算期的准备金的计提基础，这种做法的优点是使商业银行有较充分的时间来准备法定准备金，缺点是中央银行不能及时、准确地控制货币供应量。第二种做法被称做前期准备金账户制，即以前一个或前两个结算期的存款余额作为结算期法定准备金的基础。这种做法的优点是中央银行能够及时、准确地控制货币供应量，但商业银行没有充分的时间来筹措资金。

(3) 中国人民银行的准备金存款业务

中国人民银行在1984年开始专门行使中央银行的职能之后，建立了存款准备金制度。1998年以前，我国的金融机构在中国人民银行需要开设两个账户：法定存款准备金和备付金，前者用于集中资金，后者则用于金融机构之间的清算。1998年3月，中国人民银行将法定存款准备金账户和备付金账户合二为一，称做“准备金存款”。截至2008年底，存款性金融机构在中国人民银行的准备金存款总额为92106.57亿元，占当期负债总额207095.99亿元的44.5%。

最初，中国人民银行按存款的种类分别规定准备金的比率，如企业存款20%，储蓄存款40%，农村存款25%。虽然1985年改为统一的比率，但主要针对的是国有金融机构，对城市信用合作社实行较高的准备金比率。目前，中国人民银行对商业银行还实行基于资本充足率、资产质量状况，按0.5%的幅度向上调整的差别存款准备金制度，以“扶优限劣”，激励商业银行提高经营管理水平。不过，中国人民银行目前对存款准备金率调整及其调整幅度没有作出明确规定，而是根据客观状况和货币政策的操作需要进行调整。

我国的存款准备金的计提采用的是前期准备金账户制以及旬末和月末分别计算基期的方法，即在城市的商业银行的分支机构按上旬末存款余额计算准备金比率，并于5日内进行缴存。城市信用合作社和商业银行在县以及县以下的分支机构按照上月末余额计算准备金比率，并于8日内缴存。目前，中国人民银行没有对上缴的准备金资产中现金和存款应占的比重做出具体规定。

另外，中国人民银行的准备金存款业务目前还有一个不同于发达国家的做法，这就是对在中央银行的存款准备金支付利息。这是因为，在我国金融职能逐步替代财政职能的过渡时期，政府仍然需要通过中央银行集中一部分资金用于政策性项目的投资，因此，我国的法定存款准备金比率较发达国家要高，如果不支付利息，将会影响到商业银行的经营。应该说，这仅仅是暂时性的政策，随着改革的深入，我国的这种制度终将被取消。

2. 政府存款业务

中央银行在经理国库业务的过程中，会收存政府的存款。政府存款在各国中央银行的构成并不完全相同，有些国家只包括中央政府的存款，有些国家还包括了各级地方政府、政府部门以及依靠国家财政拨款的行政事业单位的存款。不过，中央政府存款是政府存款中的最主要部分，它包括国库持有的货币、活期存款、定期存款和外币存款等。政府存款的变化是中央银行代理国库收支和财政部增减贷款行为的结果。截至2008年底，我国各级政府在中国人民银行的存款总额为16963.84亿元，占当期负债总额207095.99亿元的8.2%。

3. 非银行金融机构存款业务

因为中央银行是一国的清算中心，能够提供最权威的资金清算服务，所以除商业银行外的其他金融机构也会在中央银行存款。有些国家是规定其他金融机构的存款要纳入中央银行的存款准备金业务的，如果没有这样的规定，那么这个国家其他金融机构的存款主要是用于金融机构之间的清算。截至2008年7月底，非银行金融机构在中国人民银行的存款总额为105.06亿元，占当期负债总额197472.92亿元的0.05%。

4. 外国存款业务

一些外国中央银行和外国政府会将其资金存放于本国的中央银行，从而形成中央银行的外国存款业务。中央银行开展外国存款业务的主要目的是为了可以随时用于贸易结算和债务清算，其多少往往根据实际需要而定。这部分存款的数额一般较小，对本国外汇储备和中央银行基础货币的投放影响不大。

5. 特定机构和私人部门的存款业务

特定机构是指非金融机构，中央银行对这些机构开展存款业务或者是为了特定目的，或者是为了特定对象，或者是为了特定用途，或者是为了对这些机构和部门提供清算服务以及调节其流动性。中国人民银行收存的特定机构存款主要是机关团体、部队的财政性存款。1998年以前这些存款由开户的国有商业银行吸收后全部缴存中国人民银行，1998年存款准备金改革后，部队存款改由吸收存款的商业银行作为资金运用，按规定的比率上缴存款准备金，而机关团体存款仍然作为财政性存款，全部上缴中国人民银行。私人部门的存款在大部分国家是不被允许的，有些国家虽然法律允许，但只限于特定对象，且数量很小。特定机构和私人部门的存款不具有法律的强制性，其存款业务经常会有很大的波动。

6. 特种存款业务

特种存款是指中央银行根据商业银行和其他金融机构信贷资金的运营情况，以及银根松紧和宏观经济调控的需要，通过存款的方式向这些金融机构集中一部分资金而形成的存款。作为调整信贷资金结构和信贷规模的重要措施，中央银行往往在其他货币政策工具发挥作用有限的时候才会开展特种存款业务，因此属于一种直接信用控制工具。

三、其他负债业务

中央银行的负债业务除货币发行业务和存款业务之外，还有一些其他的业务，如发行中央银行债券、对外负债和资本业务等，这些业务也可以成为中央银行的资金来源，并影响整个社会的信贷规模和货币供应量。

（一）发行中央银行债券业务

发行中央银行债券是中央银行的主动负债业务，具有可控制性、抗干扰性和预防性。中央银行债券的发行对象是国内金融机构。中央银行通过债券的发行及买卖以影响商业银行等金融机构的储备，灵活调节货币供应量。当中央银行购入债券时，商业银行等金融机构的超额准备增加，货币供应量也增加；当中央银行出售债券时，商业银行等金融机构的超额准备减少，货币供应量也就相应减少。许多发展中国家，由于金融市场不发达，可供进行公开市场操作的工具少，因而更多地利用中央银行债券作为操作工具。截至 2008 年底，中国人民银行发行中央银行债券 45779. 83 亿元，占当期负债总额 207095. 99 亿元的 22. 1% 。

（二）对外负债业务

中央银行对外负债主要包括从国外银行借款、对国外发行债券、从国际金融机构借款、从国外中央银行借款等。中央银行对外负债的主要目的是平衡国际收支及维持汇率稳定。20 世纪 90 年代以来，墨西哥、阿根廷、泰国、日本等国家都发生过货币危机或金融危机。为了应对危机，中央银行需要对外负债以增强干预市场的能力。截至 2008 年底，中国人民银行对外负债为 732. 59 亿元，占当期负债总额 207095. 99 亿元的 0. 4% 。

（三）资本业务

中央银行资本业务是筹建、维持与补充自有资本的业务。中央银行的资本组成有国有、私有、公私合有、多国共有以及无资本等类型。由于各国中央银行出资方式不同，因而维持和补充中央银行资本的渠道也就各不相同。从 2002 年 5 月至今，中国人民银行的自有资本一直保持在 219. 75 亿元，占 2008 年底负债总额 207095. 99 亿元的 0. 1% 。

第四节 中央银行的资产负债表

中央银行资产负债表是对一定时期内中央银行资金来源与资金运用的综合会计记录。中央银行在一定时点的资产负债业务开展情况及其种类、规模和结构等，最终都反映在资产负债表中。因此，要想了解中央银行的资产负债业务情况，必须首先了解中央银行的资产负债表及其构成。

一、中央银行资产负债表的一般构成

在全球经济一体化的背景下，为使各国之间相互了解和便于比较，国际货币基金组织定期编印《国际金融统计》刊物，以相对统一的口径向人们提供其成员国货币金融和经济发展的有关统计数据，中央银行资产负债表就是其中之一，称做货币当局资产负债表，其具体结构如表 5－1 所示。

表 5－1 IMF 公布的货币当局资产负债表

资 产	负 债
	储备货币
国外资产	定期储备和外币存款
对中央政府债权	发行债券
对各级地方政府债权	进口抵押和限制存款
对商业银行债权	对外负债
对非货币金融机构债权	中央政府存款
对非金融政府企业债权	对等基金
对特定机构债权	政府贷款基金
对私人部门债权	资本项目
	其他项目

由于现代各国中央银行的任务、职责和业务大同小异，因此各国中央银行的资产负债表的内容基本相近，于是国际货币基金组织编制的货币当局资产负债表成为各国中央银行编制本国资产负债表的主要

模板。货币当局资产负债表的主要内容包括：

（一）资产

资产是货币当局运用资金所形成的各种债权的总和。按照债务人的国别来源，货币当局的资产一般可分为国外资产和国内资产两大类。

1. 国外资产

货币当局资产负债表中的国外资产主要包括：黄金储备、中央银行持有的可自由兑换的外汇、地区货币合作基金、不可自由兑换的外汇、国库中的国外资产、其他官方的国外资产、对外国政府和国外金融机构的贷款、未在别处列出的其他官方国外资产、在国际货币基金组织中的头寸、特别提款权持有额等。

2. 国内资产

货币当局资产负债表中的国内资产主要由政府、金融机构和其他部门的债权构成。具体包括：中央银行持有的国库券、政府债券、财政短期贷款、对国库的贷款和垫款或法律允许的透支额，中央银行持有的地方政府债券和其他证券、贷款和垫款等，中央银行的再贴现、贷款、回购协议，中央银行对商业银行的其他债权，对非货币金融机构的债权，对非金融企业的债权，对特定机构和私人部门的债权等。

（二）负债

货币当局的负债是金融机构、政府以及其他部门持有的对货币当局的债权，它形成货币当局的资金来源。在资产负债表中，货币当局的负债项目主要包括：

1. 储备货币

这是货币当局的主要负债项目之一，是中央银行用来影响商业银行的清偿手段，从而影响其存款创造能力的基础货币。储备货币主要包括：公众持有的现金、商业银行的现金、商业银行在中央银行的存款、政府部门以及非货币金融机构在中央银行的存款、特定机构和私人部门在中央银行的存款等。

2. 定期储备和外币存款

主要包括各级地方政府、非金融政府企业、非货币金融机构等一个月以上的定期存款和外币存款。

3. 发行债券

主要包括自有债务、向商业银行和非货币金融机构发行的债券以及向公众销售的货币市场证券等。

4. 进口抵押和限制存款

主要包括本国货币、外币、双边信用证的进口抵押金以及反周期波动的特别存款等。

5. 对外负债

主要指对非居民的所有本国货币和外币的负债。

6. 中央银行存款

主要包括国库持有的货币、活期存款、定期及外币存款等。

7. 对等基金

指外国援助者要求受援国政府存放一笔与外国援助资金相等的本国货币的情况下建立的基金。

8. 政府贷款基金

指中央政府通过中央银行渠道从事贷款活动的基金。

9. 资本项目

主要包括中央银行的资本金、准备金、未分配利润等。

10. 其他项目

这是一个净额，数值上等于负债方减去资产方的差额。

二、中国人民银行的资产负债表

中国人民银行从1994年开始按照国际货币基金组织《国际金融统计》提供的基本格式，编制货币当局资产负债表，并定期向社会公布，其主要项目和结构如表5－2所示。与表5－1相比可看出，我国货币当局的资产负债表的主要格式和主要项目与国际货币基金组织的规定基本相同，但根据我国现行的金融体制和信用方式，表中的项目有所增减，各主要项目的概念及定义也有所差别。①

① 王广谦主编：《中央银行学》（第二版），高等教育出版社2006年版，第69—70页。

（一）资产

1. 国外资产

指国外资产与国外负债轧抵后的净额，包括中国人民银行所掌握的外汇储备、黄金储备以及国际金融往来的头寸净值。

2. 对政府的债权

主要是中国人民银行对政府的借款以及买断的国家债券。

表5－2　2008年5月31日中国人民银行资产负债表

资产			负债		
项目	金额（亿元人民币）	比重	项目	金额（亿元人民币）	比重
国外资产	146340.75	76.6%	储备货币	108619.5	56.9%
外汇	133518.98	69.9%	货币发行	32826.87	17.2%
货币黄金	337.24	0.2%	金融性公司存款	75792.58	39.7%
其他国外资产	12484.53	6.5%	其他存款性公司	75704.17	39.6%
对政府债权	16317.71	8.5%	其他金融性公司	88.41	0.0%
其中：中央政府	16317.71	8.5%	不计入储备货币的金融性公司存款	516.64	0.3%
对其他存款性公司债权	8078.35	4.2%	发行债券	43920.33	23.0%
对其他金融性公司债权	12249.24	6.4%	国外负债	904.16	0.5%
对非金融性公司债权	44.12	0.0%	政府存款	27254.8	14.3%
其他资产	8018.29	4.2%	自有资金	219.75	0.1%
			其他负债	9613.33	5.0%
总资产	191048.46	100%	总负债	191048.5	100.0%

资料来源：中国人民银行网站（http：//www.pbc.gov.cn）。

3. 对其他存款性公司债权

指中国人民银行对商业银行等一般性存款机构发放的信用贷款、再贴现等性质的融资和持有的特定存款机构的债券。我国的商业银行有：中国工商银行、中国农业银行、中国建设银行、中国银行、中国农业发展银行、交通银行、光大银行、中信实业银行、华夏银行、广东发展银行、深圳发展银行、招商银行、上海浦东发展银行、福建兴业银行、中国民生银行、烟台住房储蓄银行以及各个城市商业银行等。其他一般性存款机构包括城市信用社、农村信用社、财务公司等。特定存款机构包括金融信托投资公司、金融租赁公司、国家开发银行、中国进出口银行。

4. 对其他金融性公司的债权

主要指对我国证券公司、保险公司等公司的债权。

5. 对非金融公司持有的债权

主要指中国人民银行为支持“老少边穷”地区经济开发所发放的专项贷款。

(二) 负债

1. 储备货币

主要包括中国人民银行所发行的货币及商业银行的库存现金，各金融机构依法缴存中国人民银行的法定存款准备金和超额准备金，邮政储蓄转存款和金融机构吸收的由财政拨款形成的部队、机关团体等的财政性存款（1998 年起部队存款改由开户的金融机构支配，但机关团体存款仍属于财政存款全部缴存中央银行)。

2. 发行债券

指中国人民发行的融资债券。

3. 政府存款

指各级财政在中国人民银行账户上预算收入与支出的余额。

4. 自有资金

指中国人民银行的资本金和信贷基金。

5. 其他负债

指在表中未作分类的负债，包括其他资产与其他负债轧抵后的差额。

三、中央银行资产负债表主要项目关系与结构

对中央银行资产负债表的了解不能仅仅停留在每一项目的具体内容上，还应将其作为一个整体，分析其主要项目之间的关系及其结构。只有这样，才能深入理解作为特殊的金融机构，中央银行的特殊性表现在哪里，中央银行资产业务和负债业务之间存在怎样的相互制约关系，中央银行如何利用其资产负债业务活动在宏观经济调控中发挥作

用，各国中央银行的资产负债表存在什么不同等重要问题。在此基础上，我们才能实现最终目标，这就是利用中央银行资产负债表主要项目关系及其结构特征，对各国将要采取的货币政策进行深入分析和预测。

（一）资产和负债的基本关系

通过上面的资产负债表各项目的介绍可以看出，中央银行的表内资产项目主要有以下三项：国外资产、对金融机构债权、对政府债权；负债项目主要有以下四项：流通中的货币、对金融机构的负债、政府存款及其他存款和自有资本。由于中央银行资产负债表采用的是复式记账法，因此，根据会计学原理，中央银行资产负债表主要项目之间首要的也是最基本的关系可用以下列等式表示：

资产 = 负债 + 自有资本 (5.1)

负债 = 资产 - 自有资本 (5.2)

自有资本 = 资产 - 负债 (5.3)

以上三个式子表明了中央银行的资产总额、未清偿的负债总额和自有资本之间的基本关系。其中，（5.1）式表明，在自有资本一定的情况下，中央银行资产持有额的增减必然会导致其负债的相应增减，也就是说，如果资产总额增加，中央银行就必须增加自身的负债，反之亦然；（5.2）式表明，中央银行的负债多少取决于其资产与自有资本的差额，在自有资本一定的情况下，如果中央银行的负债总额增加了，则其必然扩大了等额的债权，反之亦然；（5.3）式表明，在中央银行的负债总额不变时，自有资本的增减，可以使其资产相应增减。

中央银行资产与负债之间的上述关系有着十分重要的政策含义。我们知道，一个社会一定时期的货币总供给量主要决定于两个因素：基础货币和货币乘数。基础货币包括流通中的现金和银行准备金两部分，因此，基础货币实际上是中央银行的负债。显然，要研究基础货币的影响因素，其源头应该追溯到中央银行的资产负债表。如果将各国情况加以抽象，则可以得到一张简化的中央银行资产负债表（见表5-3）：

表5-3　简化的中央银行资产负债表

资　产	负　债
A1:证券	L1:现金(包括通货和库存现金)
A2:贴现和放款	L2:银行存款
A3:对政府债权	L3:政府存款
A4:国外资产	L4:其他负债
A5:对非金融性公司债权	L5:自有资本
A6:其他资产	

根据基础货币的定义，基础货币在中央银行资产负债表中应包括两项：现金 L1 和银行存款 L2。而根据“资产 = 负债 + 自有资本”的会计原则，这两项可以表示为下式：

$$\begin{aligned} B &= L1 + L2 \\ &= (A1 + A2 + A3 + A4 + A5 + A6) - (L3 + L4 + L5) \end{aligned} \tag{5.4}$$

由此可见，影响基础货币的因素至少有9个，其中，6个为中央银行的资产项目，3个为中央银行的负债项目。(5.4)式也表明，在其他条件不变的情况下，中央银行资产增加多少就会引起基础货币增加多少；相反，中央银行负债的增加则会引起基础货币的等额减少。它们之间的具体关系如表5-4所示。现在，中央银行就可以根据经济发展的需要，在权衡各种因素的基础上通过调整其资产或负债来控制基础货币，进而控制货币供给了。

表5-4　中央银行资产和负债项目对基础货币的影响

资产或负债变动方向		基础货币的变动方向
A1:证券↑(↓)	↑(↓)	↑(↓)
A2:贴现和放款↑(↓)	↑(↓)	↑(↓)
A3:对政府债权	↑(↓)	↑(↓)
A4:国外资产	↑(↓)	↑(↓)
A5:对非金融性公司债权	↑(↓)	↑(↓)
A6:其它资产	↑(↓)	↑(↓)
L3:政府存款	↑(↓)	↓(↑)
L4:其它负债	↑(↓)	↓(↑)
L5:自有资本	↑(↓)	↓(↑)

注：箭头↑表示增加，箭头↓表示减少。

（二）资产负债表中各主要项目之间的对应关系

分析中央银行资产负债表可看出，中央银行资产方的主要项目和负债方的主要项目之间存在一定的对应关系。为进一步理解中央银行资产负债表业务活动对货币供给的影响，从而理解中央银行进行宏观经济调控的原理，我们有必要对这些对应关系做一些介绍。

1. 对金融机构债权和对金融机构负债的对应关系

对金融机构的债权包括对商业银行和非货币金融机构的再贴现和各种贷款、回购等；对金融机构的负债则包括商业银行和非货币金融机构在中央银行的法定准备金和超额准备金等存款。这两个项目在各国中央银行的资产负债表中都占有十分重要的地位，是中央银行最重要的业务活动之一，是中央银行作为银行的银行的职能的集中体现。更为重要的是，这两个项目反映了中央银行对本国金融系统的资金来源以及资金运用的对应关系，同时也是一国信贷收支的一部分。当中央银行对金融机构的债权与负债总额相等时，不会影响资产负债表的其他项目。但是在其他项目不变的情况下，如果中央银行对金融机构的债权总额大于负债总额时，其差额部分通常用发行货币来弥补；反之，当债权总额小于负债总额时，中央银行就会相应地减少货币的发行量。因为中央银行对金融机构的债权比负债更具有主动性和可控性，所以中央银行对金融机构的资产业务对于货币供给有决定性作用。

2. 对政府债权和政府存款的对应关系

对政府的债权包括对政府的贷款和持有的政府债券的总额；政府存款则是各级财政在中央银行账户上预算收入与支出的余额。这两个项目都属于财政收支的范畴，反映了中央银行对政府的资金来源以及资金运用的对应关系。作为历史最为悠久的两项业务，它们一直在各国中央银行资产负债表中占据着重要地位，是中央银行作为政府的银行的职能的体现。从政策角度看，当这两个项目的总额相等时，对货币供给的影响不大。但在其他项目不变的情况下，如果因为财政赤字过大而使中央银行对政府的债权大于政府存款时，就会出现财政性的货币发行；反之，若政府的存款大于对政府的债权，中央银行就会避免因为财政问题而被迫增发货币。

当然，上面有关这两种对应关系对货币供给的影响的分析是相对的。因为，正如表5－4所示，影响基础货币进而影响货币供给的资产与负债项目是多方面的。在现实的资产负债业务活动中，中央银行既可以通过在各有关项目之间的冲销操作来减轻对货币供给的影响，也可以通过一些操作来强化对货币供给的影响。例如，针对我国外汇储备快速增长的现实，为了保持货币供给不变，中国人民银行就采取了发行中央银行票据、提高存款准备金率、增加金融机构特种存款等方法，在维持对金融机构债权变化不大的情况下，大幅度提高了对金融机构的负债，从而有效地缓解了货币供给的快速增加和流动性过剩。

（三）中央银行资产负债表的比较分析

为了完整把握中央银行资产负债表，这里采用对比分析方法，以中国人民银行的资产负债表为范例，对其主要项目和结构进行更深入的介绍。

1. 不同时期的中央银行资产负债表比较

比较表5－2和表5－5可看出，11年来，中国人民银行虽然开展的资产和负债业务项目没有太大变化，但显然2008年的业务规模比1997年的要大得多，后者的资产与负债业务量只有前者的16.4%。这反映了中国人民银行在我国经济金融生活中的地位日益提高，作用也越来越大，已成为名副其实的金融体系的核心和国民经济的枢纽。

更为重要的是，与1997年相比，2008年5月的中国人民银行资产负债表主要项目的比重结构也发生了巨大变化。从资产来看，首先，1997年，中国人民银行的最主要资产业务是对存款货币银行债权，其占比高达45.7%，而2008年5月，这一比重下降到了4.2%。这一变化说明，随着市场化和股份制改革的深入，我国商业银行已形成较为广泛、稳定的资金来源渠道，中央银行在资金运用方面已不再受制于商业银行的融资约束。其次，虽然在这两个年份，外汇储备一直是中国人民银行的最重要资产业务之一，但与1997年相比，2008年5月的这一比重已高达69.9%，比前者高了近30个百分点。这表明，中国人民银行的资产业务活动越来越受制于外汇储备，从而导致其他资产业务难以开展。

表 5-5 1997 年 12 月 31 日中国人民银行资产负债表

资产			负债		
项目	金额（亿元人民币）	比重	项目	金额（亿元人民币）	比重
国外资产	13229.2	42.1%	储备货币	30632.8	97.5%
外汇	12649.3	40.3%	货币发行	10981.1	35.0%
黄金	12	0.04%	对金融机构负债	16114.9	51.3%
其他国外资产	567.9	1.8%	准备金存款	9248.7	29.4%
对政府债权	1582.8	5.0%	备付金存款	6866.2	21.9%
对存款货币银行债权	14357.9	45.7%	非金融机构存款	3536.8	11.3%
对非银行金融机构债权	2072.3	6.6%	发行债券	118.9	0.4%
对非金融部门债权	171	0.5%	政府存款	1485.9	4.7%
			自有资金	366.2	1.2%
			其他负债	-1190.6	-3.8%
总资产	31413.2	100%	总负债	31413.2	100%

资料来源：《中国人民银行统计季报》1998 年第 2 期，第 10—11 页。

从负债来看，无论是货币发行还是金融机构和非金融机构存款，1997 年的比重都远远大于 2008 年，而在发行债券和政府存款方面则恰好相反，后者又远远大于前者。究其原因，除由于 1998 年存款准备金制度改革带来中国人民银行对存款性金融机构的负债下降，以及近年来中央财政收入增长迅速等原因外，另一重要原因就是居高不下且增长迅速的外汇储备。这是因为，在结售汇制下，巨额外汇的兑换已成为基础货币投放的主渠道。为应对这一局面，中国人民银行一方面减少了货币的主动发行，另一方面则主动出击，通过发行中央银行票据、提高存款准备金率、吸收金融机构特种存款等方式对冲由外汇兑换而流出的人民币。由此可见，巨额外汇储备既削弱了当前中国人民银行业务活动的独立性和灵活性，又改变了其货币政策操作方式，使其越来越依赖于公开市场业务、存款准备金率等货币政策工具来调控货币供应量。

2. 中央银行资产负债表与商业银行资产负债表比较

对比表5－2和表5－6可看出，中央银行的资产负债表与商业银行的资产负债表，无论是在项目内容上还是在结构上都存在着很大差别。

表5－6　2008年6月30日中国工商银行股份有限公司合并资产负债表

资产			负债		
项　目	金　额（百万元人民币）	比　重	项　目	金　额	比　重（百万元人民币）
现金及中央银行存款	1484522	15.8%	应交税费	26034	0.3%
存放同业及其他金融机构款项	37151	0.4%	同业及其他金融机构存放款项	802408	8.5%
贵金属	2924	0.0%	卖出回购款项	186636	2.0%
拆出资金	127487	1.4%	拆入资金	64884	0.7%
以公允价值计量且其变动计入当期损益的金融资产	43739	0.5%	以公允价值计量且其变动计入当期损益的金融负债	9122	0.1%
衍生金融资产	25354	0.3%	衍生金融负债	8841	0.1%
买入返售款项	59182	0.6%	应付职工薪酬	24222	0.3%
客户贷款及垫款	4233318	45.0%	客户存款	7538748	80.2%
可供出售金融资产	589512	6.3%	应付次级债券及存款证	35528	0.4%
持有至到期投资	1348421	14.3%	递延所得税负债	158	0.0%
应收款项类投资	1212167	12.9%	其他负债	149037	1.6%
长期股权投资	32995	0.4%	负债合计	8845618	94.1%
固定资产	74200	0.8%			
在建工程	3092	0.0%	股本	334019	3.6%
递延所得税资产	7150	0.1%	其他股东权益	220323	2.3%
其他资产	118746	1.3%	股东权益合计	554342	5.9%
资产合计	9399960	100.0%	负债及股东权益总计	9399960	100.0%

资料来源：中国工商银行股份有限公司网站（http：//www. icbc－ltd. com）。

从资产来看，中国人民银行的资产主要集中在外汇储备、对中央政府债权和金融机构债权上，三者占总资产的比重分别为69.9%、8.5%和10.6%。这种资产配置显然符合中央银行业务对象的特殊性要求，充分体现了中国人民银行作为政府的银行和银行的银行的两个基本职能。在全部资产中，客户贷款及垫款大约占了45%，投资（主要指持有至到期投资和应收款项类投资）也达到了27.2%。由此可见，作为商业银行，中国工商银行股份有限公司主要对企业和居民开展资产业务活动，而作为中央银行的中国人民银行其资产业务对象主要是金融机构和政府，两者形成了鲜明的对照。

从负债来看，金融机构存款、发行债券、货币发行和政府存款是中国人民银行目前最主要的负债业务，四者的总占比高达94.2%。这在再次体现中国人民银行是银行的银行、发行的银行和政府的银行的同时，也反映了中国人民银行作为重要的宏观管理部门，为调控货币供给而主动开展公开市场业务的重要性。与此不同，中国工商银行股份有限公司的负债业务则高度集中于吸收私人部门的存款，其占比甚至达到了80.2%。因此，毫无疑问，商业银行的负债业务对象与资产业务对象是相一致的，都是非金融部门，即居民和企业。

表5-2和表5-6又反映出中央银行与商业银行之间存在着十分密切的联系。从中央银行角度看，中国人民银行有4.2%的资产业务发生在以商业银行为代表的存款性金融机构身上，而负债业务甚至达到了39.6%。与此对应，作为商业银行代表的中国工商银行股份有限公司，其占比约15.8%的资产业务是与中国人民银行发生的。这说明中央银行与商业银行之间其资产负债表在项目内容和结构上虽然大不相同，但两者之间的资产负债业务又是相互交叉、相互促进的，因此两者密不可分。

（三）不同国家的中央银行资产负债表比较

目前，各国中央银行资产负债表的格式和主要项目虽然大体相同，但因各国经济金融体制不同，导致各中央银行资产和负债业务的重点和特点存在极大差别，并造成其资产负债表主要项目的比重结构各不相同。比较中国人民银行资产负债表和美国联邦储备银行合并资产负债表就可看出这一点。

表5-7 2008年5月31日美国联邦储备银行合并资产负债表

资产			负债与资本		
项目	金额（百万美元）	比重	项目	金额（百万美元）	比重
黄金	11037	1.2%	现钞	785694	87.8%
特别提款权	2200	0.2%	逆回购协议	38700	4.3%
硬币	1338	0.1%	存款货币机构存款	18767	2.1%
直接持有的政府债券	486901	54.4%	美国财政部存款	4620	0.5%
持有政府机构的回购协议	113750	12.7%	国外机构存款	99	0.0%
期限拍卖信贷	150000	16.8%	其他存款	248	0.0%
其他贷款	24450	2.7%	待付托收现金项目	2251	0.3%
托收中项目	1102	0.1%	其他负债	3627	0.4%
银行不动产	2162	0.2%	自有资本	40652	4.5%
其他资产	101720	11.4%			
资产总额	894658	100%	负债与资本总额	894658	100.0%

资料来源：美联储网站（http：//www. federalreserve. gov）。

比较表5-2和表5-7可看出，在资产方面，外汇储备是目前中国人民银行最主要的资产业务，而美国联邦储备银行排在第一位的资产业务则为持有的政府债券。如果算上政府机构的回购协议，美国联邦储备银行持有的政府有价证券高达总资产的67.1%。中国人民银行高额外汇储备资产的形成是执行结售汇制的结果，中国人民银行处于被动地位，具有很强的行政性特征。而美国联邦储备银行持有的政府有价证券则是利用金融市场自由买卖政府债券的结果，美国联邦储备银行的公开市场操作自始至终都是一种市场行为、主动行为，它充分反映了美国金融市场的发达性和中央银行货币政策操作以公开市场业务为主的特征。

在负债方面，中国人民银行的货币发行仅占全部负债的17.2%，而存款性金融机构的存款则占39.6%。这反映了中国人民银行当前发行货币的困境和利用存款准备金政策调控货币供给的重要性。相反，美国联邦储备银行的这两项负债的占比分别为87.8%和2.1%。前者表明，垄断货币发行对美国联邦储备体系至关重要，是美国联邦储备体系资金来源的生命线；后者则表明，美国的存款准备金率已降到极低水平。换句话说，与公开市场业务的重要性正好相反，存款准备金政策已不是美国联邦储备体系的一种主要货币政策工具。

本章小结

中央银行的各项业务活动必须围绕各项法定职责展开，必须以有利于履行其职责为最高原则。而在具体的业务活动中，中央银行奉行非盈利性、流动性、公开性、主动性和合法性五项基本原则。

根据不同的分类标准，中央银行的业务可以有多种分类。例如，按照中央银行的性质，可以将其业务分为货币发行业务、政府银行的业务和银行的银行业务；按照不同的业务属性，可以分为货币发行业务、货币政策业务、服务性业务、管理性业务；按照是否进入资产负债表，可以分为表内业务和表外业务；按照中央银行的业务活动是否与货币资金的运动相关，可以分为银行性业务和管理性业务。

中央银行的负债业务是指金融机构、政府以及其他部门持有的对中央银行的债权，它形成中央银行的资金来源。中央银行的负债业务主要包括货币发行业务、存款业务、发行中央银行债券业务、对外负债业务以及资本业务等。中央银行的资产是指中央银行所持有的各种债权。中央银行的资产业务就是通过对所持有资产的运用，以调控货币，并履行中央银行职能的业务。中央银行的资产业务主要包括再贴现业务、贷款业务、公开市场业务和黄金外汇储备业务等。

中央银行资产负债表是对一定时期内中央银行资金来源与资金运用的综合会计记录。对中央银行资产负债表的了解不能仅仅停留在每一项目的具体内容上，还应将其作为一个整体，比较分析不同时期的中央银行资产负债表、中央银行资产负债表与商业银行资产负债表以及不同国家的中央银行资产负债表的异同，以深入理解其主要项目之间的关系及其结构。

重要概念

银行性业务　管理性业务　再贴现　再贴现率　中央银行贷款　公开市场业务　外汇储备　货币发行　货币发行准备制度　现金准备发行制　证券准备发行制　现金准备弹性比例发行制　证券准备限额发行制　比例准备制　发行基金　发行基金计划　经济发行　财政发行　中央银行存款　存款准备金　中央银行债券　中央银行资产负债表

复习思考题

1. 中央银行在业务活动中要遵循哪些原则？
2. 比较中央银行再贴现业务与贷款业务的异同。
3. 比较中央银行证券买卖业务与贷款业务的异同。
4. 巨额外汇储备对我国会产生哪些不利影响？如何解决？
5. 中央银行货币发行的原则是什么？
6. 中央银行存款业务具有哪些特点？
7. 中央银行的资产负债表包含哪些主要项目？
8. 试利用中央银行资产负债表分析基础货币的决定。
9. 中央银行资产负债表与商业银行资产负债表存在哪些区别和联系？
10. 比较中国人民银行资产负债表与美国联邦储备银行合并资产负债表的异同。

第六章　中央银行的支付清算业务

中央银行的支付清算业务在提高货币政策执行效果、维护金融稳定等方面具有重要的作用。多数国家都规定了由中央银行负责一国的支付清算系统的建设及管理。为此，中央银行建立了比较完备的支付清算体系和制度，承办相关的支付清算业务。本章主要介绍中央银行的支付清算业务、支付清算系统、支付清算系统风险以及中国的支付清算体系等内容。

第一节　中央银行的支付清算业务与支付清算体系

作为银行的银行，中央银行一般都要主持全国金融业的清算事宜，执行清算银行的职能，是一国票据清算和资金汇划的中心。

一、中央银行支付清算业务的含义

经济社会中的商品交易、消费行为和金融活动等都会引起债权债务关系，债权债务关系的清偿通常通过货币所有权的转移进行。“结算”和“清算”是两种实现债权债务清偿和货币资金转移的行为。

结算是由债权债务清偿以及资金转移而发生的一种货币收付行为，是货币发挥流通手段和支付手段职能的具体体现。根据支付媒介的不同，结算可以分为现金结算和非现金结算两大类。现金结算是指以现金为媒介实现的经济交易或消费支付，现金结算是最基本的结算手段，具有强制性和结算随现金转移同时完成的特点，一般用于小额结算手段。非现金结算亦称转账结算，一般需要通过银行间的账户设置和一定的结算方式实现各种经济行为引发的债权债务清偿和资金划转，主要工具有支票票据、汇票、电子汇兑等。一般而言，一个国家的经济和金融产业越发达，其现金结算的比重越低，非现金结算的比重越高、范围越广。根据结算业务地域的不同，结算活动又可以分为国内结算和国际结算。国内结算处理一国境内的相关结算事项，国际结算则主要办理国际间经济及非经济活动所产生的货币资金的跨国转移。随着一国经济开放程度的提高，国际结算业务的规模也随之迅速扩大。

早期，与物物交换类似，结算主要在收款人和付款人之间直接进行。随着商品经济和信用的发展，银行逐渐介入结算业务，并最终成为整个社会结算活动的中心。从银行的结算业务流程看，银行办理结算业务除需要采用相应的支付工具、结算方式外，还需借助银行同业的协作，才能最终完成客户委托办理的结算业务。同时，作为社会金融活动的主要参与者，银行在其自身的经营行为中也需要与其他金融机构发生业务往来，由此产生的大量债权债务关系和资金往来也需要进行清偿。为此，需要通过一定的清算组织和支付系统，进行支付指令的发送与接受、对账与确认、收付数额的统计轧差、全额与净额清偿等一系列程序，这些统称为“清算”。从这个意义上看，清算起源于结算，但与后者相比具有更为丰富的内涵，它不仅包括货币收付行为本身，还包括为完成货币收付而专门设置的清算组织、清算系统以及各种制度与程序。

值得注意的是，尽管银行可以通过建立双边清算机制实现银行间的资金清算，但在一个关系复杂、参与者众多的金融体系中，单纯依靠银行间的双边清算关系已经难以完成日益复杂的清算职能。为了顺利实现金融机构之间的资金转移，除需要借助清算机构、支付系统和支付工具外，还需要一个高度统一、公正并权威的全国性机构提供支付清算服务，而中央银行正是理想的选择。这是因为，一方面，作为银行的银行，中央银行接受商业银行的法定存款准备金，金融机构也都愿意在中央银行开设账户，为金融机构间的清算创造了便利，而中央银行在其资产负债业务中，也会发生与其业务对象之间债权债务关系的清算；另一方面，由于中央银行的宏观管理机构的性质、垄断货币发行的特殊地位和非盈利的经营原则，因此中央银行义不容辞地承担着提供支付清算服务、维持支付清算系统的重任，同时又不存在信用风险和流动风险。正因为如此，尽管各国的支付清算体系构成不尽相同，但银行间的资金转移一般都是通过中央银行的最终清算实现的。所谓中央银行的支付清算业务，就是指中央银行作为一国支付清算体系的参与者和管理者，通过一定的方式、途径，使金融机构之间的债权债务清偿以及资金转移顺利完成并维护支付系统的平稳运行，从而保证经济活动和社会生活的正常进行。

二、中央银行支付清算业务的主要内容

尽管各国中央银行的职责范围有所不同，但在开展支付清算业务方面却大同小异，概括起来其内容主要包括以下几个方面：

（一）组织票据交换和清算

票据是各国普遍采用的信用支付工具，主要分为支票、本票和汇票三种类型。票据交换是最基本的同业间清算手段之一。票据交换既可以由中央银行负责组织、管理，又可以由私营清算所或是金融机构联合主办，但是票据交换的资金清算一般通过各银行或清算机构在中央银行开立的账户完成。具体流程是：付款人将表示欠款的票据交给收款人，收款人将票据交给开户银行，开户银行收到客户提交的票据之后，拿到票据交换所进行提示，付款行对票据进行确认后，委托票据交换所进行清算，票据交换所委托中央银行将开设在中央银行的付款银行账户的资金转移到收款银行账户，然后通过各自在中央银行开设的账户进行彼此间的债权债务抵消以及资金清算。

（二）办理异地跨行清算

银行之间的异地债权债务形成各行间的异地汇兑，引起资金头寸的跨行、跨地区划转，划转的速度及准确度关系到资金的使用效率和金融安全，因而各国中央银行通过各种方式和途径，对清算账户进行集中处理，以提高清算效率，减少资金消耗，并保证异地跨行清算的

顺利进行。异地跨行清算主要依靠全国性的清算中心提供服务，实际上属于大额支付系统，很多国家的中央银行都拥有并经营清算中心，直接参与跨行和跨地区的支付清算。例如，我国的全国电子联行系统，就承担了商业银行之间以及商业银行内部一定金额以上的大笔结算。异地跨行清算的基本流程是：付款人向自己的往来银行发出支付通知，往来银行作为汇出银行向当地中央银行的分支机构发出支付指令，中央银行分支机构将往来银行账户上的资金扣除，然后通过清算中心向汇入银行所在地区的中央银行分支机构发出向汇入银行支付的信息，汇入银行所在地区的中央银行分支机构收到信息后，向汇入银行发出支付通知的同时将资金划入汇入银行的账户，然后再由汇入银行向受付人发出到账通知。

（三）为私营清算机构提供净额清算服务

在很多国家，存在着各种形式的私营清算机构。这些私营清算机构往往运用支付系统，为经济交易提供支付服务。为了实现支付系统参加者之间的净额结算，很多清算机构都乐于利用中央银行提供的净额清算服务。例如，目前美联储就为150家私营清算组织提供差额清算服务。其基本流程是：私营清算组织首先将各清算参加者在一个营业日的净债权或债务头寸加总，然后提交中央银行，由中央银行在各参加者的中央银行账户上进行资金增减。

（四）提供证券及金融衍生工具交易清算服务

证券及金融衍生工具的交易不同于其他经济活动所产生的债权债务清算。许多发达国家都设立了专门为证券和金融衍生工具交易提供结算服务的支付系统。由于证券交易金额大，不确定因素多，很容易引发支付系统风险，尤其是政府证券交易直接关系到中央银行公开市场操作的效果，因而中央银行对其格外关注，有些中央银行甚至直接参与其支付清算活动。例如，美联储提供Fedwire簿记证券系统完成政府证券交易资金的最后结算；英格兰银行提供中央金边证券系统（CGO）和中央货币市场系统（CMO）的结算服务；日本银行的日银网络系统中的日本政府债券服务系统，专门用于日本政府债券的交割和结算。

（五）提供跨国支付清算服务

跨国支付清算又称为国际结算，是按照一定的规则和程序并借助结算工具及清算系统，清偿国际间的债权债务和实现资金跨国转移的行为。跨国支付清算既是一项银行业务，又是一种跨国经济行为，在世界经济活动中占有重要地位。跨国支付清算远较国内支付清算复杂，具有国际性、涉及多种货币、涉及多种支付清算安排及需要借助跨国支付系统和银行账户实现跨国行间清算等特征。

中央银行不仅为国内经济和金融活动提供支付清算服务，在跨国支付清算中也发挥着重要作用。这是因为，一方面，作为政府的银行，中央银行负有代表国家发展对外金融关系、参与国际金融活动、保管国际储备、监督外汇收支和资本流动的重要职责；另一方面，跨国清算面临较高的信用风险和市场风险。因此，中央银行应利用其特殊身份对跨国清算施加影响，干预并监督国际债权债务的清偿和货币资金的跨国转移。跨国清算的基本流程是：当国外的付款人需要向国内的收款人支付一笔款项时，付款人首先向往来银行发出向收款人的支付请求，往来银行接受后，向收款人所在国的国内代理行发出委托请求；代理行接受委托后，将国外往来银行账户内的资金扣除，并向跨行清算系统发出向收款人的往来银行的支付通知；跨国清算系统核对后要求中央银行将代理行账户内的资金划到收款人往来的银行账户，到账后，收款人往来银行将资金划入收款人的账户同时向收款人发出到账通知。

三、中央银行支付清算业务的作用

支付清算业务是中央银行的一项传统业务。早期，在相当长的一段时间里，中央银行的这项业务仅被视为一项纯粹的资金转账业务。随着金融在现代经济中核心作用的凸显和中央银行地位的提升，支付清算业务的作用日益扩大和增强。现在看来，中央银行的支付清算业务至少具有以下一些重要作用：

（一）保障经济和社会生活的正常运转

为商品和劳务的交换提供支付便利是金融体系的功能中最古老的

一种。现代社会，为社会政治、经济、文化活动服务的主要是各国法定的支付清算系统，而中央银行是支付清算系统的主要参与者和管理者。通过开展并规范支付清算业务，中央银行不仅能为各银行之间应收应付款项通过中央银行进行资金划转提供便利，使同城、异地及跨国交易产生的债权债务可以通过中央银行得以最终清偿，而且能实现全社会范围内各种错综复杂的经济、社会联系及资金交流，对促进资源优化配置、提高劳动生产率，进而保障经济健康发展和社会生活的正常运行具有极为重要的意义。

（二）影响货币政策的制定与实施

传统上，货币政策的制定和实施是在既定的制度和技术框架下进行的，支付体系就是中央银行所面临的外生制度和技术环境最重要的组成要素之一。支付清算业务对中央银行货币政策的制定和实施的影响是多方面的，主要表现在：（1）支付清算业务可为中央银行提供新鲜的、实时的信息，使其迅速、全面掌握全国的金融状况及资金运动的趋势，从而有助于货币政策的正确制定及其实施效果的增强。（2）支付清算体系影响着银行对储备的需求和供给，快速变化的支付清算体系使得以货币总量为依据的货币政策调控越来越困难，而以“价格”，即利率，为主要方式的间接货币政策调整成为发达国家货币政策操作的主要手段。特别是在一些已经取消准备金管制的国家，中央银行通过支付清算体系进行利率调整成为货币政策操作的最主要手段。（3）公开市场操作是中央银行实施货币政策的主要手段，而公开市场操作灵活、有效进行的前提是建立灵活、高效的支付体系和清算机制。因为只有在灵活高效的清算体系下，中央银行证券买卖所引起的相关资金收付才能立即完成，从而使货币供应量得以及时调节，而中央银行货币政策调整的意图也才能快速、顺利地传导到银行和金融体系，以实现预期的政策效果。（4）灵活高效的清算体系有助于增强货币市场的流动性，减少商业银行对中央银行货币需求的依赖性，有利于中央银行更灵活有效地实施货币政策和更直接准确地进行货币操作，操作信息也能更快地传递至市场参与者，并快速反馈至中央银行，从而提高中央银行货币政策操作的实际效果。（5）当支付清算过程中支付指令的传送和支付资金的清算转移不能同步时，会产生在途资金，增加了银行流动性管理的难度，影响了中央银行对准备金需求的准确把握。中央银行可以通过提供高效率的清算服务，减少在途资金，从而提高中央银行货币政策制定的准确性。(6) 信用风险和流动性风险可能导致支付清算系统效应的瘫痪，为避免这种事情的发生，中央银行在提供支付清算业务的过程中，还往往向金融机构提供透支便利，以维持清算系统的正常运行。当中央银行通过支付清算系统向商业银行提供透支时，商业银行的准备金增加，这会直接影响货币供应量，进而影响货币政策的实施效果。(7) 当支付系统出现技术故障或其他不可预测的突发事件而中断时，会对中央银行的公开市场操作和货币政策实施产生冲击和干扰。

(三) 维护金融稳定

支付清算系统是金融信息和金融危机的主要传导渠道，如果银行的支付出现问题，将影响公众的信心，甚至引发社会恐慌；如果一家银行不能履行其支付义务，就有可能引发连锁违约，引发整个金融体系风险和社会震荡，进而使整个支付系统阻滞或瘫痪，直接危及国家金融体系，影响金融稳定和社会安定。中央银行通过支付清算服务，可以有效地监督和保障支付系统运行，防范和控制风险，维护社会支付秩序，提高银行信誉，进而维护金融稳定。

(四) 推动金融创新

安全高效的支付清算体系是支持和推动金融创新的重要基础。中央银行通过建设并不断完善支付清算系统等金融基础设施，一方面可提升银行等金融机构的业务处理能力，为其进行产品和服务创新提供公共平台，并进一步提高其市场竞争力；另一方面可带动非现金支付手段的发展与创新，而非现金支付工具的不断创新和广泛应用会拓展银行等金融机构的金融服务对象，延伸其金融服务领域，丰富其金融服务产品，提高其中间业务收入。同时，高效的支付清算体系还将银行与其他金融机构紧密联系在一起，有利于促进竞争和合作，有利于金融体系整体优势的发挥，从而推动金融创新。

四、中央银行的支付清算体系

中央银行的支付清算体系是金融体系的重要组成部分，是中央银行向金融机构及社会经济活动提供资金清算服务的综合安排，包括清算机构、支付清算系统、支付清算制度以及同业间清算安排等内容。

（一）清算机构

清算机构是为金融机构提供资金清算服务的中介组织，在中央银行的支付清算体系中占有重要位置。清算机构在不同国家具有不同的组织形式，如票据交换所、清算中心、清算协会等。其中，为金融机构提供票据交换和清算服务的票据交换所是最为传统和典型的清算机构。早在1773年，世界上第一家票据交换所即在伦敦的伦巴第街成立，开创了票据集中清算的先河。清算机构可从不同的角度进行分类：从业务地域看，清算机构既有地方性的，也有全国范围的，还有国际性的；从所有权性质看，清算机构既有私营的，也有政府或货币当局组建的。清算机构一般实行会员制，会员在遵守组织章程和操作规则的同时还需要交纳会员费用。在很多国家，中央银行通常作为清算机构的主要成员，直接参与清算支付活动；而在其他一些国家，中央银行并不直接加入清算机构，但对其进行监督、审计，并为金融机构提供清算服务。一般说来，各国的主要清算机构通常同时拥有并经营支付系统，通过支付系统的运行实现清算。

（二）支付清算系统

支付清算系统也称支付系统，是按照一定的规则实现债权债务清偿及资金转移的一种综合金融安排，主要由提供清算服务的中介机构和实现支付指令传送及资金清算的专业技术手段共同组成。一国支付清算系统的构造及其平稳运行取决于多种因素，如宏观经济运行情况、金融业发展水平、货币制度类型、法律法规完善程度以及科学技术应用等。由于经济活动所产生的债权债务必须通过货币转移予以清偿，因此支付清算系统的任务是快速、有序、安全地实现货币所有权在经济活动参与者间的转移。

（三）支付清算制度

支付清算制度是关于支付清算活动的规章政策、操作程序、实施范围等的规定和安排。作为货币当局，中央银行有义务根据国家经济发展状况、金融体系构成、金融基础设施及银行业务能力等，会同相关部门共同制定支付清算制度。同时，中央银行还负有支付清算监督职权，并应根据经济和社会发展的需要，变革现行的支付清算制度。

（四）同业间清算安排

同业间清算亦称行间清算或联行清算，指金融机构之间为实现客户委办业务和自身需要所进行的债权债务清偿和资金划转，它在一国支付清算体系中占有重要的位置。由于同业间清算数额巨大，一旦出现支付障碍，将会危及一国的金融稳定，因此各国政府都对同业间清算的制度建设、系统设计、操作规则等予以高度重视，并赋予中央银行监督管理同业间清算的职权。

第二节　支付清算系统

支付清算系统是对在一定的法律法规约束下，由合法的金融机构或金融组织向社会各类经济主体提供支付工具、支付方式并负责组织支付工具的清算交割的组织机制的概括，是一个国家最重要的金融基础设施，是整个金融基础设施体系中的最核心部分，其运行效率对经济发展与金融稳定具有举足轻重的影响。

一、中央银行在支付清算系统中的地位

中央银行既是一国支付清算系统的主要参与者又是主要管理者，拥有国家最终清算权威机构的特殊地位。很多国家的中央银行不仅主持制定同业间清算制度、设计同业间支付系统结构和运行模式、审核支付系统操作规程，还直接提供清算服务，并对有关清算机构及系统运行实施政策指导和监督。

为保证支付清算的顺利进行，中央银行通常要求金融机构在其中

央银行账户中保持一定的备付金。当金融机构需要清偿债权债务或转移货币资金时，中央银行只需通过在相应账户上进行借、贷记载，即可实现划转清算。清算资金主要有四种来源：（1）在中央银行储备账户内的存款余额。这是清算资金的主要来源，一些国家允许将法定存款准备金作为该项来源之一。（2）中央银行信贷。当账户余额不足时，银行可向中央银行融通资金，以保证按时支付。（3）通过货币市场借入的临时性资金。（4）由于支付时间间隔而产生的在途资金等。

另外，有些中央银行经常通过检测支付清算系统总流动性、总转账规模、已转账规模等指标，掌握支付清算系统运行的整体状况；有些中央银行则对每个银行的流动性状况进行检测。在此基础上，这些中央银行会针对性地对清算参与银行的流动性管理提出特别要求，以保证银行同业清算的持续、有序进行。

二、支付清算系统的种类

不同的国家或地区，建有不同类型的支付清算系统，服务于不同的支付清算领域。我们可根据不同的标准，对当今世界各国的支付清算系统作出如下分类：①

（一）按所有者/运行者划分

按所有者/运行者的不同，支付清算系统可以分为由中央银行所有并运行的支付清算系统、私营清算机构所有并运行的支付清算系统和各银行所有并运行的行内支付系统。

1. 由中央银行所有并运行的支付清算系统

鉴于支付清算系统对一国经济、金融及社会生活的重要影响，各国政府都对支付清算系统特别是主干支付清算系统的建设与运行高度重视，很多国家的中央银行直接拥有并运行支付清算系统，如美国联邦储备体系、日本银行、德国联邦银行、瑞士国民银行以及中国人民银行等，它们都根据国家授权，通过拥有并运行支付清算系统，干预和影响社会整体支付清算活动。

① 王广谦主编：《中央银行学》（第二版），高等教育出版社2006年版，第131页。

作为典范，美联储运行的联邦电子资金转账系统（Fedwire）于1918年开始运行，它将全美划分为11个专门的支付处理中心，将美联储总部、所有的联储银行、美国财政部及其他联邦政府机构连接在一起，提供实时全额结算服务（RTGS），是美联储履行中央银行支付清算职能的重要工具。Fedwire由三个基本要素构成：（1）一个连接所有联储行及其分行的高速电子通信网络；（2）在每个联储行均有对每笔资金或证券转账进行计算机处理和记录的设备；（3）地区联储行能将在地区的银行与联储行连接起来。Fedwire主要用于金融机构间的隔夜拆借、行间清算、公司间的大额交易结算等，资金转账迅速，业务随到随办，1.3秒即可办理一笔业务的转账。金融机构（包括外国银行在美分支机构和代理机构）必须在美联储开立储备账户，才可以利用Fedwire发送和接收支付指令。根据联储J条例的附属条款B的规定，Fedwire对每笔业务的处理都是最终的和不可撤销的。因而，对于资金支付指令的发送方来说，一旦出现指令错误致使资金头寸划转，就会成为既定的事实无法更改；但是对于资金接受方来说，资金一经划入，就不可以撤回。所以Fedwire设计了严格的操作规则，并在支付指令加密以后发送。

2. 由私营清算机构所有并运行的支付清算体系

属于这种类型的支付清算体系主要有纽约清算所协会的CHIPS系统、英国的CHAPS系统和日本东京银行家协会的银行数据通信系统等。不过，值得注意的是，尽管中央银行通常不直接参与私营清算系统运行，但是各系统的资金最终清算往往需通过中央银行账户进行，而且中央银行还有权采取各种手段对私营清算系统运行实行监督和审计。

3. 商业银行等金融机构所有并运行的系统内支付系统

商业银行为了处理分支机构之间的汇兑往来及资金清算，通常建立系统内支付系统。例如，我国四大国有商业银行均开通了各自的电子资金汇兑系统，从而大大便利了行内资金往来和结算。

（二）按支付系统的服务对象及单笔业务支付金额划分

按服务对象及单笔业务支付金额划分，当今各国或地区的支付清算系统可以分为大额支付系统和小额支付系统。

1. 大额支付系统

大额支付系统（High Value Payment System，HVPS）又称资金转账系统，主要处理行间往来、证券及金融衍生工具交易、黄金和外汇交易、货币市场交易以及跨国交易引发的债权清偿和资金转移，虽然每笔资金转账数额没有下限规定，但多在数百万以上，如美联储的 Fedwire 资金转账系统的每笔支付业务的平均金额约为 300 万美元。大额支付系统是一国支付清算体系的主干线，其支付清算资金额占一国支付清算总额的比重一般在 75% 以上，有的甚至达到 95%（如瑞士中央银行的 SIC 系统）。另外，跨国支付系统也多为大额支付系统。大额支付系统对用户的资格有严格规定，参加此系统的用户也非常有限，实行逐笔实时处理，全额清算资金。建设大额支付系统的目的，就是为了给各银行和广大企业单位以及金融市场提供快速、高效、安全、可靠的支付清算服务，防范支付风险。同时，该系统对中央银行更加灵活、有效地实施货币政策具有重要作用。因此，很多国家为有效防范风险，大多指定由中央银行经营大额支付系统。

2. 小额支付系统

小额支付系统亦称零售支付系统，主要处理大量的每笔金额相对较小的支付指令，其服务对象主要是工商企业、个人消费者和其他小型经济交易的参与者。小额支付系统的特点是：服务对象数目众多，支付处理业务量大，但是每笔交易金额较小，支付比较分散，拥有广阔的服务市场，因而小额支付系统必须具有较强的支付能力。小额支付系统采用的支付媒介较多，现金、银行卡以及其他各种卡类、票据等都可在这一系统中使用。小额支付系统一般由各国的银行系统或私营清算机构经营，如日本的全银系统、美国的自动清算所系统（ACH），及在很多国家拥有的信用卡网络、ATM（自动柜员机）网络、POS（销售终端机）网络、小额终端和家庭银行等。由于支付金额较小但业务频繁，小额支付系统大多采用批量处理和差额结算方式。小额支付系统的运行效率反映了一个国家金融基础设施状况，其服务质量影响着公众对金融业的评价和信心。同时，小额支付服务和银行结算业务以及营业收入有着密切的相关性，是同业竞争的重点业务之一，因而各国政府、中央银行和商业性金融机构十分重视小额支付系统的建设，其现代化的程度不断提高。

（三）按支付系统服务的地区范围划分

按支付系统服务的地区范围划分，现存的各种支付清算系统又可以分为境内支付系统和国际性支付系统两大类型。

1. 境内支付系统

境内支付系统主要处理一国境内的各种经济和消费活动所产生的本币支付和清算。境内支付系统对一国经济和金融活动效率具有重大的影响，既有中央银行运行的，也有私营清算机构或商业银行运行的；既包括大额支付系统，也有小额支付系统。

2. 国际性支付系统

国际性支付系统主要处理国际间各种往来所产生的债权债务清偿及资金转移，大致上有两种类型：一类是由某国清算机构建立并运行，鉴于该国金融和货币在世界经济中占有重要地位，逐渐被沿用到国际清算领域，如美国的 CHIPS、英国的 CHAPS 及日本的外汇日元清算系统等。另一类则是由不同的国家共同组建的跨国支付系统，如由欧洲中央银行建立的“欧洲间实时全额自动清算系统”（TARGET），即负责欧元区国家间大额欧元交易的支付清算。

三、支付清算系统的运行原理

银行间清算需要通过行间支付系统进行，行间支付系统为银行自身和客户委办的结算事项提供资金清算服务。资金清算过程包括两个基本程序：一是付款行通过支付系统向收款行发出支付信息或支付指令，二是付款行和收款行间实现资金划转。按照转账资金的不同处理方式，银行同业间清算可以通过差额清算（或净额清算）系统和全额清算系统两种形式进行。

（一）全额清算系统的运行原理

全额清算系统的运行原理如图 6－1 所示，其核心思想是清算系统对各金融机构的每笔转账业务进行一一对应结算，而不是在指定时点进行总的借、贷方差额结算。在图6－1中，为使问题简单化，假设清算系统中某一营业日只有四家银行进行支付清算，则全额清算意味着将发生9笔单独的清算业务，分别是：A银行支付B银行500万；A银行收C银行400万，同时支付C银行100万；A银行收D银行200万，同时支付D银行300万；B银行支付C银行900万；B银行收D银行600万，同时支付D银行700万；C银行收D银行200万。

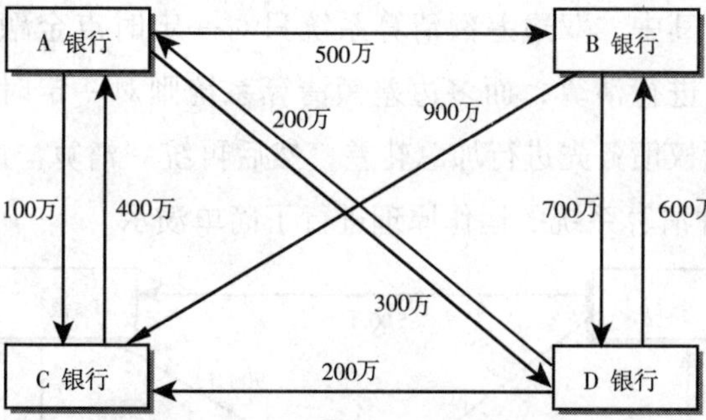

图6－1　全额清算系统的运行原理

由于按照清算发生的时间不同，全额清算又可以分为定时（延时）清算和实时（连续）清算。定时清算是指支付清算集中在营业日系统运行期间的一个指定时刻，如果这一时刻为日终，则称为日终定时全额清算。实时清算是指支付清算在营业日系统运行期间的任何时刻都可以进行，支付指令随时发送随时处理，属于资金转账指令和资金清算同步、持续进行的实时全额清算。因此，全额清算系统又可分为定时全额清算系统和实时全额清算系统（Real Time Gross Settlement, RTGS）。

值得注意的是，20世纪90年代以来，发达国家纷纷采用实时全额清算系统，其原因是这一系统的设计原理比较先进，能够有效地防范和控制系统运行中的各种风险。不过，由于这一系统的运行要求以现代通信信息技术为支持手段，因此，在发展中国家还不普及。实时全额清算系统有两大显著特点：一是正如其名称所显示，这一系统对营业日内每一笔业务都非间断、非定期、单独、全额进行清算；二是系统处理过的所有支付清算都是不可变更和无条件的终局性清算。

（二）差额清算系统的运行原理

与全额清算系统的运行原理刚好相反，差额清算系统则是将在一定时点（通常为营业日结束时）上收到的各金融机构的转账金额减去发出的转账金额总数，得出净余额（贷方或借方），即净结算头寸，然后通过中央银行或清算银行进行划转，以此实现清算。

差额清算系统可进一步分为双边差额清算系统和多边差额清算系统两种类型，其中，双边差额清算系统只对一定时点金融机构两两之间的债权债务进行清算，而多边差额清算系统则对一定时点一家金融机构的所有债权债务先进行加总轧差，然后再统一清算。图 6－2 和图 6－3 对这两种清算系统的运作原理进行了简单演示。

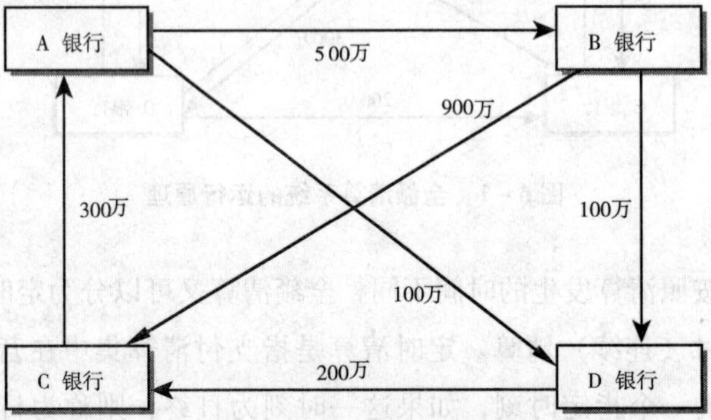

图 6－2　双边差额清算系统的运作原理

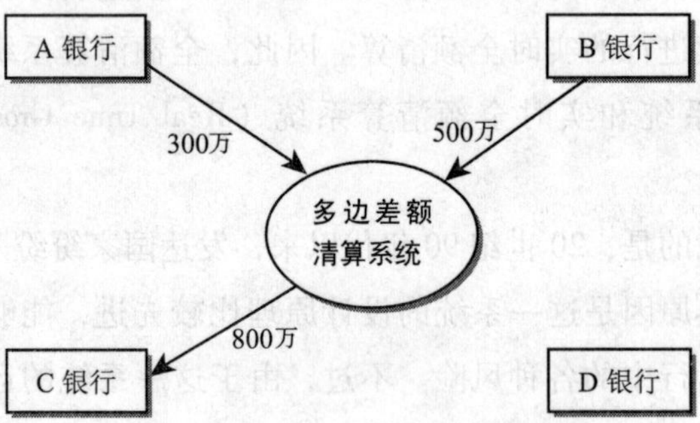

图 6－3　多边差额清算系统的运作原理

与图 6－1 相比，图 6－2 中的清算数量减少到只有 6 次，减少的原因在于实行双边差额清算后，A 银行与 C 银行之间、A 银行与 D 银行之间以及B银行与D银行之间原先互有收支，分开进行，但经过双边收支轧差后，现在A银行不再在收进C银行400万的同时又支付给C银行100万，而变为A银行作为净收入者，只收进C银行300万即可。同理，A银行与D银行之间，A银行变成净支出者，需支付给D银行100万；B银行与D银行之间，B银行也变成了净支出者，前者支付后者100万。这就是双边差额清算的精华所在，也是双边差额清算系统的名称来源。

比较图6－3和图6－2可看出，多边差额清算系统的运行比双边差额清算系统更加简单，这是因为在多边差额清算系统中，现在无论是A银行、B银行、C银行还是D银行，虽然每家银行与其他三家银行都互有债权与债务，但对于每一家银行来说，它只需将对其他三家银行的债权与债务分别加总并轧差，然后向多边支付清算系统发出净债权额或净债务额的指令，多边支付清算系统在收到这些指令后，进行资金的撮合与划拨即可完成整个系统内的支付清算。结合图6－3看，这意味着，A银行和B银行作为净债务者，多边支付清算系统将在其账户上分别划出300万和500万资金；C银行是净债权者，多边支付清算系统将在其账户划入800万资金；D银行的债权债务恰好相抵，其账户金额将保持不变；最后，A银行和B银行的净债务加总等于800万，恰好与C银行所应获得的800万净债权额相等，整个多边支付清算系统维持平衡。

与全额清算系统相比，差额清算系统虽然大大减少了清算业务的规模，但由于在整个营业日内，参加清算的所有净债权银行实际上向所有净债务银行提供了日间信贷，因此存在着信用风险和流动性风险的隐患，而且差额清算时隔（从支付信息的发出到资金的最终清算之间的时间差）越长，清算速度越慢，风险越大。这意味着，在清算时刻，一旦净债务银行违约或没有足够的资金头寸清偿债务，差额清算系统将无法完成清算。相反，全额清算系统特别是实时全额系统则不存在这些风险。因为实时全额系统实现了支付信息的即时处理，将清算间隔降至最低（甚至为零），且所有支付业务均是不可撤销的、终局性的，从而减少了清算过程的因素干扰，提高了安全系数。为防范这些风险，保证差额清算体系的正常运行，各国纷纷采取有效措施，主要包括：(1) 中央银行向净债务银行提供透支便利；(2) 根据清算紧急安排由参加清算的各银行共同分担净债务银行的债务头寸；(3) 取消所有与净债务银行有关的支付指令，其余银行重新转账金额及净头寸。当然，上述的措施只是暂时化解差额清算系统的债务清偿危机，并没有从根本上解决问题，且有可能引发新的风险隐患，而危及支付系统的安全运行以及有关当事人的利益。

四、支付清算系统的风险及其控制

作为金融大厦根基的支付清算系统，其安全性不仅直接影响社会各主体的经济利益和银行系统的信誉，而且还影响到金融稳定、经济秩序乃至国家安全。防范风险、维护支付清算系统的安全与高效运行是各国中央银行承担的重大责任，部分国家将其作为中央银行的重要目标，更多的国家将支付清算体系作为重要的金融基础设施纳入金融稳定工作范围。

（一）支付清算系统的风险类型

支付清算系统主要处理货币资金往来活动，其涉及的点多面广，关联度高，点点呼应，环环相扣，无论哪一环节稍有疏忽，都有可能带来风险，而危及支付清算系统的安全。支付清算系统可能面临的主要风险有以下几种：

1. 信用风险

信用风险也称违约风险，是指在支付清算过程中，因一方拒绝或无法清偿债务而使另一方或其他当事者蒙受损失所构成的风险。信用风险的发生源于支付清算过程的一方陷入清偿力危机，即资不抵债。因此，无论是差额清算系统还是全额清算系统，信用风险都有可能发生。也就是说，信用风险可发生在交易或支付过程中的任何环节。例如，在转账结算的商品交易中，卖方承担着买方无力或拒付货款的风险，而买方则承担着卖方违约交货的风险；当银行向客户提供信贷时，银行面临呆账或坏账的风险，而存款人则承担着银行倒闭的风险；当中央银行向商业银行提供透支便利时，中央银行将承担商业银行无法还款的风险。一般来说，支付清算系统中支付指令的传送与资金实际交割的时间越长，潜在的信用风险越大。

2. 流动性风险

流动性风险是指资金拖欠方并未发生实质上的清偿危机，只是由于资金不能如期到位而造成不能按期履约支付，致使对方无法如期收到应收款项而引起的风险。流动性风险也会严重干扰支付系统的运行。由于延期支付，为弥补资金缺口收款方不得不寻求其他融资途径，并须承担融资成本；如果不能如期弥补资金缺口，会引发收款方对其债权人的延期支付，当这种连锁拖欠效应愈来愈大时，将危及支付系统的正常运行。

3. 系统风险

系统性风险是指由于系统某个参与者不能清偿其债务或者系统本身遭到破坏，可能导致其他参与者或者金融系统中其他相关机构不能按时清偿其债务所构成的风险。这种风险会将资金矛盾转化为清算矛盾，造成一个城市（区域）的同城票据交换资金清算和支付系统转账业务难以正常进行，影响整个支付系统业务的正常运转，严重的会由一个行、一个系统的矛盾演化为地区性、系统性的支付风险，导致广泛的流动性问题和信用问题，从而可能威胁到金融稳定。另外，当自然灾害等突发事件发生或者人为造成网络中断、电路阻截、水灾、火灾等发生造成系统瘫痪也会引发系统性风险。由于支付系统的运转直接支撑着一国金融市场的运作以及经济活动的进行，支付系统的中断必然造成整个金融市场秩序紊乱，经济活动停顿，使整个国家经济陷入危机，因此系统风险是支付清算系统构造中各国货币当局最为关注的问题。

4. 法律风险

法律风险是指由于法律制度的缺陷和不同国家或地区法律制度的差异所引发的支付清算风险。随着科技在金融领域的广泛应用，支付清算系统的现代化建设进展迅速，使法律建设面临巨大的挑战，并引发了一系列的问题，如电子支付和电子凭证的有效性、密码技术及数字签名的合法性、电子票据和电子现金等新型支付工具的可用性、认证中心的可信度，及与电子支付有关的纠纷、索赔、保险等，都需要立法和进行法律的修订，否则很难有效保障和约束当事人的权利和义务。另外，随着经济全球化的发展，跨国交易和跨国支付迅猛增加，由于系统的运行覆盖不同的国家，因此建立共同的法规解决法律冲突，也是一个很重要的问题。

5. 操作风险

操作风险是指由于现代支付清算系统运用的数据处理设备及通信系统出现技术性故障而使整个支付清算系统陷入瘫痪的风险。这是信息技术在支付清算系统中应用必然伴随的一种风险，因为在信息技术影响力日益强劲的大趋势下，支付系统的技术结构、信息处理能力、安全性能、信息传送和通信设施的有效性等，对支付系统的稳定性越来越具有关键的影响力，支付系统的安全面临着巨大的挑战，一旦发生技术故障，势必引发系统的瘫痪。同时，尽管各国或地区的支付系统已经基本实现了电子化和信息化，但系统的运行离不开人员的操作和管理，因此客观上还存在着错误操作，甚至违法操作导致系统运行中断的可能性。尤其在内部控制缺失的状况下，支付系统操作风险的潜在威胁更大。这些潜在威胁有时清晰显露，有时则难以察觉，从而更具有破坏性。

6. 非法风险

非法风险指人为的非法活动，如假冒、伪造、偷窃、非法发送命令、窃取数据等对支付清算系统所造成的风险。当今，形形色色的金融犯罪对金融安全的威胁已经引起了国际社会的高度关注。支付清算系统作为社会资金运转的枢纽和桥梁历来是犯罪实施的重点目标。尤其是随着银行卡、网上银行等新型金融服务的广泛推广，支付清算系统对公共通信设施等外部资源的依赖程度越来越高，因而其面临的非法攻击的可能性也就越来越大。

（二）支付清算系统的风险控制

上述风险既可发生于大额支付系统，也可发生于小额支付系统。国际经验显示，无论是统一监管模式还是分业监管模式，中央银行通常是支付系统风险控制的“首要责任人”。各国往往通过中央银行法明确规定中央银行负有提供支付清算服务及维系国家支付清算体系安全的法定义务，以建立一个能够维系公众信心的且稳定有序的金融体系。而基于制度安排和法律基础，作为支付清算活动的核心主体的中央银行也有着得天独厚的职能便利。中央银行可以充分利用其运行和管理关键支付系统的便利及最终清算者的特殊地位，更直接、更迅速地获得支付清算系统的第一手信息，适时知晓在其开立账户参加清算的银行及整个银行体系的流动性状况，有效监督支付系统运行，洞察可能引发支付危机的风险隐患并及时采取纠正措施；在必要时，中央银行还可以以信用支持履行最后贷款人的职责，维持银行体系的清偿能力，避免系统风险对整个金融体系的冲击。在实践中，中央银行常常采取如下措施对支付清算系统风险予以防范和控制：

1. 限制大额支付系统透支

为了保证大额支付系统的稳定运行，中央银行往往为大额支付系统的用户提供透支便利，以保持其流动性水平。但随之而来的问题是，透支用户在规定期内可能无法补足其透支头寸，从而使中央银行蒙受信用风险。为强化大额支付系统透支风险控制，一些中央银行采取了相应的限制措施，如规定最大透支额度、对平均每日透支金额收取费用、对经营不善或没有遵守风险管理政策的金融机构不提供透支便利，以及要求对超过透支额度的部分提供透支抵押担保，否则就不给予透支便利等。

以美国为例，为了控制金融机构在联储账户上的当日透支，从1994年4月开始，美联储对金融机构平均每日透支进行收费。收费的平均每日透支包括由Fedwire资金转移及记账证券转移两部分产生的合并透支额（在此以前，美联储对记账证券产生的透支不予管理），其计算方法是对Fedwire营业时间内（目前正常营业时间为10小时）每分钟的最后时间金融机构储备账户的负值加以总计（正值不予计算），再将总透支额除以当日Fedwire运行的总分钟数得到金融机构每日平均透支额。联储对每日平均透支额减去相当于银行合格资本的10%的部分征收费用。当然，美联储保留根据市场反映情况对征收标准进行修改的权力，美联储有权加速对金融机构当日透支征收费用的进行，也可以将费用征收标准加以改变。

2. 监控私营大额支付系统

在许多国家，一些重要的大额支付系统由私营清算机构所有并运行，中央银行对其负有监督责任。中央银行通常利用其为私营大额支付系统提供差额清算服务实现资金最终划转的地位，要求私营大额清算机构必须建立风险防范与控制机制，并采取具体措施保证清算参加者的差额头寸可以在规定的时间内完成清算。同时，中央银行对私营大额清算机构的经营者及系统的运营状况实行审计、监督，对系统用户加强监管，以及时发现和解决问题，保证系统安全、有效运行。

3. 监控小额支付清算系统

虽然小额支付清算系统处理的单笔业务金额远远不及大额支付系统，但是其业务量（笔数）巨大，种类较多，业务内容纷繁复杂，覆盖面广泛。因此，小额支付清算系统的运行质量关系到支付安排的整体效率，其运行风险对银行信誉和社会稳定构成威胁。如在小额支付清算系统中，卡类支付系统占据重要的位置，银行卡欺诈对持卡人、发卡机构及整个支付系统构成严重威胁。鉴于此，中央银行应全面加强对银行卡业务的风险管理与监控，督促各银行采用安全支付标准、安全认证体系等技术防范措施，维护银行卡系统的稳定运行。

4. 引用实时全额清算系统

差额清算所产生的清算时隔提高了差额清算系统的信用风险和流动性风险，而实时全额清算系统（即 RTGS 系统）通过针对性的设计很好地减少了清算时隔，降低了风险。RTGS 系统设计上的先进性主要表现在三个方面：一是 RTGS 系统结算实时、连续进行，而不是在一天结束时或在指定时点进行，清算参与银行有足够的时间解决其头寸不足的问题；二是在 RTGS 系统中，收款行一般是在清算完成后才可以获得支付信息，收款行可根据已转入头寸贷记客户账户或者安排其他用途，从而使支付系统时隔或在途资金被降至最低甚至为零；三是有效的规避信用风险有助于降低支付系统的系统风险参数。正因为如此，20 世纪 90 年代以来，越来越多的国家和地区的中央银行如澳大利亚中央银行、欧洲中央银行等都使用了 RTGS 系统。很多尚未使用 RTGS 系统的发展中国家也在积极创造条件，力图实现大额支付系统的实时全额清算。同时，一些私营大额支付系统如英国的 CHAPS 也采用了 RTGS 运行原理。

5. 加强支付清算领域的法规建设

随着科学技术的进步、电子商务的日益增多、支付清算业务的逐步细化及金融市场的发展，为防范和控制支付系统风险，许多国家都加强了相关立法工作，旨在通过法律手段强化对国内支付系统建设及运营的监管，解决金融科技广泛应用于支付系统所带来的法律问题。同时，各国间的法律建设还致力于解决跨国支付系统由于覆盖不同国家而引发的法律冲突。在实践方面，各国中央银行纷纷加强对清算机构的建立、规章制度及支付系统操作规则的审批、管理及监督工作，促进支付清算工作的有序开展与合作。

6. 加强支付清算系统的现代化建设和安全防护

完备的运行设施和技术保障是防范支付系统风险的重要基础。各国都高度重视支付清算系统的现代化建设，中央银行通常直接干预国家主要支付系统的建设和运行，以此来提高支付系统的整体能力。同时，为加强支付清算系统的现代化建设和安全防护，各国中央银行还致力于做好以下几项具体工作：一是努力提升支付系统的科技含量。主要包括：完善硬件软件建设，健全安全支付标准、安全认证体系，有效控制数据来源、输入、处理和输出，抵御和防止病毒、黑客的攻击，保证数据的完整性等。二是构建更加健全的系统技防机制。主要包括：加快核算数据的全国集中，减少会计信息采集汇总环节，简化业务流程，降低操作风险；让业务操作的每一个步骤都在计算机系统中“留痕”，有效控制操作风险；构建及时的差错处理机制和完备的应急机制，建立全国性的灾难性备份基地和区域分散型的灾难性备份基地；不断加大业务系统的安全系数，保证计算机系统的可验证性，防范系统性风险。三是建立风险识别、鉴定和评估体系。首先，严格遵守国际清算银行支付和结算委员会提出的十项核心原则，运用现代科技手段定期对支付体系进行评估和审核，向社会公布，逐步达到国际规范；其次，应用以风险价值为基础的风险管理方法，设立一系列有效的指标体系，对支付状况进行实时监测与控制，及时发出风险预警信号，以便决策部门能够及时采取针对性的措施，实现规避风险目的。四是加强与其他相关机构基于法律和制度基础上的共同干预和协防，群策群力防范和化解支付清算风险。

五、支付清算系统的现代化发展

支付清算系统对经济、社会生活具有重要意义，其高效运行与现代科技在金融领域的广泛应用密不可分。在20世纪70年代以前，支付清算活动主要以手工操作为主，其效率十分低下，并造成人力和物力的巨大浪费。随着票据交换业务量的急剧增长和电子技术的进步，美国纽约清算所于1970年和1975年相继开通了两个电子清算网络：纽约清算所同业银行支付系统（CHIPS）和纽约自动清算所（ACH）系统。电子计算机和自动化技术的广泛应用，极大地提高了支付清算效率，加速了社会资金流转，方便了经济和金融活动的参与者。

伴随着现代信息技术的飞速发展，以电子支付工具、数据通信和数据处理技术组成的电子支付方式已经成为现代金融运行体系的主流趋势。如在零售支付领域，以银行信用卡为代表的各种卡类，ATM和POS网络、企业银行业务、家庭（电话）银行服务、网上银行业务、电子数据交换（EDI）等现代支付媒介和工具为社会提供着快捷、高效、安全的服务。广义的电子支付工具包括卡基支付工具、网上支付和移动支付（手机支付）等。随着电子银行的兴起和微电子技术的发展，电子支付技术日趋成熟，电子支付工具品种不断丰富。电子支付工具从其基本形态上看是电子数据，它以金融电子化网络为基础，通过计算机网络系统以传输电子信息的方式实现支付功能，利用电子支付工具可以方便的实现现金存取、汇兑、直接消费和贷款等功能。在同业间支付清算领域，信息技术的应用更为广泛，支付清算系统用户的计算机设备与支付清算系统操作者的计算机系统相连接，通过地面线路和卫星通信网在系统用户之间传送信息，从而完成支付指令的传输和资金清算。

支付清算系统现代化建设快速发展也带来了一些新问题和新矛盾，

如以信息和电子计算机技术支持的支付系统运行在加快金融市场一体化的进程、进一步增强市场参与者间的相互依赖的同时，使风险传播更为快速；信息技术进步及各种金融创新容易造成支付清算的相关法规和惯例建设滞后于支付清算系统发展，不利于对支付清算系统运行的有效约束和当事人合法权益的保障；防止高科技犯罪和信息资料的安全保密等技术和法律问题有待解决等；尤为重要的是，支付清算系统建设的快速发展使得中央银行对支付系统的监督和相关的国际合作变得更为迫切和必要。①

第三节　中国的支付清算体系

支付清算体系是国民经济和社会资金流动的大动脉。自1949年以来，我国就一直比较重视支付清算体系的建设，而党的十六届三中全会更是明确提出“要建立和完善统一、高效、安全的支付清算系统”。

一、中国支付清算体系的发展历程

中华人民共和国成立至今，随着经济体制的变革、金融产业的发展以及中央银行制度的完善，我国支付清算体系发生了翻天覆地的变化，大体经历了三个重要的发展时期。

（一）计划经济时期（1949—1978年）

1949年开始，特别是社会主义改造完成后，一直到1978年，我国的支付清算体系充分反映和适应了计划经济体制下产品生产、交换对支付清算的特殊要求，具有鲜明的计划经济色彩，具体表现在：

1. 银行是国民经济活动的结算中心

1948年至20世纪50年代初，中国人民银行曾沿用旧中国银行业的资金清算方式，即同城结算以现金和支票为主，而异地结算以汇兑为主。随着国民经济和银行汇兑业务的全面恢复，国家对机关、团体

① 刘肖原主编：《中央银行学教程》，中国人民大学出版社2007年版，第127—128页。

和公营企业开始实行严格的现金管理，除了小额交易和个人支付可用现金外，其他支付一律都通过银行转账结算进行。后来又采用了苏联的结算模式，在全国推行支票结算、托收无承付结算等 9 种结算方式。总体上看，从解放初期到改革开放前夕近 30 年的时间里，我国支付结算体系的最大特点是具有鲜明的计划经济色彩，强调银行作为国民经济活动的结算中心的地位，限制及取消商业信用，有计划地组织和调节货币流通。

2. 推行大联行清算体制

计划经济要求银行间清算必须高度集中和统一。为此，从 1953 年起，中国人民银行建立了被称为“全国大联行”的三级联行清算体系：县（市）级的县辖联行、省（区）内的省辖联行和跨省（区）的全国联行。各级联行负责辖内各金融机构间的资金清算，全国联行则通过人民银行总行清算。在这一框架下，银行信贷收支由总行集中管理，实行统收统支。大联行清算体制自 1953 年实施后，一直沿用到改革开放初期。在此期间，中国人民银行虽然偶尔做过一些小调整，但是并没有进行过根本性的变革。

（二）改革时期（1979—1995 年）

始于 1978 年的经济改革与开放使我国的经济增长迅速进入快车道，全社会消费水平、对外交往和对金融服务的需求随之迅猛增加。与之相对应，我国的支付清算体系也开始进行全方位的改革。1979 年至 1995 年间，我国支付清算体系的重大改革主要有：[①]

1. 确立中国人民银行在国家支付清算体系中的法律地位

自 1948 年底成立以来，中国人民银行在国家支付清算体系中自始至终扮演着重要的角色。但在不同时期，中央银行角色地位的基础截然不同。改革开放前，我国实行复合型中央银行制度，中国人民银行既是中央银行又是商业银行，其在支付清算体系中处于核心地位主要基于计划经济制度和“大一统”银行体制。1984 年，中国人民银行开

① 王广谦主编：《中央银行学》（第二版），高等教育出版社 2006 年版，第 134—135 页。

始专门行使中央银行职能，两级银行体制建立。1995年《中华人民共和国中国人民银行法》的出台，标志着中国人民银行的支付清算服务由执行国家行政指令转变为依法履行职责，其在支付清算体系中核心地位的基础是中央银行制度安排及法律赋予的职责权力。2003年修订的《中国人民银行法》进一步强调了这一基础，明确规定：中国人民银行负责"维护支付、清算系统的正常运行"；应当组织或者协助组织银行业金融机构相互之间的清算系统，协调银行业金融机构相互之间的清算事项，提供清算服务，具体办法由中国人民银行制定；且有权对金融机构以及其他单位和个人"执行有关清算管理规定的行为"进行检查监督。

2. 改革支付清算制度

随着改革开放和社会主义市场经济的不断发展，以计划为主的支付清算体系已无法适应经济转轨和金融运行的需要，制度变革势在必行。1980年，中国人民银行在全国范围内推行了异地委托收款结算方式和限额结算方式。1985年起，中国人民银行在全国推行商业汇票承兑、贴现业务以及中央银行的再贴现业务，在结算体系中销声匿迹几十年的汇票进入流通领域，便利了融资和结算。为适应各种经济形式的出现以及满足结算需要，1986年中国人民银行批准开办个体经济和个人使用支票业务，结束了银行只为国有和集体经济提供转账结算服务的历史，并加强对票据使用的管理和清算设施的建设。1986年5月，中国人民银行颁发了《再贴现试行办法》，使商业承兑汇票、贴现业务在全国范围内逐步展开，重新确立了票据结算的重要地位。1988年，在国务院批准了中国人民银行《关于改革银行结算的报告》后，启动了我国结算制度的重大变革，其基本内容包括：明确银行和客户的平等信用关系；强调结算工具的"方便、通用、迅速、安全"功能；坚持"恪守信用，履约付款；谁的钱进谁的账，由谁支配；银行不垫付"的原则。这次重大改革确立了票据在结算中的主导地位，开始向国际通行的做法靠拢，实现了我国结算制度的重大突破。

3. 改革联行清算体系

随着金融体制改革的深化，实行了多年的全国大联行制度已明显滞后。为适应银行信贷资金管理，推行“统一计划、划分资金、实贷实存、相互融通”的管理模式，全国联行清算体系从1985年起也开始发生重大变革，由中国人民银行主办的“大联行”改革为各专业银行自成联行系统、跨行直接通汇清算，将中国人民银行和专业银行的资金分开管理，从而有利于资金的清算及划拨转移。1987年4月1日，中国人民银行再次改革了联行资金清算办法，以分清中国人民银行和专业银行间的资金及专业银行间的资金，旨在改变资金相互占用的状况。随着专业银行向商业银行转轨以及金融基础设施的逐步完善，行间清算制度及其操作安排也进行了相应的调整和变化。

4. 建设电子化支付清算体系

1989年5月，中国人民银行开始着手建设中国金融数据卫星通信专用网络。1991年4月1日，哈尔滨等7个城市试运行全国电子联行系统，实现了异地、跨行资金通过电子化手段进行汇划，这是我国金融业务处理史上的重大突破，1991年7月，电子联行系统正式运行。1995年，中国人民银行开始推行电子联行“天地对接”和“网络到县”工程，全国电子联行系统开始发挥越来越大的作用。

（三）现代化时期（1996年至今）

1996年7月，中国现代化支付系统（China National Advanced Payment System，CNAPS）项目正式启动，这标志着我国的支付清算体系进入了一个为社会主义市场经济服务的现代化建设时期。十几年来，我国支付清算体系的现代化建设取得了巨大成就，主要表现在：

1. 建立了现代支付清算管理体制

支付清算管理体制是关于支付清算运作的组织管理形式。金融体制改革之前，我国的支付清算集中由中国人民银行独家管理；金融体制改革之后的一段时期内，改由中国人民银行和商业银行分别管理，从而在一定程度上调动了商业银行的积极性，促进了国家支付清算体系的共建。1995年，我国开始实行支付清算会员制管理试点工作；在此基础上，1997年底，中国人民银行联合各商业银行和政策性银行，成立了国家金融清算总中心，承担建设、运行、维护、管理央行支付清算系统的使命。作为会员制机构，国家金融清算总中心是一家独立法人事业单位，自收自支，在业务上接受中国人民银行指导和监督；在管理上设有各会员行代表组成的会员大会、理事会、监事会，清算中心发展及管理中的重大问题需要经理事会讨论通过。

2. 建设现代化支付清算法规制度体系

1988 年，《银行结算办法》实施。1996 年 1 月 1 日，《中华人民共和国票据法》实施。1997 年 8 月，《国内信用证结算办法》实施。1997 年 10 月 1 日，《票据管理实施办法》实施。1997 年 12 月 1 日，《支付结算办法》实施，《银行结算办法》同时废止。2000 年 7 月 1 日，《支付结算业务代理办法》、《银行汇票业务准入、退出管理规定》实施。2003 年 3 月 1 日，《人民币大额和可疑支付交易报告管理办法》实施。2003 年 9 月 1 日，《人民币银行结算账户管理办法》实施。2006 年 6 月 10 日，央行发布《支付清算组织设立办法（征求意见稿）》，开始明确允许社会机构设立支付清算系统，并允许外资参股。一系列的法规，逐步完善了支付清算体系的监管框架，构成了完善的支付清算法规制度体系，奠定了支付清算体系运行和监督的法律基础。

3. 建设现代化支付清算系统

早在 1991 年，我国就开始规划建设中国现代化支付系统，1996 年开始动工建设。2002 年 10 月 8 日，大额实时支付系统在北京、武汉成功投产试运行，成为中国现代化支付系统建设的重要里程碑。2004 年 2 月 25 日和 11 月 3 日，香港和澳门人民币清算行分别接入大额支付系统，办理个人人民币汇款及存款、兑换和银行卡业务的资金清算，为香港和澳门人民币回流及旅游消费提供了便利；2004 年 10 月 18 日，城市商业银行汇票处理系统接入大额支付系统，依托大额支付系统办理其银行汇票资金移存和兑付的资金清算，解决了城市商业银行银行汇票结算及通汇难问题；2004 年 11 月 8 日，中国银联信息处理系统接入大额支付系统，实现了银联卡跨行业务的即时转账清算，提高了银行卡资金清算的效率和控制资金清算风险的能力；2004 年 11 月 8 日，中央债券综合业务系统接入大额支付系统，我国的债券交易及其资金清算采用了国际证券业的标准结算模式——“付款交割”（DVP）方式，并为中央银行公开市场操作业务提供即时清算；2005 年 6 月，中国人民银行大额支付系统完成在全国的推广运用，直接连接1500多家金融机构，涉及6万多个银行分支机构，每笔业务不到1分钟即可到账，成为社会经济活动及其资金运行的“大动脉”。2005年11月28日，小额支付系统在天津等地正式上线运行，2006年6月完成在全国的推广应用；该系统支撑多种支付工具的应用，实行7×24小时连续运行，为银行业金融机构的小金额、大批量跨行支付清算业务提供了一个低成本的公共支付平台。至此，中国现代化支付清算体系基本建成。

同时，中国人民银行利用后发优势，采用支票影像技术，实施支票截流建设的全国支票影像交换系统于2006年12月成功在北京、天津、上海、广东、河北、深圳六省（市）试点运行。2007年7月，中国人民银行建成全国支票影像交换系统，运用影像技术将实物支票转换为支票影像信息，处理银行机构跨行和行内的支票影像信息交换，使企事业单位和居民个人签发的支票可在全国通用，大大便利了异地转账结算，充分发挥了支票结算对经济社会发展的促进作用。

另外，中国人民银行还开发建设了支付管理信息系统及业务监控系统，采集、分析支付系统蕴藏的大量数据信息，为货币政策和金融稳定提供服务；加快中央银行会计核算数据集中系统建设，实现会计核算业务处理和数据管理的全国集中，提高中央银行会计核算的质量和效率，改进对商业银行的服务水平；加快支付清算系统灾备系统建设，提高系统应对危机事件的处置能力，保障支付系统的安全、高效、稳定运行。

4. 广泛应用非现金支付工具

目前，我国已基本形成适应各类经济主体多种经济活动和居民居家服务需要的非现金支付工具体系。首先，票据业务制度日益完善，票据业务创新大量涌现，票据使用和流通规模稳步上升，在融通资金、传导货币政策及培育社会信用等方面发挥着越来越大的积极作用。其次，银行卡得到广泛应用，银行卡普及率和使用率不断提高，已初步形成具有中国特色的银行卡支付体系；借记卡产品功能不断拓展，应用领域不断扩大，品种不断丰富；人民币银行卡已在24个国家和地区实现受理，便利了境内居民出境公务和旅游消费的需要。再次，我国网上支付、电话支付、移动支付等电子支付工具发展迅速，电子交易量迅速增加，不断满足电子商务的发展需要和支付服务市场细分的需求。

5. 大力加快我国支付清算体系融入全球支付清算体系的步伐

近年来，中国人民银行吸收和借鉴国外进经验和国际通行标准，积极参与支付清算领域的国际交流与合作，取得了积极成效。例如，在现代化支付系统设计中引入“实时全额结算”机制和“付款交割”机制等国际通行做法，降低了风险，提高了效率。根据《重要支付系统核心原则》等国际通行标准，组织开展我国支付体系的自评工作，积累了支付体系评估经验。同时，我国支付服务网络与境外支付服务网络的联系日益密切，国际结算业务发展态势良好；我国与周边国家的支付结算合作不断加强，边贸结算方式不断规范，边境贸易本币结算范围日益扩大。截至目前，中国人民银行已与俄罗斯、蒙古、越南等 8 个国家的中央银行签订了边贸本币结算协定，明确了双方商业银行可以相互开立代理账户，以及本币结算的具体程序和条件、跨境现钞调运等问题。我国支付清算体系正迅速融入全球支付清算体系，成为全球支付清算体系的重要组成部分。

二、中国目前运行的主要支付清算系统

迄今，中国支付清算系统包括以下相对独立的分系统：中国人民银行管理的 2000 多家同城票据交换清算所，处理行内和跨行支付交易；四大国有商业银行内部的全国电子资金汇兑系统，处理全国 2/3 的异地支付清算业务；中国人民银行运作的全国电子联行系统，处理异地跨行支付的清算与结算；银行卡跨行支付系统；邮政汇兑系统；以及 2006 年建成、旨在取代现行电子联行系统的中国现代化支付系统。这里先介绍前面 5 种支付清算系统，而将中国现代化支付系统单列出来作专门介绍。

（一）同城清算所（LCHS）

同城清算是指在同一城市（区域）内的交易者之间的经济往来，

通过开户金融机构的同城票据交换实现债权债务清偿以及资金转移的行为。"同城"系按行政区划划分，包括市辖郊县范围。同城票据交换是同城不同金融机构间所进行的行间票据传递，目前我国的同城支付清算通过分布在中心城市和县城（镇）的2000多家清算所进行。中国人民银行拥有并运行同城清算所，对参与清算成员提供票据交换和资金结算服务。在支付业务量大的地方，一天进行两次交换，业务量小的地方一般则在每天上午交换一次。我国的同城清算一般采取差额清算方式，资金次日抵用，其清算程序具体为：参与成员每日将票据按照接受行进行清分后，提交至清算所，在各成员间进行交换；各成员按照发出和收到的票据金额进行贷记项目和借记项目汇总，并计算出净结算余额，通过在中国人民银行开立的存款账户进行结算；只有当所有参加者的净额轧差等于零时，中国人民银行才接受清算，且不允许透支。

20世纪80年代中期以前，我国同城票据清算主要采取在既定时间、地点取送票据的手工处理方式，效率低，劳动强度大，且错误率高。20世纪80年代中期开始，我国启动了同城清算的电子化和自动化改革，在大城市引进票据自动清分系统，在中小城市开发同城支付清算网络化处理系统。这些系统与中国人民银行的清算系统和商业银行的柜台处理系统相连，极大地提高了同城清算效率。随着大额实时支付系统、小额批量支付系统的建设与完善，近年来同城票据清算系统业务量逐渐下降。2008年第二季度，同城票据清算系统共处理业务10402.97万笔，金额183655.23亿元，日均清算金额3010.74亿元，占支付系统业务量的5.9%和6.6%，同比笔数减少4.2%，金额增加5.8%。

（二）全国电子联行系统（EIS）

全国电子联行清算系统是中国人民银行处理异地清算业务的行间处理系统。20世纪80年代以前，我国异地联行业务主要以手工操作为主，存在着各行间汇路不畅、相互占压资金、效率低下等问题。经国务院批准，1989年中国人民银行开始着手开发全国电子联行系统，以运用卫星通讯技术建立起的专用通讯网代替手工联行。自1991年全国电子联行系统投入运行以后，中国人民银行积极致力于扩大系统的覆盖范围，提高服务质量，当前各地商业银行跨系统及系统内的限额以上资金全部通过人民银行转汇和清算，标志着我国行间清算系统已经步入了现代化阶段。

全国电子联行系统通过中国人民银行联合各商业银行设立的国家金融清算总中心、在各分行及中心支行设立的资金清算分中心运行。各商业银行受理异地汇划业务后，汇出、汇入资金由中国人民银行当即清算，其运行的具体流程为：受理异地业务的商业银行中，发出汇划业务的为汇出行，收到汇划业务的为汇入行。汇出行向人民银行当地机构（发报行）提交支付指令（纸凭证或电子报文）；发报行借记汇出行账户后，将支付信息经卫星小站传送到全国清算中心（怀柔主站），如汇出行账户余额不足，则支付指令必须排队等待。清算总中心按人民银行收报行将支付指令分清以后，通过卫星线路发送到相应的人民银行收报行，由其贷记汇入行账户并以生成的纸凭证或电子报文通知汇入行。

（三）电子资金汇兑系统

电子资金汇兑系统是商业银行系统内的电子支付系统。目前我国各大商业银行均由电子资金汇兑系统取代了原有的手工操作系统，即通过电子支付指令的集中交换代替原有的实物票据交换，从而加快了支付指令的处理速度和资金周转速度，减少了支付清算风险。各商业银行的电子资金汇兑系统框架基本相同，多为多级结构，形成全国处理中心、省级处理中心、城市处理中心和县级处理中心的布局层次。一家银行的所有分支机构均有资格参与系统内的电子资金汇兑系统，有些银行的电子资金汇兑系统还为其他金融机构提供支付服务。据统计，2008 年第二季度，电子资金汇兑系统共处理支付业务 71433.05 万笔，金额 972931.82 亿元，占支付系统业务量的 40.7% 和 34.9%，同比分别增长 42.9% 和 62.5%，日均处理笔数 784.98 万笔，金额 10691.56 亿元。

（四）银行卡跨行支付系统

银行卡跨行支付系统主要处理银行卡跨行交易信息转接和交易清

算业务，是银行卡联网通用的重要基础设施，在零售支付按66日计算。这一系统的建立源自于1994年国务院提出的“三金”（金桥、金卡、金关）工程规划。其中“金卡”即指银行卡，希望通过金融科技的广泛应用，全面推动我国银行卡事业朝着高科技、高效率、国际化的方向发展。在组织各商业银行联合共建银行卡支付系统、制定有关标准等方面，中国人民银行发挥了积极作用，发卡金融机构、科研部门及相关企业也积极投入“金卡工程”。1997年7月，首批12个“金卡”工程试点省市的信息交换中心全部投入运行；1998年，投入运行的银行卡总中心连接了各商业银行及12个试点城市银行卡中心，最终形成了覆盖全国的银行卡信息交换系统；2004年1月18日，中国人民银行批准内地银行发行的有“银联”标识的人民币银行卡在香港地区使用，这标志着我国银行卡业务发展中的又一个新的重大突破，内地为香港银行开办个人人民币业务提供清算安排的相关工作取得了初步成效。银行卡跨行交易具有笔数大、金额小的特点。2008年第二季度，银行卡跨行支付系统业务量继续保持快速增长，共处理业务85027.99万笔，金额11012.85亿元，占支付系统业务量的48.5%和0.4%，同比分别增长53.0%和62.1%，日均处理笔数934.37万笔，金额121.02亿元，平均每笔业务金额约1295元。

（五）邮政汇兑系统

邮政汇兑系统主要为个人提供邮政信汇、电汇和邮政储蓄服务。1991年，为了提高邮政储蓄的技术设备水平，适应快速发展的邮政储蓄业务，提高邮政汇兑系统的现代化程度，原邮电部在全国范围内开始实施邮政储蓄计算机联网系统技术改造工程，即“绿卡工程”。1994年，我国首先在上海、大连、北京联网开通这一工程，并推出了电子支付和汇兑工具——“绿卡”，持卡人可以在全国主要的大中城市进行通存通兑，从而极大地提高了服务效率。1999年，上海市邮政储汇局发行了完全符合中国人民银行金融集成电路卡规范的绿卡智能卡，持卡人可利用其电子钱包、电子存折功能获得现金支付、转账消费等多项服务。2006年中国邮政储蓄银行成立，随着邮政储蓄卡加入中国银联，中国实现了银行卡在全国范围内的ATM和POS机跨行联网运行。

三、中国现代化支付系统

中国现代化支付系统（CNAPS）是中国人民银行按照我国支付清算的需要，并利用现代计算机技术和通信网络自主开发建设的，能够高效、安全处理各银行办理的异地、同城各种支付业务、资金清算和货币市场交易的资金清算系统。它是各银行和货币市场的公共支付清算平台，是中国人民银行发挥其金融服务职能的重要核心支持系统。中国现代化支付系统的成功建成标志着以现代化支付系统为核心，商业银行行内系统为基础，票据交换系统和其他支付系统并存，支撑多种支付工具和满足社会各种经济活动支付需要的支付清算体系已基本形成，中国金融服务水平已迈上了一个新台阶。

（一）中国现代化支付系统的体系结构

中国现代化支付系统建有两级处理中心，即国家处理中心（NPC）和全国省会（首府）及深圳城市处理中心（CCPC）。国家处理中心分别与各城市处理中心连接，其通信网络采用专用网络，以地面通信为主，卫星通信备份。

政策性银行和商业银行是支付系统的重要参与者。各政策性银行、商业银行可利用行内系统通过省会（首府）城市的分支行与所在地的支付系统 CCPC 连接，也可由其总行与所在地的支付系统 CCPC 连接。同时，为解决中小金融机构结算和通汇难问题，允许农村信用合作社自建通汇系统，比照商业银行与支付系统的连接方式处理；城市商业银行银行汇票业务的处理，由其按照支付系统的要求自行开发城市商业银行汇票处理中心，依托支付系统办理其银行汇票资金的移存和兑付的资金清算。

中央银行会计核算系统（ABS）是现代化支付系统运行的重要基础。为有效支持支付系统的建设和运行，并有利于加强会计管理，提高会计核算质量和效率，中央银行会计核算也将逐步集中，首先将县支行的会计核算集中到地市中心支行，并由地市中心支行的会计集中核算系统与支付系统 CCPC 远程连接。地市级（含）以上国库部门的国库核算系统（TBS）可以直接接入 CCPC，通过支付系统办理国库业务资金的汇划。

（二）中国现代化支付系统的系统组成

目前，中国现代化支付系统由大额实时支付系统、小额批量支付系统和全国支票影像交换系统三个系统组成。

1. 大额支付系统（HVPS）

大额支付系统实行逐笔实时处理，全额清算资金。建设大额支付系统的目的，就是为了给各银行和广大企业单位以及金融市场提供快速、高效、安全、可靠的支付清算服务，防范支付风险。同时，该系统对中央银行更加灵活、有效地实施货币政策具有重要作用。该系统处理同城和异地、商业银行跨行和行内的大额贷记（人民币 2 万元以上）及紧急的小额贷记支付业务，处理人民银行系统的贷记支付业务。

大额支付系统在全国推广使用后，成功取代了全国电子联行系统，解决了“天上三秒，地下三天”资金汇划速度较慢的现状，在国民经济尤其是现代金融体系中发挥着巨大作用，在现代支付体系中，大额实时支付系统是金融基础设施的核心系统，是连接社会经济活动及其资金运行的“大动脉”、“金融高速公路”。大额实时支付系统在加速社会资金周转，畅通货币政策传导，密切各金融市场有机联系，促进金融市场发展，防范支付风险，维护金融稳定等方面正在发挥重要的作用，可以形象地说是“央行支付、中流砥柱”。

大额支付系统连接着境内办理人民币结算业务的中外资银行业金融机构以及香港、澳门人民币清算行等，拥有 1500 多个直接参与机构，6 万多个间接参与机构，每笔业务实时到账，其功能和效率达到国际先进水平。据统计，2008 年第二季度，大额实时支付系统处理业务 5271.81 万笔，金额 1605564.06 亿元，占支付系统业务量的 3% 和 57.7%，同比笔数增长 30.2%，金额增长 60.3%，较一季度笔数增长 14.0%，金额增长 0.4%。从日均处理业务情况来看，第二季度大额实时支付系统日均处理业务 82.37 万笔，金额 25086.94 亿元，较一季度笔数增加 12.28 万笔，增长 17.5%，金额增加 855.75 亿元，增长 3.5%。

2. 小额批量支付系统（HEPS）

小额支付系统是中国现代化支付系统的重要组成部分，它更加接近人民群众的日常生活。小额批量支付系统在一定时间内对多笔支付业务进行轧差处理，批量发送支付指令，净额清算资金。建设小额批量支付系统的目的，是为社会提供低成本、大业务量的支付清算服务，支撑各种支付业务的使用，满足社会各种经济活动的需要。据统计，2008 年第二季度，小额批量支付系统业务共处理业务 3300.88 万笔，金额 9981.71 亿元，占支付系统业务量的 1.9% 和 0.4%，同比分别增长 96.2% 和 215.4%，日均处理业务 36.27 万笔，金额 109.69 亿元。

小额支付系统设计的业务种类有普通贷记、普通借记、定期贷记、定期借记、实时借记、实时贷记、支票截留、支票圈存、银行本票业务、银行汇票业务、通存通兑、清算组织发起的代收付业务、国库业务、同城轧差净额清算业务、信息服务业务等 15 种。在 15 种业务种类中国库业务、同城轧差净额清算业务、信息服务业务以及普通借记业务主要是由银行使用，其他业务种类绝大多数业务和社会公众息息相关，特别是定期借贷记（代收代付）业务的开办，对人民群众的支付活动影响极为深远。

小额支付系统与大额支付系统的业务模式和服务对象有较大不同，其主要特点如下：（1）实行 7×24 小时连续运行。小额支付系统为客户通过"网上银行"、"电话银行"纳税等服务提供支持，同时为满足法定节假日的支付活动需要，实行的是"全时"服务，即 7×24 小时连续运行。（2）交易成本低。与大额支付系统相比，小额支付系统批量组包发送支付指令，每包最多可达 2000 笔，根据业务品种、发送业务时间段不同，每笔收费在 0.1—0.5 元左右，成本低。（3）能够支撑各种支付工具的应用。小额支付系统除传统的款项汇划业务外，还能办理财税库横向联网业务、跨行通存通兑业务、支票圈存和截留业务、银行本票、公用事业收费、工资、养老金和保险金的发放等业务。（4）小额贷记业务金额有限制。目前小额贷记业务金额上限为 2 万元，借记业务不设金额上限。（5）借贷记业务都能处理。大额支付系统只处理贷记支付业务，主要是汇款业务，而小额支付系统主要面向消费性支付（借贷记）业务，既支持汇款等贷记业务，又支持收款等借记业务。

3. 全国支票影像交换系统

全国支票影像交换系统对于促进信用支付工具使用，促进社会信用发展具有重要作用，也是中国人民银行改善金融服务环境和承担社会责任的重要体现。该系统综合运用影像技术、支付密码等技术，将纸质支票转化为影像和电子信息，实现纸质支票截留，利用信息网络技术将支票影像和电子清算信息传递至出票人开户行进行提示付款，从而实现支票全国通用的系统。可以这样说，原先支票只能在同城范围内使用，只能用于同一城市范围内的支付活动，现在可以在全国范围内使用，既可以将支票交给国内任何地区的收款人（港澳台除外），也可以接受来自任何地区的支票，实现“一票在手，走遍神州”。

全国支票影像交换系统使支票的使用范围由同一个城市扩大到了全国，这无疑对经济活动起到了促进作用。但作为企业，如何使用全国支票影像交换系统呢？对此可举例说明：深圳的A商户要到浙江某一山区向B商户采购山货，如果带着大量现金去采购很不方便，也不安全，这时他就可以采用支票付款的方式，将支票交给B商户，B商户将支票提交给其开户行，由B商户的开户行通过全国支票影像系统交换提示付款，从而完成这项交易。

本章小结

“结算”和“清算”是两种实现债权债务清偿和货币资金转移的行为。其中，结算是由债权债务清偿以及资金转移而发生的一种货币收付行为，是货币发挥流通手段和支付手段职能的具体体现。商业银行之间的结算需要通过一定的清算组织和支付系统，进行支付指令的发送与接受、对账与确认、收付数额的统计轧差、全额与净额清偿等一系列程序，这些统称为“清算”。

中央银行的支付清算业务是指中央银行作为一国支付清算体系的参与者和管理者，通过一定的方式、途径，使金融机构之间的债权债务清偿以及资金转移顺利完成并维护支付系统的平稳运行，从而保证经济活动和社会生活的正常进行。中央银行支付清算业务的主要内容包括：组织票据交换和清算、办理异地跨行清算、为私营清算机构提供净额清算服务、提供证券及金融衍生工具交易清算服务以及提供跨国支付清算服务等。

支付清算体系是中央银行向金融机构以及社会经济活动提供资金清算服务的综合安排，包括清算机构、支付系统、支付结算制度和同业间清算安排。支付清算系统可能面临的主要风险有：信用风险、流动性风险、系统风险、法律风险、操作风险和非法风险。

1949 年以来，中国的支付清算体系大体经历了三个重要的发展时期：计划经济时期、改革时期和现代化时期。当前，中国支付清算系统主要包括以下几个相对独立的分系统：同城清算所、电子资金汇兑系统、全国电子联行系统、银行卡跨行支付系统、邮政汇兑系统以及 2006 年建成、旨在取代现行电子联行系统的中国现代化支付系统。

重要概念

结算　清算　中央银行支付清算业务　跨国支付清算　票据交换　清算机构　支付系统　支付结算制度　同业间清算安排　支付系统　大额支付系统　小额支付系统　全额清算系统　差额清算系统　定时全额清算系统　实时全额清算系统　双边差额清算系统　多边差额清算系统　中国现代化支付系统

复习思考题

1. 结算与清算有何联系与区别？
2. 中央银行主要开展哪些支付清算业务？有何作用与意义？
3. 中央银行的支付清算体系包括哪些内容？
4. 支付系统有哪些分类？
5. 大额支付系统和小额支付系统有哪些差异？为什么说大额支付系统是一国支付清算体系中的主干线？
6. 作图分析全额清算系统和差额清算系统运行原理，并比较两者的优缺点。
7. 支付系统风险有哪些？危害何在？如何控制及防范支付系统风险？
8. 我国目前存在的主要支付清算系统有哪些？其各自的功能是什么？
9. 简述中国现代化支付系统的构成。

第七章　中央银行的其他业务

资产、负债与支付清算业务是中央银行的三大基本业务，是中央银行活动的集中体现。随着经济和金融的发展，在三大业务的基础上，中央银行还延伸和拓展出了诸多其他业务活动。本章将结合中国人民银行的实际，介绍中央银行的这些业务活动。

第一节　中央银行的经理国库业务

从现代中央银行产生之日起，经理国库就是中央银行的一项重要业务，是中央银行作为政府的银行这一职能的具体体现。

一、国库的含义

国库是国家金库的简称。传统意义上的国库是政府预算资金的保管出纳机关，国家的全部预算收入都由国库收纳入库，一切预算支出都由国库拨付，是政府预算执行和监管的重要组成部分。也就是说，国库是经办政府预算资金的收纳、划分、报解、退库、支拨和核算，反映和监督政府预算的执行情况，为政府宏观经济决策提供信息的一项基础性管理工作。

然而，随着市场经济的迅速发展，市场失灵和市场缺陷的范围和领域也在不断扩大，政府弥补市场失灵和市场缺陷、加强宏观调控的职能扩大。财政政策作为政府宏观调控的主要政策工具，其职能也急剧扩张，由此对财政的管理也提出了更高的要求。在这种宏观背景下，传统意义上以“库藏管理”为核心的国库已经不能适应市场经济的需要。现代市场经济对国库内涵的要求已不仅仅局限于保管和核算政府的收支，进行简单的信息反馈，而是要全面的、动态的、集中的记录、追踪、核算和报告政府财政资金的流动情况，对政府收支活动进行全方位的管理和控制。具体表现为：负责计划和控制预算的执行、处理政府的资金收付、计划和管理现金流量、负责政府债券的发行和兑付、管理和维护政府的账户体系、记录和管理政府财务、维护政府的信息系统等。因此，现代意义上的国库应该表述为：国家在预算编制和执行的过程中，在单一账户制度基础上，对财政资金收支及政府相关财务行为进行管理和控制的一系列经济活动的总称。对现代国库概念应从以下几方面来理解：

第一，现代国库不是某个机构的代表，而是一系列职能的集合体。作为政府预算编制和执行过程中政府财政资金管理的重要组成部分，现代国库具有财政资金收支管理职能、监督管理职能、管理财政职能和管理货币职能，所有这些职能总和构成现代国库的职能体系。

第二，现代国库活动的主体是国家，既不单是中央银行，也不单是财政部门或其他某一个政府机构。也就是说，国库是国家的金库，而不是中央银行的金库，也不是财政部门或者其他某个政府机构的金库。因此，国库活动的主体涉及所有承担履行国库职能职责的政府机构，任何某一个相关的政府机构都不能独立地履行和完成现代国库的一系列职能，所有承担履行国库职能职责的相关政府机构就组成了代表国家进行国库活动的机构总体，这个机构总体就是国库活动的国家主体代表。

第三，现代国库活动的对象是财政资金收支及其政府相关财务行为，凡是涉及财政资金的收支行为及其政府相关财务行为，现代国库都必须对其进行管理。

第四，现代国库参与政府预算编制和执行，国库活动贯穿政府预算编制和执行的始终。政府预算即为国家的财政收支计划，政府预算编制是以财政资金的收支为核心内容进行的，而现代国库的活动对象是财政资金收支及其政府相关的财务行为，国库责无旁贷地参与政府预算的编制和执行才能体现出其对财政资金运行的实际作用过程。

第五，单一账户制度是现代国库实现其职能的基础平台。现代国库活动必须以单一账户制度为基础，通过在中央银行设立单一账户，对一切涉及财政资金的收支活动和政府财务行为集中进行管理。传统国库对财政资金和政府财务资源分散、重复设置账户导致财政资源运行缺乏透明度、资金使用效率低下和腐败现象。国库单一账户制度以计算机网络技术为依托，通过集中化管理，能够保证国库对政府预算执行和政府财务行为进行监控和管理，提高财政资金的运行效率，从源头上遏制腐败。

二、国库制度

国库制度是对国家预算资金的保管、出纳以及相关事项的组织管理和业务安排等一系列事项和有关规定的统称，其核心是国库管理机构的设置和国库职能在财政部门和中央银行之间如何合理明确划分的问题，即国库管理权限在两个部门之间的配置问题。

（一）国库制度的基本类型

一般而言，国家根据其财政预算管理体制和金融体制，确立并实施相应的国库制度。从世界各国对国家财政预算收支的组织管理以及业务实施的情况来看，国库制度可以分为独立国库制、委托国库制和银行存款制三种基本类型。

1. 独立国库制

独立国库制，就是国家通过设置专门的国库管理职能机构，独立负责政府预算的编制、财政资金的收纳和拨付等预算执行工作的一种国库制度。

独立国库制能对政府预算的编制和执行进行高度统一的管理，使国家财力高度集中，可以有效防范预算资金的分散和浪费，减少中间环节和不同机构的多头制约，对预算执行进行严格的控制和监督管理，避免个别部门在财政资金收付过程中出现营私舞弊现象，保证财政资金使用的外部效率。但是，独立国库制将不再借用银行系统已形成的、成熟的网络和清算核算渠道（如成立国库银行），而要单独设置这些必须的机构和系统将耗费政府大量的人力、物力、财力，并将给原本就较为紧张的财政支出加重负担。独立国库制下财政资金的收付由独立的国库部门特立独行地运行和管理，将隔绝国库与财政、中央银行的联系，这样必然影响财政、中央银行等宏观调控部门综合考虑国库资金的运行，以及对经济进行宏观调控的目标制定和执行。美国曾实行过独立国库制，但运行结果表明这种管理模式效果并不理想。目前实行独立国库制的国家较少。

2. 委托国库制

委托国库制，即国家不单独设立专门机构，而是委托相关的机构（主要是中央银行）代为履行国库管理的职能，如政府预算执行过程中的财政资金的收纳、保管、运作、拨付以及政府债券的发行、兑付等委托中央银行办理，而财政资金的支出审核由财政管理部门执行等。

委托国库制既可以充分利用银行分布广泛的网点、业务熟练的人员和相关的清算核算渠道和系统，保证国库业务的顺利执行，节约人力物力，也能充分利用财政管理部门的权威和专业优势，监督管理资金的收支和控制。由于国库没有专门机构而是分散到相关其他机构来执行，因此国库的管理将涉及多个部门，若职责和权限划分不科学、不合理，将影响国库的高效运行。目前实行委托国库制的国家较多，西方市场经济较为发达的国家基本上都实行委托国库制。

3. 银行存款制

银行存款制是一种将财政资金作为一般存款存放于商业银行，商业银行也将财政资金存款看做是普通存款，除按中央银行的规定按比例缴存存款准备金以外，可以按自己商业化的营运原则自由支配、自由使用的国库制度。国库在需要支付时，向存款银行签发支票，由银行进行支付。商业银行按一般存款向国库支付利息，也向国库收取相关的汇划、清算费用。

银行存款制可以为政府节省大量的人力、财力，国库的运行成本最低。但从资金本身性质来看，国库存款与一般商业性存款具有极大的区别，而且国库资金金额庞大、收付频繁，巨额资金频繁地进出商业银行必将对商业银行自身经营和国家的货币市场形成极大冲击。目前实行银行存款制的国家和地区也较少，主要有蒙古、中国香港地区、美国的部分地方国库等。

（二）中国国库制度的历史沿革

我国有史料可考的国库是从周朝开始的，在几千年的社会发展进程中，我国的国库制度经历了由实物库制演进为委托国库制的变迁。①

第一阶段：公元前11世纪—1904年。此阶段为初始阶段，其国库主要是按行政系统设立的实物库。据《周礼》记载，西周主管财政财务的机构分为天官、地官两个系统，分别主管中央财政和地方财政。秦汉时期国家财政与王室财政有了区分。国家财政有税、赋，取之于民，用以支付吏禄、官用。王室财政来自山川、园池、市井的租税，供皇帝个人生活与宫廷所需。管理国家财政的专职机关秦汉为“治粟内史”，后相继改称大农令、大司农、大农。管理王室财政的专职机关，秦汉皆为少府，汉武帝时，于少府外更设立水衡都尉。魏晋南北朝时期度支尚书取代了前朝的大司农，就库藏而言，沿袭汉制，钱入少府，谷入司农。到了唐代，管理财政的是尚书都省下的户部。宋朝实行“上供、遣使、留州”制度，上供者入国家财政或王室财政，留州者当归地方财政，遣使部分则在各州之间进行调剂，以备非常之需。元朝分国家库藏和皇室库藏。国家库藏隶属户部，皇室库藏隶属太府监。明朝分为内库、里库、外库、太仓库四种，而清朝国库则设银库、缎匹库、颜料库等。

第二阶段：1904—1949年。此阶段为快速发展阶段，开始由银行代理国库。1905年，清朝户部奏准设立户部银行，其《试办银行章程》第22条规定“户部出入款项，均可由本行办理”。1908年，户部银行改称大清银行，并确定该行为国家银行，进一步明确“经理国库事务及公家一切款项，并代公家经理公债票及各种证券”。民国时期，虽然军阀混战，民不聊生，但国民政府初期的国库改革却迈出了实质性的一步，具有里程碑式的意义。1927年8月颁布《金库条例》，规定

① 周应恒、陈伟：《中国国库制度改革分析》，《江苏社会科学》2008年第4期，第110—111页，有修改。

由中央银行代理各级金库。1928年11月成立中央银行，在行内业务局设国库科，实行“委托代理制”，财政资金分散收付。1933年3月颁布《中央各机关经管收支款项由国库统一处理办法》后，财政收支局部集中国库，且由国库直接拨付，但款项较少。1934年1月成立国库局，改“委托代理制”为“银行存款制”。1938年6月公布《公库法》及其《实施细则》。自1942年起，所有政府内外债均由中央银行国库局统一经理。1945年抗战胜利，制订了国库出纳会计制度等一系列管理制度，公库制度趋于完备，国库制度达到了一个空前的水平。

第三阶段：1949—2001年。1950年3月，政务院颁布了《中央金库条例》，明确中国人民银行代理各级金库，各级人民银行行长兼任金库主任。1985年7月，国务院颁布了《中华人民共和国国家金库条例》，制定了《中华人民共和国国家金库条例实施细则》，后根据形势的变化，对该《实施细则》进行了多次修改。此阶段中国实行的是以多重账户为基础的分散收付制度。

第四阶段：2001年至今。此阶段启动了国库制度改革，开始建立以国库单一账户为基础、资金缴拨以国库集中收付为主要形式的现代国库制度。2001年，水利部、科技部、财政部、国务院法制办、中国科学院和国家自然科学基金会6个部门率先进行了改革试点。2006年底，中央部门实施国库集中支付改革的基层预算单位达到5300多个，纳入改革的财政资金总量达到4000多亿元。在国库集中收付改革取得一定成效的基础上，国库现金管理工作也随即启动，如2002年开始对国库存款按单位活期存款利率计付利息；2003年第5期记账式国债推迟3个月缴款，避免国库现金余额的较大波动；2004年提前购回当年到期的3只记账式国债，金额合计101亿元，以减少闲置的国库资金，节省国债利息支出；2006年12月将200亿元的中央国库现金存入商业银行3个月，招标存款利率2.7%，实现净收益约1亿元等。

三、国库的职责和权限

国库是办理预算资金收纳和库款支拨、执行政府预算的重要职能机关。各国通常通过颁布法令、条例的形式，对国库的职责与权限予以规定。

（一）国库的职责

国库的职责是随着经济发展和政府职能的变化而不断变化的。在西方发达的经合组织国家，国库的职责通常主要包括以下几项：

1. 对政府预算包括预算外资金进行广泛、严格的控制。

2. 处理货物和服务供应商的政府支付。

3. 管理预算执行过程中的现金流入和流出，包括制定现金计划和发行政府债券。

4. 对政府资金和其他资产的运作进行账务核算，开发并维护相应管理信息系统。

5. 管理并核算政府债务。

新中国成立以来，先后两次制订国库条例：一次是1950年3月3日，另一次是1985年7月27日。根据后者，目前我国国库的基本职责可概括如下：

1. 准确及时地收纳国家各项预算收入。国库须依照国家财政管理体制、税务部门及国库制度规定的缴纳办法，准确、及时地办理税款的缴库以及各项库款的划分和留解，以此保证各级财政预算资金的运用。

2. 为各级财政机关设立账户，审查并办理同级财政库款的支拨。按照国家财政制度规定以及银行开户管理办法，各级财政应该在同级国库开立账户；各级国库根据有权支配库款的财政机关填发的付款凭证，并对其进行严格审查后，办理同级财政库款的支拨。

3. 对各级财政库款及预算收入进行会计账户核算，正确反映财政收支执行情况。各级国库必须按期向上级国库和同级财政、征收机关报送日报、旬报、月报以及年度决算报表，并定期和上述部门进行对账，从而确保双方数字准确一致。

4. 协助财政征收机关组织预算收入及时缴库，按照国家财政制度规定办理库款退付。对屡催不缴预算收入的单位，除了根据征收机关填发的凭证核收滞纳金以外，有义务协助财税机关扣收其应缴预算收入。预算收入属于国家，由国家统一支配，任何单位和个人都不得任意冲退；对于有正当理由需要退还的预算收入，国库须按照国家财政制度规定办理库款的退付。

5. 组织、管理并指导下级国库和国库经收处的工作。各级国库应经常开展下级国库的定期、不定期检查及工作指导，督促其履行规定职责，及时解决工作中的问题。

6. 办理国家交办的与国库有关的其他工作。如代理国家进行国债和其他政府债券的发行和兑付。

（二）国库的权限

根据1985年7月27日颁布的《中华人民共和国国家金库条例》的规定，我国国库的基本权限有：

1. 各级国库有权监督、检查国库经收处和其他征收机关所收款项是否按规定及时全部纳入国库，发现拖延或违法不缴的，应及时查究处理。

2. 各级财政机关要正确执行国家财政管理体制规定的预算收入划分办法和分成留解比例；对于擅自变更各级财政间收入划分范围、分成留解比例，及随意调整库款账户之间存款余额的，国库有权拒绝执行。

3. 各级财政和征收机关应按国家统一规定的退库范围、项目和审批程序办理退库，对不符合国家规定要求办理退库的，国库有权拒绝执行。

4. 监督财政存款的开户和财政库款的支拨，对违反财政制度规定的任何开户和库款支拨，国库有权拒绝执行。

5. 国库对任何单位和个人强令办理违反国家规定的事项，有权拒绝执行，并及时向上级报告。

6. 国库的各种缴库、退库凭证，必须按《国库条例实施细则》和银行会计基本制度规定办理。国库有权拒绝受理不符合规定的凭证。

四、中央银行经理国库的重要意义

从实行委托国库制国家的国库管理体制来看，政府大多是将国家金库委托给本国的中央银行。中央银行经理国库，不仅有助于利用其政府银行的特殊身份以及便利条件，也有助于提高国库管理效率，并对宏观经济政策的制定和实施具有重要的意义。

（一）有利于国家预算资金的灵活调度和提高分配效率

中央银行通过经理国库，可以充分利用银行和社会各部门、企业、个人之间的账户往来以及金融服务关系，实现国家预算收入的及时入库和预算支出的按时拨付。财政部门可以直接通过银行的联行往来系统，加速税款的收缴及库款的调拨，方便、灵活地调动、运用国家的预算资金，提高财政预算资金的集中和分配效率，保障经济和社会发展的资金需求。

（二）有利于财政政策及货币政策的协调配合

财政和金融都是处于国民经济核心地位的宏观调控部门，财政政策和货币政策的协调配合对促进国家经济增长和社会发展具有重要的意义。中央银行经理国库业务，有利于财政部门和金融部门的相互衔接、相互制约和相互监督，在政府资金和银行资金之间提供一个可行的协调机制，有利于财政政策和货币政策的协调。中央银行通过经理国库可以及时了解并掌握国家财政的现状和发展动态，更好地把握社会资金的流动趋向，为制定和实施货币政策提供重要的依据。同时，通过办理和监督国家预算收支，中央银行可以及时、全面地向政府提供库存缴款和预算执行情况，便于财政部门掌握来自金融方面的政策信息，有利于财政政策的制定以及与货币政策的协调。

（三）有利于增加中央银行的资金来源

国库收纳的预算收入库款，在财政部门尚未拨付使用之前，形成存放于中央银行的财政存款；财政盈余的资金也可以构成中央银行长期的资金来源。中央银行经理国库，不仅有助于国家财政及预算的执行，也有助于扩大中央银行信贷资金的来源，对其控制货币供给量和信贷规模、加强金融宏观调控力度具有直接的影响。

（四）有利于降低管理成本

中央银行经理国库，可以利用其具有的专业特色的组织体系、机构的内部组合以及电子化操作和信息传输网络，更有效率地执行国家预算收支以及相关事项，以此降低成本，节约人力和物质资源。

（五）有利于发挥监督作用，确保国库资金的安全

中央银行通过规范各级国库、征收机关的业务操作程序，对国库的日常收付以及预算资金的转移逐笔监督，有效地保证了国库资金的安全、及时和准确入库。同时，中央银行拥有先进的国库储藏、保管以及安全设施，可以有效地保护国库资金的安全。

第二节　中央银行的会计业务

会计是一种特殊的经济管理活动。任何经济组织，都要运用会计的方法来计量和反映其投入和产出，比较经营成果。对此，中央银行也不例外。不过，作为一种专业会计，中央银行会计是金融系统会计的重要组成部分，有着自己独特的对象、特点、任务、职能、基本规定、内容和形式。

一、中央银行会计的对象与特点

中央银行会计是针对中央银行的职能特点以及业务范围，按照会计的基本原则制定核算形式和核算方法，体现和反映中央银行履行职能，监督、管理和核算财务的会计业务。

（一）中央银行会计的对象

现代会计是以货币计量为基础，运用复式记账原理，按照规定的程序，对经济过程中使用的财产物资、劳动耗费和劳动成果等进行系统的记录、计算、分类整理，并定期编制反映经营成果和财务状况报表的信息系统。因此，现代会计是以经济组织日常经营活动或业务活动中所表现出来的货币资金运动作为核算和监督对象的。与此类似，中央银行的会计对象也是货币资金运动，是中央银行行使职能、办理各项业务、进行金融宏观调控所引起的资金变化和运动的过程及结果。

（二）中央银行会计的特点

中央银行的会计业务体现中央银行履行职能和业务活动的情况，是中央银行反映经济情况、监督经济活动、预测经济前景、参与经济决策的重要工具。这决定了中央银行会计与一般工商企业会计乃至金融企业会计不同，有着自己的特点，主要表现在：

1. 特殊的会计核算形式和方法

中央银行是一国最高的金融行政当局，不仅负有制定和执行货币政策、施行金融监管等职能义务，还要为政府和商业银行等金融机构提供各种服务，如货币发行、经理国库、保管黄金外汇储备、吸收存款准备金、再贴现、公开市场操作、支付清算等，由此而产生的资金变化和财务活动，需要有适应中央银行职能和业务特征的中央银行会计核算形式和核算方法，进行连续、系统、全面地反映和监督。

2. 特殊的会计核算内容、科目、报表和凭证

为贯彻、执行国家经济和金融政策，中央银行必须采取既定的调控手段和措施，由此所引起的货币发行和回笼、存贷款的增减变化及其他资金变动，必须通过会计核算加以完成，包括：货币政策实施业务的核算、联行往来以及联行资金清算核算、货币发行与现金出纳业务核算、金银业务核算、外汇业务核算、代理国家金库及代理发行和兑付国家债券业务核算、内部资金和损益核算等。因而，中央银行会计是对中央银行行使职能和自身业务活动的会计核算、会计分析和会计检查，它无论是在核算内容还是在会计科目、会计报表乃至会计凭证设置等方面，均不同于一般的工商企业会计和金融企业会计。

3. 特殊的金融宏观管理功能

中央银行是国家重要的宏观经济管理部门，其会计业务也处处体现出这种职能特征：中央银行除了承担自身的会计核算业务外，还担负着指导、管理、监督商业银行及其他金融机构会计核算的职责，需要按照金融宏观调控和金融监管的需要，建立体现中央银行职能的会计体系；中央银行开展会计业务有利于其对银行间的资金清算进行管理和对金融机构信贷资金活动进行综合分析与预测，有利于其全面、系统地掌握银行资产负债结构和资金流量变化；各类金融机构均须按期向中央银行呈报规定的财务会计报表，有利于中央银行及时了解情况，制定和实施货币政策及进行金融监管。因此，可以说，中央银行会计具有核算管理、预测分析和参与决策的功能。

二、中央银行会计的任务及职能

中央银行会计是一种特殊的经济管理活动，是中央银行实行金融监督管理的重要组成部分，因此有着不同于一般金融企业会计的重要任务和职能。

（一）中央银行会计的任务

会计任务是会计在经济管理中所具有的功能。中央银行的会计工作不仅具有核算功能而且具有管理职能，是中央银行行使其职能的重要工具和手段。根据《中国人民银行会计基本制度（2006）》的规定，中国人民银行会计的主要任务是：

1. 组织会计核算，真实、完善、及时地记录和反映各项业务活动情况和财务收支状况。

2. 实施会计管理和会计监督，维护财产和资金的安全。

3. 开展会计分析，披露会计信息。

4. 提供金融会计服务，协调银行业的会计事务。

（二）中央银行会计的职能

中央银行会计的职能是指会计工作在中央银行行使职能中所发挥的功能和作用。中央银行会计的职能主要包括以下几个方面：

1. 反映职能

中央银行的各项业务最终都要表现为货币资金收付，而一切货币资金的收付又必须通过会计核算过程才可以实现。中央银行会计部门通过对会计科目的设置和运用、对会计报表的制作和分析、为商业银行和政府财政部门设立账户、办理资金的划拨和清算等会计活动，综合反映经济及金融动态、金融机构存贷款的规模、货币流通状况、国家财政收支和预算执行情况，为调整、制定货币和金融监管政策提供重要依据。

2. 监督职能

中央银行会计的监督职能是指中央银行依据国家会计法律法规和中央银行各项会计规章制度，运用审核、控制、复审、检查和反映等手段对中央银行和金融机构资金活动的真实性、合法性、合规性进行的监察和督促。具体包括三个方面：一是监督金融机构的经营和资金活动，督促其认真遵守财经纪律，保证国家金融政策和制度的贯彻执行；二是监督中央银行系统内部的财务收支和预算执行情况，保证财务收支计划的完成；三是监督内部控制机制的运作，保证中央银行资产安全。因此，中央银行会计的监督职能能否正常发挥，是关系国家经济和金融安全的一件大事。

3. 管理职能

中央银行会计的管理职能是中央银行作为国家金融管理机构的性质的一种反映，具体表现在两个方面：一是通过制定统一的会计制度和政策，设计统一的会计科目、健全的内部控制机制、建立会计电算化系统等，建立中央银行会计核算体系，管理中央银行系统内的会计工作，确保会计信息及时、准确、客观地反映中央银行的业务活动；二是根据国家相关的会计法律法规，制定金融会计准则，规范金融会计工作，协调银行业的会计事务，审批和修改金融机构的会计制度和会计科目，促使其符合国际通行做法。

4. 分析职能

作为会计核算的继续和发展，中央银行的会计分析是为提供决策信息，根据会计核算资料和数据，运用比较、计算、解释等特定分析方法，对资金活动和财务状况进行的反映、评价。中央银行的会计分析分为财务分析和经营管理分析两种。前者是中央银行对自身及金融机构的财务收支情况进行综合分析，以评价和确定金融系统的经济收益情况。后者又具体分为两个方面：一是中央银行通过对货币投放和回笼、存款准备金增减变化、国家预算收支等的分析，反映宏观经济状况；二是中央银行通过对金融机构资产负债及相关情况的分析，评价与考核其安全性、流动性和盈利性，掌握金融机构的运营状况，为金融监管提供依据。因此，中央银行的会计分析具有十分重要的作用，它有助于中央银行掌握宏观经济和金融动态，有助于中央银行履行各项职能。

三、中央银行的会计报告

中央银行的会计报告是反映业务活动、财务状况和经营成果的书面文件，包括会计报表以及会计报表附注或说明。会计报告必须真实、完整和及时。中国人民银行的会计报告分为年度、季度和月度会计报告三种，按公历起讫日期编制。

中国人民银行的会计报表包括资产负债表、损益明细表、业务状况报告表和其他相关附表。其中，资产负债表是反映某一特定日期财务状况的报表，根据当期业务状况报告表各科目的余额归并后编制。损益明细表是反映某一特定期间经营成果的报表，根据当期损益各科目分户账结转前的余额填列。业务状况报告表是反映一定时期业务动态及状况的报表，根据当期总账各科目上期末余额、本期累计发生额和期末余额填列。业务状况报告表分币种编制，外币业务应按规定的汇率折算成美元填列。业务状况报告表按时间长短分为日计表和月计表两种。日计表是按日编制的业务状况报告表，根据各科目总账当日发生额和当日余额填报，它全面反映中央银行当日资金来源和资金运用以及各项业务动态和状况，也是平衡当日账务的工具，由本单位留存，不必上报。月计表是按月编制的业务状况报告表，根据各科目总账的上月末余额、本月发生额和本月末余额分别给出会计数填报，它全面反映当月的业务、财务动态和状况，反映综合信贷计划的执行情况。月计表必须按月及时上报，供上级据以了解情况和指导工作。其他相关附表是对某一时期特定会计事项补充说明的报表，根据总行的相关要求填列。

中国人民银行的会计报表附注或说明是对会计报表的编制基础、编制依据、编制方法及主要项目所作出的解释和说明。主要内容包括：(1) 报告期间发生的重要会计政策和会计处理原则的变更情况、变更的原因及其对会计报表数据的影响。(2) 报告期间发生的重大会计调整事项的背景和依据，以及重大会计差错的内容、产生原因和更正结果。(3) 会计报表主要项目的构成、变动情况、影响变动的因素等。(4) 有助于理解和分析会计报表的其他事项。

第三节　中央银行的征信与管理业务

市场经济是信用经济，其正常运行依赖于各种规范的信用关系。社会信用水平的提高离不开征信体系的建立，有无健全的征信体系是市场经济能否稳健运行和走向成熟的标志。

一、征信

征信是适应现代市场经济的需要而发展起来的。经济越发展，征信对社会和个人的影响越大。因此，各国都非常重视征信活动的开展及征信体系的建设。

（一）征信及其构成要素

现代意义的征信是指为了满足从事放贷等信用活动的机构在信用交易中对客户信用信息的需要，由专业化的、独立的第三方机构（即征信机构）为企业或个人建立信用档案，依法采集、客观记录、保存、整理其信用信息，并依法对外提供其信用报告的一种活动。征信本质上是一种信用信息服务，其最主要的产品就是信用报告。信用报告是征信机构提供的关于个人或企业信用记录的书面文件，一般分为信用信息登记机构提供的信用报告和信用调查机构提供的信用调查报告两种。信用报告的信息产生于企业或个人的借贷等信用活动。

在现实生活中，诚信和信用是与征信看上去相近的两个概念，但实际上三者存在着较大的差别。诚信是人们诚实守信的品质与人格特征，说的是一个人恪守信用的主观意愿。它属于道德范畴，是一种社会公德，是一种为人处事的基本准则。一个人诚信与否，是一个人主观上故意的行为，因此，可以进行道德意义上的评判。信用，简单地说就是“借钱还钱”，是指在交易一方承诺未来偿还的前提下，另一方向其提供资金、商品或服务的行为，像贷款买房、先消费后付款之类就是日常生活中典型的信用活动。在信用活动中，可能会发生借钱一方“说话不算数”的情况，例如，没有按时还款、交费等，其中的原因可能多种多样，包括主观故意不还，或者虽然主观上愿意还，但客观上确实做不到。但是，无论是什么原因，没有履行合同约定的义务是事实。对这样的事实，由于原因很复杂，很难进行道德上的评判，但可以根据经验、规律以及一个人过去的行为记录，再利用一些数学和统计上的方法，来预测某个人未来“说话不算数”、不能按时履约的可能性有多大。征信，本身既不是诚信，也不是信用，而是客观记录人们过去的信用信息并帮助预测未来是否履约的一种服务。这里要特别说明的是，征信所记录的是个人的“信用”信息，即个人是否履行了合同约定的义务，而不是“诚信”信息，因为一个人诚信与否，是个人的主观意愿，是道德范畴的事，没有一个放之四海而皆准的标准，更没有一个政府部门能对一个人是否诚信作出评判。

从参与的主体看，征信活动一般包括如下几个构成要素：（1）被征信人，指其信用信息被征信机构采集、整理、加工和使用的自然人、法人和其他组织；（2）信用信息提供人，指向征信机构提供信用信息的自然人和法人；（3）信用信息使用人，指征信机构为其提供信用信息咨询、调查和信用评估等产品的服务对象；（4）征信机构，指专门从事征信活动的主体，一般是独立于信用交易双方之外的第三方机构。征信机构一般拥有一定规模的数据库，其业务内容包括：采集信用信息，保管和存储信用信息，加工、整理、分析信用信息，提供信用评估报告或其他信用咨询服务。

（二）征信的分类

根据不同的标准可以将征信划分为不同的类别，常见的分类有三种：

1. 以征集信用信息的广度为标准，征信可以分为联合征信和同业征信

所谓联合征信（以下简称征信）是指征信机构经过与银行及有关部门和单位的约定，对分散在各银行和社会有关方面的法人和自然人信用信息进行采集、加工、储存，形成信用信息数据库，并以此为基础向其客户提供法人和自然人的信用报告和信用评估服务的活动。同业征信与联合征信相对应，采集信息仅限于某一个具体的行业或领域，

如仅从银行采集被征信者的信息就是银行业内的同业征信。

2. 按照投资经营主体的不同，可以将征信划分为公共征信和私营征信

公共征信是由政府财政投资建立数据库系统，实行非营利运作，由政府指定部门（主要为中央银行）进行经营管理，信用信息主要来源于金融机构，服务对象也一般仅限于金融机构，以规避金融风险为主要任务；私营征信是由民间投资组成，独立于政府机构，信息来源相对广泛，服务于法律允许范围内的所有市场主体。

3. 按照征信的对象不同，可以将征信划分为企业征信和个人征信

企业征信是由征信机构在对企业进行全面了解、考察、调研和分析的基础上，对企业的信用状况作出评价，并以简单的记号或简单的文字形式给予明显的等级结论的过程。个人征信是以征信机构为主体所进行的对个人信用信息的收集、加工、提供、维护和管理的活动。

（三）征信的特征和作用

在市场经济和信用经济蓬勃发展的今天，征信是推进信用管理体系的首要工具，也是国家信用管理体系的基石。

1. 征信的特征

（1）独立性。征信机构是独立于信用交易之外的，这种独立性能够确保征信活动的公平和公正。

（2）信息性。征信活动以信用信息为原料，它源于信用信息也止于信用信息，不参与具体的经济活动，只参与价值的分配过程。

（3）公正性和客观性。征信活动涉及企业的商业机密和个人隐私，因此信用信息的加工和出售都必须基于客观公正的立场，依据真实的材料，按照规范的程序，提供客观的产品和服务。

（4）时效性。由于征信对象的信用状况处于不断的变化之中，征信的结果反映的只是一定时期内的情况，只在一定时期内有效。因此，征信数据必须时时更新，以确保征信结果的时效性。

2. 征信在经济中的作用

（1）征信最基本的功能是了解、验证他人的信用信息，并通过信用信息的传播来改善交易双方信息的不对称，起到约束交易双方行为

的作用。因此，征信最基本的作用就是降低信用交易的风险，节约社会资源。

（2）征信结果的共享和传播，能最大限度地发挥失信惩罚机制的作用，使受信人认识到守信的重要性。因此，征信活动可以解决信息不对称市场中的逆选择问题，维持正常的市场秩序。

（3）征信可以起到无形的导向作用。征信使得信用变成了经济物品，信用报告可以成为企业或个人的“经济身份证”，是其进入信用社会、从事契约活动的信用证明。由此，征信对受信人的行为起到长期的约束和规范作用，从而提高全社会的信用观念和信用水平。

二、征信体系

征信体系是指与征信活动相关的法律规章、组织机构、市场管理、文化建设、宣传教育等共同构成的一个体系。作为现代金融体系运行的基石，征信体系是防范金融风险、保持金融稳定、促进金融发展和推动经济社会和谐发展的基础。

（一）征信体系的构成

尽管不同国家的征信体系，在运作模式、管理方式、法律法规等方面存在诸多差异，但其基本的构成要素总是一致的，主要包括如图7－1所示的五个组成部分：①

1. 征信机构

征信机构是指依法设立的独立于信用交易双方、专门从事征信业务即信用信息服务的专业化第三方机构。信用机构是征信活动的组织载体，是征信市场的核心主体。因此，征信机构是一个国家征信体系的重要组成部分，是征信体系整体发展水平最重要的标志。征信机构种类繁多，根据投资主体和征信机构经营目的的不同，目前世界各国征信机构，可以划分为公共征信机构、私营征信机构以及会员制征信机构三类。而根据业务侧重点划分，征信机构又可以分为以收集、整

① 李颖：《我国个人信用征信体系研究》，中国优秀博硕士学位论文全文数据库，2005年，第12—15页，略有修改。

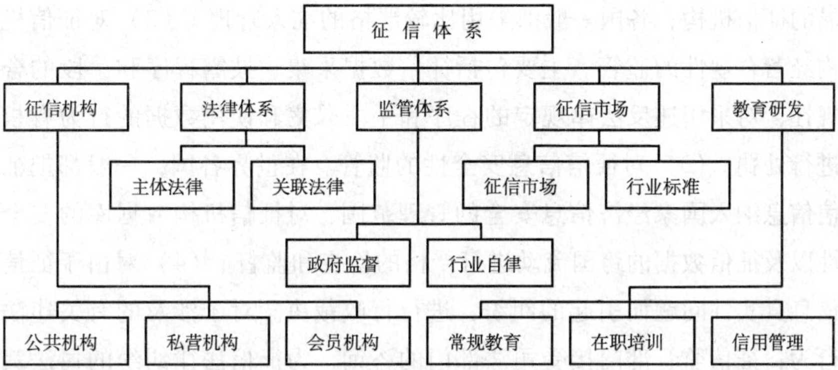

图7－1　征信体系的构成

理和销售征信信息为主体业务的征信机构和以信用评级为主要业务的征信机构。前者一般拥有庞大的征信信息数据库，在征信市场上主要出售征信的低端产品；后一类机构借助前者的征信数据进行信用评级，一般没有大型的征信信息数据库，在征信市场上主要出售高端征信产品。当然，征信机构还有许多其他的分类方法，但是从征信业监管的角度出发，对征信机构作上述划分比较便利。

2. 征信法律法规体系

征信法律法规体系是规范征信活动主体权利义务关系的相关法律法规的总称，是由若干与征信相关的法律法规组成的整体。总体上，征信法律法规可以分为两大类：征信关联立法和征信主体立法。从各国经验来看，征信法规的立法理念就是保护数据主体的利益。个人征信立法的主要目的是通过立法对个人数据提供适当的保护；企业征信立法的主要目的是通过对企业征信公司的资质认证，确保调查和评价过程的客观、公开及公平。

3. 征信监管体系

征信的管理和监管是征信体系的重要组成部分，是征信体系健康、持续发展的重要保证。征信监管体系的范围和内容主要包括四个方面：(1) 征信机构的市场进入。市场准入是几乎所有行业监管的基本内容。对于特种行业的监管，都无一例外地实施市场准入管理。对直接关系到个人、企业经济利益，关系到商业银行经营风险和金融系统安全全局的征信机构，各国一般都采用比较严格的准入管理。（2）对征信机构经营合规性的监管。主要包括征信数据采集、披露程序和手段的合规性，对采用违反法律规定的程序和手段采集和使用数据的行为有权进行处罚。（3）对征信信息安全性的监管。在世界各国，一般都把征信信息纳入国家经济信息安全的管理范围，对征信机构数据库的安全性以及征信数据的跨国流动进行严格的检查和监督。（4）对由于征信信息真实性问题而引起的纠纷，进行行政裁决。对于涉及的有关违法行为，征信监管部门接受司法部门的咨询，为征信法律纠纷的司法裁定提供帮助。

4. 征信市场

征信结果和服务只有成为商品或服务时，才有使用价值，才能使人产生质和量的追求，才能使个人信用被综合利用、专业管理、不断完善，从而最终促进整个征信体系的不断完善和发展。因此，征信市场是征信体系得以持续发展和不断完善的原动力。从目前的发展趋势看，目前国际征信市场的发展呈现两大趋势：一是趋向于垄断经营，几个拥有超大数据库的征信公司，在市场竞争中占据了绝对优势。二是征信产品和服务呈现多元化、细分化。

5. 征信教育和研发体系

完整的征信体系不能缺少征信教育和市场培育。征信教育在征信体系中，发挥着培育征信专业人才、开发征信新产品的作用。一个国家如果缺少设置完善、质量过硬的征信教育，就不可能有发达的征信市场，更不存在总体发达的征信体系。

（二）征信体系的模式

征信起源于英国，距今已有170多年的历史。早在1832年，世界上第一家征信公司就在英国伦敦成立。据统计，目前全球已有80多个国家和地区建立了自己的征信体系。这些征信体系根据征信机构性质和经营目的的不同，其运作模式大致可分为两种类型：

1. 私营征信模式

私营征信模式的典型代表是美国。美国的征信体系采取的是私营、独立的第三方征信机构的市场化运作模式，即由私营的工商企业、征信专业公司和授信机构共同发挥作用，以独立且市场化运作的征信服务企业为征信主体，开展征信业务的运作模式。早期，美国曾经拥有2000多家独立的私营征信机构。随着第二次世界大战以后大型计算机系统的不断成熟和信贷业务的飞速发展，原来那些小型的区域性征信机构被逐渐兼并，形成了若干征信数据和服务覆盖全国的大型营利性商业个人征信机构。其中，企业征信主要由邓白氏、穆迪、标准普尔、惠誉等世界著名的私营征信公司主导；而在个人征信方面，占主导地位的则是艾奎法克斯（Equifax）、环联（Trans Unions）和益百利（Experian）三大信用局（Credit Bureau），美国习惯上称为个人征信局，实际是个人私营征信公司。

2. 公共征信模式

公共征信模式主要以欧洲大陆一些国家如德国、法国、比利时等国为典型代表。在这种模式下，多数公共征信机构由中央银行或银行监管机构设立，作为中央银行的一个部门，而没有私营机构参加。征信机构的运作不采取市场化的运作方式，不以营利为目的，对提供的服务不收费或少量收费。中央银行建立中央信贷登记系统，主要是由政府出资，建立全国数据库的网络系统，处于中央银行监管之下的所有金融机构必须强制性地参加公共征信系统，征信加工的信息主要供银行内部使用，服务于商业银行防范贷款风险和央行金融监管及货币政策决策。管理公共征信系统的规则是通过法规确定并严格被执行的，而不是像私营征信那样，由参与者之间通过合同和协商的方式来确定。

虽然私营征信模式与公共征信模式在作用对象、构成要素和功能作用等方面存在诸多相同之处，但两者也存在较大的差别，表7-1概括了它们之间的主要区别。从表7-1中可看出，私营征信模式与公共征信模式的运作模式相比各有优缺点：前者是一种市场化运作模式，运作较复杂，经营成本高，且对公共信用信息的收集和金融风险的监控比较消极，但能向社会提供丰富多彩的征信产品和服务；后者相对简单，运作成本较低，且有利于监管部门对公共信用信息的收集和对金融机构风险进行比较全面且准确的评估，但采集的信息种类不多，信息总量较小，提供的产品和服务也比较单一。两者各自的优缺点表明，私营征信模式与公共征信模式并不是相互对立、相互替代的，而是相互补充的。因此，各国应在充分考虑本国经济发展状况、信用规模、市场竞争程度、金融监管水平、文化历史背景、法律法规建设的基础上，取长补短，设计并完善本国的征信体系。

表 7－1　私营征信模式与公共征信模式比较

比较内容		私营征信模式	公共征信模式
模式与运作	机构组成	私人或者法人投资	中央银行或其他银行监管部门
	运作方式	商业运作，营利目的	公共机构，非营利
	设立目的	营利，满足市场需求	金融机构的监督
	是否有准入限制	一般没有	有
	征集数据的方式	合同协商方式	强制性上报数据
	数据服务和产品	产品多样化	比较单一
	提供产品时是否收费	收费	很少收费
	提供产品的原则	根据授信机构提供的数据有限制的提供	一般是对等原则，只有提供数据者才可获取
法律体系	立法模式	一般有专门的征信立法	部分国家采取综合立法模式
	数据范围	广泛、全面	较窄
	有无最低贷款额	没有	大多数国家有
	是否包括正面信息	包括	多数不包括
	采集和发布信息时是否需要个人同意	法律规定范围内不需要	多数需要书面同意
	历史数据保留时间	有具体的规定	原则性的规定
监管	监管方式	多个其他行政部门根据法律共同监管	专门的监管部门
	监管部门的权力	相对较小	权力较大
其他方面	对计算机技术的依赖	一般	严重依赖
	员工人数	相对较多	很少
	是否受到消费者关注	很多	很少

资料来源：李颖：《我国个人信用征信体系研究》，中国优秀博硕士学位论文全文数据库，2005 年，第 59—60 页，略有修改。

三、中国的征信体系建设

信用是一种公共资源，信用体系是一国国民经济的重要组成部分。征信体系是信用体系的支持系统，是保证信用系统良好运行的基础。正是基于这样的原因，世界上所有的国家，无论是经济发达国家还是发展中国家，都对征信体系的建设和发展给予了极大的重视。

（一）中国征信体系发展的历史沿革

中国征信体系建设的时间相对较晚，一个世纪以来，中国征信体系经历了一个从无到有、从简单到复杂、从落后到现代的发展历程。中国征信体系发展大致可分为两个时期：①

1. 旧中国时期

20 世纪初期，征信服务在欧美和日本等国已经相当普及，但直到清政府被推翻后，当时的中国政府才在财政部颁发的《银行公会章程》第一条中规定银行公会应该办理征信机构。1920 年，《银行周报》总编辑徐沧水根据银行公会的要求，草拟了一份上海征信所章程，对征信所的构成、经费来源、服务范围及方式作了具体构思。根据徐沧水的构思，上海银行公会在 1921 年召开的全国银行公会第二届大会上提出了设立征信所的议案，但由于当时政局动荡、社会经济不稳，创办征信所一事一拖再拖，并无进展。直到 1932 年 3 月，浙江实业银行副经理章乃器倡议并会同中国银行、浙江兴业银行、上海商业储蓄银行和新华信托商业储蓄银行的负责人共同发起，创立了中国征信所。1933 年 6 月 6 日，中国征信所正式挂牌，成为中国第一家由华资开设的信用调查机构。到 1936 年 7 月，中国征信所开业 4 年一共发出调查报告 3 万份，这段时间是中国征信所最为兴旺的时期。1937 年，日本帝国主义发动的侵华战争使中国征信所的发展遭到重大挫折。抗日战争胜利后，中国征信所曾经一度重振业务，到 1947 年，中国征信所又恢复到每月发出 100 余份委托调查报告，但好景不长，战争再次使社会对于信用调查的需要降至低点，中国征信所勉强维持到 1949 年 5 月上海解放。解放后，随着银行业进行资本主义改造和实行公私合营，中国征信所结束了其历史。

2. 新中国时期

从新中国成立一直到改革开放初期，由于我国实行的是传统的单一公有制的计划经济体制，企业的生产和交易主要依靠国家信用，银

① 李俊丽：《我国个人征信体系的构建与应用研究》，中国优秀博硕士学位论文全文数据库，2007 年，第 59—61 页，略有修改。

行的信贷都按国家的计划进行，因此征信需求消失，征信业也随之消失。伴随着改革开放的推进以及市场经济的发展，信用交易在我国逐渐发达。为了适应现代信用交易发展的需要，我国的征信业在中国政府的高度重视下重新发展起来。改革开放以来，中国征信业的发展大体经历了三个阶段：

第一个阶段是20世纪80年代后期到1993年6月宏观调控之前。在一些大中城市及多数省份，经中国人民银行批准并颁发许可证，成立了一批资信评估公司，它们大多以银行为发起人，同时还出现了一些其他单位为发起人，从事企业债券、“内部股票”和借款企业的资信评估工作。特别是在20世纪90年代初经济过热时期，资信评估业扩张较快。

第二个阶段是1993年下半年到亚洲金融危机爆发之前。这个时期加强宏观调控，对征信市场的某些混乱情况进行了整顿。同时，由于各商业银行内部评级业务的发展，市场对信用信息服务的需求下降。这个时期很少有新的中介机构进入征信服务业。

第三个阶段是自亚洲金融危机爆发以后至今。亚洲金融危机的影响是深远的，从金融领域看，它使信用链条因信心问题而变得脆弱。这个时期，中国经济一方面面临加强金融监管、降低银行不良资产率、防范和化解信用风险的压力，另一方面又面临改善金融服务、增加贷款、扩大内需、缓解通货紧缩的挑战。为了有效解决银行增加贷款与防范信用风险的矛盾，中国政府积极探索征信业发展对防范信用风险和促进经济发展的积极作用。中国政府提出把健全社会信用体系作为关系经济发展全局的一件大事来抓，并将工作重点放在加快建设企业和个人信用服务体系，即企业和个人征信体系上。由此开始，中国征信体系建设进入一个快速发展阶段。

（二）中国征信体系建设的现状

征信业在中国是一项新兴的事业，中国现代征信体系的建设基本上是沿着私营征信和公共征信两条路来走的，目前呈现出如下特征：

1. 征信体系建设得到了党中央和政府的高度重视

2002年，时任国家总理的朱镕基就在《政府工作报告》中指出：

“切实加强社会信用建设，逐步在社会形成诚信为本、操守为重的良好风尚。加快建立企业、中介机构和个人的信用档案，使有不良行为记录者付出代价，名誉扫地，直至绳之以法。”在党的十六届三中全会通过的《中共中央关于完善社会主义市场经济体制若干问题的决定》中，尤其凸显了信用建设的重要性，强调要建立健全社会信用体系、建立信用服务体系、建立信用监督和失信的惩戒制度、完善市场监管体系、促进中介机构、协会等自律组织的发展等，不仅为我国信用建设作出了全面规划和部署，而且直接把社会信用问题及其建设作为了我国社会主义市场经济体制完善的重要方面。

2. 各种征信机构陆续成立并迅速发展

目前，我国已形成一个由国家有关部门推动建立的企业及个人征信机构、民间中资征信机构和外资征信机构并存、相互竞争、相互促进的征信机构体系，征信机构数量已达100多家，业务基本涵盖了信用征集、信用调查、信用评价、信用咨询、信用风险管理和国际保理等方面。

3. 征信法律法规建设相对滞后

征信活动涉及企业、个人信息的采集、提供、披露，直接影响企业、个人切身利益，必须由法律加以规范。我国在信用制度建设方面的立法工作开展得较晚，虽然如《反不正当竞争法》、《涉外社会调查活动管理暂行办法》、《合同法》、《担保法》、《贷款通则》、《证券法》、《商业银行法》、《中国人民银行法》等法律中涉及有关征信的一些规定，但迄今尚没有一部全国性的有关征信的专门法律。法律法规建设相对滞后，主要表现在两大方面：

一是缺乏有关征信数据开放的法律。征信数据是征信的核心，信用信息开放是征信业发展的基本条件。从国外经验看，征信发达的国家一般都有法律明确规范征信数据的开放，如美国的《信息自由法》。但在中国，虽然《证券法》和证监会颁布的有关法规对上市公司的信息披露制度作出了规定，但我国尚未制定任何对信息进行全面管理的法律和政策。除《国家保密法》外，也没有明确界定社会经济生活中哪些是可以公开的信息，哪些是不可以公开的信息，使得征信机构在采集信息时有所顾虑。征信机构需要的信息主要分散在政府管理部门、各级人民银行和法院。目前，法律没有规定这些部门或机构公开信息的义务，相反，现行的《税收征收管理制度》和《储蓄存款管理制度》都规定有保守相关秘密的义务，因此征信机构采集信息的权利得不到法律保护，信息采集十分困难。

二是缺乏关于隐私权保护的法律。隐私权保护历来是征信中信息披露环节最值得关注的问题，如处理不当，不仅难以对征信进行支持，更有可能造成社会生活的连锁不良反应。因此，专门的法律保护是制度建设的一个重要环节。征信发达的国家规定，征信机构对个人或企业信息的征集必须在法定程序上进行，在采集数据之前必须事先征得数据主体本身的同意，而且信用信息的发布也必须事先征得数据主体的同意。在我国，目前隐私权并没有得到法律的正当保护，征信机构无需通知主体本身即可获得信息和发布信用报告，这样很容易因为侵犯隐私权而对征信的正常运转带来负面影响。

4. 征信监管体系日趋完善

2002 年，国务院成立了以中国人民银行为牵头单位，共有国务院 17 个部、委、办和 5 家国有商业银行参与的企业和个人征信体系专题工作小组。2003 年，国务院赋予中国人民银行“管理信贷征信业，推动建立社会信用体系”的职责，并批准在中国人民银行成立征信管理局，在分行和省会城市中心支行也相应成立了征信管理处，在地市一级的中心支行也有专岗专人从事征信管理工作。至此，中国人民银行对全国企业和个人征信市场的垂直监管体制已经形成。

同时，各行业协会的征信监管也如火如荼展开。如 2003 年，北京市银行业协会联合在北京开展个人贷款业务的 16 家银行共同建立了“汽车消费贷款信用信息共享系统”，并从 2003 年 9 月开始，对在这 16 家银行的不良贷款人的数据进行统计，建立不良贷款的“黑名单”，在系统内对违约客户名单进行通报，为银行筑起防御系统；2004 年 1 月，上海证券交易所发布了《上市公司投资者关系管理自律公约》；2004 年 3 月，中国外经贸企业协会信用体系专家评审委员会通过了旨在规范外贸企业信用评级的纲要——企业诚信评价标准系统。

5. 征信系统日益现代化

在企业征信系统方面，中国人民银行于1997年开始筹建银行信贷登记咨询系统，2002年建成了地市、省市及总行三级数据库体系，实现以地市级数据库为基础的省市内的数据共享。2004年上半年，人民银行开始对该系统进行升级和改造，升级以后的新数据库成为了全国集中式数据库，并且已于2005年12月15日在上海、福建、浙江和天津成功实现试运行，在2006年上半年实现了全国联网运行。在个人征信系统方面，2004年12月中旬实现了15家全国性商业银行以及8家城市商业银行在全国7个城市的成功联网试运行。2005年8月底完成了和全国所有商业银行及部分有条件的农村信用社的联网运行。在经过了一年的试运行后，2006年1月正式运行。截至2007年8月，企业数据库里面采集了1200万户借款企业信息，在全国范围之内只要某个企业在银行贷过款，那么这个企业的信息和有关资料已经被全国集中统一采集和共享；个人数据库里面采集了超过6亿的自然人信息。

6. 有关信用与征信的教育和学术研究日益繁荣

2000年8月，国家经贸委青年理论研究会举办了“信用制度、信用体系与信用管理研讨会”；2001年8月，全国政协经济委员会、民建中央、国家经贸委共同举办了“建立社会信用制度和信用体系研讨会”；2003年11月，在人民大会堂开展了“第二届中国企业论坛”；2004年3月，江苏举办了“中美信用担保体系论坛”等。2002年，中国人民大学、上海财经大学、首都经贸大学和吉林大学开始设立信用管理专业，2002年下半年开始招收本科生，硕士研究生也已经开始培养。另外，中国信用在线、信用中国等信用专网也纷纷建立，为推动我国信用与征信建设提供了交流、探讨的信息传播平台。

（三）中国人民银行在征信体系建设中的作用

2003年，国务院赋予中国人民银行“管理信贷征信业，推动建立社会信用体系”的职责。以此为起点，中国人民银行加快了我国的征信体系建设，并开始着手建立全国征信市场的垂直监管体制。按照国务院的授权，根据《企业和个人征信体系建设方案》，中国人民银行在征信体系建设中的作用主要有：

1. 推进征信法律法规建设

针对我国征信法律法规建设滞后的现实，中国人民银行应抓住《征信管理条例》制定的契机，大力推动包括关于征信业管理和关于政务、企业信息披露及个人隐私保护两大方面的征信法律法规建设，以规范征信机构运行和管理，提高政府部门、企业和个人信息透明度，实现信息共享，保护企业商业秘密和个人隐私不受侵害，促进征信业健康发展。

2. 推进征信机构体系建设

党的十六届三中全会明确提出，我国征信市场实行“完善法规、特许经营、商业运作、专业服务”的发展道路。中国人民银行应按照这一指示，促进征信机构的蓬勃发展，逐步建立少数采集保存全国信用信息资源的大型征信机构和众多提供信用信息评估等信用增值服务的征信服务公司并存、相互分工、公平竞争、运行高效的社会征信机构体系。

3. 推进信用信息数据库建设

中国人民银行应围绕企业和个人征信系统，做好：完善信用信息的收集、整理、报送、查询、使用、异议处理和安全管理等各种内部管理制度和操作规程；完善用户管理制度，对用户实行分级管理、权限控制、身份认证、活动跟踪、查询监督的政策；数据传输加压加密；对系统和数据进行安全备份和恢复；对系统安全进行评估，有效防止计算机病毒和黑客攻击等，建立有效的安全保障体系等工作，以建设覆盖全国的、统一的、以金融机构和金融市场为服务对象的企业和个人信用信息数据库。

4. 推进征信行业标准化建设

中国人民银行应致力于建立信息标识、信息分类数据格式编码和安全保密等征信行业标准化工作，为各部门建立的系统实现互通互联、信息共享及信息安全奠定基础。

5. 加强对征信市场的监管

中国人民银行应根据国务院的授权，积极发挥对征信市场监管的主导作用，建立必要的监管制度，大力促成《征信管理条例》的尽快正式推出，以便依法规范征信市场运行，维护国家经济信息安全和社会稳定。

第四节　中央银行的反洗钱业务

20 世纪中叶以来，世界范围内的洗钱犯罪活动日益猖獗，并逐步发展成为一个专门性的、复杂的犯罪领域。洗钱犯罪严重威胁世界政治和经济秩序，又与恐怖主义密切相关，已成为世界各国及国际社会面临的一大公害。

一、洗钱

"洗钱"一词源于英语，最早出现于金属铸币时代。因为在金属铸币时代，人们所使用的货币是金属铸币，这些金属货币在流通过程中逐渐沾上污物，为了使金属铸币恢复清洁的面貌，人们就把弄脏的金属铸币倒入大缸中，采用化学药剂进行清洗，这就产生了"洗钱"一词。因此，洗钱的最初含义是把脏的钱币清洗干净，与犯罪并无联系，而是产生于经济活动的一种正常的合乎规范的社会行为。随着社会经济活动的发展，金属铸币逐渐退出历史舞台，取而代之的是信用货币，从而洗钱的最初含义也不复存在，而衍生出一种全新的含义，专指将犯罪所得洗白合法化的行为。

（一）洗钱的一般特征

洗钱的目的在于掩饰、隐瞒犯罪收益的真实来源和性质。为非法资金或财产披上合法的外衣，消灭犯罪线索和证据，逃避法律追究和制裁，并实现黑钱、赃钱或其他犯罪收益的安全循环使用，是洗钱的真正目的。

洗钱的对象是特定性质的货币资金和财产。这种货币资金和财产无一例外与刑事犯罪相关，如贩毒、走私、诈骗、贪污、偷漏税等，只有赃钱、黑钱才有清洗的必要。

洗钱的过程具有复杂性。要实现洗钱的目的，就要改变犯罪收益的原有形式，消除可能成为证据的痕迹，为犯罪收益设置假象，使犯罪收益与合法收益融为一体。这就迫使洗钱者采取复杂的手法，经过种种中间形态，在放置、培植和融合三个基本过程中采取多种资金运作方式，从而达到使犯罪收益表面合法化的目的。

洗钱的手段具有较强的专业性和技术性。现代发达的金融体系在为合法商业提供便利的同时，也为犯罪组织洗钱提供了通道。西方发达国家反洗钱实践表明，金融系统已经成为洗钱犯罪的主要通道，洗钱在很大程度上必须依赖金融系统，利用复杂的金融交易和种类繁多的金融工具洗钱。与传统的洗钱活动相比，利用计算机、国际互联网、电子支付工具等高新技术已经成为现代洗钱的重要手段。受利益驱使，一些拥有财经专业背景的人才被吸纳加入洗钱犯罪组织为洗钱犯罪提供智力支持，这些人利用专业技术为洗钱提供服务，使司法当局反洗钱任务变得更为复杂和艰巨。

洗钱活动具有极强的跨国流动性。随着经济、科技的飞速发展，世界上人员往来、商品运送、资金流动、信息传播、服务的提供日益国际化，也导致了洗钱活动的国际化。例如，1995 年香港法院所判决的一起跨国洗钱案件中，洗钱犯罪组织将贩毒所得 9300 万美元，通过香港银行的 362 个银行账户进行清洗。这些黑钱在长达 5 年的时间里，从这些账户里进进出出，频繁跨越美国、泰国、新加坡、澳大利亚、瑞士以及我国的台湾。

（二）洗钱的一般过程

洗钱活动的过程是相当复杂的，其模式也不一定固定。典型的洗钱过程通常被分为三个阶段：处置阶段、离析阶段和融合阶段。每个阶段都各有其目的及运行模式，洗钱者有时交错运用，以达到最终的清洗目的。

1. 处置阶段亦称放置阶段

处置阶段是指将犯罪收益投入到清洗系统的过程。处置阶段是洗钱的第一阶段，也是整个过程中最弱、犯罪者最容易被侦查到的阶段。其媒介既可以是银行也可以是非银行金融中介。前者的主要方法是把非法财产存入银行或转换为银行票据、国债、信用证等，将小额面钞换大额面钞或大笔资金分多次小额提取，利用正常的金融工具，掩盖其洗钱的目的，或将赃钱存到不同账户后，再分别签发支票给第三者，使赃钱由洗钱者账户转账到第三者在其他银行户头内，以避免因现金申报规定而被查到的风险。后者主要是将钱存入地下钱庄，通过地下钱庄将犯罪收益转移到国外，然后进入外国银行；或用现金在非银行金融机构购买汇票、在保险公司购买保险以及在股票市场上购买股票。

2. 离析阶段也叫培植阶段

离析阶段主要是通过用复杂多样的金融交易，将非法收益与其来源分开，分散其不法所得，从而掩盖查账线索和隐藏罪犯身份。离析阶段既可在不同国家间通过错综复杂的交易，又可在一国内通过对不同金融工具错综复杂的运用，模糊犯罪收益的真实来源、性质以及犯罪收益与犯罪者的联系，使得犯罪收益与合法资金难以分辨。

3. 融合阶段又叫归并阶段

融合阶段又称为“整合阶段”，是洗钱链条中的最后阶段，被形象地描述为“甩干”，其目的在于使不法形式合法化，为犯罪得来的资金或财产提供表面的合法性。犯罪收益经过充分的整合后，已经和合法的资金混同融入到合法的金融和经济体制中。此时，犯罪收益已经披上了合法的外衣，犯罪收益人可以自由地使用该犯罪收益了。

（三）洗钱的方式

洗钱的方式多种多样，常见的有：①

1. 走私货币

即将犯罪所得黑钱从有严格的银行现金交易申报制度的国家走私至避税或洗钱天堂的国家。走私货币是一种简单而又广泛运用的方式，虽然它不留下任何交易线索，但也存在一些缺点，如可能因某种原因而丢失、被盗或被其他犯罪组织劫走。走私出境既可以通过空运、海运、铁路、公路等，也可以随身携带或伪装成其他货物带出。据统计，美国每年大约有 1/3 的黑钱是通过走私出镜的方式运送到国外的。

---

① 王大东：《浅析洗钱犯罪及我国反洗钱对策》，法律教育网，http: //www. chinalawedu. com, 2005 - 1 - 28。

2. 利用赌博等娱乐场所

在国外，赌博场所虽然受到严格控制，但仍可合法营业，这种场所常被洗钱者利用。洗钱者用大量小额现钞的黑钱购买赌博筹码，在小赌一番后立即将筹码兑换成大钞。另外，洗钱者也可以将黑钱存入赌场账户内，在赌场逗留几天后，离开时要求赌场开立支票，随后再兑换成其他货币。

3. 利用各种奖券

各种奖券都可以被洗钱者利用。洗钱者用黑钱支付给中奖者同额或更多的现金，将其中奖彩券买过来，而后就可去领取奖金。这样，洗钱者持有的就是合法收入而不是黑钱了。在澳大利亚，犯罪分子和腐败官员一般都声称他们的财产来源于赛马等。这种洗钱方式很难侦查，因为奖券一般都是不记名的，很容易伪造或变造，且登记者一般也愿意同洗钱者合作。

4. 利用银行系统

这是一种最普遍的处置方式。1984 年，美国有组织犯罪调查委员会的报告称：任何金融机构，包括银行、存贷款机构、现金兑换机构和娱乐场所，应当认识到他们是有组织犯罪用以洗钱的潜在利用对象。几乎所有由银行和其他金融机构提供的服务项目都有可能被洗钱者利用，如将来源非法的小额现钞兑换成大额现钞、将黑钱以假名存入银行账户、利用银行提供的保险箱隐藏黑钱、利用银行转账将黑钱汇至海外、利用电汇转移黑钱。

5. 利用非正式金融机构

非正式金融机构是由银楼、珠宝商或者其他贸易商组成的严密网络。洗钱者利用这种网络可以在短短几小时内，将巨额黑钱转换成另一国货币或黄金。由于这种方式非常隐蔽，且规模相当大，又不会留下任何记录，交易完全以密码或借条为凭据，非常有利于黑钱的隐藏。

6. 利用外币交换

通过外币交换，洗钱者可以避开传统的银行运作方式，因为外币兑换无须保留辨别顾客的记录。利用外币购买银行汇票，然后就可以很容易地携带出境。

7. 利用屏幕公司

犯罪集团可以收购一些现金交易额大的酒吧、餐馆、商店、宾馆作为前台屏幕，将黑钱与销售收入混在一起存入银行，再通过纳税变成合法收入。

目前，随着经济全球化特别是金融全球化的飞速发展，加之科技进步和金融创新的不断出现，国际上洗钱手法又有新的变化，如使用通信账户、使用互联网信用卡或智能卡、运用国际互联网银行、高薪聘请私人金融专家等进行洗钱等。

（四）洗钱的危害

据国际货币基金组织统计，每年全球非法洗钱的数额约占世界国内生产总值的2%—5%，即介于6000亿至1.8亿万美元之间，并以每年1000亿美元的数额不断增加。洗钱已经发展成一个全球性的犯罪问题，严重影响到各国的社会稳定和经济金融安全。

1. 洗钱对社会的危害

首先，洗钱为犯罪活动提供了充足的活动资金。上游犯罪所取得的违法所得及其产生的收益经过顺利清洗后，犯罪分子获得了丰厚的回报，并可以公开消费和使用，这将进一步刺激犯罪分子的犯罪欲望，为其再次犯罪提供资金支持。因此洗钱对各种恶性犯罪尤其是有组织犯罪客观上起到了推波助澜的作用，成为多种严重刑事犯罪尤其是有组织犯罪的导火索，严重危害着社会的稳定。

其次，洗钱助长了腐败现象蔓延。为了达到顺利洗钱的目的，犯罪分子常常以金钱美色拉拢政府机构、金融机构等各个部门的人员作内应，为其洗钱活动提供庇护。犯罪分子通过洗钱又获得大量正常流动的资金，反过来用于贿赂相关人员，使洗钱、腐败形成恶性循环。

再次，洗钱妨碍了国家司法机关的正常活动。洗钱活动通过各种行为掩饰、隐瞒上游犯罪违法所得的来源和性质，为犯罪所得披上了合法外衣。为达到顺利清洗黑钱的目的，犯罪分子会想方设法，采取各种反侦察手段阻止、破坏司法机关追究犯罪的活动，逃避法律制裁，从而给司法机关调查犯罪行为和查获犯罪造成了极大困难。

2. 洗钱对经济金融的危害

首先，洗钱活动削弱国家的宏观经济调控效果，严重危害经济的健康发展。洗钱的主要目的是掩饰和隐瞒违法所得，使违法所得表面合法化。因此洗钱活动不遵循资金流向最有效益领域的基本经济规律，破坏了资源的合理配置，客观上干扰了国家宏观经济调控的政策效果，损害经济的稳定和可持续增长。

其次，洗钱使社会财富大量流失境外，影响一国经济发展。非法资金只有不断逃避金融监管和司法追究，才能寻找到安身之所。洗钱者利用国际市场日益密切的联系，设法把黑钱转移出去，在境外进行清洗。也有非法资金在国内洗白之后，相当一部分流向境外。无论哪一种情况，都会使社会和国家的财富大量流失境外，从而影响本国经济发展。

再次，洗钱活动动摇金融机构的信用基础。从表面上看，在洗钱过程中，由于被清洗的非法资金流入金融机构，使金融机构的存款增加，同时提供服务时收取服务费用会给金融机构带来丰厚的利润。但是对金融机构而言，信用是其重要的“生命线”，是其在市场中赖以生存和发展的基石。如果某一金融机构被发现参与洗钱或被洗钱犯罪分子所利用，社会公众对该金融机构将产生信用危机，触发社会的普遍不满情绪，进而动摇银行的信用基础，危害金融机构的稳健经营和良好声誉。

最后，洗钱活动影响金融市场的稳定。由于洗钱活动的资金转移完全脱离了一般的商品劳务交易的特点，其资金转移完全受洗钱的需求所制约，因此，洗钱资金的流动完全不符合经济逻辑，资金规模大，流转速度快，突发性强，毫无规律可循。一旦危害金融系统安全的大量黑钱渗透到金融体系，洗钱很可能成为金融危机的导火索。金融危机的产生必然带来经济的混乱，进而造成政治上的混乱。另外，洗钱已成为反政府组织、国际恐怖组织等获得资金的重要渠道。

二、反洗钱

对于“反洗钱”的概念，各个国家和地区以及全球与区域反洗钱机构组织都有不同的表述。一般意义上的反洗钱可描述为政府动用立法、司法力量，调动有关的组织和机构对可能的洗钱者予以识别，对有关款项予以处置，对相关机构和人士予以惩罚，从而达到阻止犯罪活动目的的一种系统行为。在我国，根据 2007 年 1 月 1 日起实施的《反洗钱法》第二条规定，“反洗钱”特指为了预防通过各种方式掩饰、隐瞒毒品犯罪、黑社会性质的组织犯罪、恐怖活动犯罪、走私犯罪、贪污贿赂犯罪、破坏金融管理秩序犯罪、金融诈骗犯罪等犯罪所得及其收益的来源和性质的洗钱活动，依照本法规定采取相关措施的行为。

（一）反洗钱的一般过程

反洗钱是伴随着洗钱而产生并发展的，洗钱的复杂性决定了反洗钱也是一项复杂的系统性工作。根据世界各国反洗钱的经验，一般说来，反洗钱可分为识别、侦查、处理三个阶段。

1. 识别阶段

识别是反洗钱工作的第一个环节。在这一阶段，银行、海关及其他有关机构通常将日常工作中发现的大额可疑资金的提取、划转及可疑资金运送等情况报送给有关政府部门反洗钱机构，反洗钱机构对这些情况进行分析和判断，对存在的可疑情况进行识别。

2. 侦查阶段

侦查是反洗钱工作中的重点。在侦查阶段，反洗钱机构对初步识别的可疑情况，进行专门调查。在这个阶段，政府常动用有关监管部门和立法、司法力量对可疑情况进行调查。反洗钱机构对可疑资金的动向进行严密监测，对提取、划转、运送可疑资金的关系人进行追查，根据已掌握的情况顺藤摸瓜，弄清犯罪分子洗钱的事实。

3. 处理阶段

处理是反洗钱工作的最后一个环节。在处理阶段，犯罪分子洗钱的事实基本查清，反洗钱机构将犯罪分子洗钱案件交给有关司法机关进行处理。由司法机关对洗钱犯罪分子进行惩处并追缴洗钱资金。司法机关处理案件的力度直接影响对洗钱犯罪分子威慑的大小。

（二）反洗钱的主要措施

反洗钱对维护金融体系的稳健运行、维护社会公正和市场秩序、打击腐败等经济犯罪具有十分重要的意义。因此，各国纷纷采取措施加强反洗钱工作，主要包括：

1. 制定反洗钱法律法规，依法打击洗钱犯罪活动

美国是世界上最早对反洗钱进行法律控制的国家。现在美国已经形成了以《银行保密法》为核心的完备的反洗钱法律体系。一些国际组织也加入了反洗钱的立法活动，从而对促进各国联合打击国际洗钱犯罪活动、维护国际经济秩序起到了积极的作用。例如，联合国先后通过了《禁毒公约》、《制止向恐怖主义提供资助的国际公约》、《打击跨国有组织犯罪公约》和《反腐败公约》等一系列法律文件。

2. 成立反洗钱专门机构，加强对洗钱活动的调查和打击力度

洗钱犯罪不同于一般的犯罪，其犯罪的专业性和涉及领域的广泛性决定了现有的组织不能对其进行有效的防治，必须设立专门的反洗钱机构，如美国的“反有组织犯罪调查委员会”、意大利的“反黑手党调查局”、日本的“山口组对策班”等。这些专门的反洗钱机构集中了计算机、金融、刑侦方面的专家，其主要任务是：（1）研究洗钱犯罪作案手法及其规律和特点，有针对性地指定打击和防范对策；（2）分析各种报告数据，发现并追查可疑交易；（3）协调各部门之间的行动，对各部门的反洗钱措施的实施进行监督；（4）负责对有关部门的人员进行反洗钱知识培训。

3. 建立金融服务与信用制度，加强对黑钱流动的监管

处置阶段是整个洗钱过程中最薄弱的环节，最容易暴露出其非法的性质。在防治洗钱法规比较完善的国家，如美国、澳大利亚等，都建立了大额现金交易申报制度和可疑交易申报制度，以便留下交易记录，为侦查活动提供线索和证据。实践证明，大额现金交易申报制度和可疑交易申报制度是反洗钱的有效手段。所谓大额现金交易申报制度就是要求金融机构对其涉及的超过一定数额的货币交易，必须向有关机构提供详细的交易情况报告。所谓可疑的现金交易报告就是指金融机构对其涉及的某些交易，虽然数额没有达到申报需求的数额，但

其有合理的根据怀疑交易可能涉及偷税、洗钱等犯罪，或有助于执法机关对这些犯罪的调查，也必须向有关机构提供详细的交易情况报告。

另外，“了解你的客户”制度也是很多国家经常采用的一种反洗钱制度。这一制度要求金融机构在建立或进行业务关系时，特别是在开立新账户或存折、进行信托交易、租借安全储存箱或进行超过主管机关限定数额的现金交易时，应通过使用诸如身份证件、护照、出生证、驾驶执照、合伙契约和公司文件、任何其他官方或私人文件等，记录或核实客户的身份、代表能力、住所、法律能力、职业或业务目的，以及关于这些人是偶然的还是通常的客户这些其他的身份信息。为了识别客户的真实身份，在金融机构对客户是否为他本人进行交易产生怀疑时，尤其是法人在其总部或住所所在国没有进行任何商业、金融或工业活动的情况下，金融机构应采取合理措施，取得并记录客户所开账户或进行交易所代表的某人的真实身份。而且所有的交易记录必须保留至少5年，这一制度对发现和追查犯罪有重要的作用。

4. 加强国际间的协作与信息共享，注重在世界范围内联合打击洗钱犯罪活动

犯罪的国际性是洗钱犯罪的一个重要特征。洗钱者利用主权国家（或地区）管辖的有限性，让黑钱在不同国家间迅速流动，主权国家即使发现洗钱活动，但因管辖的限制，无法在另一国家进行追查，洗钱者由此逃避制裁。另外，由于各国对洗钱所持的态度不同，国际上尚存在一些银行保密法非常严格的“洗钱天堂”。洗钱者可以将黑钱转移至这些国家进行隐藏，而无需担心被追查和罚没。因此，唯有加强国际间的反洗钱合作，才能彻底铲除洗钱犯罪的栖身之地。国际协作主要包括两大方面：一是加强国际间情报信息交流；二是加强国际间的司法协助与合作，如对犯罪分子进行引渡，接受外国法院的委托，协助调查、搜查、扣押和送达以及对犯罪收益进行没收等。

三、中国的反洗钱工作

中国政府非常重视反洗钱工作，尤其在紧迫的国际形势下，在国内屡屡发生可疑支付案件的背景下，将反洗钱工作提上了日程。

（一）中国的反洗钱制度

2002年，按照国务院要求，财政部、中国人民银行、公安部、外交部和国务院台办五部门联合上报，请示参与国际反洗钱合作，从此拉开了中国建立反洗钱制度的序幕。经过数年的努力，中国反洗钱工作遵守国际标准，立足中国国情、借鉴国外经验，从无到有，以令国际反洗钱组织赞叹的高效率确立了中国反洗钱法律、监管和组织机构的基本框架，在法律体系、组织机构、制度安排和国际合作等方面取得了世人瞩目的成绩，建立起了较为完整的反洗钱制度。

1. 法律体系

全国人大在2001年和2006年两次修订《中华人民共和国刑法》（以下简称《刑法》），目前已经形成了以第一百九十一条所规定内容为特定洗钱罪和以第三百一十二条所规定内容为普通洗钱罪以及包含第三百四十九条所规定与清洗毒品相关的犯罪在内的核心规定，覆盖了主要的洗钱行为，基本实现了与洗钱行为刑罚化国际标准的接轨。

2006年10月31日第十届全国人民代表大会常务委员会第二十四次会议通过了《中华人民共和国反洗钱法》，并于2007年1月1日起实行。为使《反洗钱法》更具操作性，中国人民银行在2007年发布了两个反洗钱部门规章，进一步健全了反洗钱法律法规体系。一是《金融机构报告涉嫌恐怖融资的可疑交易管理办法》，重点对涉嫌恐怖融资的可疑交易报告标准作出规定，这是中国针对反恐融资及反恐工作制定的第一部专门规章。二是会同中国银行业监督管理委员会、中国证券监督管理委员会、中国保险监督管理委员会联合发布了《金融机构客户身份识别和客户身份资料及交易记录保存管理办法》，具体规定了客户身份识别等反洗钱核心制度。这两个部门规章与2006年修订发布的《金融机构反洗钱规定》和《金融机构大额交易和可疑交易报告管理办法》两个规章，细化了金融机构反洗钱义务，进一步明确了反洗钱监管职责，成为金融机构开展反洗钱工作的基本操作准则。

2. 组织机构

在中央政府一级，涉及反洗钱工作的主要行政机关包括中国人民银行、公安部、海关总署、税务总局、银监会等诸多部门和机构。中国人民银行、公安部、外汇局都已成立了专门的反洗钱工作机构，海关总署、税务总局等则分别授权特定工作机构履行反洗钱职责。

2003 年，中国人民银行成立了反洗钱局，开始承担原由公安部负责的组织协调国家反洗钱工作的职责，建立健全由 23 个成员单位组成的反洗钱工作部际联席会议制度以及金融监管部门反洗钱协调机制，在起草《反洗钱法》、申请加入金融行动特别工作组（以下简称 FATF）过程中发挥了重要作用。中国人民银行于 2004 年专门成立了接收、分析大额和可疑资金交易的中国反洗钱监测分析中心，目前已与大多数金融机构实现了数据的联网报送，形成了覆盖全国金融业的监测网络。2006 年，国家外汇管理局反洗钱职能、机构、人员和信息系统向中国人民银行划转，实现了反洗钱本外币管理机构的统一。截至 2007 年初，中国人民银行 36 个分行、省会中心支行、副省级城市中心支行都设立了反洗钱处，为反洗钱工作的发展提供了强有力的组织体系保障。

3. 反洗钱协作机制

中国人民银行分别牵头建立了反洗钱工作部际联席会议制度和金融监管部门反洗钱工作协调机制。反洗钱工作部际联席会议制度于 2002 年 5 月经国务院批准设立，牵头单位为公安部。2003 年国务院机构改革后，改为由中国人民银行牵头。2004 年 5 月，反洗钱工作部际联席会议成员单位由原来的 16 家增至 23 家。反洗钱工作部际联席会议召集人由人民银行行长兼任，成员为各有关单位主管领导，下设办公室，组织开展反洗钱工作部际联席会议日常工作，办公室设在人民银行反洗钱局，办公室主任由反洗钱局局长兼任，各成员单位指定一名联络员为办公室成员。反洗钱工作部际联席会议制度的主要职责是统一协调国家反洗钱工作，加强政策协调、执法合作和情报交流，在国务院领导下，指导全国的反洗钱工作，制定国家反洗钱的重要方针及政策，制定国家反洗钱国际合作的政策措施，协调各部门并动员全社会开展反洗钱工作。2004 年 4 月 19 日下午，中国人民银行主持召开了有银监会、证监会、保监会和国家外汇管理局参加的金融监管部门反洗钱工作座谈会，会议经过认真讨论，同意建立由人民银行牵头的金融监管部门反洗钱工作协调机制，以规范、统筹、协调金融业的反洗钱工作，统一协调银行、证券、保险、外汇等金融监管部门的反洗钱职责，减少重复监管，避免监管盲区。

4. 制度安排

《反洗钱法》通过后，中国人民银行对2003年发布的三个反洗钱规章进行了修订，相继独立或会同有关部门颁布了四个新的反洗钱规章，将反洗钱监管和义务主体范围由银行业金融机构扩大到证券业、期货业、保险业等金融机构，统一了本外币反洗钱管理制度，调整了大额和可疑交易报送的标准、路径、时间等内容。中国人民银行自2004年持续开展金融机构反洗钱现场检查工作，逐步建立非现场监管制度。经过几年的努力，中国银行业金融机构建立健全了反洗钱工作组织体系，建立了反洗钱内控制度，普遍开展了客户身份识别，基本落实了大额和可疑交易报告制度。

5. 国际合作

中国先后签署并批准了联合国《禁毒公约》、《打击跨国有组织犯罪公约》、《制止向恐怖主义融资公约》和《反腐败公约》等一系列与反洗钱及反恐融资领域相关的国际公约，向国际社会显示了中国政府打击洗钱及恐怖融资犯罪活动的决心。中国作为联合国安理会常任理事国，积极推动联合国第1368、1373号等反恐决议的通过并予以执行，履行中国承担的国际义务。中国积极参加反洗钱国际组织的活动，于2004年成为区域性反洗钱组织——欧亚反洗钱组织（EAG）成员，于2007年成为全球反洗钱组织——FATF的正式成员，并坚持平等互利原则，开展情报信息交流、合作培训、协助调查、追回财产、引渡或遣返犯罪嫌疑人等多方面的国际合作。在刑事司法领域加强与各国的合作方面，目前中国已先后和40多个国家签署了70多个有关警务合作及打击犯罪方面的合作协议、谅解备忘录及纪要。

（二）中国人民银行的反洗钱职责

2003年5月，依据反洗钱工作的发展需要，国务院决定由中国人民银行承担国家的反洗钱工作，明确中国人民银行是中国反洗钱工作的主管部门。2003年12月，全国人大常委会修订了《中国人民银行法》，授权中国人民银行承担“指导和部署金融业反洗钱工作，负责反洗钱资金监测”的法定职责。《反洗钱法》实施后，中国人民银行的反洗钱职责调整为：

1. 组织、协调全国的反洗钱工作；

2. 负责反洗钱的资金监测；

3. 指导、部署金融业的反洗钱工作，制定或者会同国务院金融监督管理部门制定金融机构反洗钱规章，监督、检查金融机构履行反洗钱义务的情况；

4. 会同国务院有关部门指导、部署非金融高风险行业的反洗钱工作，研究、制定非金融高风险行业反洗钱规章；

5. 在职责范围内调查可疑交易活动；

6. 会同国务院有关部门、机构和司法机关建立反洗钱信息沟通机制；

7. 依法加强对现金、银行账户、黄金交易以及支付清算组织的管理，采取有效措施防范洗钱风险。

另外，根据国务院授权，中国人民银行还承担代表中国政府与外国政府和有关国际组织开展反洗钱国际合作，依法与境外反洗钱机构交换与反洗钱有关的信息和资料，协调、管理金融业反洗钱工作的对外合作与交流项目等职责。

第五节　中央银行的调查统计业务

调查统计体系是中央银行获取经济金融信息的基本渠道，在中央银行的职能行使以及业务活动中发挥着非常重要的信息支撑功能，是国民经济统计核算体系的重要的组成部分。中央银行的调查统计包括金融统计和经济调查统计，其中，金融统计作为中央银行调查统计业务的主要内容，处于核心地位。

一、金融统计的含义及对象

金融统计是按照国家金融统计法和有关金融法规，采用各种科学的统计方法，搜集、整理、分析和提供关于社会金融现象的数字资料，从而为经济和金融决策提供依据以及政策建议的活动。简而言之，金融统计就是对金融活动及相关现象的系统记录、整理和分析过程。从实践来看，金融统计的信息类型大致可分为三种：（1）各级金融机构依据统一的规则定期进行的金融统计；（2）各级金融机构就金融活动的某一领域进行的专项调查；（3）各级金融机构逐级上报的相关金融运行过程中的突发事件以及动态反映等。

金融统计是中央银行的一项基础性工作，具有不可或缺的重要作用。只有通过金融统计，通过对错综复杂、纷乱零散的信息资料进行科学的处理和分析，才能揭示微观和宏观金融运行的规律、特征、存在的问题，以及整个社会资金流动总量和结构变化，进而为经济金融决策、金融监管、金融机构的经营管理提供科学的依据，为中央银行事先稳定货币、稳定金融的宏观金融管理目标提供信息保障。

金融统计的对象是以货币和资金运动为核心的金融活动，包括货币资金的融通和各种金融行为。通常金融活动由融资主体、融资形式、金融中介机构、金融市场、金融工具等要素所构成，因而确定了金融统计对象的具体内容。

二、金融统计的基本原则

金融统计是一项意义重大且严谨细致的工作，涉及面广、综合性强，必须按照统计制度和金融法律法规的要求，坚持以下几条原则，严肃认真地进行。

（一）客观性原则

统计的目的是把握统计对象的真实状态，因此统计数据资料的真实与正确是统计价值的根本所在。金融统计人员在调查统计过程中，必须尊重客观事实，不受外力的影响，如实准确地反映实际情况、问题与矛盾，以方便统计资料的使用者全面、准确地掌握金融活动情况，为经济金融决策提供客观依据。

（二）科学性原则

金融统计是对金融活动的反映，其目的是为制定政策、考核业绩、揭露矛盾提供依据，因而金融统计活动必须坚持科学性原则，依据统计对象的活动特点，科学合理地设计统计报表、统计指标和统计方法，严格遵守统计业务操作程序，确保统计资料准确、及时、全面、系统地反映经济和金融现象。

（三）统一性原则

中央银行金融统计业务涉及面广，统计对象错综复杂，统计信息应用广泛，这决定了中央银行的金融统计工作必须遵循统一性原则。没有一套科学、统一和有效的统计制度，就不可能产生高质量的金融统计信息。因此，各级金融统计部门必须按照统一的统计指标、统计方法、统计口径以及统计时间进行统计，确保金融统计数据资料的完整性、统一性和权威性。

（四）及时性原则

金融统计的目的主要是为了向金融部门和政策制定部门提供金融活动的实际情况与相关数据，以便及时采取对策，因而具有时效性，过期和滞后的统计资料就会失去信息价值。这就要求各级金融统计部门在进行金融统计时必须坚持及时性原则，必须在规定的时间内编制并上报统计报表，以保证相关部门及时了解实际情况并作出决策。

（五）保密性原则

金融统计数据涉及宏观经济的重要信息和商业性金融机构的商业机密，因而统计部门及统计人员须依照相关法律法规行事，严格遵守保密原则，不得随意对外披露，也不可在正式公布前私自泄漏。

三、金融统计的业务程序

金融统计是金融信息资料的收集、整理和分析过程，既需遵循统计工作的一般业务程序，又需针对金融统计对象的活动规律与特点，设计科学、合理和有效的业务程序，严格按照规定的业务程序进行操作。①

（一）统计设计

这是根据金融统计对象的性质与研究目的，对金融统计过程所进

① 王广谦主编：《中央银行学》（第二版），高等教育出版社 2006 年版，第 161—162 页。

行的整体规划。统计设计的核心是指标体系的正确设计，其主要内容具体包括：(1) 确定统计目的和任务；(2) 设计统计指标及体系、调查表式、调查方法、统计资料整理程序、数据处理及分析软件；(3) 确定各阶段、各环节的工作进度等。根据统计对象和目的的不同，统计设计可分为整体设计和专项设计两种；而根据统计阶段的不同，统计设计又可分为全阶段设计和单阶段设计。

(二) 统计调查

这是根据金融统计对象、研究目的及统计设计的要求，有组织、有计划地收集各种金融活动数据资料的业务过程。统计调查的对象主要是各类金融机构的会计报表和原始业务凭证，其方式可分为：统计报表和专门调查、全面调查和非全面调查、经常性调查和一次性调查等。其中，专门调查又包括普查、重点调查和抽样调查等。

(三) 统计整理

这是根据金融统计调研的目的及需要，将统计调查所获得的大量原始资料进行科学分类、汇总，对已加工的综合资料进行再加工，以制成为统计分析服务的条理化、系统化的综合资料及统计报表的业务过程。统计整理是从对金融个体现象观察到对总体经济金融现象认识的连接点，在金融统计中具有承上启下的重要功能。

(四) 统计分析

这是对经统计整理而成的统计报表数据进行研究和分析的业务过程，是实现统计目的的重要环节。金融统计分析应根据统计研究的需要，运用适当的统计分析方法，对统计报表所收集的数据进行实事求是的定性与定量分析，剖析各种指标间的相互联系，从而揭示经济、金融运行的总体特征、相关性及动态趋势，作出实事求是的结论和推断，提出有助于决策、规划和管理的政策建议。

四、金融统计的主要内容

金融统计的内容是由中央银行的职能和业务种类所决定的，主要包括：

（一）货币统计

为了履行制定和实施货币政策的职能，中央银行首先需要获得货币供应量数据。货币统计是对金融性公司部门资产和负债的统计，并按统计基本准则，采取编制部门资产负债表和概览的表述方式。

1. 货币统计的基本方法

货币统计的对象金融性公司由不同的金融机构构成。按金融性公司构成，将其分为相应的分部门和次部门，并编制不同分部门和次部门资产负债表，再将各分部门的资产负债表合并成概览，这就是货币统计的基本方法。①

（1）金融性公司的分类体系

金融性公司是一个由多层次的分类体系构成的整体。根据国际货币基金组织编制的《货币与金融统计手册》，金融性公司通常分为三个层次：第一层次，金融性公司分为货币当局、其他存款性公司和其他金融性公司三个分部门。第二层次，金融性公司的每个分部门又分为若干个次部门，如货币当局分部门一般又分为中央银行、货币委员会、特别基金和信托账户、发挥央行职能的独立机构、区域性中央银行的国家分行等次部门；其他存款性公司分部门一般分为商业银行、商人银行、专业银行、信用社、旅行支票公司等次部门；其他金融性公司分部门又分为保险公司、养老基金和其他金融媒介等次部门。第三个层次，金融性公司分部门下的次部门又分为若干个金融机构单位，如其他存款性公司分部门的次部门——商业银行，可能是由甲商业银行、乙商业银行等独立法人单位所构成。金融性公司部门分类层次是可变化的，它取决于统计分析的需要。

（2）货币统计汇并层次

货币统计的基本方法是在金融性公司分类的基础上对报表数据逐级汇总、合并和轧差。通常包括以下几个层次：第一个层次是将单个金融单位的存量和流量数据汇总成为次部门资产负债表。第二个层次是将分部门资产负债表的数据合并，编制货币当局、其他存款性公司

① 杜金富主编：《货币与金融统计学》，中国金融出版社 2003 年版，第 104—105 页。

和其他金融性公司概览。第三个层次是编制存款性公司概览。它由货币当局概览与其他存款性公司概览合并而成。第四个层次是编制金融概览。它由存款性公司概览与其他金融公司概览合并而成。货币统计分层次汇并如图 7－2 所示。

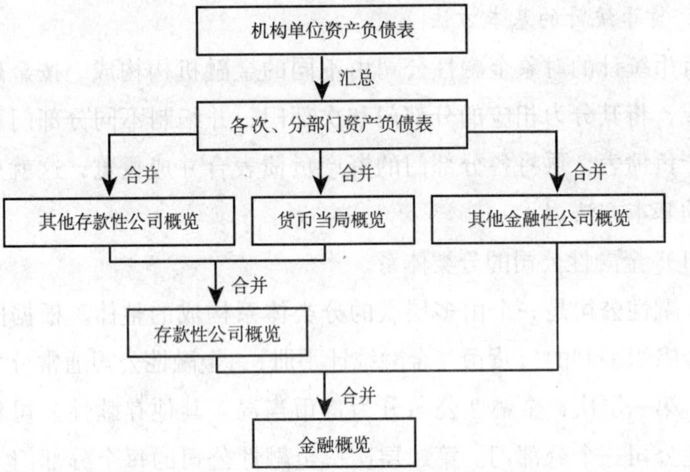

图 7－2　货币统计分层次汇并

2. 中国的货币统计

中国的货币统计采取两种并行的方式：一是编制货币供应量统计表和基础货币统计表；二是根据国际货币基金组织编制的《货币与金融统计手册》的相关要求并结合中国的实际情况，编制存款性公司概览。

(1) 货币供应量统计和基础货币统计

货币供给量就是一个国家在一定时点上承担流通手段和支付手段职能的货币存量，一般包括流通中的现金和公众、单位在银行的存款。我国从 1984 年开始对货币供应量进行层次划分，1994 年 10 月起中国人民银行正式定期向社会公布货币供应量的统计数据。早期，中国人民银行将货币供应量分为四个层次：

M0 = 流通中的现金

M1 = M0 + 企业活期存款 + 农业存款 + 机关团体部队存款 + 信用卡存款

M2 = M1 + 企业定期存款 + 居民储蓄存款 + 信托类存款 + 临时存款 + 财政预算外存款

M3 = M2 + 金融债券 + 商业票据 + 大额可转让定期存单（CDs）+ 同业存放

2001 年 7 月起，中国人民银行将证券公司客户保证金计入 M2。目前，在中国人民银行公布的货币供给统计资料中，中国人民银行通常把货币分成三个层次：

M0 = 流通中的现金

M1 = M0 + 活期存款

M2 = M1 + 定期存款 + 储蓄存款 + 证券公司客户保证金 + 其他存款

另外，在中国人民银行公布的货币供给统计资料中还有一个货币供给口径——准货币，这是受国际货币基金组织的影响而来的。数量上，准货币等于货币 M2 与货币 M1 的差额，即准货币 = M2 - M1。我国的货币供给量统计情况见表 7 - 2。

表 7 - 2　2005—2008 年中国货币供应量统计表

（单位：亿元人民币）

项目 Item	2005. 12	2006. 12	2007. 12	2008. 12
货币和准货币（M2） Money & Quasi-money	298755. 5	345577. 9	403401. 3	475166. 6
货币（M1） Money	107278. 6	126028. 1	152519. 2	166217. 13
流通中现金（M0） Currency in Circulation	24031. 67	27072. 62	30334. 32	34218. 96

资料来源：中国人民银行网站（http：//www. pbc. gov. cn）。

（2）存款性公司概览

2002 年，中国人民银行参照国际货币基金组织《货币与金融统计手册》对货币概览和银行概览的编制进行了修订。与后者的做法相比，我国的货币统计有两个比较独特之处：

一是将金融性公司划分为四个层次：A. 货币当局，即中国人民银行。B. 其他存款性公司，在我国又称存款货币银行，指以活期存款为主要资金来源的金融机构，主要包括：国有商业银行（中国工商银行、中国农业银行、中国银行、中国建设银行）、中国农业发展银行、其他商业银行（交通银行、中信实业银行、光大银行、华夏银行、广东发展银行、深圳发展银行、招商银行、浦东发展银行、福建兴业银行、民生银行、恒丰银行等）、城市商业银行、农村商业银行、外资银行、城市信用社、农村信用社、财务公司、邮政储汇局等。C. 特定存款性公司，在我国又称特定存款机构，指不以活期存款为主要资金来源，但其负债也计入广义货币的金融机构，包括国家开发银行、中国进出口银行、信托投资公司和金融租赁公司等。D. 其他金融机构，即其他金融性公司，指负债不计入广义货币的金融机构，包括证券公司、保险公司、资产管理公司等。

二是目前还没有按照国际货币基金组织的方法编制出完整的金融概览，公布的货币供应量，没有涵盖保险公司、证券公司、居民的外汇交易活动等。2006 年以前，中国人民银行主要编制并披露货币概览和将货币概览与特定的存款机构资产负债表合并的“银行概览”。自 2006 年开始，中国人民银行仅仅披露《存款性公司概览》。《存款性公司概览》与原来的《银行概览》口径、内容基本一致，同时不再披露《银行概览》与《货币概览》。我国存款性公司概览框架结构如图 7－3 所示。

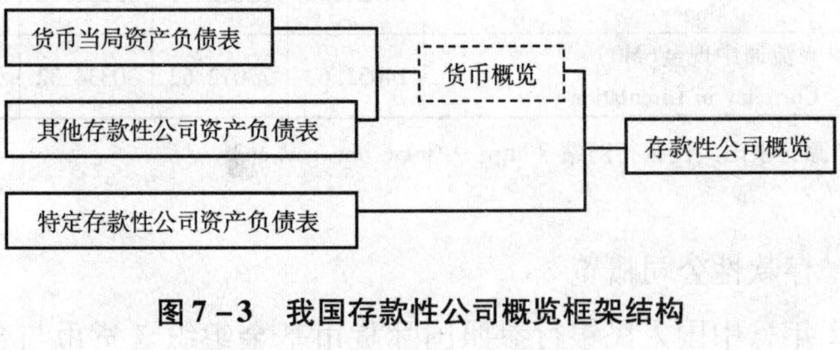

图 7－3　我国存款性公司概览框架结构

（二）信贷收支统计

信贷收支统计是对金融机构以信用方式集中和调剂的资金数量的专门统计，综合反映金融机构的全部资产和负债。虽然信贷收支统计中的各金融机构信贷收支表的编制与货币统计中的资产负债表和概览的编制存在重复问题，但二者的侧重点不同：信贷收支统计侧重反映金融机构信贷资金来源和运用的规模、结构及渠道；货币统计侧重于反映货币供应量的规模、结构及形成过程。信贷收支统计全面综合地反映了宏观经济运行中金融机构信贷资金的来源、性质、分布和投向，是中央银行和商业性银行金融机构了解金融信息的主要渠道，对货币政策分析及金融宏观监测和调控具有重要价值。

信贷收支统计报表以信贷资金收支余额表的表式编制，由资金来源和资金运用两部分组成。目前，中国人民银行编制并披露的信贷收支统计报表主要包括：金融机构本外币信贷收支表、金融机构人民币信贷收支表、其他商业银行人民币信贷收支表、金融机构本外币信贷收支表（按部门）、金融机构人民币信贷收支表（按部门）及金融机构外汇信贷收支表等。这些信贷收支表涵括了中国人民银行、政策性银行、国有商业银行、其他商业银行、城市商业银行、农村商业银行、农村合作银行、城市信用社、农村信用社、财务公司、信托投资公司、租赁公司、邮政储蓄银行、外资金融机构等主要金融机构。

（三）现金收支统计

现金收支统计是商业银行根据中央银行统一规定的项目归属指标，对通过银行的一切现金收支数量进行的业务统计。现金收支是商业银行的重要业务活动，是国民经济中现金活动的核心，因此现金收支统计是商业银行金融统计的一项重要内容。同时，因为控制现金投放是中央银行的重要任务，所以现金收支统计也是中央银行金融统计的重要组成部分，对中央银行分析现金流通情况具有重要的信息价值。现金收支统计一般通过定期编制现金收支报表取得统计资料，按业务范围和隶属关系逐级汇总后上报中央银行。

（四）国际收支统计

国际收支统计是对常住与非常住经济单位（在国际收支统计中，有时将常住和非常住又分别称为居民和非居民）之间发生的各项经济交易，如常住与非常住经济单位之间货物和服务的交易、收入的产生和分配、各类转移以及相互间发生的金融交易等进行记录、整理并分析的业务过程。国际收支统计采用的是与国民经济账户体系一致的概念和方法，采用复式记账及权责发生制原则，按照交易发生、变化、转换和消失时的实际交易价值，在交易双方同时计价。国际收支统计由国际收支平衡表和国际投资头寸表组成。其中，国际收支平衡表是从流量的角度反映各项交易，包括经常账户、资本账户和金融账户、储备资产账户以及误差与遗漏；国际投资头寸表是从存量的角度反映居民对非居民的债权、债务、货币黄金和特别提款权，并以期初存量、本期交易、其他变化、期末存量等统计指标反映金融资产的变动，与国际收支平衡表中金融交易和储备资产账户的流量核算相对应。

（五）金融市场统计

金融市场统计是对金融市场上交易主体在不同市场上的交易对象、交易工具、交易方式、交易价格及其交易规模等情况的记录、整理和分析过程。由于不同类型的金融市场其统计组织和方法各不相同，因此金融市场统计一般以金融市场划分统计范围。目前，我国金融市场统计主要包括：

1. 货币市场统计

货币市场统计包括同业拆借市场统计、票据市场统计、短期债券市场统计、银行间债券市场统计、大额可转让定期存单市场统计等，而对各类货币市场的市场主体、交易工具及品种结构、交易规模、资金流向和利率水平等信息进行收集、整理和分析，则是货币市场统计的重点。

2. 资本市场统计

资本市场统计包括股票市场统计和债券市场统计两部分，其重点是对股票、债券等有价证券的发行、交易规模、价格及其他相关市场活动进行统计，用以分析长期投资的规模和结构变动、利息和收益率水平、资金的供求状况等。

3. 外汇市场统计

外汇市场统计是对外汇市场活动状况的记录及相关信息的收集、整理和分析过程，重点是对外汇市场交易主体、交易规模以及交易价格等信息进行统计处理。目前，我国外汇市场统计主要包括外汇交易额统计和汇率统计，相应地，我国的外汇市场统计报表分为外汇交易统计表和汇率报表。

（六）资金流量统计

资金流量统计也称为资金流量循环账户，是国民经济核算体系的重要组成部分。它是从社会资金运动这一侧面系统地描述和反映社会各部门的资金来源和使用以及部门间资金的流量、流向和余缺调整的一种社会资金核算方法。资金流量统计分为两个层次，一是实物交易部分，其资金流动对应国民经济中的实物交易，主要反映国民经济及其各机构部门的国民收入分配、国民收入使用（包括投资和消费），以及储蓄投资差（即净金融投资），这部分的统计工作一般由各国的国家统计局来完成；二是金融交易部分，其资金流动对应国民经济中的债权债务关系，主要反映国民经济各机构部门之间以及国内与国外之间发生的各种金融交易，它一般由各国中央银行来承担。

1992 年中国人民银行开始编制中国的资金流量表（金融交易部分，也称为资金流量金融交易账户），1998 年初正式对外公布了 1995 年和 1996 年的资金流量统计数据。到目前为止，中国人民银行已公布了自 1992 年以来所有年份的资金流量表，它们为我国的储蓄投资分析、金融结构分析、金融发展分析、社会融资活动分析等提供了充分的统计依据。

五、中央银行的经济统计调查

中央银行为了获取和了解其他国民经济的信息和发展态势，为制定货币政策和调控宏观经济提供更加综合、全面的信息依据，除了金融统计以外，还需进行经济统计调查。在我国，自 1980 年开始，中国人民银行逐步建立起经济调查统计制度，主要包括：

（一）工业景气调查统计制度

工业景气调查，是指按照一定的组织形式对工业企业的生产经营情况等有关统计指标进行搜集、汇总的一种专项调查。景气状态是通过一套比较完整的指标体系来表示的。工业景气调查源自于商情调查，是第二次世界大战后欧美国家首先发起的，到 20 世纪 50 年代中叶，世界各国已广泛推广，它是一种较快了解经济情况的途径。工业景气调查面向国内主要大中型企业的调查较多，这些大中型企业数量不多，但是在整个国民经济中所占比重却相当大。工业景气调查的目的在于及时了解工业企业的景气状况，了解企业经营管理者对经济形势的判断及预测情况，了解工业企业的生产、经营及资金供求态势，以判断、分析和预测经济运行状况，为中央银行制定货币政策和宏观调控提供准确、及时的信息服务。目前，我国正在进行的工业景气调查主要有中国人民银行的全国5000户工业企业景气调查、国家信息中心的12个省市5000家工业企业景气调查和国家统计局于1998年采取的抽样调查和重点调查相结合的方法对16000家国家级企业的景气调查。

中国人民银行的工业景气调查统计发端于1986年建立的国营工业生产企业流动资金及主要经济活动情况定期调查制度，当时的调查内容包括企业主要经济指标和企业经济情况分析。1991年，在中国人民银行调查统计司的主持下，建立了《5000户工业企业景气调查制度》（问卷调查是从1992年第三季度开始的，2008年更名为《5000户企业调查制度》），并定期在《中国人民银行统计季报》上公布每季的调查结果。1995年起，中国人民银行在原5000户工业企业调查系统的基础上，通过1000户企业、商业银行与中国人民银行的信息联网，在全国62个大中城市建立了1000户大型企业调查统计制度。目前，工业景气调查包括国有工业生产企业月度调查、工业景气季度问卷调查和千户大型企业调查。调查企业以国有大中型工业生产企业为主，还包括一些具有相当经济规模、有代表性的集体工业生产企业及企业集团，1993年以后增加了部分合资、外资及股份制工业生产企业，调查企业涉及27个行业，样本企业结构与中国工业的企业结构基本适应。其中，月度景气调查以定量分析为主，主要涉及企业生产、销售、库存等有关经济活动财务指标的实际数据；季度景气调查则以定性分析为主，反映企业家对企业总体经营状况、各生产要素供给状况、市场需求变化、资金流转状况、成本效益核算以及投资状况六大方面的29个问题，通过对问题回答的三种结果，即上升、持平、下降各占总数的比重来分析景气状况的水平和趋势。

（二）城乡居民储蓄问卷调查统计制度

1988年，为了及时了解居民的心理预期变动，并对储蓄存款的稳定性、阶层分布和变动趋势作出准确判断，为宏观经济决策提供有效依据，中国人民银行建立了城乡居民储蓄问卷调查制度，开展城乡居民储蓄问卷调查。这一调查主要采用储蓄所临柜调查、分级汇总方式，调查内容包括储户对实际货币收入的判断及收入预期、储户对市场物价趋势的判断、储户的存款与取款动机、储户对物价与利率变化的心态反映、储户的持现动机等。

（三）物价调查统计制度

中国人民银行的物价调查统计工作开始于20世纪80年代，目的是通过观察和监测物价变化，及时掌握价格变化总水平和变化趋势，增强中央银行检测货币和经济运行的能力，完善中央银行货币政策的预警系统。1984年，中国人民银行开始编制企业商品价格指数，以反映企业间商品交易价格变动趋势和程度。作为对国家统计局编制的物价指数的补充，同时考虑到与货币政策紧密相关，中国人民银行先后建立了集市贸易价格调查制度、生产资料购进价格调查制度和批发价格调查统计制度。

（四）银行家问卷调查制度

银行家问卷调查制度是由中国人民银行与国家统计局在2003年联合建立的，从2004年起由中国人民银行组织实施，在每年的3月、6月、9月和12月对全国进行季度问卷调查，其主要目的是为货币政策分析、决策服务，同时也为国家统计局编制全国银行业景气指数服务。"银行家问卷调查"内容共由28个问题组成，主要包括银行家对宏观经济形势的判断与预测、对货币政策有关问题的判断与预测、对银行业经营行为和状况的反映、对金融稳定相关问题的反映，并将这些内容有机地结合，相互印证。银行家问卷调查采用全面调查与抽样调查相结合的调查方式，对我国境内地市级以上的各类银行机构采取全面调查，对农村信用合作社采用分层PPS（与信用社规模成比例）抽样调查，全国共调查各类银行机构2850家左右。调查对象为全国各类银行机构（含外资商业银行机构）的总部负责人及其一级分支机构、二级分支机构的行长或主管信贷业务的副行长。

第六节 中央银行的宏观经济分析业务

现代经济中，货币政策的制定和实施已成为中央银行的首要任务。货币政策是一项宏观经济管理政策，其制定和实施必须建立在对本国的经济形势和面临的主要宏观经济问题的充分了解的基础上。由此，宏观经济分析成为中央银行一项重要的基础性业务。

一、宏观经济分析的概念和意义

宏观经济是从整体来看的国民经济，它包括生产、流通、分配、消费在内的整个社会再生产过程。与此对应，所谓宏观经济分析，就是指通过对与社会总体的经济活动相关的所有经济变量，如产出、就业、价格水平、利率水平、货币供应量、财政收支、国际收支等的考察，剖析这些变量在一定时期内的变动情况及其相互关系的行为。从外延来看，宏观经济分析包括对宏观经济运行状况的判断和对运行机制的解释两方面。其中，宏观经济运行状况的判断既包括对历史规律的把握，又包括对现状的断定以及对发展趋势的预测。因此，中央银行的宏观经济分析一般比较注重于这方面。相反，对中央银行而言，宏观经济运行机制的分析虽然也是必要的，但从实际工作要求看，它的作用则显得较为次要和间接。

开展宏观经济分析业务对中央银行具有十分重要的意义。这是因为：（1）从中央银行所处的地位看，中央银行是一国重要的宏观经济调控和管理部门，中央银行货币政策的松或紧，直接影响着宏观经济运行。这决定了中央银行只有超脱具体业务，从宏观上把握经济运行的趋势，才能及时、正确地制定与实施货币政策，从而促进经济健康发展。（2）从中央银行的职能看，作为货币发行的垄断者，中央银行承担着维持货币币值稳定，并使货币供给的增长与经济增长相适应的重任。中央银行只有从整个宏观经济全局出发，而非就金融论金融，或仅根据个别金融机构的资金状况和个别企业的财务状况去制定货币政策，才能最终有效地控制货币。（3）从中央银行的货币政策工具运用看，中央银行货币管理与经济调控职能的实现依赖于各种货币政策工具，如存款准备金率、再贴现率、利率、汇率等的灵活和有效运用，而及时把握宏观经济运行的态势，显然是正确运用这些货币政策工具的前提。

二、中央银行宏观经济分析的特点和要求

中央银行所开展的宏观经济分析的目的在于，从宏观上把握经济运行的走势，及时正确地调整货币政策，并以此实现货币政策目标。因此，中央银行所开展的宏观经济分析不同于其他部门，有着自身的特点和要求。①

（一）中央银行宏观经济分析的特点

中央银行宏观经济分析以一系列与经济总体运行相关的变量的变动及其相互关系作为研究对象，这决定了它具有如下显著特点：

1. 实证的系统分析

这既表现在从经济金融运行实际情况入手进行分析上，又表现在以系统的金融统计数据和经济统计数据为依据上。例如，在金融运行分析中，要运用货币与银行统计指标体系，以系统详实的数据来反映和描述。同样，在经济运行分析上，也应体现国民经济统计数据的一致处理和应用。在宏观经济分析中，既要提供系统分析的结果，也要提供系统分析的统计数据，从而为理论工作者和实际部门研究人员提供进一步分析和研究的统计数据和客观依据。

2. 状态和过程分析相结合

所谓状态分析就是金融运行过程和经济运行过程的横截面，状态分析主要描述发展水平并揭示金融关系和经济关系的特征。过程分析则从发展过程揭示宏观经济运行的特征，主要说明动态关系的变化。

---

① 尹继志：《中央银行宏观经济分析的特点、要求、内容和方法》，《华北金融》2005年第1期，第33—34页。

状态分析和过程分析相结合，目的是全面系统地认清经济金融运行的全貌及其变化的规律性。

3. 各种分析方法的综合运用

宏观经济分析不同于某一专题或某一领域的统计分析，它虽然是对短期经济金融活动的分析，但却涉及国民经济活动的各个方面。因此，要想提高分析水平，从方法论来讲，应是多种方法综合运用。例如，系统的指标方法可以作为经济金融运行过程基本状况反映的手段；统计归纳的系统统计分析方法可以作为经济金融总量分析的主要方法；计量经济模型可作为检验政策效果和未来预测的基本方法。

（二）中央银行宏观经济分析的基本要求

鉴于宏观经济分析的特殊目的和特点，各国中央银行在开展宏观经济分析时往往遵守以下基本要求：

1. 分析现金与分析货币供应量相结合，以分析货币供应量为主

货币供应量的构成主要是两大部分，即存款货币和现金。存款货币同现金一样，都是支付手段，其中活期存款具有较强的流动性。货币供应量中的准货币虽不能直接用于支付或转账，但在我国，只要存款人愿意承担利息损失，在一定条件下也可以随时提取现金，或转为活期存款。随着信用卡的普及和个人银行结算账户的设立和使用，现金支付量将趋于减少。中央银行在货币需求管理中不仅要管理现金，更重要的是管理整个货币供应量，因为货币供应量构成了有支付能力的总需求，这也就决定了中央银行在宏观经济分析中要重点监测和分析货币供应量的增减变化。

2. 分析微观经济与分析宏观经济相结合，以分析宏观经济为主

中央银行在宏观经济分析中，需要监测和分析微观经济主体的活动状况，如企业的生产经营状况和投资活动、居民家庭的消费和储蓄情况等，其目的是为了从微观层面剖析宏观经济运行情况，研究这些因素对宏观经济运行的影响。对于中央银行而言，分析微观经济是为了更好地分析和研究宏观经济，是从具体到一般、从典型到抽象。但中央银行作为国家的宏观调控部门，其职责是通过运用货币政策工具去调控货币供应量，进而发挥对宏观经济的调控作用。因此，中央银

行在宏观经济分析中需要研究微观经济，但又要超脱于微观经济，善于从宏观角度去分析微观经济问题，只有这样，才能认清和把握全局性问题。

3. 分析金融与分析经济相结合，立足金融分析经济

中央银行进行宏观经济分析，应立足金融，从货币供应量的变化入手，深入分析宏观经济的变化趋势。同时，又要从宏观经济变化中去分析金融的变化和发展。如果不站在金融的角度，不充分利用自身所掌握的统计资料，就失去了自己的优势和特色。但如果就金融论金融，不从宏观经济的广阔视野和高度去认识和分析金融的变化，对金融形势的认识也难以深入，难以实现货币政策的超前性。因此，中央银行的宏观经济分析，必须立足金融，深入分析经济的发展变化情况。

4. 定性分析与定量分析相结合，以定量分析为主

定性分析与定量分析不是截然分开的，定性分析应建立在定量分析基础之上。中央银行在开展宏观经济分析时，不仅要对经济金融形势有一个准确判断，还要用正确的理论和科学的分析方法，对大量的经济金融统计数据进行深入的分析和研究，从量上把握经济金融变化规律，只有这样，才能客观准确地判断经济金融形势，这也是正确制定和及时调整货币政策的前提和基础。

三、中央银行宏观经济分析的基本内容

概括地说，中央银行宏观经济分析的内容包括两个方面：一是金融分析，主要是对货币信贷的增减变动情况进行监测，对增减变动的原因进行解释；二是经济分析，主要对企业、居民家庭、政府部门和国外部门的经济活动和收支状况进行分析。这两个方面是相互联系、不可分割的，它们构成了中央银行宏观经济分析的整体。

（一）金融分析

中央银行的金融分析主要包括以下三个方面的内容：

1. 货币供应量分析

货币供应量分析又称货币分析，它可以进一步细分为货币总量分析和货币结构分析。前者主要是对不同货币部门的资产负债表的汇总

的分析，或者说是对中央银行和存款性金融公司业务的汇总的分析；后者则主要指对不同层次货币之间的比例结构的分析，主要包括货币对实际经济过程总体作用的分析和货币的流动性分析两个方面。

2. 信贷收支分析

信贷收支分析主要是对全部金融机构存贷款的变动情况进行解释说明，包括存款分析和贷款分析。在我国，中央人民银行信贷收支分析的具体内容有：信贷资金来源与运用的变动情况分析、信贷资金调剂方面的情况分析、商业银行资金运作状况分析、信贷资产质量状况分析、金融业的资产负债分析等。

3. 居民储蓄存款分析

居民储蓄存款是一个非常重要的金融指标，一方面，它是金融机构重要的资金来源，并且是准货币的主要构成部分；另一方面，它是城乡居民主要的金融资产，是社会的潜在购买力。居民储蓄的增减变化对国内消费需求的扩大或收缩有着直接的影响，是金融分析中的一项主要内容。

（二）经济分析

中央银行经济分析的内容十分广泛，且由于经济发展水平的不一致，不同国家即使在同一时期其分析的内容和重点也不尽相同。概括来看，各国中央银行经济分析的内容主要有：

1. 消费需求分析

在市场经济中，消费作为一个主要的宏观经济变量，已成为宏观经济调控的主要对象之一，特别是在消费需求不足成为经济增长的主要矛盾的情况下，更是如此。中央银行的消费需求分析主要集中在以下三个方面：一是结合居民家庭收入、储蓄和投资变动分析消费需求变化；二是结合消费结构的变动分析消费需求的变化；三是分析影响消费需求的各类因素。

2. 投资分析

投资是指向再生产过程投入一定的物质资料的行为，包括固定资产投资和流动资产投资。由于投资的增减变化直接影响再生产的进行和扩大，影响投资需求进而影响经济增长，影响投资品价格变动进而影响总体价格水平，因而在中央银行宏观经济分析中是不可缺少的内容。投资分析包括固定资产投资分析和流动资产投资分析两种，投资规模和投资结构则是两者分析的重点。

3. 市场和物价分析

市场包括国内市场和国际市场。在中央银行宏观经济分析中，要联系国际市场分析国内市场，但分析的重点应放在国内市场，其中应重点分析生产资料市场和消费市场。物价分析是中央银行宏观经济分析不可缺少的内容，其核心是分析影响近期物价水平变动的主要因素，并提出有效的宏观调控措施。

4. 企业收支分析

企业收支分析主要分析企业货币资金占用状况、企业生产形势、企业生产规模以及企业生产经营情况等的变动因素，以找出变化原因，为中央银行货币政策制定和宏观经济调控提供信息依据。

5. 居民家庭收支分析

居民家庭收支分析主要分析居民家庭收入的形成，以及居民家庭的收入结构、消费结构、储蓄结构及其变动等方面的内容。

6. 财政收支分析

财政收支分析主要分析财政动用历年节余、财政发行政府债券、向中央银行透支和借款对货币供应量的影响等内容。

7. 国际收支分析

国际收支分析主要包括贸易收支变动分析、资本往来分析和国际储备变动分析等。

本章小结

经营国库业务、会计业务、征信与管理业务、反洗钱业务、调查统计业务和宏观经济分析业务在中央银行的业务活动中占有重要的位置，是中央银行行使职能的具体体现。

国库是负责办理国家财政预算收支的机关，肩负着国家预算资金的收纳和库款的支拨、代理政府证券的发行和兑付、反映国家预算执行情况等重要任务。国库制度是对国家预算资金的保管、出纳以及相关事项的组织管理和业务程序安排，从世界各国的实践情况来看，主要有独立国库制、委托国库制和银行存款制三种形式，目前多数国家采用委托国库制。国库的职责和权限一般都由法律规定。

中央银行会计的对象是中央银行办理各项业务、进行金融宏观调控等活动所引起的资金变化的过程及结果。中央银行会计不同于金融企业会计和其他行业会计，具有反映职能、监督职能、管理职能和分析职能。

征信在本质上是信用信息服务，是指为了满足从事放贷等信用活动的机构在信用交易中对客户信息的需要，专业化的征信机构依法采集、保存、整理、提供企业和个人信用信息的活动。征信体系是指与征信活动相关的法律规章、组织机构、市场管理、文化建设、宣传教育等共同构成的一个体系。

洗钱是指将毒品犯罪、黑社会性质的组织犯罪、恐怖活动犯罪、走私犯罪或者其他犯罪的违法所得及其产生的收益，通过各种手段掩饰、隐瞒其来源和性质，使其在形式上合法化的行为。洗钱已经发展成一个全球性的犯罪问题，严重影响到各国的社会稳定和经济金融安全。反洗钱则是通过一定的法律和手段预防和阻止洗钱行为的发生，具有系统性、艰巨性、技术性和长期性的特点。

中央银行的调查统计活动是中央银行获取经济金融信息的基本渠道，分为金融统计和经济统计两种。其中，金融统计处于核心位置，它是对金融活动现象的数量信息进行收集、整理、分析，为经济和金融决策提供依据以及政策建议的过程，其主要内容包括货币供应量统计、信贷收支统计、现金收支统计、国际收支统计、金融市场统计和资金流量统计。中国人民银行的经济调查统计制度包括工业景气调查统计制度、城乡居民储蓄问卷调查统计制度和物价调查统计制度。

从外延来看，宏观经济分析包括对宏观经济运行状况的判断和对运行机制的解释两方面，中央银行的宏观经济分析一般比较注重于前者。中央银行的宏观经济分析不同于其他部门，具有自身的特点和要求，其内容主要包括金融分析和经济分析两个方面。

重要概念

国库　经理国库　国库制度　独立国库制　委托国库制　银行存款制　中央银行会计　中央银行会计报告　征信　联合征信　同业征信　公共征信　私营征信　企业征信　个人征信　征信体系　征信机构　洗钱　反洗钱　信贷收支统计　现金收支统计　国际收支统计　金融市场统计　资金流量统计　金融统计　货币统计

复习思考题

1. 试述中国国库制度的历史沿革。
2. 中央银行经理国库具有哪些重要意义？
3. 与一般工商企业会计相比，中央银行会计具有哪些特点？
4. 中央银行会计具有哪些职能？
5. 试述征信的分类和特征。
6. 比较私营征信模式与公共征信模式的异同。

7. 试分析中国征信体系建设的现状。

8. 试述征信体系的要素及建设征信体系的意义。

9. 洗钱具有哪些一般特征？常见的洗钱方式有哪些？

10. 试分析洗钱的危害。

11. 各国反洗钱的主要措施有哪些？

12. 金融统计应遵循哪些基本原则？

13. 简述金融统计的主要内容。

14. 中央银行宏观经济分析的特点和要求是什么？

15. 试列举中央银行宏观经济分析的基本内容。

第八章　货币政策目标

货币政策作为宏观需求管理政策，在整个国民经济宏观调控体系中居于十分重要的地位。制定和实施货币政策是中央银行的基本职责之一。中央银行制定和实施货币政策，首先必须要明确货币政策的方向及所要实现的目标。货币政策目标不是一个单一的数量指标，而是由最终目标和中介目标所组成的一个有机整体。本章将在界定货币政策及其特征的基础上，介绍货币政策的最终目标和中介目标。

第一节　货币政策概述

一、货币政策的定义

货币政策有狭义和广义之分。狭义的货币政策专指中央银行为实现一定的宏观经济目标，运用各种政策工具调节货币供应量和利率，进而影响宏观经济运行的方针及措施的总和，包括货币政策目标、货币政策工具、货币政策传导机制以及货币政策效果等。广义的货币政策指中央银行、政府及其他相关部门所有有关货币方面的规定及其采取的影响货币数量的一切措施，包括有关建立货币制度的规定、有关金融体系的规范和旨在提高效率的金融体制改革的措施，以及政府借款、国债管理、财政收支等可能影响货币数量的行为。在一般情况下，人们谈论货币政策时往往都是指狭义的货币政策，本书也采取这一做法。

一国政府所制定和实施的某项经济政策，一般只对经济运行中的某些方面产生影响，再加上社会公众预期的作用，就往往会降低一项经济政策的作用效果，从而大大降低政府实现某项政策所要达到目标的可能性。而货币政策却不同，它既有政策的最终目标，又有中介目标；既有强制性政策工具，又有非强制性、指导性工具；既有公开手段和方法，又有比较隐蔽的手段和方法。因此，货币政策对宏观经济的调节能力一般较强，调控效果也较好，是各国对经济运行进行宏观调控的主要手段。另外，由于大多数货币政策工具都是经济手段，运用起来比较灵活，行政干预的成份较少，政策回旋的空间较大。市场经济水平较高的发达国家都十分重视用货币政策对宏观经济运行进行调控。

二、货币政策的内容

货币政策通常包括四个方面的内容：一是货币政策的目标，包括最终目标、中介目标和操作目标；二是实现货币政策目标的操作工具和手段，也称为货币政策工具；三是货币政策传导机制，即货币政策工具作用于经济的机理与过程；四是执行货币政策所达到的政策效果，主要是评估最终目标的实现程度与速度。这些基本内容紧密联系，构成一个国家货币政策的有机整体。

三、货币政策的特征

与其他经济政策相比，货币政策具有如下几个显著特征：

（一）货币政策是一项调节社会总需求的需求管理政策

货币政策通过货币供应量和利率水平的变化来调节社会总需求。由于货币供给形成对商品和劳务的购买能力，货币作为一般社会财富的表现，对商品和劳务的追逐形成社会总需求，利率水平则通过对投资需求、消费需求的调节而影响到社会总需求。另外，汇率的变化将通过对进出口贸易、国际资本流动的影响形成对社会总需求的影响。因此，货币政策对宏观经济的调节是通过调节总需求实现的，总供给的变化是作为总需求变化的结果而发生的。货币政策是一种直接调节总需求、间接调节总供给的宏观政策。

（二）货币政策是一项宏观经济政策

以需求管理为核心的货币政策是一种总量调节和结构调节相结合、以总量调节为主的宏观经济政策。货币政策的制定和实施，旨在通过对货币供应量、利率、汇率等宏观金融变量的调控，对整个国民经济运行中的经济增长、物价稳定、国际收支状况和就业水平等宏观经济运行情况产生影响，以促进社会经济的协调、健康和稳定发展。正因为如此，可以说宏观经济政策目标基本上也是货币政策的目标。

（三）货币政策是一项以间接调节经济运行为主的政策

货币政策对经济运行的调节，主要是通过经济手段，利用市场机制的作用，通过调节货币供应量以及其他金融变量影响经济活动主体的行为来达到间接调节经济变量、影响宏观经济运行的目的。当然，这并不排除在特定的经济金融条件下采取行政手段调节的可能性。

第二节　货币政策最终目标

一国的货币政策通常由中央银行负责制定和实施，而要制定并实施货币政策，首先必须明确货币政策的方向和所要达到的目的，即目标。因此，货币政策目标，特别是最终目标，在整个货币政策体系中居于首要位置，它是整个货币政策分析的出发点和归宿点，也是中央银行完成其任务、体现其职能的核心所在。在理论文献中，不论是中介目标、货币政策工具，还是操作规范、传导机制等，说到底都是为最终目标服务的；在实践领域，人们通常也都是以最终目标的实现情况，作为评判既定时期内一国货币政策实施绩效的客观依据。

一、货币政策目标体系

货币政策的宏观需求管理特性决定了其最终目标必须与国家所要实现的宏观经济目标相一致，而一国的宏观经济目标又决定于宏观经济运行中存在的主要问题。我们知道，影响各国经济发展的基本问题集中在四个方面：通货膨胀、失业、经济衰退以及国际收支不平衡。因此，多数国家的中央银行通常将物价稳定、充分就业、经济增长和国际收支平衡设定为货币政策的最终目标。

值得注意的是，中央银行的货币政策只能通过中央银行所掌握的货币政策工具间接作用于这些最终目标，使其进入中央银行的目标区。而且，这种间接作用的时间往往比较长，中央银行如果等到这些最终目标发生变化后来再评判货币政策的效果，并据此修正货币政策的话，可能已经为时太晚了，无法挽回决策失误而带来的损失。因此，为了能及时准确地监测和控制货币政策的力度及效果，中央银行必须在货币政策工具和最终目标之间选定一些变量作为监测指标，这些变量被称为中介目标（或中介指标），如货币供应量、利率、信贷规模和汇率等。这些中介目标不仅可以被中央银行较为准确地控制，还能够较好地预告最终目标可能发生的变动。

不过，货币政策工具也不能直接影响中介目标，因此中央银行还需要选定一些既能被货币政策工具直接作用又与中介目标紧密联系的变量作为操作目标（或操作指标），如存款准备金、基础货币等。这些变量对货币政策工具的变动反应较为灵敏，既是货币政策工具操作直接引起变动的指标，又是在中央银行体系里最先变动的指标，它们有助于中央银行及时跟踪货币政策实施的效果并及时修改。

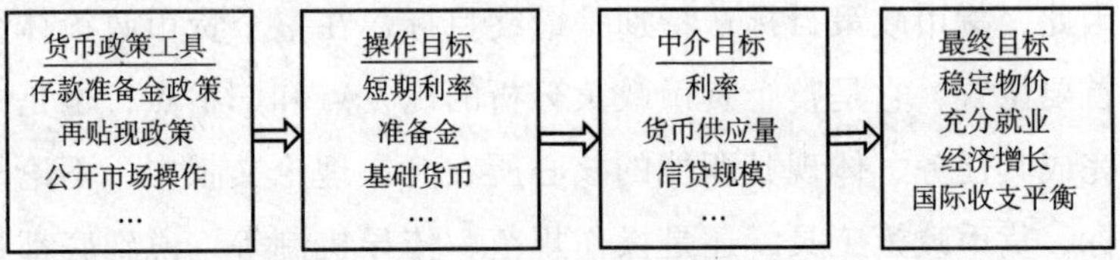

图 8－1　货币政策的目标体系

综上所述，货币政策目标并不是一个单一的指标，而是一个由最终目标、中介目标和操作目标三者共同组成的货币政策目标体系，它们之间的逻辑关系如图 8－1 所示。从图 8－1 中可以看出，货币政策工具经过操作目标、中介目标到最终目标是一个逐次传递的过程。对中央银行而言，这些目标的可控性从强到弱；而从经济分析的角度来看，其宏观性则是逐渐增强的。中央银行通过对操作目标和中介目标的监控，可以及时、有效地跟踪货币政策效果。

二、货币政策最终目标的历史演变

货币政策最终目标是指货币政策制定者所期望达到的、在一段较长的时期内具有相对稳定性的最终实施结果。各个国家不同时期的社会经济条件、经济政策以及金融体制不同，其货币政策最终目标的选择也各不相同。因此，货币政策最终目标的形成是一个动态的历史发展过程，它是经济发展对中央银行所提出的客观要求。

在20世纪30年代以前，西方国家的货币政策都只有一个目标，即维持货币价值的稳定。但自20世纪30年代以后，由于各国相继放弃金本位制，金属货币的流通被不兑现的纸币流通和信用货币流通所取代，此时币值的稳定与否是由单位货币的购买力来衡量的，而货币购买力通常是用综合物价指数来表示的，因此稳定物价也就成为货币政策的一个最终目标。1944年和1946年，英国和美国先后颁布《就业法案》，又将充分就业正式列为货币政策的最终目标。20世纪50年代初，美国发动了朝鲜战争，为了筹措巨额战争经费，美国不得不发行了大量货币，造成了严重的通货膨胀。战争结束后，美国为了扼制通货膨胀又采取了一系列紧缩性政策，使得美国经济增长率明显低于其他西方发达国家。为了维护美国的经济实力和国际地位，美联储将追求较高的经济增长率确定为货币政策的又一个最终目标。到了20世纪60年代末，美国的国际收支逆差已相当严重。1971年8月，尼克松总统不得已宣布停止美元与黄金的兑换，同时，美国国会要求货币当局运用货币政策进行干预，尽快实现国际收支平衡。由此可见，西方国家货币政策最终目标经历了一个逐渐从单一目标到四大目标的发展过程，货币政策目标的变化始终按照客观经济形势的改变而改变。第二次世界大战以后西方主要发达国家货币政策最终目标的变化情况详见表8－1。

表8-1　第二次世界大战后西方国家货币政策最终目标的演变

	20世纪50—60年代	20世纪70年代	20世纪80年代	20世纪90年代
美国	充分就业	稳定货币	稳定货币	稳定货币、经济增长
英国	充分就业，兼顾国际收支平衡	稳定货币	稳定货币	稳定货币
加拿大	充分就业，兼顾国际收支平衡	稳定货币，兼顾国际收支平衡	稳定货币，兼顾国际收支平衡	稳定货币，兼顾国际收支平衡
法国	经济增长、充分就业	稳定货币	经济增长、充分就业	经济增长、充分就业
意大利	经济增长、充分就业	稳定货币，兼顾国际收支平衡	稳定货币，兼顾国际收支平衡	稳定货币、经济增长、充分就业
日本	稳定货币，兼顾国际收支平衡	稳定货币，兼顾国际收支平衡	稳定货币，兼顾国际收支平衡	稳定货币，兼顾国际收支平衡

资料来源：曹龙骐主编：《货币银行学》，高等教育出版社2000年版，第428页。

三、货币政策最终目标的具体内容

虽然各国在不同的历史时期其货币政策最终目标的侧重点会有所不同，但从目前的情况来看，一般认为，货币政策最终目标包括稳定物价、经济增长、充分就业和国际收支平衡四个方面。

（一）稳定物价

稳定物价就是设法使一般物价水平在短时期内不发生显著的或是急剧的波动，实际上是使物价在短时期内保持一种相对稳定的状态。这里所指的物价是指一般物价水平，即物价总水平，而不是指某种商品的价格。值得注意的是，由于在现代经济中，通货膨胀和通货紧缩已成为世界性经济现象，企图把物价固定在一个绝对不变的水平上是不可能的，因此大多数经济学家认为，稳定物价是指把一般物价水平控制在一定的范围之内，也就是控制在不危害经济增长、社会公众心理又可以承受的范围之内。

稳定物价是货币政策的首要目标，其核心是抑制通货膨胀和避免通货紧缩。这是因为，一旦经济中发生严重的通货膨胀，将会给社会经济生活带来很多弊端，如容易造成和加剧社会分配不公平的现象，固定收入者的生活水平下降，会激化社会矛盾；相对价格体系遭到了破坏，价格信号失真，不利于资源的有效配置；增加了借贷风险，债权人的利益受到损失，但债务人却从中受益，破坏了正常的借贷关系和信用秩序；严重的通货膨胀使货币贬值，可能会导致货币体系的崩溃，甚至出现对国家政府的不信任。相反，经济中如果发生严重的通货紧缩，同样会带来很多的弊端，如影响企业和公众的投资及消费预期，制约其有效的投资需求和消费需求；造成企业销售下降，存货增加，利润减少，企业倒闭，社会失业率上升；银行不良债权大量增加，金融风险也随之暴露；经济增长停滞甚至出现衰退，陷入经济危机等。因此，抑制通货膨胀和通货紧缩是稳定物价目标的两个不可分割的方面。

衡量物价稳定与否的指标通常有三个：一是国民生产总值平减指数，它是按当年价格计算的国民生产总值与按基期价格计算的国民生产总值的比率，反映国民生产总值的最终产品和劳务的价格变化情况；二是消费物价指数，它是衡量不同时期居民消费的商品及劳务的价格平均变动程度的指标，它能够比较准确地反映消费物价水平的变化情况；三是批发物价指数，它以批发交易为对象，可以准确地反映大宗批发交易的物价变动情况。在这三个指标中，国民生产总值平减指数的统计范围最全面，包括一切商品及劳务，同时也包括进出口商品，能全面反映社会总物价水平的变化趋势。因此，它最适合于衡量物价总水平的变动。但是，由于数据的采集和获取要花费较长的时间，一般一年一次，这可能会延误政策的制定和实施的最佳时机。而消费物价指数和批发物价指数则属于物价总水平的结构性指标，适合于衡量某一方面的物价水平的变动。另外，零售价格指数、生活费用指数等也常常被用来衡量物价是否稳定。零售价格指数的主要作用是反映消费者购买商品的价格变动情况，它的计算范围只包括商品而不包括劳务，因此无法全面反映价格水平的变化。而生活费用指数是我国采用的一种价格指数，以消费者日常生活消费的商品以及服务项目为对象，常常被用来作为衡量物价上涨程度的一个补充指标。

（二）充分就业

充分就业实际上是指将失业率维持在一个较低的限度之内。一般来讲，在社会经济生活中存在三种类型的失业：一是非自愿失业，即劳动者愿意接受现行的工资水平和现行的就业条件，仍然找不到工作；二是摩擦性失业，即由于劳动力市场的供求结构矛盾而造成的失业，它包括劳动力供给与需求的种类失衡、地区失衡、季节失衡等，也包括劳动力在工作转换和寻找工作的流动过程中所出现的暂时性失业状态；三是自愿失业，即在现有工资水平上，一些人愿意选择闲暇，而不愿选择工作。在一般情况下，人们仅仅把非自愿失业才定义为真正的失业，这种非自愿失业主要是由于有效需求不足而造成的，可以通过货币政策的调整而得以缓解。正是由于摩擦性失业和自愿失业的存在，使得“充分就业”不可能成为社会劳动力100%的就业。因此，作为货币政策的最终目标，充分就业也只是意味着通过实施一定的货币政策，以减少或消除社会上存在的非自愿失业，并不意味着将失业率降到零。有的经济学家认为，3%的失业率就可以看做是充分就业了，而有的则认为长期维持在4%—5%的失业率是比较好的。美国多数经济学家都认为，失业率在5%以下就应算充分就业。

劳动力是重要的生产资源，如果实现了充分就业，就意味着劳动力资源得到了充分利用，进而实现了社会资源的充分利用。非充分就业的存在，表明社会经济中有一部分资源尤其是劳动力资源没有得到充分利用，失业者及其家庭的生活质量下降，个人的自尊心丧失，可能导致犯罪率上升，造成社会的不稳定。在失业率高的情况下，社会经济中不仅会有闲置的劳动力，而且还会有闲置的资源没有被利用，从而造成产出的降低，经济发展停滞甚至是倒退。因此，很多国家往往把充分就业看做是政府的一项重要政策目标，把失业率看做是衡量资源利用程度的间接指标。

(三) 经济增长

所谓经济增长是指社会经济活动中的商品和劳务总量的增加，它是由于总供给变化引起的国民收入的长期增长。一般采用国内生产总值（GDP）增长率、国民生产总值（GNP）增长率、人均国内生产总值增长率和人均国民生产总值增长率等指标来衡量经济增长，它们都是用名义增长率扣除价格上涨因素来计算的。其中，前两个指标反映经济总量的增长情况和一国的经济实力状况；后两个指标则反映一国富裕程度的变化。

经济增长决定着人们的物质生活水平甚至精神生活水平的质量。只有维持一个较高的经济增长率，才能有一个较高的产出率，使人们的物质文化生活水平不断得到改善。只有维持一个较高的经济增长率，才可以保证在剔除人口增长因素后，人均产出水平和人均收入水平不断得到提高，社会福利水平不断得到改善。只有维持一个较高的经济增长，才能在较短的时间里生产出更多的商品，为人们提供更多的闲暇时间，提高人们的生活质量。因此，追求经济增长是任何国家和政府最为重要的宏观经济目标之一。

（四）国际收支平衡

国际收支概念有狭义和广义之分。狭义的国际收支是指一个国家在一定时期内以进出口为对象的外汇收支，主要适用于以国际贸易为主的国际经济活动。广义的国际收支是为了适应广泛的国际交往对国际收支概念扩展的需要发展而来的，它包括一个国家在一定时期内与其他国家全部的国际经济交易，是一个国家在一定时期内对外政治、经济、文化往来所产生的全部国际经济交易的系统记录。目前，世界大多数国家采用广义国际收支的概念。

国际收支平衡是指一国对其他国家和地区的全部货币收入和支出相抵，大体平衡，略有顺差或略有逆差。由于国际收支平衡表是按照复式记账的借贷原则编制的，借贷双方永远都是相等的，无法判断平衡与否。因此，衡量国际收支是否平衡，一般都是根据国际经济交易的性质来判断。国际经济交易按其性质，一般可以分为自主性交易和调节性交易两类。自主性交易又称为事前交易，是指由个人、单位或是官方出于自主经济动机或其他动机而进行的交易，如商品和劳务的输出及输入、无报酬的转让、收益的转移以及对外的直接投资等。调节性交易又称为事后交易，是指为调节自主性交易所产生的国际收支差额而进行的交易，如分期付款、动用黄金外汇储备等。当一国国际收支中的自主性交易出现逆差时，得从国外的银行或者国际金融机构获得短期资金或是黄金外汇储备来弥补。因此，判断一国的国际收支是否平衡，实际上就是看自主性交易是否平衡，是否需要调节性交易来弥补。如果不需要调节性交易来弥补，则可以称为国际收支平衡；反之，如果需要调节性交易来弥补，则称为国际收支不平衡。

如果一个国家的国际收支表，在较长时间内出现较大差额，无论是顺差还是逆差，都不利于本国经济发展。长时期的、较大规模的国际收支逆差，会使本国外汇储备下降，增加债务和利息负担；长时期的、较大规模的国际收支顺差，一方面造成本国资源的浪费，使本国的商品和劳务为他国所用，另一方面可能增加国内的通货膨胀压力。因而，维持国际收支平衡是保证国民经济持续稳定增长和经济安全甚至政治稳定的重要条件，尤其是在经济全球化发展趋势下更是如此。由国际收支失衡而引起的经济波动甚至经济、金融危机在国际上并不鲜见。

四、货币政策最终目标之间的关系

要同时实现货币政策的上述四个目标是非常困难的。因为这四个目标之间并非完全协调和统一，它们彼此有时会表现出一定的矛盾性，从而影响货币政策的效果。因此，在实施货币政策时，中央银行必须注意这些目标之间的统一性和矛盾性，在突出重点目标的同时适当兼顾其他目标。

（一）稳定物价与充分就业的关系

应该说，如果物价稳定了，就可以为劳动者的充分就业与其他生产要素的充分利用提供一个良好的货币环境，而充分就业则可为物价的稳定提供物质基础。从这一意义上讲，稳定物价与充分就业之间是统一的。但著名经济学家菲利普斯在研究了1861—1957年英国的失业率与物价变动之间的关系后得出结论：物价上涨率与失业率之间存在着一种此消彼长的关系。他把这一现象概括为一条曲线，人们称为“菲利普斯曲线”。菲利普斯曲线之所以是一条向右下方倾斜的曲线，是因为如果要减少失业或实现充分就业，就必须要增加货币供应量以刺激社会总需求的增加，而总需求的增加在一定程度上必然会引起物价水平的上涨。相反，如果要压低物价上涨率，就必然要减少货币供应量以抑制社会总需求的增加，而社会总需求的减少必然会导致失业率的提高。这意味着，在失业率和物价上涨率之间，可能有三种组合：一是失业率较高的物价稳定；二是通货膨胀水平较高的充分就业；三是在物价上涨率和失业率的两极之间进行相机抉择。作为中央银行的货币政策最终目标，既不应选择失业率较高的物价稳定，也不应选择通货膨胀率较高的充分就业，而只能在两者之间根据具体的社会经济条件进行相机抉择。

（二）稳定物价与经济增长的关系

一般来说，这两个目标是可以相互统一的，物价稳定就意味着货币的购买力稳定，这样就可以为经济发展提供一个良好的金融环境和稳定的价值尺度，从而使得经济能够稳定增长。经济增长了，稳定物价和货币购买力也就有了雄厚的物质基础。因此，我们既可以通过稳定物价来发展经济，也可以通过发展经济来稳定物价。但是，世界各国的经济发展史表明，在经济发展较快时，总难免会伴随有物价较大幅度的上涨，如果这时过分强调物价的稳定，经济的增长和发展就会受阻。此时的中央银行或货币当局往往只能在两者之间进行调和，即在可以接受的物价上涨水平内发展经济，在保证经济最低增长的前提下稳定物价。

（三）稳定物价和国际收支平衡的关系

稳定物价主要是指稳定货币的对内价值，而平衡国际收支则是为了稳定货币的对外价值。如果国内物价不稳，国际收支便很难平衡。因为当国内物价高于国外物价时，必然会引起出口下降、进口增加，从而出现贸易逆差。但当国内物价稳定时，国际收支却并非一定能平衡。例如，当一国物价保持不变而国外物价上涨时，就会使本国商品的价格相对于外国商品显得较低，致使该国出口增加，而进口减少，国际收支就会产生顺差。因此，在世界经济一体化的大趋势下，一国的物价水平与国际收支之间存在着较为复杂的关系。在一国物价稳定时，国际收支能否平衡还要取决于该国的经济发展战略、资源结构、生产结构与消费结构的对称状况、对外贸易政策、关税政策、利用外资政策等，同时还要受其他国家贸易政策和经济形势等诸多因素的影响。

（四）充分就业与经济增长的关系

通常情况下，就业人数越多，经济增长速度就会越快；而经济增长速度越快，为劳动者提供的就业机会也就越多。但在这种统一关系的背后，还存在一个劳动生产率的动态变化问题。如果就业增加带来的经济增长伴随着社会平均劳动生产率水平的下降，那就意味着经济增长是以投入产出比的下降为前提的，是一种粗放式增长，这不仅意味着本期浪费更多的资源，还会影响到后期的经济增长，因而这种就业增长是不可取的。只有就业增加所带来的经济增长同时伴随社会平均劳动生产率提高的情况才是应该鼓励的。

（五）充分就业与国际收支平衡的关系

就业人数增加时，收入水平就会提高，当有支付能力的需求扩大时，就会使得对外国商品的需求增加，这样就可能会形成或扩大国际收支逆差。政府为了减少逆差，一般就会采用紧缩性的货币与财政政策，以抑制国内需求，这样又会导致就业机会的减少，使得失业率提高。因此，从短期来看，充分就业时的国际收支很可能不平衡，而当国际收支平衡时却很可能存在大量失业。充分就业与国际收支平衡这两大目标之间存在相互矛盾的地方。

（六）经济增长与国际收支平衡的关系

在正常情况下，经济增长与国际收支平衡之间没有太大的矛盾。但随着国内经济的发展，国民收入增加以及对外支付能力的增加，通常会增加对进口商品的需求，如果这时的出口贸易不能随进口贸易的增加而相应增加，就会引起贸易收支状况的恶化，形成贸易逆差。当逆差很大时，就得限制进口，并压缩国内投资规模，这就会妨碍国内的经济增长，甚至会引起经济衰退。另外，要促进国内的经济增长，往往需要增加投资，在国内储蓄不足的情况下，就要引进外资。外资的流入虽然可以在一定程度上弥补贸易逆差造成的国际收支失衡，却并不一定能保证经济增长与国际收支平衡目标的同时实现。

从上面的分析可见，在四大货币政策最终目标之间存在着不同程度的矛盾和统一关系，我们把这些关系列于表 8 - 2 中。处理这些目标之间的矛盾，应视具体经济环境的需要或者统筹兼顾，没有事先的定论。

表 8-2 货币政策最终目标之间的关系

	稳定物价	充分就业	经济增长	国际收支平衡
稳定物价		—	*	*
充分就业	—		+	—
经济增长	*	+		—
国际收支平衡	*	—	—	

注："+"表示基本统一，"—"表示有矛盾，"*"表示既统一又矛盾。

资料来源：范从来、姜宁编著：《货币银行学》（第二版），南京大学出版社 2003 年版，第 167 页。

五、货币政策最终目标的选择

由于四大最终目标之间既有统一性又有矛盾性，货币政策不可能同时实现四大目标。因此，这就出现了如何选择货币政策最终目标的问题。从实际情况看，货币政策最终目标的具体选择不仅依赖于各国特定的发展阶段及其特殊国情，也反映了人们对货币经济及货币政策认识的深化程度。

（一）货币政策最终目标的选择理论

关于货币政策最终目标的选择，理论界一直都存在着不同的看法和争论。概括起来，大体上有以下三种观点：

1. 多重目标论

多重目标论认为，货币政策作为宏观经济间接调控的主要经济手段之一，对各个宏观经济目标都有十分重要的影响，不能只以其中一个或两个目标作为中央银行货币政策最终目标，而应在不同时期以不同的目标作为相对重点，同时兼顾其他目标。20 世纪 90 年代以前，西方经济学界大多主张中央银行应该同时选择几个不同的目标，并以其中的一个目标作为货币政策的主要目标，而以其他目标作为辅助目标，如后凯恩斯经济学派主张以经济增长、物价稳定、国际收支平衡作为凯恩斯的充分就业战略目标的补充。

2. 双重目标论

双重目标论认为，货币政策的目标不应该是单一的，而应该是同时兼顾稳定物价和经济增长的双重目标。这是因为，经济增长是物价稳定的基础，而物价稳定又有利于经济的长期稳定增长，两者相互制约、相互影响，不能偏颇，必须同时兼顾，只偏重某一个目标的结果不仅不可能在长期经济运行中实现该目标，也不利于整个国民经济的稳定协调发展。

3. 单一目标论

单一目标论者认为，既然各目标间存在着矛盾，因此只能采用单一目标。不过，在选择哪个目标问题上，单一目标论者却存在分歧：一部分人认为稳定物价是经济正常运行和发展的基本前提，主张以稳定物价作为货币政策的唯一目标；另一部分人则认为经济增长是物价稳定的基础，主张以经济增长作为货币政策的唯一目标。

（二）货币政策最终目标的选择方式

尽管很难同时实现货币政策的数项目标，但是各国中央银行仍力图从中选择一两个作为某一时期的重点目标来制定自己的货币政策，目标选择的基本原则是：趋利避害，两利相权取其重，两弊相权取其轻。目标选择的方式主要有以下几种：

1. 相机抉择法

一些学者认为，在调节经济时，究竟采取哪种货币政策，牺牲哪个目标来换取哪个目标，以及不同政策之间如何搭配，不应有一成不变的模式，而应当相机抉择，即根据具体经济情况进行决定和选择。由于各国的经济情况不同，在一定时期内，通常可以选择一个或两个目标作为优先目标。

2."逆经济风向"抉择法

这是当前较为普遍采用的方法，即根据不同时期的经济状况，确定不同的货币政策目标，进而采取不同类型的货币政策以实现这些政策目标。具体来说，在经济衰退时期，把刺激经济增长、维持充分就业作为主要目标，执行信用扩张政策；在经济高涨时期，则把物价稳定和国际收支平衡作为主要目标，执行信用紧缩政策。

3. “简单规则” 抉择法

与相机抉择和“逆经济风向”抉择等抉择方式不同，“简单规则”抉择不以主观判断为准，而是按照一套简单规则来行事。货币主义学派代表人物弗里德曼认为，货币政策的最终目标是物价稳定。为实现该目标，弗里德曼提出“简单规则”的货币政策，即中央银行无论经济形势如何，都应该始终如一地保持一个稳定货币增长率，除此以外，政府不用对经济进行任何干预。具体做法是：首先确定合适的货币供给量的定义，然后根据经济增长速度和居民保持现金的习惯等因素，确定每年的货币供给增长速度。

第三节　货币政策中介目标

从中央银行运用货币政策工具，到货币政策发挥效力，以至对最终目标产生影响，是一个极为复杂的过程。为了便于监测及控制，货币政策的各类目标需要相应的经济指标和金融指标来体现，这就涉及货币政策的中介指标。

一、货币政策中介目标的含义

货币政策中介目标一词，最早是 20 世纪 60 年代美国经济学家提出的，但是当时中央银行并不是从宏观角度来考虑中介目标的。到了 20 世纪 70 年代中期，货币政策中介目标的理论得以发展，中介目标逐渐成为各国的中央银行货币政策传导机制的主要内容之一，并且正式出现了货币政策中介目标的概念和中介目标的选择问题。

（一）货币政策中介目标的定义

所谓货币政策中介目标是指受货币政策工具作用，影响货币政策最终目标的传导性金融变量的指标。货币政策的中介目标是联系货币政策最终目标和货币政策工具的中间金融变量，是在货币政策最终目标的追求过程中测知措施的效力并保证最终目标得以实现的战术目标。因此，中介目标具有三方面的含义：一是指中央银行确定货币政策后，运用货币政策操作目标及工具，首先作用于有关货币、信贷指标，最后才作用于最终目标；二是从货币政策实施到实现最终目标有一个时间过程，在这个过程中，为了能有效地测定货币政策操作目标及工具运用效果，必须有一些短期内能够大致体现政策效果的指标；三是有关最终目标的统计资料需要较长时间汇集整理，中央银行不易随时掌握全面情况，需要一些短期内易于掌握的金融指标作为过渡性指标。

按其所处环节、地位和时空约束条件，中介目标可分为近期中介目标和远期中介目标。近期中介目标，是指直接受货币政策工具作用，间接影响货币政策最终目标的金融变量；远期中介目标又称“中间目标”或“效果目标”，是指间接受货币政策工具作用，直接影响货币政策最终目标的金融变量。一般所说的中介目标是指远期中介目标，相应地，为区分方便而将近期中介目标称为操作目标，本书亦采用这一做法。

（二）货币政策中介目标的基本性质

作为观测、监控货币政策工具到货币政策最终目标作用过程的金融变量，中介目标具有三个基本性质：

1. 控制启动器

作为中介目标的金融变量应当是货币政策运用和影响的主体，即中央银行运用货币政策工具，一方面能直接引起作为中介目标的金融变量的变动，另一方面又能通过这些中介变量启动最终目标的实现。

2. 传导指示器

中介目标能让全社会及整个金融体系了解中央银行货币政策的作用方向和强度，传导中央银行的货币政策意向，以使各经济主体作出符合中央银行货币政策要求的决策。

3. 反馈显示器

中央银行通过中介目标的观察、检测和分析，能反映出货币政策的作用方向是否正确、强度是否恰当、时间是否适合，以便及时进行反馈调节。

二、货币政策中介目标选择的基本标准

货币政策中介目标为中央银行提供反映短期经济变化和金融趋势的数量化的参照系数，能及时显示货币政策实施的程度，是实现中央银行对宏观经济调控更具有弹性的重要保证。因此，中介目标在货币政策实施中具有十分重要的作用，各国中央银行都非常重视中介目标的选择。通常，中央银行在选择货币政策中介目标时主要考虑三条基本标准：一是必须是可以度量的金融变量；二是选取的中介目标变量必须能够为中央银行所控制；三是必须与货币政策最终目标相关。

（一）可测性

可测性是指中央银行选择的金融变量必须具有明确合理的内涵和外延，中央银行能够迅速而准确地获取有关变量指标的资料数据，并且易于进行定量分析。对中介目标变量进行及时准确测量是十分必要的。一个中介目标是否有用，关键要看这个变量在政策偏离轨道时能否比货币政策最终目标更快地发出信号。而要让这个变量很快地发出信号的前提，就是要能够迅速准确地测量这一变量，并对它进行及时分析和预测。

（二）可控性

可控性是指中央银行能够通过运用各种政策手段，对中介目标变量进行有效的控制和调节，能够准确地控制中介目标变量的变化情况和变动趋势。如果中央银行不能控制中介目标变量，那么即使中央银行发现某中介目标变量偏离了正常轨道，也无法改变其运行方式，这一中介目标也就失去了应有的作用。例如，有些经济学家建议用名义GDP作为中介目标，但由于中央银行很少能对名义GDP进行直接控制，名义GDP对中央银行应该如何安排货币政策工具提供不了多少帮助，因此它不是合适的中介目标变量。而中央银行能够对货币供应量和利率从多方面进行有效控制，因此这两个变量就可以作为中介目标变量。

（三）相关性

相关性是指中介目标必须与货币政策最终目标密切相关，这样就

能保证中央银行能通过控制和调节中介目标促使最终目标的实现。相关性反映了中介目标对最终目标的影响力，相关性程度越大，这种影响力就越大，中央银行通过控制中介目标变量来控制最终目标变量的效力也就越大。更为重要的是，中介目标对最终目标的影响力必须能够准确地测量和预测，从而能够知道或预计这种影响力到底有多大。例如，虽然中央银行能够迅速、准确地获取化妆品的价格并能完全控制它，但这是没有用处的，因为中央银行不能通过化妆品的价格来影响国内的物价水平、总产出水平和就业水平。然而，货币供应量和利率这两个变量却同物价水平、总产出水平和就业水平关系密切，中央银行通过控制这两个变量就能实现对物价、总产出和就业的影响。因此，货币供应量和利率就是很好的中介目标变量。

此外，在选择中介目标时还需要注意：（1）中介目标不是一成不变的，必须依据各国市场环境及时调整。（2）特定的货币政策中介目标的选择及其运用方式，在很大程度上取决于不同国家的社会经济金融制度及背景。（3）即使是大致相同的货币政策中介目标，也会因不同国家的经济金融环境而有所区别。

三、西方发达国家货币政策中介目标的历史演进

在20世纪50—60年代，西方发达国家大都面临着经济衰退、失业率上升的问题。为促进经济增长和就业，西方各国货币当局纷纷采纳凯恩斯主义的理论观点，以利率作为货币政策中介目标，运用货币政策来影响市场利率，刺激投资与需求。到了20世纪70年代，面对日益严重的通货膨胀和经济衰退，西方发达国家的货币政策目标不得不转向以稳定币值为主，于是在弗里德曼的货币数量理论的指导下，货币供应量就成了货币政策当然的中介目标。进入20世纪80年代中期后，金融创新和金融自由化的发展破坏了货币供应量与经济变量之间的关系，削弱了货币供应量与主要经济变量之间的相关性。这一变化迫使西方发达国家重新考虑选择或调整货币政策中介目标的问题。多数国家渐渐抛弃了以货币供应量作为中介目标的做法，重操以利率、汇率和通货膨胀率等价格型变量为主要中介目标的做法。第二次世界

大战后西方发达国家货币政策中介目标的这种历史演进可用表 8 - 3 加以概括。

总之，西方发达国家货币政策中介目标走过了一条从利率到货币供给量，再到汇率、利率、通货膨胀率的路径。这一曲折路径说明，货币政策中介目标的选择并非一成不变，而是应当根据实际情况不断地进行调整，确保入选的中介目标能够满足“三性”的标准，以提高中介目标的有效性，进而提高货币政策的有效性。

表 8 - 3　第二次世界大战后部分发达国家货币政策中介目标的历史演变

国家	20 世纪 50 - 60 年代	20 世纪 70—80 年代	20 世纪 90 年代后
美国	以利率为主	先以 M1 后改为 M2 为主	1993 年 7 月起为实际利率
英国	以利率为主	先以 M3 后改为 M0 为主	20 世纪 90 年代初为汇率，1992 年 10 月起为通货膨胀目标制，利率为主要中介目标
加拿大	先以信用总额为主，后改为信用调节为主	先以 M1 后改为 M2 为主	1991 年 2 月起为通货膨胀目标制，货币供应量为主要中介目标
日本	民间金融体系贷款增加额	M2 + CD	利率
瑞士	汇率	先以 M1 后改为 M0 为主	货币供应量为主，同时考虑汇率和利率
德国	商业银行自由流动准备	先以中央银行货币量后改为 M3 为主	M3 为主，同时考虑汇率和利率

资料来源：王素珍：《关于货币本质及货币政策目标问题的讨论》，中国金融出版社 2000 年版，第 94 页。

四、几种主要的货币政策中介目标分析

中介目标是指间接受货币政策工具的作用，而直接影响货币政策最终目标的金融变量。常用的货币政策中介目标主要是利率和货币供给量。在一定条件下，银行信贷规模、汇率及通货膨胀目标也可以作为中介目标。

（一）利率

以利率作为中介目标，即通过货币政策工具来调节和监控市场利率水平。具体操作原理是：中央银行首先根据经济金融环境和金融市场状况提出预期理想的利率基准水平，然后将市场利率与基准利率相

比较，当前者高于后者时，则需紧缩货币供应量以降低市场利率，反之则需增加货币供应量以提高市场利率，最终使两者趋于一致。

利率作为货币政策中介指标具有以下优点：（1）具有较好的可测性。中央银行可以随时观察到市场上利率的变动情况，并及时获取数据。(2）具有相当大的控制力。例如，中央银行可以通过改变再贴现率，或是通过公开市场业务调节基础货币来影响市场利率。(3）与货币政策最终目标的相关性强。因为利率能够反映货币与信用的供求状况，并可以表现出货币和信用状况的相对变化。利率的上升表明货币需求大于货币供给，获得信用的难度增加；利率下降则意味着货币供给大于需求，比较容易获得信用。（4）利率的调整可以把中央银行的政策意图及时传递给市场主体。因为任何利率的调整都会影响到金融机构、企业和居民对金融资产的选择，从而改变其行为。因此，当前许多国家都将利率作为重要的中介指标。

但是，利率作为中介指标也存在着一些缺点：（1）在可测性上存在着一些问题。因为中央银行用作指标变量的利率是社会上各种借贷关系所使用的利率的加权平均数，而中央银行所收集到的只是各种公开市场上的利率而非所有利率的资料。(2）中央银行所能控制的是名义利率，而对经济产生影响的却是预期实际利率。预期实际利率等于名义利率减去预期通货膨胀率。由于预期通货膨胀率难以加以计量，因此很难得到实际利率的数据，自然也就很难对它加以有效控制。(3）利率对经济活动影响的大小也取决于货币需求弹性。货币需求的利率弹性不仅受经济体制的影响，还受到金融市场发达程度的影响，而且在经济运行的不同时期货币需求的利率弹性也存在着差异。例如，我国在没有完全实现利率市场化的改革之前，利率作为中介指标的效果不明显。(4）中央银行货币政策操作首先影响的是短期利率，对中长期利率的影响比较小，波及速度也比较慢，但对经济增长影响较大的是中长期利率。短期利率和长期利率之间的连动性状况也影响了货币政策的效果。

（二）货币供给量

与以利率作为中介目标的做法相反，以货币供给量作为中介目标意味着一国的中央银行应通过运用货币政策工具将社会的货币存量维持在合意水平上。具体操作原理是：当物价上升时，增加货币供给量以降低物价；反之，当物价下降时，则减少货币供给量以提高物价。

货币供给量作为中介指标也具有很多优点：（1）各层次货币供给量都有明确的内涵和外延，在金融机构资产负债表上可以进行数量统计和分析，符合可测性的要求。（2）在控制性方面，中央银行可以控制基础货币以有效控制货币供给量。M0 是直接由中央银行创造并注入流通的，其可控性较强；M1 和 M2 虽然不是由中央银行直接控制，但是商业银行的这些货币性负债都是靠中央银行的货币性负债支撑的，只要中央银行控制住了基础货币的投入量，就可以间接控制住 M1 和 M2 的供给量。（3）在相关性方面，各层次的货币供给量与政策工具、最终目标都具有密切关系。一般来说，M0、M1 和 M2 代表了一定时期的社会总需求量，代表了整个社会的购买力，从而直接影响社会总需求和总供给的平衡状况。货币供给量不仅是物价水平发生变动的决定因素，同时也是经济波动的根源。只要中央银行可以将各层次的货币供给量控制在适度水平，也就控制住了一定时期的社会总需求。实现了货币供给量的增加，表示货币政策是扩张性的；反之，表示货币政策是紧缩的。因此，货币供给量的变化也具有一定程度的告示效应，有利于货币政策对实际经济活动的影响效应的发挥。

但同时以货币供给量作为中介指标也存在着许多缺点：（1）在可测性方面有一定的问题，很难做到准确及可靠。（2）货币供给量一般是按照货币资产的流动性的大小来划分不同层次的，因此出现了不同层次的货币供给量的概念。选择哪一个层次的货币供给量作为中介指标依然是一个问题。（3）中央银行无法绝对控制货币供给量。货币供给量既是一个外生变量，又是一个内生变量。中央银行虽然可以控制基础货币，但是货币乘数还受到中央银行所不能直接控制的其他因素的影响。另外，中央银行通过货币政策工具控制货币供给量还存在着一定的时滞，这也削弱了中央银行的货币控制力。

（三）货币政策中介目标权衡：利率还是货币供给量

长期以来，一直存在着货币政策中介目标选择的争议，而争论的焦点即利率和货币供给量作为中介目标何者更优。这实际上是一个货币政策中介目标的权衡问题，下面将从三个方面对这一问题进行分析。

1. 理论分歧

凯恩斯主义者认为，利率是影响总需求的关键变量，并且中央银行可以采取有效的措施调控利率，因而他们主张将长期利率作为货币政策的中介目标。根据凯恩斯主义理论，在社会总支出变动之前货币政策首先引起了利率的变动。因为中长期利率对投资的影响很大，尤其是对房屋、建筑及机器设备的投资影响更大，因而中长期利率和整个社会的收入水平密切相关。根据流动性偏好理论，货币供应量增加，利率下降，刺激了投资，并且通过流动性效应和财富效应影响实际经济活动和收入水平。他们还认为，中央银行可以通过再贴现和公开市场操作来调控利率，因此利率基本符合上述三个条件，可以作为货币政策中介目标。利率水平的高低还能够直接显示中央银行的政策意图，利率上升表示中央银行紧缩银根，利率的降低则表示中央银行放松银根。因此，利率的变动可以引导消费和投资按照中央银行的意图进行调节。当实证研究表明投资对利率的变化并不敏感时，凯恩斯主义者便修正了其货币政策中介目标理论，提出了货币供给量只是间接地通过利率来影响社会经济活动的观点。由于金融市场的所有组成部分都承受了货币供给量最初增加时所形成的冲击，因而利率不会受到显著的影响，并且投资支出对利率的变动也并不十分敏感，与其间接地通过增加货币供应量、降低利率影响经济活动，还不如直接控制利率从而逐渐刺激投资的增加，促进收入及就业水平的增长。因此，凯恩斯主义始终坚持以利率作为货币政策的中间目标。鉴于“凯恩斯革命”的深刻影响和战后资本主义国家迫于发展经济和解决就业问题的政治压力，从20世纪40年代初到60年代末，西方主要资本主义国家大都采取了凯恩斯主义者的政策主张，将利率作为货币政策的中介目标。

但是，凯恩斯主义关于货币政策中介目标的理论却遭到了以弗里德曼为代表的货币主义者的批判，后者认为把利率作为中介目标存在着很多的缺陷。在《影响利率水平的因素》一文中，弗里德曼从动态的角度对货币供给影响利率和物价水平的全过程作了全面的阐述，并列举了利率不宜作为货币政策目标的种种理由：首先，凯恩斯主义混淆了“货币数量”和“信用”这两个截然不同的概念。利率并不是货币的价格，而是信用的价格；物价水平或是其倒数才是货币的价格。只有信用增加才使利率下降，而货币供给量增加只能引起物价水平的上涨。利率和货币供给量之间的关系也不如凯恩斯主义者所描述的那样直接。其次，凯恩斯主义者缺乏对货币供应量增加影响利率动态过程的全面知识。弗里德曼认为，必须同时分析流动性效应、收入效应及价格预期效应，才可以正确地认识货币供应量变动和利率水平之间的动态关系。其中，只有流动性效应才使利率下降，而收入效应和价格预期效应都会使利率上升。具体而言，货币供给量增加，通过流动性效应，人们对金融资产的需求会增加，会迫使金融资产价格上升和利率降低，并且利率的下降在一定程度上刺激投资及产出的增加。随着生产的扩大和就业的增加，收入也得到了提高，进而推动了物价上涨。企业为了扩大生产，必然会增加可贷资金的需求。但此时物价已经上涨，实际货币供给量也随之减少，收入效应促使利率急剧回升。并且，在人们预期物价还会继续上涨时，必然会持有更多的货币余额，价格预期效应推动利率水平进一步上涨。弗里德曼由此断言，货币供给量最终会使利率水平上升，中央银行也无法有效地控制利率。最后，将利率作为货币政策的中介目标，甚至会造成货币政策的误导。因为按照凯恩斯的理论，在名义利率上升时，此时的货币供给不足，应该增加货币供给；但按弗里德曼的理论，名义利率较高表明货币供给过多，继续增加货币供给会加剧通货膨胀。反之，在名义利率偏低时，按照凯恩斯的理论，此时货币供给过多，应该减少货币供给；而按照弗里德曼的理论，此时货币供给过少，应该增加货币供给。因此，以利率为中介目标的货币政策必然会加剧经济的震荡和紊乱。

在此基础上，弗里德曼提出，货币供给量是比利率更为适宜的货币政策的中介目标。因为货币供给量的变动并不直接地影响利率，而是更直接地影响人们的名义收支水平，从而影响投资、就业、产出和物价水平。实证研究表明，在短期内，货币供给量与实际收入、物价水平之间的关系并不十分明确，但是在长期中，他们之间的关系是比较明确的：货币供给量的变动总是引起名义收入和物价水平的同方向变动。因此，中央银行随意改变货币供给量是经济不稳定的根源之一，会对经济产生极为不利的影响。货币主义认为，目前人们对货币影响经济的过程还缺乏正确而清晰的认识，只有采取稳定货币供给的政策，才可以避免通货膨胀，为经济发展提供了一个稳定环境。在货币主义者看来，中央银行是可以控制货币供给量的，并且货币供给量也可以正确地反映货币政策的意向，即货币供给量的增加表明货币政策是扩张性的，而货币供给量的减少则表示货币政策是紧缩性的。因此，货币主义者认为，应将货币供给量作为货币政策的中介目标。从 20 世纪 70 年代开始，迫于日趋严重的通货膨胀压力，西方各国纷纷接受货币主义的政策建议，以货币供给量作为货币政策的中介目标。

但是，货币主义者的这一理论也受到了许多经济学家的批评。其中，凯恩斯主义者认为，作为内生变量的货币供给量，中央银行无法加以绝对控制。尤其是在短期内，货币供给量并不完全取决于中央银行，因为公众持有现金和存款的比率变动及商业银行的超额准备金的变动都会直接影响货币乘数，从而造成短期货币供给量的不稳定，以致货币供给量的增减不足以反映货币政策的意向。另外，战后非银行金融中介机构发展迅速，他们创造的金融工具也具有很强的流动性，这会模糊货币的边界。在什么是货币都无法完全确定的情况下，凯恩斯主义者更强调货币供给量不能作为货币政策的中介目标。而货币经济学家萨文则认为，货币供给量和利率一样，也是随着经济的周期性而波动的。在通货膨胀时期，中央银行实行紧缩性的货币政策，结果利率上升，商业银行持有自由准备的成本也增加了。于是，他们就扩大贷款，从而使货币供给量增加。反之，利率下降，商业银行持有自由准备的成本降低。于是，他们就收缩贷款，从而减少货币供给量。也就是说，以货币供给量作为中介目标会与中央银行的政策意图逆向而动。在中央银行实行扩张性的货币政策时，会减少货币供给量；而中央银行实行紧缩性货币政策时，会增加货币供给量。这就会给经济运行以错误的信号，从而不利于实现宏观调控的目标。因而，货币供给量不适合作为货币政策的中介目标。

2. 一般意义上的权衡

从一般意义上讲，货币政策中介目标的选择要符合可测性、可控性和相关性三个标准。因此，对利率与货币供给量的权衡可从这三个方面进行。

（1）可测性比较

由于货币供给量是一个多层次概念，以其作为货币政策中介目标首先就存在着以哪一层次的货币供给量作为指标的问题。更为重要的是，随着金融创新的出现，货币各层次之间的界限逐渐变得模糊。相反，与货币供给量相比，市场利率数据不仅可以随时得到，而且更准确，并且很少修正。因此，从表面上看，利率似乎比货币供给量更具有可测性。但是，市场利率只是名义利率，通常情况下不能用来计量借贷的真实成本，而实际利率对于预测 GDP 的变化具有重要意义。真实成本可用预期实际利率来衡量，实际利率等于名义利率减去通货膨胀预期。由于没有计量通货膨胀预期的直接手段，因此预期实际利率是很难准确计量的。由此可见，无论是利率还是货币供给量，作为中介目标，两者都存在着可测性问题，因而仅以此为标准，何者更优并不清楚。

（2）可控性比较

如果以利率作为货币政策的中介目标，中央银行既可以通过公开市场操作，影响短期国债利率；也可以通过贴现窗口管理，影响银行同业拆借利率。但是，中央银行只能通过影响短期利率来间接影响长期利率，而无法直接改变长期利率。如果以货币供应量为货币政策的中介目标，由于货币供应量由通货和各种存款货币组成，中央银行虽然可直接控制通货数量，但对于各种存款货币，中央银行只能通过控制基础货币来进行间接控制。这样，作为中介目标，利率与货币供给量孰优孰劣难以评判。

（3）相关性比较

利率作为经济的一个内生变量，总是随宏观经济形势的变动而变化，它的变动会对实体部门的需求产生较大影响，故与货币政策最终目标的相关性较强。但是，这种相关性不太稳定。例如，在通货膨胀恶化的情况下，影响实体部门的是实际利率，而不是名义利率。货币供给量对实体部门需求的影响，是通过货币流通速度的变动而发挥作用的。只有当货币流通速度比较固定且可预期时，货币供应量才能影响实体部门需求，实现货币政策最终目标。因此，无论是利率还是货币供给量，作为中介目标，两者都同样存在相关性问题。

3. 宏观经济模型中中介目标的权衡

这里进一步通过利率与国民收入决定模型，即*IS-LM*模型，来分析在宏观经济发生波动的情况下货币政策中介目标的权衡问题。

（1）面对来自实体部门的需求冲击时

当面对来自实体部门的需求冲击，如消费、投资、政府购买及净出口等时，应以货币供给量作为中介目标，因为这一目标可防止经济的大起大落。图8－2对此作了解释说明。当*LM*曲线相对固定在LM^*时，假定*IS*曲线的波动范围位于IS_1和IS_2之间，若以利率为中介目标，比如将利率稳定在i^*处，产出就会在Y'_1和Y'_2之间较大幅度地波动。但如果以货币供给量为中介目标，通过控制货币供应，就可以使*LM*曲线保持稳定，这时虽然*IS*曲线的波动幅度不变，但它与*LM*曲线的交点决定了经济只会在Y_1和Y_2之间较小的幅度内波动。

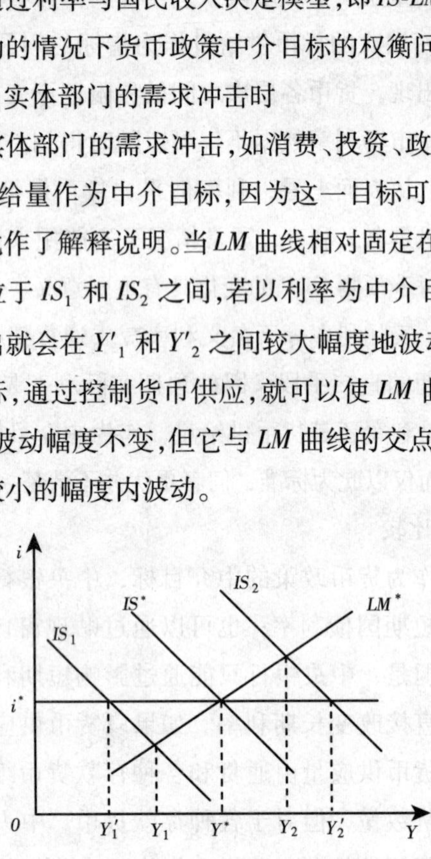

图8－2 *IS*曲线的不稳定与经济波动

（2）面对来自金融部门的冲击时

相反，当面对来自金融部门的冲击时，由于*LM*曲线比*IS*曲线更不稳定，即*IS*曲线相对比较稳定，此时应选取利率作为中介目标，才不会引起产出的较大波动。图8－3对此作了解释。由图8－3可见，虽然货币当局可对货币供给量进行控制，但由于货币需求的自主性变动较大，故*LM*曲线会在LM_1和LM_2之间漂移，造成利率在i_1和i_2之间波动，继而导致收入在Y_1和Y_2之间波动。如果此时货币当局采取控制利率的方法，把利率稳定在i^*的水平，那么i^*与相对稳定的IS曲线就会决定一个比较稳定的产出水平Y^*。可见这时将利率作为中介目标非常有利于经济的稳定。

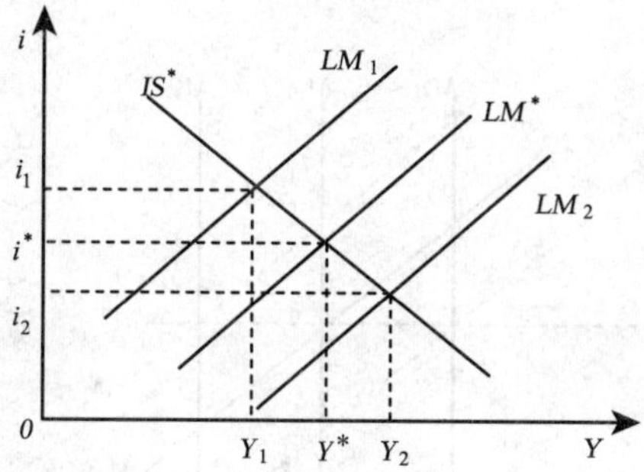

图8-3 *LM*曲线的不稳定与经济波动

4. 利率与货币供给量能否同时作为货币政策中介目标

利率与货币供给量是市场经济国家最为常用的货币政策中介目标，虽然两者的优缺点具有一定的互补性，往往一方的优点可能就是另一方的缺点，但遗憾的是，一国中央银行并不能将两者同时作为货币政策目标，以扬长避短，实现最优的货币政策效果。这包括两种情况：一是如果中央银行将货币供给量作为中介目标，则利率将失去控制；二是如果中央银行以利率作为中介目标，则货币供给量又会失去控制。

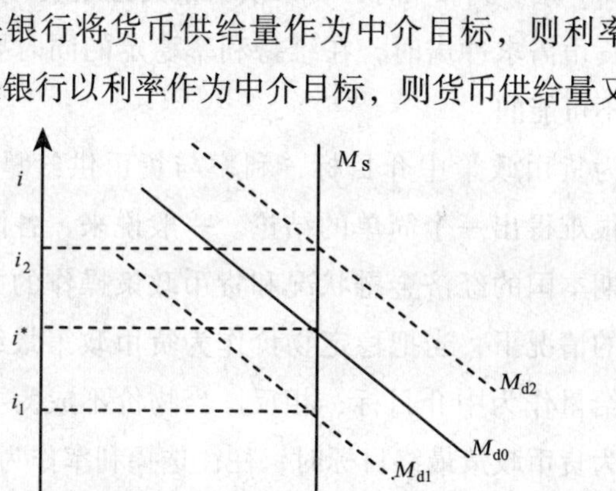

图8-4 以货币供应量作为货币政策中介目标

图8-4对第一种情况进行了说明。从图8-4中可看出，如果中

央银行以货币供给量作为中介目标，旨在将其稳定在 M^* 的水平上，则当货币需求从 M_{d0} 增加到 M_{d2} 时，均衡利率也将由 i^* 提高到 i_2；相反，当货币需求从 M_{d0} 减少到 M_{d1} 时，均衡利率又将从 i^* 下降为 i_1。由此可见，当发生货币需求冲击时，要维持货币供给量不变，只能任由利率波动。

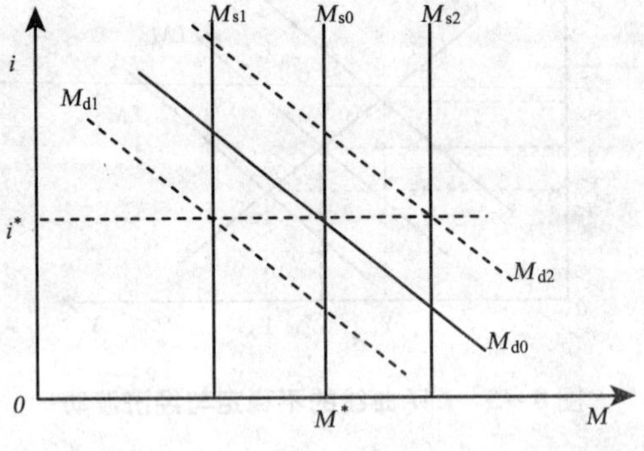

图 8－5　以利率作为货币政策中介目标

图 8－5 则对第二种情况进行了说明。从图中可看出，如果中央银行以利率作为中介目标，旨在将其稳定在 i^* 的水平上，则当货币需求从 M_{d0} 增加到 M_{d2} 时，货币供给量必须相应地由 M_{s0} 增加到 M_{s2}；相反，当货币需求从 M_{d0} 减少到 M_{d1} 时，货币供给量又必须从 M_{s0} 下降为 M_{s1}。因此，当发生货币需求冲击时，在维持利率稳定的同时要维持货币供给量稳定也是不可能的。

总之，作为货币政策中介目标，利率与货币供给量各有优缺点，两者孰优孰劣很难得出一个简单的结论。一般说来，各国中央银行都是根据一定时期本国的经济金融状况和货币政策操作的方便程度来抉择的。在较多的情况下，当把稳定物价作为货币政策最终目标时，往往选择货币供给量作为中介目标；相反，当物价不成为主要矛盾而选择经济增长作为货币政策最终目标时，往往选择利率作为中介目标。

（四）其他货币政策中介目标分析

除利率和货币供给量外，还有一些金融变量可作为货币政策中介目标，如银行信贷规模、汇率及通货膨胀目标等。20 世纪 90 年代以来，通货膨胀目标成为货币政策中介目标理论研究和政策实践的热点。

1. 银行信贷规模

银行信贷规模是指银行体系对社会公众及各经济单位的存贷款总额。以银行信贷规模作为货币政策中介目标主要盛行于市场经济不发达、经济主体的融资主要依赖于银行贷款的国家或地区。

银行信贷规模作为货币政策中介目标的优点是：（1）与最终目标具有一定的相关性，特别是在金融市场不发达的条件下，控制了银行信贷规模也就控制了货币供给量；（2）具有较高的可测性，数据也较易获得；（3）具有较好的可控性，中央银行只需规定好银行信贷额度，就可较好地限制银行信贷规模。

其主要缺点是：（1）随着金融市场发育程度的提高，与最终目标的相关性会减弱。这是因为在发达的金融市场中，除银行贷款外，企业还可通过发行股票等方式进行融资，因此中央银行控制银行信贷规模的行为并不一定能调控企业投资。（2）银行信贷规模的控制主要依靠行政手段而非经济手段，这不利于市场机制的培育，容易造成资源配置的扭曲。（3）信息不完全和有限理性使中央银行难以确定正确的银行信贷规模与结构。

2. 汇率

以汇率作为中介目标的基本原理是使本币钉住某一经济实力较强、币值稳定的国家的货币或货币篮子，通过固定贸易价格，而使本国的通货膨胀率被置于直接控制之下。近年来，以汇率作为中介目标的具体做法主要有两种：一是实行固定汇率制。固定汇率制是一种外汇行市受到某种限制而在一定幅度内波动的汇率制度，在这种制度下，一国往往以法律形式规定外汇汇率，形成法定汇率，又称“官方汇率”，一切外汇交易都应按该汇率进行。二是实行爬行钉住汇率制。爬行钉住汇率制是固定汇率制和浮动汇率制的折中，其含义是一国对货币平价进行细微的、经常性的调整，扭转一国的国际收支失衡，是将汇率钉住某种平价，但根据一组选定的指标频繁地、小幅度地调整所钉住平价的一种汇率安排。

以汇率作为货币政策中介指标具有以下优点：（1）汇率目标钉住建立在国际间贸易商品基础上，有利于将通货膨胀率保持在可控制的范围内。(2)如果货币当局的汇率目标的承诺是可信赖的，它可将本国的通货膨胀预期钉住在目标国的通货膨胀水平上，不至于产生失控的通货膨胀预期。(3)汇率目标提供了一个关于货币政策行为的自动规则，避免了时间的不一致性。当国内货币有贬值的倾向时，这一目标要求采取紧的货币政策，反之则要求实行松的货币政策。货币政策不再具有相机抉择性，避免了为达到就业等宏观目标的扩张性政策冲动。另外，汇率目标具有简单和清晰的优点，社会公众易于理解。

但是，汇率作为货币政策中介目标缺点也很突出，表现在：(1)在开放的资本市场条件下，固定汇率使国家的货币政策丧失了独立性，实际上是牺牲了对内均衡来满足对外均衡。(2)目标国的经济波动会直接传导给钉住国，影响经济的稳定。(3)在开放的经济条件下，本国的货币易受到国际金融市场上的投机基金的攻击，加剧了汇率的不稳定性。

3. 通货膨胀目标

作为货币政策中介目标，通货膨胀目标的理论含义是：中央银行首先预测通货膨胀的未来走向，并将此预测与通货膨胀目标（或目标区）相比较，然后根据二者之间的差距来决定货币政策工具的选择和运用。如果通货膨胀预期结果高于目标或目标区上限，可实行收缩性的货币政策；如果通货膨胀预期结果低于目标或目标区下限，可实行扩张性货币政策；如果通货膨胀预期结果在目标区范围内或非常接近目标，可以实行中性货币政策。①

通货膨胀目标主要包括以下几方面内容：(1)确定物价稳定的标准，并向公众公布中央银行的目标通货膨胀率；(2)中央银行建立模型预测通货膨胀趋势，并以此为基础决定货币政策的操作方向；(3)加强中央银行同公众的交流，增加政策透明度。

与货币政策其他中介指标相比，通货膨胀目标的最大特点是实现

---

① 王宇著：《货币政策的决策与传导》，中国财政经济出版社 2005 年版，第 40—42 页，略有修改。

了规则性与灵活性的高度统一，克服了传统中介指标单纯钉住某种特定的金融变量的弊端。同时，极大地提高了货币政策的独立性和透明度。显然，如果选择了通胀目标作为货币政策中介目标，中央银行监测的将是一个综合指标，而不只是货币供给量，这个综合指标通常被称为“货币状况”。它不仅包括诸如产出、就业缺口、通货膨胀水平、财政政策状况等最终目标变量，还包括货币供给、汇率、利率水平等货币变量。从英国的经验来看，货币当局主要监测的经济变量有以下7种：通货膨胀率、定价行为、货币供应、官方利率、英镑汇率、需求和供给、劳动市场。

通货膨胀目标作为中介指标的优点是：（1）保持了中央银行货币政策的独立性；（2）货币流通速度的变化对政策效果的影响不大；（3）中央银行可以利用各方面的信息作为其决策的依据，而不是依据单一的金融变量；（4）货币政策具有很高的透明度，易被公众所理解和接受；（5）对中央银行的行为可形成有效约束。

不过，通货膨胀目标作为中介指标也有其不足之处，主要缺陷在于实行通货膨胀目标需要有一些比较严格的前提条件，而这些条件目前在许多国家，尤其是发展中国家显然是不具备的。实行通货膨胀目标的前提条件主要包括：（1）中央银行具有较高的独立性，货币政策决策和操作职能不受财政约束。（2）政府不得以其他任何名义变量作为货币政策的中介目标，尤其是名义汇率。（3）中央银行必须有能力做到以下几点：一是在未来某段或几段时期内有明确的通胀目标；二是向社会明确表明，这些通胀目标是货币政策压倒一切的目标；三是建立预测通胀的模型，该模型需利用相关变量和信息指数；四是设立前瞻性的操作程序，在该程序中，中央银行货币政策工具的选择依赖于对通胀压力的评估，并利用这一通胀预测作为货币政策的中期目标。（4）中央银行必须具有建立通货膨胀模型与进行预测的能力，以及评估政策工具变化对未来通胀影响的能力。

第四节　货币政策操作目标

西方国家中央银行都有明确或比较明确的政策操作目标，主要是短期利率、准备金和基础货币。短期利率属于价格型操作目标，准备金和基础货币属于数量型操作目标。由于货币政策操作目标与中介目标密切相关，在以货币供给量作为中介目标时，操作目标大多采用数量型指标；反之，在以利率作为中介目标时，操作目标则相应变为准备金或基础货币。与中介目标一样，选择操作目标时，也必须符合可测性、可控性和相关性三大基本标准。

一、短期利率

短期利率通常指的是货币市场利率，其中最典型的是同业拆借市场利率。短期利率可以及时反映市场资金供求状况，是影响社会的货币需求和货币供给、银行信贷总量的一个重要的指标。目前，发达国家的中央银行大都以货币市场利率作为货币政策操作目标。其中，日本使用的是市场隔夜利率，又称活期贷款利率。美国将作为操作目标的短期利率称为联邦基金利率，美联储公开市场委员会（FOMC）每次会议后宣布联邦基金利率的水平，公开市场操作的目标就是最近一次会议确定的利率水平。欧元区将作为操作目标的短期利率称为隔夜借款平均利率，欧洲中央银行不宣布明确的操作目标，而是通过常规性再融资操作来体现政策立场。

作为货币政策的近期中介目标，短期利率的主要优点在于：(1) 具有较好的可测性。在任何时候中央银行都可以观察到货币市场上的利率水平以及结构，这些资料的收集比较容易。(2) 具有一定的可控性。中央银行的再贴现率是由中央银行依据银根松紧而直接调节和控制的，它可以间接调控市场利率。(3) 短期利率与货币政策目标之间存在着较好的相关性。作为经济的一个内生变量，短期利率总是随着社会经济的发展状况而呈现出同方向运转。但同时短期利率作为中介指标存在着一定的缺陷，短期利率与最终目标的相关性依赖于货币市场和其他金融市场之间的相关性及货币市场在整个金融市场中的地位，特别是它易受到一些非政策的、非经济的因素影响，而把中央银行的货币政策引入歧途，影响最终政策目标的实现。同时，由于短期利率的变化非常快，从而导致其可测性和可控性比较差。

二、准备金

银行体系的存款准备金是中央银行创造的负债的一部分，由商业银行的库存现金和中央银行的存款准备金两部分组成。准备金有多种计算口径，如准备金总额、法定准备金、超额准备金、借入准备金和非借入准备金等。其中，借入准备金是商业银行通过向中央银行再贴现和贷款形成的准备金；非借入准备金则是商业银行通过公开市场业务形成的准备金。

准备金作为货币政策操作指标，在任何时候都满足可测性的要求，可以直接从中央银行的账户上精确查到。同时，存款准备金也比较容易满足可控性的要求。因为：（1）存款准备金作为中央银行负债的组成部分，可以创造多少负债能由中央银行自行决定。（2）从商业银行的存款准备金的来源看，也可以被中央银行控制。在一定条件下，银行体系的存款规模总是与中央银行的负债规模直接相关，银行体系内有多少自有资金也是事先向中央银行申报注册的，中央银行向商业银行的贷款规模更是由中央银行直接控制的。（3）即使中央银行有部分准备金无法直接控制，通过法定准备金率的调整，也能将这部分准备金控制住。存款准备金与货币政策目标的相关性也较高。在一定条件下，银行体系的存款准备金的增加，意味着信贷规模的缩减、货币供应量的减少。相反，银行体系存款准备金的减少，意味着社会信贷规模的扩大、货币供给量的增加。货币供给量的增减都会相应地影响到物价、经济发展和就业等经济变量的变化。

存款准备金作为操作指标也存在着一定的局限性：一是选择哪一种准备金指标作为操作目标，无论是在理论界还是在中央银行政策制定者中尚存在巨大争议；二是存款准备金总额中的超额准备金部分中央银行难以控制，而在法定准备金一定的条件下，商业银行自愿持有的超额准备金量才是决定信贷规模及货币供给量的基本要素。

三、基础货币

基础货币或高能货币是由中央银行创造的，是流通中的现金和商业银行的存款准备金的总和，它构成了货币供应量倍数伸缩的基础。以基础货币作为操作目标，能较好地满足可测性、可控性和相关性的要求。首先，基础货币的可测性高。一方面，基础货币有明确的内涵和外延，在性质上是一种高能货币，在范围上包括流通中的现金和金融机构的存款准备金；另一方面，在统计资料的获取上，由于基础货币表现为中央银行的负债，因此可以从中央银行的资产负债表中及时、准确地获取它的数据。其次，基础货币的可控性强。流通中现金的发行都集中于中央银行，其发行渠道是由中央银行直接控制的；金融机构的存款准备金也是直接接受中央银行法定存款准备金率调整的控制。由此可见，基础货币作为近期中介目标，中央银行可以按其政策意图主动而有效地进行调节和控制。最后，基础货币的相关性强。根据货币乘数理论，货币供应量是基础货币与货币乘数的乘积，基础货币与货币供应量呈明显的正相关关系，基础货币的变动直接影响货币供应量的变化，进而影响到市场的物价水平及整个社会的经济活动，从而促进货币政策最终目标的实现。

当然，基础货币作为货币政策操作指标也存在着一定的缺陷：一是由公开市场业务形成的那部分基础货币，中央银行虽然具有很强的控制力，但由再贴现和贷款所创造的那部分基础货币，中央银行的控制力却较弱；二是货币乘数具有可变性与难以测量性，这会影响中央银行通过基础货币控制货币供给量的效果。

第五节　中国货币政策目标

严格地讲，中国实施具体的货币政策是从1984年中国人民银行成为真正的中央银行后开始的。此前，中国一直实行计划经济，经济增长始终是中国宏观经济所关注的首要目标。因此，本节主要以 1984 年为起点，介绍中国货币政策目标及其历史演变。

一、中国货币政策最终目标

我国中央银行应该选择什么样的货币政策目标，长期以来有四种不同的观点：一是单一目标论，主张以物价稳定或币值稳定作为货币政策目标。二是双重目标论，主张以稳定币值和发展经济作为货币政策目标。三是多重目标论，主张同时选择稳定币值、发展经济并兼顾充分就业、国际收支平衡。四是“轻度通货膨胀说”，主张维持一定的物价上涨，以保持经济活力，进而促进经济增长。从实践来看，中国货币政策最终目标经历了一个逐步演变的过程，在经济发展的不同历史阶段，货币政策的最终目标都有所调整。概括地说，1984 年以来，中国货币政策最终目标的演变大致经历了两个阶段。

第一个阶段从 1984 年开始到 1992 年为止。这一阶段是中国货币政策实施的初期阶段，由于受制于诸多因素，货币政策的特点是不稳定，时而紧缩，时而扩张，变动的频率太快，货币政策最终目标紧紧围绕着经济发展与稳定物价这一关系来确定。但在实践过程中，中央银行的货币政策目标在发展与稳定之间却摇摆不定、左顾右盼、顾此失彼，形成了一种名义上是以稳定物价为主、实际上是以发展经济为主的货币政策双重目标格局。最终目标的这种双重性反映了中央银行执行货币政策缺乏独立性，带有明显的计划经济特征。从实践来看，把经济增长目标放在第一位，往往迫使中央银行放松银根，在信贷扩张的推动下，国民经济运行超越潜在增长率，使通货膨胀率迅速上升，随后央行又不得不采取紧缩性的货币政策。货币政策表现为被动的一松一紧相互交替，同时由于货币政策松紧的力度和时机难以把握，结果既没有稳定住物价，也没有促进经济平稳增长，反倒使物价和经济增长大幅波动，经济增长和物价水平双高年份居多，经济发展走走停停，货币政策实施结果呈现周期性变化。1985 年及 1988 年两次严重的通货膨胀，其根本原因就是为了求得一时的经济高速增长而忽视了稳定币值，结果货币和信贷供应超量，物价大幅上升，严重影响了经济的正常运行。1989年下半年，为了控制通货膨胀又不得不采取紧缩措施，导致经济迅速下滑。随后两次紧急扩大信贷“启动”经济，却启而不动，造成1990年经济增长率降到3.8%的历史低点。

第二阶段从1993年开始至今。经过“信贷扩张—经济过热—信贷紧缩—经济下滑—信贷扩张”的循环波动后，人们逐步认识到“双目标”操作的缺陷，提高了“稳定货币”目标的地位。于是，进入20世纪90年代后，以“稳定币值”作为货币政策目标的思想在我国占据主导地位。1990年10月，当时的中国人民银行行长李贵鲜公开宣称：“银行，特别是中央银行必须保卫货币、保卫币值，这是第一位的职能。”1993年底国务院颁布的《关于金融体制改革的决定》中明确指出：“人民银行货币政策的最终目标是保持货币的稳定，并以此促进经济增长。”1995年3月通过的《中华人民共和国中国人民银行法》更是以法律的形式确定了货币政策的最终目标，即“保持货币币值的稳定，并以此促进经济增长”。2003年12月修正的《中华人民共和国中国人民银行法》重申了货币政策的这一最终目标。

“保持货币币值的稳定，并以此促进经济增长”这一货币政策最终目标可谓主次分明、重点突出，既符合国际惯例，又适应了中国经济金融改革的要求。既不同于过去所争论的单一目标、双重目标论，更不同于多重目标论，它符合现阶段我国社会经济发展的特征和要求，是改革开放以来我国货币政策艰难探索与借鉴国际惯例的结晶。这一目标既规定了“稳定货币”的第一属性，又明确了稳定货币的最终目的；既充分遵循了货币政策目标选择的一般规律，又符合和满足了现阶段国情和大力发展社会主义市场经济，促进国民经济持续、快速、健康发展的内在要求。其科学性主要体现在以下几个方面：（1）币值稳定是第一约束目标，纠正了“发展经济、稳定币值”双重目标的相互冲突和矛盾，同时又界定并理顺了稳定货币和发展经济的主辅地位及内在联系。较好地弥补了双重目标的不足和缺陷，既充分肯定了稳定货币是第一性的，又明确了稳定货币的目的是促进经济发展。这样，中央银行在具体执行中对象和目的非常明确。（2）它不仅克服了“稳定货币”单一目标的片面性和局限性，而且明确了“稳定货币”的最终目的是发展经济。(3) 这一目标适应了大力发展社会主义市场经济的内在要求，同时也兼顾了现阶段我国的国情，是符合国际货币政策最终目标选择一般规律和发展惯例的，同时也有利于中央银行集中精力实现货币政策的最终目标。

二、中国货币政策中介目标

由于我国长期实行计划经济体制，1986 年以前在理论上和实践上都没有明确的货币政策中介目标。从中华人民共和国成立到 1953 年全面实施综合信贷计划管理之前这一段时间，基本是以“现金”为调控指标；从 1953 年到 1979 年，我国实行的是完全的计划经济体制，强调的是“钱随物走”，资源分配主要通过国家行政命令决定，中国人民银行的职责是根据国民经济计划供应资金，即“守计划，把口子”，货币政策的目标则是贯彻计划，经济计划的执行结果与计划要求非常接近，货币政策的传导几乎是在人为地进行控制，中间经济变量简单而且变动很小。这一阶段基本是以“现金”和贷款规模作为货币政策的调控指标，其作用并不大，央行并不重视中介目标的控制。改革开放初期，货币政策仍然实行集中统一的计划管理体制，中国人民银行主要控制贷款规模，一直到 1998 年才开始采用货币供应量作为中介目标。

(一) 现金

将现金作为货币政策的中介目标，是因为以下几个方面的原因：(1) 长期以来，人们已经习惯于通过现金流通量的状况来估价整个货币金融形势。(2) 现金是货币总量中最活跃、流动性最强的部分，现金量的变化在很大程度上可以反映消费品需求及消费品价格水平变动的趋势。(3) 现金与银行存款相互转化，在正常情况下有比较稳定的数量关系。现金的变动在一定程度上可以反映货币供应量及其结构的变动。(4) 中国历来十分重视现金指标作为经济指示器的作用，有全面系统的统计资料和长期观察积累的经验数据，便于进行分析预测。

但是，伴随着改革的深入及发展，现金指标作为中介指标的理论基础及体制基础已经不复存在。而且，从中介目标选择的基本标准来看，虽然现金的可测性完全不成问题，但是可控性和相关性就不尽如人意了。就可控性而言，现金发行虽然在技术机制上是通过银行的现金收支活动而实现的，但现金发行数量本身主要不是由银行决定的，而是由银行以外一系列经济因素和政策因素决定的，如通货膨胀水平、收入政策、储蓄倾向、交易习惯、金融电子化水平等。因此，现金发行量并不是一个中央银行本身所能调节和控制的金融变量。就相关性而言，现金作为货币政策中介目标也大有问题：一是现金数量在中国货币供给量中所占的比率相当低，通常不到20%。二是在中国经济生活中，与现金数量相对应的是生活资料的交易，而生活资料的交易在中国整个商品交易中所占的比率相当低，一般不到10%。由于现金比率和现金交易量在国民经济中的作用力度相当小，与整个国民经济的活动水平之间的关系并不十分密切，中央银行要想通过改变货币发行量来使最终目标达到或接近某一设定的预期水平，实际上很难行得通。不过，由于目前现金在M1中所占的比例仍然高达15%以上，因此中国人民银行仍将现金作为现阶段的重要的监测指标。

（二）贷款规模

从计划经济体制建立到1998年之前，由于可控性好，贷款规模这一指标一直既是中国货币政策重要的操作目标，也是重要的中介目标，同时还是最主要的操作工具。国有银行改革滞后、金融市场发育程度低、信用来源单一、绝大多数金融资产价格由官方制定等因素，是造成贷款规模这种集多重角色于一身的现象的主要原因。贷款规模作为中介目标的优点主要有两个：一是有利于宏观经济调控，使政府当局可以利用行政权力在短期内迅速地控制资金的总供给，20世纪80年代至90年代中期的4次紧缩性货币政策都充分证实了这一点；二是有利于政府进行信贷资金配给，从而在市场机制不健全的情况下能保证政府重点项目的资金优先使用权。

但是从1990年起，随着市场机制的逐步引入，中国的经济金融环境发生了巨大的变化，表现在：（1）居民储蓄迅猛增加，已占到银行信贷资金的50%以上；（2）国家的银行体制被多种金融机构所代替；（3）直接融资发展迅猛，越来越多的企业通过市场招股发债；（4）由于对外开放的进一步扩大，外汇资产的变动对国内货币供应量的影响越来越大；（5）中央银行调控方式已经转变，直接控制贷款规模不利于调动商业银行的积极性，这与经济体制改革的要求相悖。

正是这些变化使得实行贷款规模控制的弊端日益显现，主要表现在：（1）贷款规模控制属于一种非市场化的货币资金配置手段，极易导致有限资源的随意甚至是无效配置，同时还伴随着资源分配者的大规模“设租”和资源需求者的“寻租”现象。（2）中央银行直接管制各家银行的资产项目，实质上是强制性分离银行系统的资产与负债之间的有机联系，从而在相当的程度上人为地加剧了货币资金供给和需求间的不平衡状态，不利于国有银行的商业化改革。在多数时期，各家银行往往竞争性地争取更大的贷款规模，并利用各种方法绕过对银行信用的质量和数量限制，这些行为将会导致资金来源小于贷款的非均衡状态；而在经济控制时期，各家银行则被迫使用较少的限额，从而造成了资金来源大于资金使用的现象，增加了银行的经营成本。（3）由于中央银行与国有银行间关于资金使用信息的不对称性，信用违约极易发生，因而使贷款规模控制的质量急剧下降。（4）银行系统及社会公众反控制的努力导致了非国家银行金融体制迅速发展，出现所谓的信贷资金“体外循环”现象，使信用控制在长期内趋于失效。

综上可看出，贷款规模在计划经济的特定时期，把它作为货币政策的一个手段还有其可行性，而随着中国经济体制改革的不断发展，其作为中介目标已经不合时宜。因此，从 1994 年开始，中国人民银行开始放松对贷款规模的严格管理，并逐步缩小了对商业银行信贷规模的控制范围；1997 年 12 月，中国人民银行颁发了《关于改进国有商业银行贷款规模管理的通知》，决定从 1998 年 1 月 1 日起，正式取消国有商业银行贷款规模的控制，改为实行指导性计划管理，即在逐步推行资产负债比例管理和风险管理的基础上，实行“计划指导，自求平衡，比例管理，间接调控”的新管理体制。这项改革在制度上为货币政策中介目标真正转向货币供应量、实施数量型为主的间接调控奠定了基础。

（三）货币供应量

随着经济体制的转换以及中央银行宏观调控方式的改变，我国中央银行加快了货币供给量的统计分析和研究，从1994年第三季度开始，中国人民银行首次根据流动性的高低定义并公布了中国的M0、M1、M2三个层次的货币供应指标，同时正式向社会公布上述指标，该措施标志着货币供应量作为货币政策中介目标的开始。1995年，央行宣布将货币供应量列为货币政策的控制目标之一，并从1996年开始公布年度货币供应量调控目标。1997年亚洲金融危机后，央行逐渐加强了货币政策的执行力度。1998年1月1日，央行取消了实行近50年的贷款规模限制，取消对国有商业银行贷款限额的控制，信贷总量不再成为我国货币政策的中介目标，货币政策的调控对象完全转为控制货币供应量。从此，我国正式把货币供应量作为货币政策的中介目标，结束了我国货币政策长期以来直接调控信贷规模的历史。

在货币供应量各层次的划分中，M0的口径太窄，M2包括了潜在货币。在我国金融市场发育尚不健全的情况下，潜在货币与现实货币的界限还是比较清楚的，因此宜把M1作为货币政策中介目标的重点。M1是直接用于市场交易的货币量，与经济活动尤其是与物价水平的变动密切相关。当然，中央银行在重点控制M1的同时，也要兼顾M0与M2。因为我国尚处于社会主义初级阶段，市场发育还不健全，各种结算工具并没有得到普遍推广，现金与消费品价格的变动存在一定联系，中央银行仍需采取相应调控措施，以控制现金投放量。而M2中的居民储蓄存款在银行存款总额中所占的比重越来越大，大量的储蓄存款会对通货膨胀构成潜在压力，有人形象地将储蓄存款喻为“笼中虎”，故中央银行同样不能忽视。

需要注意的是，由于经济金融环境的变化，以货币供应量作为中介指标，也日益暴露出其弊端：一是货币供给量的准确性下降。因为具有货币性的资产迅速增加，货币供应的漏出效应日益增强。二是货币供给量的可控性降低。这是因为一方面，基础货币的内生性增加，中央银行难以完全控制；另一方面，货币乘数受商业银行和社会公众的影响较大，中央银行也难以完全控制。三是货币供给量与物价和产出的相关性下降。

这些问题的存在必然降低货币供应量作为中介目标的有效性。近几年来调控货币供应量的实践表明，从1996年我国正式确定货币政策的中介目标和观测目标开始，货币供应量的目标值就几乎没有实现过。因此，越来越多的专家提出了中国货币政策中介目标再次改革的问题。结合货币政策中介目标发展的国际趋势和中国利率市场化改革深化的现实看，中国货币政策中介目标改革的方向应是，由数量型指标逐步向价格指标过渡，由货币供应量目标逐步向利率目标过渡。

总之，作为中国货币政策中介目标的金融变量是随着经济环境的变化以及中央银行宏观调控方式的转变而发展变化的。从时间来看，中国货币政策中介目标经过了从现金到贷款规模，再从贷款规模到货币供应量的演变历程。

三、中国货币政策操作目标

1998年以前，在直接调控机制下，中国货币政策的传导过程很简单，表现为央行运用现金发行计划、贷款限额管理、存贷款利率管制、再贷款等货币政策工具直接达到政策目标，与此对应，现金和贷款规模既是货币政策的中介目标又是操作目标。1998年，伴随着商业银行贷款限额管理的取消及银行存款准备金制度实现两个账户合并的改革，央行公开市场业务全面恢复，货币政策调控机制正式向间接调控转变。随着我国货币政策间接调控机制的不断完善，银行间债券市场逐步发展成为银行之间用于调剂资金头寸（回购交易）和债券投资（现券交易）的重要场所。到2003年，银行间债券市场已成为当前我国商业银行用于调剂资金头寸的准备金市场，几乎所有的商业银行都成为这一市场的参与主体。在这种情况下，中国人民银行的公开市场操作开始关注该市场上的流动性状况，并且逐步形成了以基础货币尤其是超额准备水平为主（用于控制货币供应量目标）、货币市场利率为辅（用于监测市场流动性状况）的操作目标体系。

值得注意的是，目前中国人民银行并未对操作目标规定明确的目标值，而只是在每季度发布的《货币政策执行报告》中用“基础货币稳定增长，金融机构流动性总体正常，货币市场利率平稳运行”之类的语言加以表述。不过，随着中国金融业的发展和中国人民银行货币政策运用能力的提高，中国货币政策操作目标终将日益量化和精确化。

从国外货币政策操作的实践来看，其货币政策操作目标选择相对具有较大的弹性，如美国在20世纪60—80年代之间历经了银行净超额储备、联邦基金利率、借入储备、非借入储备四种操作目标变迁。操作目标的频繁改变，虽然可能在一定程度上不利于政策的稳定性；但从另一角度讲，也说明了这些国家的货币政策调控是具有充分弹性的，而弹性调控是经济政策达到最优调控效果的前提之一。联系中国当前的实际，由于中国基础货币的增长受经济景气、居民资产配置、国内外资金流动的影响一直很大，而在流动性过剩背景下，外汇占款数额激增的巨大冲击，进一步弱化了央行对其的控制能力。因此，基础货币虽然是货币当局负债方的储备货币，但中国人民银行对其的控制能力十分有限。相反，从超额准备金来看，虽然其波动性比较大，但总体趋势明显，因而可测性较好；从可控性上分析，央行自2006年以来通过提高法定准备金率严厉控制金融机构超储率，足以说明其可控性强。这正是近年来中国人民银行将超额准备水平作为货币政策首要操作目标的原因。当然，超额准备水平作为货币政策中介目标也存在着一定的缺点，主要表现在：一是数据获取需依赖于金融机构提供，若将其作为操作目标，需要加强对金融机构这方面的监管；二是在超额准备金的变动中，政策干预的因素过强。这些不足决定了超额准备水平在中国作为货币政策操作目标仍不具有终极性意义。考虑到货币政策中介目标的变化趋势和中国利率市场化改革的深入，可以肯定的是，货币市场利率必将在中国货币政策操作目标体系中发挥越来越重要的作用。

本章小结

货币政策是指中央银行为实现一定的宏观经济目标，运用各种政策工具调节货币供应量和利率，进而影响宏观经济运行的方针及措施的总和。货币政策通常包括四个方面的内容：货币政策目标、货币政策工具、货币政策传导机制和货币政策效果。与其他经济政策相比，货币政策具有三个显著特征：一是货币政策是一项调节社会总需求的需求管理政策；二是货币政策是一项宏观经济政策；三是货币政策是一项以间接调节经济运行为主的政策。

货币政策目标是由最终目标、中介目标（指标）和操作目标（指标）三个层次有机组成的目标体系。其中，最终目标是中央银行通过货币政策操作而要达到的宏观经济目标，包括稳定物价、经济增长、充分就业和国际收支平衡四大目标。但是，由于货币政策目标之间既有统一性又有矛盾性，货币政策不可能同时实现四大目标。这就出现了货币政策目标的选择问题，出现了单一目标、双目标以及多目标的争论。实践上，货币政策目标并不是唯一的，它的相对重点也不是固定不变的，而是随着国内及国际经济环境的变化而变化的。

货币政策中介目标是指受货币政策工具作用，影响货币政策最终目标的传导性金融变量的指标。按其所处环节、地位和时空约束条件，中介目标可分为近期中介目标和远期中介目标。近期中介目标又称操作目标，是指直接受货币政策工具作用，间接影响货币政策最终目标的金融变量；远期中介目标又称“中间目标”或“效果目标”，是指间接受货币政策工具作用，直接影响货币政策最终目标的金融变量。通常中央银行在选择货币政策中介目标时主要考虑三条基本标准：可测性、可控性和相关性。常用的货币政策中介目标主要是利率和货币供给量。在一定条件下，银行信贷规模、汇率及通货膨胀目标也可以作为中介目标。

与货币政策工具紧密相联系的是操作指标，它是中央银行通过货币政策工具可以有效准确实现的短期政策目标，主要包括短期利率、准备金和基础货币等金融变量。其中，短期利率属于价格型操作目标，准备金和基础货币属于数量型操作目标。

从实践来看，中国货币政策目标均经历了一个逐步演变的过程，在经济发展的不同历史阶段，货币政策目标都有所调整。其中，最终目标经历了从双重目标到单一目标的演变；中介目标经历了从现金到贷款规模，再从贷款规模到货币供应量的演变；操作目标则经历了从现金和贷款规模到以基础货币尤其是超额准备水平为主、货币市场利率为辅（用于监测市场流动性状况）的操作目标体系的演变。

重要概念

货币政策　最终目标　中介目标（指标）　操作目标（指标）　稳定物价　经济增长　充分就业　国际收支平衡　利率　货币供应量　基础货币　贷款规模　短期利率　准备金

复习思考题

1. 什么是货币政策？其基本内容有哪些？
2. 货币政策最终目标通常包括哪些？它们之间有何关系？
3. 选择货币政策中介指标和操作指标的主要标准和客观条件是什么？
4. 比较利率和货币供给量作为货币政策中介目标的优缺点。
5. 凯恩斯主义者和现代货币主义者在货币政策中介目标选择上有何理论分歧？
6. 贷款规模、汇率和通货膨胀目标作为货币政策中介目标各自有何优缺点？

7. 短期利率、准备金和基础货币作为货币政策操作目标各自有何优缺点？

8. 结合中国实际评述目前的货币政策最终目标。

9. 结合中国实际比较分析可供选择的货币政策中介指标。

第九章　货币政策操作

在确定了货币政策最终目标、中介目标和操作目标后，中央银行就要根据不同目标和实际经济情况，选择一定的政策工具和方式进行操作。根据各种货币政策工具的基本性质以及它们在货币政策实践中的运用情况，货币政策工具传统上分为三大类：一般性货币政策工具、选择性货币政策工具和其他货币政策工具。货币政策操作方式则有相机抉择和按规则行事之分。本章将对这两方面的内容进行详细介绍，在此基础上分析中国的货币政策操作。

第一节　货币政策工具

所谓货币政策工具，是指中央银行为实现特定的货币政策目标，在实施货币政策时所采取的具体措施或操作方法。选择货币政策工具时要具体考虑不同的经济情况，要适应国家总体的宏观经济目标，要适应社会总需求和总供给的要求，还要适应货币本身的运行规律。灵活地运用各种货币政策工具来调控经济不仅是一种手段，而且是一门艺术。

一、一般性货币政策工具

一般性货币政策工具是从总体或全局的角度，对货币总量或信用总量进行调节和控制，从而对整个宏观经济产生普遍影响的工具。一般性货币政策工具包括三种：存款准备金政策、再贴现政策和公开市场操作。这些工具是中央银行经常使用的政策手段，被称为货币政策"三大法宝"。

（一）存款准备金政策

存款准备金政策是指中央银行通过调整法定存款准备金比率，来影响商业银行的信用创造能力，从而影响货币供应量的一种政策措施。存款准备金是银行及某些其他金融机构为应付客户提取存款和资金清算而缴存在中央银行的货币资金。存款准备金比率是准备金总额占存款或负债总额的比例。存款准备金分为法定存款准备金和超额存款准备金两部分。法定存款准备金是金融机构按中央银行规定的比例上缴的部分；超额存款准备金则是指准备金总额减去法定存款准备金的剩余部分。法定存款准备金制度建立的最初目的，是为了保持银行资产的流动性，提高金融机构的清偿能力，从而保证存款人利益以及金融机构本身的安全。当准备金制度普遍实行，中央银行拥有调整法定准备金率的权力之后，这一权力就成为中央银行控制货币供应量的一项重要工具了。

1. 存款准备金政策的原理

我们知道，商业银行通过贷款可以创造出成倍的派生存款。在其他条件不变时，存款创造的倍数（即存款乘数）将决定于法定存款准备金比率。因此，法定存款准备金政策可从两方面影响货币供应量：一是影响商业银行的超额存款准备金，进而影响商业银行的贷款规模；二是影响货币乘数。如果中央银行降低法定存款准备金率，商业银行就会有较多的超额存款准备金可用于发放贷款，同时货币乘数增大，因而通过整个银行体系的连锁反应就可创造出更多的派生存款。反之，如果中央银行提高法定存款准备金率，货币乘数相应变小，商业银行的超额存款准备金也会减少，甚至会发生法定存款准备金的短缺，从而减少贷款规模，在必要时还必须提前收回贷款或出售证券，以补足法定存款准备金。在这种情况下，商业银行只能创造出较少的派生存款，甚至引起存款货币的成倍紧缩。因此，法定存款准备金率的变动同货币供应量成反比例关系。法定存款准备金政策的作用机制可简单概括如下：

当中央银行调低法定存款准备金比率时，就是实行扩张性的货币政策；当中央银行调高法定存款准备金率时，就是实行紧缩性的货币政策。究竟实行扩张性的货币政策还是实行紧缩性的货币政策，将取决于具体的经济形势以及货币政策的最终目标。一般来说，在经济处于需求过度和通货膨胀的情况下，中央银行可以提高法定存款准备金率，以收缩信用规模及货币供应量；如果经济处于衰退状况，中央银行就可以降低法定存款准备金率，使商业银行及整个金融体系成倍扩张信用及货币供应量，以刺激经济增长，摆脱衰退的阴影。

2. 存款准备金政策的优缺点

存款准备金政策通常被认为是货币政策中作用最猛烈的工具。之所以最猛烈，一是由于存款准备金率的调整通过货币乘数的变化会引起货币供应量更大幅度的变化，即使是准备率调整的幅度很小，也会引起货币供应量的巨大波动；二是由于中央银行法定存款准备金率的调整适用于所有在中央银行有存款要求的金融机构，这一政策的影响面是非常广泛的。

这一特性决定了存款准备金政策作为货币政策工具具有如下优点：(1) 它对所有存款货币银行的影响是平等的，一旦央行宣布提高法定存款准备金率，所有的商业银行都必须按规定成比例地收缩信贷。(2) 对货币供给量具有极强的影响力，力度大，速度快，效果明显。由于法定存款准备金数额巨大，因此法定存款准备金政策效果十分显著，可以迅速地减少流动性，对经济影响很大。(3) 操作简便。只要央行宣布提高法定存款准备金率，所有商行就得照办。对于信用制度不发达的发展中国家来说，比采用其他货币政策工具要简便得多。(4) 宣布法定存款准备金率的调高或降低可以影响人们的心理预期，引导人们的经济行为按照央行的指引去行动而达到央行的目的。(5) 中央银行通过商业银行对准备金率调整的反应可以判断整个经济对货币量的需求，从而为制定货币发行计划提供参考。

但是，通过调整法定准备金比率的存款准备金政策也有明显的缺陷，主要表现在：(1) 由于准备金率的调整影响力大，如果调整幅度没有掌握好，极易引起整个经济的剧烈动荡。(2) 如果中央银行频繁地调整法定准备金率，会使商业银行的流动性管理无所适从，可能会引起金融机构经营管理上的其他问题。(3) 在商业银行拥有大量超额准备的情况下，中央银行如果提高法定准备金率的幅度不大（提高的幅度没有超过超额准备金率），只会使原来的超额准备金转换成法定准备金，而整个准备金总额并没有发生变化，这会使中央银行收缩货币供应量的紧缩意图落空。由于存款准备金政策存在上述弊端，各国中央银行在货币政策实践中是很少采用这一工具的。

3. 法定存款准备金率降低的世界趋势

在很多国家，商业银行存入中央银行的存款准备金一般是无息的。这相当于中央银行变相对商业银行征收了一种税收，因而既增加了商业银行的经营成本，又容易诱使商业银行为弥补这部分损失而从事高风险行为。同时，在金融市场高度发达并全球化的今天，各国中央银行的货币政策操作越来越集中于利率这一金融指标，在此背景下要求金融机构缴存准备金将扭曲市场的利率信号，不利于缴存准备金的金融机构公平地参与市场竞争。另外，随着金融创新的广泛开展和金融自由化的不断深入，存款性金融机构和非存款性金融机构之间的界限日益模糊。在此情况下，不仅存款准备金制度已很难有效实施，而且其作为保证金融机构支付和清算等功能也在日渐消失。

正是基于上述原因，20 世纪 90 年代以来，很多国家的中央银行都纷纷降低了法定存款准备金率或者干脆取消了法定准备金制度。例如，美联储于 1990 年 12 月取消了定期存款的法定准备金要求，并于 1992 年 4 月将可签发支票存款的法定准备金率从 12% 降低为 10%；加拿大于 1992 年 4 月取消了所有两年期以上定期存款的法定准备金要求；而瑞士、新西兰、澳大利亚则已完全取消了法定准备金的要求。面对这种情况，有人会担心银行存款将会无限扩张。这种担心其实是不必要的，因为在存款创造过程中有许多漏出，如果把所有的漏出因素都考虑进来，那么取消存款准备金要求就不会使银行存款无限派生下去。

（二）再贴现政策

再贴现政策是指中央银行通过提高或降低自己对商业银行所持票据的再贴现率的办法，影响商业银行等存款货币机构从中央银行获得的再贴现贷款和超额准备，达到增加或减少货币供给量、影响市场利率、干预和影响货币市场供给与需求从而实现货币政策目标的一种金融政策措施。

1. 再贴现政策的内容

再贴现政策是中央银行最早使用的货币政策工具。早在1873年，英国就用这一工具调节货币信用。目前，再贴现政策一般包括两个方面的内容：一是再贴现率的确定与调整；二是规定何种票据有贴现的资格。前者主要着眼于短期，即中央银行根据市场的资金供求状况，随时对再贴现率进行调整，以影响商业银行借入资金的成本，刺激或抑制对贴现资金的需求，从而调节货币供应量。后者则着眼于长期，对要再贴现的票据种类和申请机构加以规定，并区别对待，以起到抑制或扶持票据出票人或持票人的作用，改变社会资金的流向。

2. 再贴现政策的原理

再贴现政策主要通过四种途径影响一国金融和经济：一是影响商业银行的借款成本，以影响商业银行的融资意向。当中央银行提高再贴现率时，商业银行要么是减少从中央银行的再贴现借款，因为利率提高后，对商业银行的贷款需求会起到抑制作用，这样会直接紧缩信用规模；要么是同方向提高对工商企业的贷款利率，因为如果商业银行不提高贷款利率，其盈利就会受到影响，而提高贷款利率同样也会抑制工商企业的贷款需求，这样就会间接地起到紧缩货币量的作用。二是利用“告示效应”，以影响商业银行及社会公众的预期行为。也就是说，中央银行调整再贴现率，实际上是为整个经济社会提供了一种有关货币政策的信息。例如，当中央银行降低再贴现率时，就意味着中央银行实行的是一种扩张性的货币政策；而当中央银行提高再贴现率时，就意味着中央银行实行的是一种紧缩性的货币政策。由于这种政策信号的提前提供，就可以使人们事先做好相应的反应或准备。这种“告示效应”会在很大程度上加强对金融市场的直接影响，特别是商业银行一般会自觉地与中央银行保持行动一致，按同样方向和幅度调整对企业的贷款利率。三是影响经济结构调整。如规定再贴现票据的种类，对不同用途的信贷加以支持或限制，促进经济发展中需要扶持的行业部门的发展；还可以对不同票据实行差别再贴现率，从而影响各种再贴现票据的再贴现规模，使货币供应结构符合中央银行的政策意图。四是影响市场利率水平。在利率市场化的条件下，中央银行的再贴现率通常被视为一个国家的基准利率，市场利率将围绕这一基准利率上下波动。

3. 再贴现政策的优缺点

中央银行实施再贴现政策的最大优点是可以利用这一工具来履行最后贷款人的职责，通过再贴现率的变动，影响货币供应量、短期利率以及商业银行的资金成本和超额准备金规模，以实现中央银行既调节货币供应量又调节信贷结构的政策意图。同时，作为一种一般性的货币政策工具，再贴现政策对一国经济的影响是比较缓和的，它有利于一国经济运行的相对稳定。但是，再贴现政策也有一些缺陷，主要表现在：第一，再贴现政策的运用对外界环境有较高的要求。运用这一工具必须满足两个条件：一是商业信用比较发达，票据业务必须成为经济主体进行融资的主要方式之一；二是商业银行以再贴现方式向中央银行借款的规模比较大。如果这两个条件不能满足，再贴现政策的作用就会大打折扣。第二，在实施这一政策的过程中，中央银行处于被动等待的地位。虽然中央银行可以利用再贴现率的调整来控制货币供应量的变动，但商业银行或其他金融机构是否愿意到中央银行申请再贴现，以及再贴现多少，完全是由金融机构自己决定的。第三，调整再贴现率的"告示效应"也是相对的。如果市场利率相对于再贴现率正在上升，则再贴现贷款将会增加。这时，即使中央银行并无紧缩意图，但为了控制再贴现贷款规模和调节基础货币的结构，它也会提高再贴现率以使其与市场利率的变动保持一致。这一行为可能会被公众误解为是中央银行正在转向紧缩性货币政策的信号。这时，更好的办法可能只能是直接向公众宣布中央银行的货币政策意向。第四，相对于法定存款准备金政策来说，虽然再贴现率比较易于调整，但是随时调整也会引起市场利率的经常波动，从而会影响商业银行的经营预期，甚至会导致商业银行无所适从，危害到金融业的稳定。

上述缺点决定了再贴现政策并不是一项十分理想的货币政策工具，

故货币学派的代表人物弗里德曼和其他一些经济学家建议，中央银行应该取消这项政策工具，将公开市场操作作为唯一的货币政策工具，以建立更为有效的货币控制。但大多数经济学家并不支持该建议，他们认为再贴现政策仍然具有十分重要的作用。另外，美国一些专业经济学家主张再贴现率与市场利率挂钩。不过，美联储对此则明确表示反对，认为再贴现率的调整仍应根据市场状况来进行，此项工具仍是一种较好的货币政策工具。

（三）公开市场操作

公开市场是指各种有价证券自由成交、自由议价、交易量和价格公开显示的市场。作为货币政策工具，公开市场操作则是指中央银行通过在公开市场上买进或卖出有价证券（主要是政府短期债券）来投放或回笼基础货币，以控制货币供应量，并影响市场利率的一种行为。

1. 公开市场操作的原理

公开市场操作主要是通过银行系统准备金的增减变化来实现调节货币供应量的目的的。假设一国中央银行在公开市场上向某商业银行购进500万元政府债券，这家商业银行在中央银行的准备金就会增加500万元（如图9-1），也就导致基础货币增加500万元，通过货币乘数的作用，货币供应量将会增加500万元的数倍。如果中央银行用现金购买政府债券，则会增加全社会的现金投放量，也会导致基础货币增加500万元，对货币供应量的倍数影响是一样的。如果中央银行在公开市场上向商业银行卖出500万元的政府债券，就会使商业银行在中央银行的准备金存款减少500万元，这样基础货币就会减少500万元，货币供应量就会倍数收缩。

值得注意的是，中央银行在公开市场上买进有价证券，不仅可以使货币供应量增加，而且还会使市场利率水平下降。一方面，在市场货币需求不变时，货币供应量的增加会使货币供应大于货币需求，均衡利率水平将会下降；另一方面，中央银行买进有价证券后，会引起有价证券需求量的增加，从而在有价证券供应量一定的条件下，将会使有价证券的市场价格上升，由于有价证券的价格一般与市场利率成反向变动关系，因此证券价格的上升也会使利率水平下降。

某商业银行

资　产		负　债	
政府债券	－500万		
在中央银行存款	＋500万		

中央银行

资　产		负　债	
政府债券	＋500万	商业银行存款	＋500万

图9－1　公开市场操作对基础货币的影响

2. 公开市场操作的优缺点

与其他货币政策工具相比，公开市场操作具有以下优点：（1）具有较强的主动性和灵活性。公开市场操作是由中央银行主动决定的，其交易规模的大小可以由中央银行完全把握，无论是让基础货币发生较大的变动还是较微小的变化，中央银行都可以通过公开市场操作来实现。公开市场操作不像法定准备金政策和再贴现政策那样，具有很大的惯性，如果中央银行发现操作失误，随时可以再次运用这一工具进行矫正。（2）具有充分的直接性。中央银行运用公开市场操作可以直接影响银行系统的准备金规模，迅速影响全社会的货币供应量水平，以保证货币政策目标的实现。通过公开市场操作，中央银行还可能抵消各种冲击因素对银行准备金的影响，以使准备金规模维持在预定的目标水平上，保持货币供应量的稳定。（3）可以进行经常性、连续性的操作，具有较强的伸缩性，是中央银行进行日常性调节最为理想的货币政策工具。（4）由于公开市场操作每天都在进行，故不会导致人们的预期变化，有助于货币政策目标的实现。所以说，公开市场操作是中央银行进行宏观金融调控的一种理想工具。正是由于公开市场操作存在着许多优点，它已成为大多数国家中央银行经常使用的控制基础货币和货币供应量的货币政策工具。

不过，公开市场操作也存在一定的局限性，因为要让这一政策工具有效地发挥作用，必须具备一定的条件，主要包括：（1）中央银行要具有较高的独立性，且拥有强大的、足以调控整个金融市场的资金实力；（2）金融市场要相当发达，证券种类齐全并达到一定的规模；（3）要有其他政策工具的配合，可以设想，如果没有存款准备金制度，这一工具是无法发挥作用的。

综上，一般性货币政策工具及其基本的运用策略可用表9－1加以概括。

表9－1　一般性货币政策工具的基本操作方法

经济形势 政策工具	通货膨胀 （总需求＞总供给）	通货紧缩 （总需求＜总供给）
存款准备金政策	提高法定存款准备金率	降低法定存款准备金率
再贴现政策	提高再贴现率	降低再贴现率
公开市场操作	卖出有价证券	买进有价证券

二、选择性货币政策工具

选择性货币政策工具是指中央银行针对个别部门、个别企业或某些特定用途的信贷所采用的货币政策工具。与一般性货币政策工具不同，选择性货币政策工具通常可在不影响货币供应总量的条件下，影响金融体系的资金投向和不同贷款的利率水平。常见的选择性货币政策工具主要包括：消费者信用控制、证券市场信用控制、不动产信用控制、优惠利率和进口保证金制度。

（一）消费者信用控制

消费信用是企业、银行和其他金融机构向消费者个人提供的、直接用于生活消费的信用。在现代经济生活中，消费信用在一定条件下可以促进消费商品的生产和销售，从而促进经济的增长。但是如果提供的消费信用大大超出了人们的承受能力，就将造成不可持续的发展。如2008年美国的次贷危机，从某种程度上来说也有过度发行消费信贷的原因。并且若消费需求过高，生产扩张能力有限，消费信用则会加剧市场供求紧张状态，促使物价上涨，造成虚假繁荣等消极影响。因此，消费信用应控制在适度范围内，形成可持续的消费信用。

所谓消费者信用控制，就是指中央银行对消费者分期购买耐用消费品的信用活动实施的管理措施，目的在于影响消费者对耐用消费品的有支付能力的需求。消费者信用控制的主要内容包括：（1）规定以分期付款等消费信用形式购买各种耐用消费品时，第一次付现的最低金额；（2）规定用分期付款等消费信贷形式购买各种耐用消费品借款的最长期限；（3）规定用分期付款等消费信用方式购买耐用消费品的种类，并规定哪些耐用消费品可以分期付款购买；（4）以分期付款等消费信用方式购买耐用消费品时，对不同的耐用消费品规定不同的放款期限。

（二）证券市场信用控制

所谓证券市场信用控制，是指中央银行为防止证券买卖的过度投机，对凭信用购买证券规定必须以现金支付的比例。现款支付的金额占证券交易额的比率称为证券保证金比率，这种控制实际上就是控制证券保证金比率。规定了最低的法定保证金也就是间接控制了对证券买卖贷款的最高限额。例如，中央银行将保证金比率从50%提高到80%，则经纪人为客户垫付的款项就会由原来的50%减少到20%，这就相应减少了商业银行对证券经纪人的贷款，从而达到收缩信用的目的。中央银行对证券市场信用的调节，主要是关心资金流入市场的问题，并不是直接干预证券价格。为防止过度的证券信用，规定保证金比率有利于在证券价格上涨时，减少过度信用所造成的市场风险；而在证券价格下跌时，可以避免保证金不足的客户被迫抛售证券，从而稳定证券价格，防止证券市场的大起大落，以维持证券市场的健康稳定发展。

（三）不动产信用控制

不动产信用控制是指中央银行对商业银行或其他金融机构的房地产贷款所规定的各种限制性措施，以抑制房地产交易中的过度投机行为。不动产信用控制主要包括：（1）规定不动产贷款的最高额度。规定的额度越低，能够贷到的款项越少，需要的自有资金就越多，这样就限制了购房者的购买力。（2）规定分期付款的期限。期限越长，每期付的款项就越少，购房者负担就较小，提高了购房者的购买水平。（3）规定首次付款的金额及还款条件等。首次付款的金额规定的越高，越有利于抑制信贷。还款条件规定的越苛刻，符合条件的就越少，越有利于抑制投机。

（四）优惠利率

优惠利率是指中央银行对国家拟重点发展的某些产业和经济部门、行业或产品实行较低的贴现率或优惠的放款利率，目的在于调动这些部门的生产积极性，以鼓励这些部门的发展，实现产业结构和产品结构的调整。这个政策为很多国家所采用，尤其是发展中国家。

（五）进口保证金制度

进口保证金制度类似于证券保证金，即中央银行要求进口商预缴相当于进口额一定比例的存款，以抑制进口规模的过快增长。这一措施多为国际收支经常出现逆差的国家采用。

三、其他货币政策工具

在货币政策的具体实践中，除了以上所述的一般性货币政策工具和选择性货币政策工具以外，中央银行还可根据本国的具体情况和不同时期的具体要求，运用一些其他的货币政策工具。这些政策工具很多，既有直接的信用控制，也有间接的信用控制。

（一）直接信用控制

直接信用控制是中央银行根据有关法令对商业银行创造信用业务加以直接干预的行为。比较重要的做法主要有：

1. 信贷配给

信贷配给是指中央银行根据金融市场的资金供求状况以及客观经济形势的需要，权衡轻重缓急，对商业银行系统的信贷资金加以合理的分配和必要的限制。这种信用分配方式在资金需求旺盛、资金短缺、单纯依靠市场机制作用不可能达到控制效果时最宜采用。我国长期以来实际上是以国家综合信贷计划来进行信用配给的。

2. 流动性比率管制

流动性比率管制是指中央银行为了限制商业银行的信贷能力，规定在商业银行的全部资产中流动性资产所占的比重。一般来说，资产的流动性越高，其收益性就越低。商业银行为了保持中央银行规定的流动性比率，就不能任意地将流动性资金过多地用于长期性的贷款和投资，必要时还必须减少长期贷款所占的比重，同时还需要有一部分随时应付提现的资产。这样一来，中央银行也就达到了限制信用扩张的调控目的。

3. 利率上限管制

利率上限管制一般是指中央银行以法律法规的形式规定商业银行和其他金融机构存贷款利率的最高水平。利率上限是最常用的直接信用管制工具，美国在1980年前曾长期实行的Q条例就是这种管制工具的典型。Q条例规定，商业银行对活期存款不准支付利息，对定期存款和储蓄存款支付的利率不得高于规定的最高利率水平。当时美国实行Q条例的主要目的是防止商业银行之间通过提高利率来争夺存款，并发放高风险的贷款。20世纪60年代，一些发展中国家不顾本国国情，盲目效仿西方国家的货币政策，通过设定利率上限来人为地压低利率水平，导致了严重的金融抑制。现在，随着各国相继实行利率市场化的改革，这种货币政策工具已经很少运用了。

4. 直接干预

直接干预是指中央银行根据金融情况，在必要时对各金融机构或某一类金融机构在一定时期内的信贷业务施以行政干预，如规定贷款的最高发放额、直接干涉银行对活期存款的吸收、规定各银行投资与贷款的方针等。中央银行对业务活动不当的商业银行，可拒绝向其提供融资，或者提供融资时收取惩罚性的利息。

（二）间接信用控制

间接信用控制是中央银行采用行政手段间接影响商业银行的信用创造能力的措施，主要有道义劝告和窗口指导等。间接信用控制的优点是较为灵活，但往往不具有强制性，其作用的发挥取决于中央银行在金融体系中是否具有较强的地位、较高的威望、较多的信用控制权力和手段等。

1. 道义劝告

这是指中央银行利用其在金融体系中的特殊地位和威望，通过对商业银行和其他金融机构的业务活动提供指导、发表看法或提出某种劝告以影响商业银行的贷款数量和贷款方向，从而达到控制和调节信用的目的。例如，在证券市场或房地产市场投机盛行时，中央银行可要求商业银行减少对这些市场的贷款。道义劝告并不具有强制力，中央银行仅是根据货币政策的意向向金融机构提出某种具体指导，使其领会意图，自愿合作。这种方法虽然没有法律约束力，但由于中央银行的特殊地位和特殊影响，事实上金融机构一般都会采取合作态度。经验证明，中央银行经常不断地与金融机构建立和保持这种对话关系，扩大它的道义影响，不仅有助于进一步提高中央银行的威信和地位，而且确实有利于货币政策的实施。

2. 窗口指导

窗口指导是指中央银行根据产业行情、物价趋势和金融市场的发展动向，对主要金融机构下达指令，要求其将贷款的增减额限制在适当的范围之内。如果商业银行不接受“指导”进行贷款，中央银行就会削减其贷款的额度，甚至采取停止提供信用等制裁措施。第二次世界大战结束后，窗口指导曾一度是日本主要的货币政策工具。日本银行（日本的中央银行）为了保持同业拆借利率的稳定，利用自己在金融体系中的威信以及金融机构对它的高度依赖，通过与金融机构的频繁接触，来指导它们自觉地遵守日本银行提出的要求，从而达到控制信贷和调节货币供应量的目的。以限制贷款增加额作为特征的窗口指导，作为一项货币政策工具，虽然仅是一种指导，不具有法律效力，但发展到今天，已经转化为一种强制性的手段。如果商业银行等金融机构不听从日本银行的窗口指导，日本银行可以对这些金融机构进行经济制裁，制裁的办法主要是在再贴现时对这些金融机构进行限制。

第二节 货币政策操作规范

货币政策的功能在于通过货币政策工具的操作实现中央银行特定的货币政策目标，无论这一目标是物价稳定还是经济增长或是其他，其最终效果均与货币政策操作方式密不可分。货币政策操作规范是中央银行制定和实施货币政策时所遵循的行为规则或模式。根据现代宏观经济理论，货币政策的操作规范有两大基本类型："相机抉择（Discretion）"和按"规则（Rule）"行事。前者是指中央银行在操作政策工具过程中，不受任何固定程序或原则的束缚，而是依照经济运行态势进行"逆经济风向"调节，以实现货币政策目标。例如，当通货膨胀达到一定程度时，中央银行可以采取紧缩性货币政策以抑制过热的经济；而当失业率太高时，中央银行就可以采取扩张性货币政策来刺激经济增长，以提高就业水平。后者则是指中央银行在制定和实施货币政策之前，事先确定并据以操作政策工具的程度或原则，即无论发生什么情况，中央银行都应按照事先确定的规则进行操作。

一、货币政策操作规范之争

作为中央银行货币政策的两种操作规范，规则与相机抉择之争由来已久，至今已持续了150多年。最早可追溯到19世纪中叶的通货学派与银行学派的学术争论中。通货学派断言货币供给是引起经济波动的直接原因，认为货币管理政策应该具有自己特定的原则，而不是为了应付金融恐慌，这种原则能够通过固定的规则而加以衡量或调节。但银行学派持反对意见，认为与真实贸易需求有关的信用扩张是无害的，因此货币供给可以不受固定发行规则的约束。

20世纪初，相机抉择的货币政策运行相当成功，特别是凯恩斯经济学诞生后，争论一度呈一边倒的态势。特别是在1929年的大危机过程中，许多国家对于如何摆脱经济危机感到束手无策，凯恩斯政府干预的建议提出后，很快就成为西方国家摆脱经济衰退及战后重建的一剂良药，起到了很好的调控效果。然而，好景不长，到了20世纪70年代，相机抉择的思想在"滞胀"的大环境下严重受挫。于是，规则与相机抉择之争重启。规则论者的代表性人物米尔顿·弗里德曼认为，积极的、相机抉择的反周期政策不仅不能起到稳定作用，甚至其本身就是导致经济不稳定的一个原因，其理由包括政策制定者面对的信息约束、政策操作中的不确定因素及时间滞后性、决策当局对政治压力和公众意见的屈从等，因此弗里德曼推崇稳定的货币增长率规则。但是，美国20世纪70年代的货币主义试验并未提供足够的证据以证明规则的政策比相机抉择的政策有更为系统的优势。

凯恩斯主义经济学家赞同政府的经济干预并支持相机抉择，他们认为，当未预料到的经济扰动出现时，货币当局仍固守规则是不明智的；而相机抉择的货币政策十分灵活，可在经济扰动出现时进行微调以增进社会福利，就此而言，相机抉择要优于规则。因为，如果某一项具体的规则可以使经济稳定下来，那么相机抉择的政策制定者也能做到这一点，同时还保有在需要的时候改变规则的灵活性。这种争论格局一直持续到20世纪70年代后期。

1977年，基德兰德和普雷斯科特将“动态非一致性”引入宏观经济学，从而引发了新一轮的规则与相机抉择之争。1983年巴罗和高登将这一概念引入货币政策的研究，他们认为，动态非一致性导致初始的政策承诺是不可信的，假定实行低通货膨胀（以下简称通胀）是一个最优选择，则当公众的通胀率预期较低时，中央银行就将面对某种现实的通胀激励——通过制造意外的高通胀率以获取产出的额外收益；但公众预期是理性的，他们确信政策制定者会屈从于这种激励，因此一开始就会有较高的通胀率预期。结果是货币当局的政策造成了高通胀，却又得不到任何产出上的好处。而有相机抉择权力的央行更可能出现短视行为，也更容易导致政策的动态不一致性。因此，须使用规则的货币政策以保证调控效果。

但是，支持相机抉择的经济学家也指出，即便是规则的货币政策，在执行中也会因为违约成本的降低而导致动态非一致性；而且，规则的政策还面临一个由凯恩斯主义者提出的规范性问题，就是其不能顾及到未预期到的情况，如很难想像恪守规则的货币政策能预期到20世纪80年代美国股市大崩溃造成的严重流动性危机并从容应付。近期争论的形势出现了某种变化，双方的观点具有了更多的包容性，使得货币政策操作按“规则与相机抉择”的区别实际上转变为“是否遵守政策承诺”的区别。也就是说，影响货币政策效果的关键并非在于它的变或不变，而在于货币当局是否执行它所承诺的货币政策。

总之，规则与相机抉择之争以动态非一致性理论的提出为界限，此前可以说相机抉择占据上风，此后则是大多数人都支持按规则行事。这直接导致了近20年来，有关货币政策规则的研究成为货币经济学最具突破的一个研究领域。因此，下面重点分析货币政策规则。

二、货币政策规则

货币政策规则实质是一种预先确定的系统性方案，其目的是为了约束货币当局的相机抉择行为，并为货币政策的制定和执行提供一个名义锚，从而避免货币政策的时间不一致问题。规则的表现形式有多种。从对中央银行政策操作的约束方式来看，可以分为目标规则和工具规则：目标规则仅仅事先规定货币当局必须达到的目标和相应的责任，但不明确规定货币当局应采取的工具和措施；工具规则不但规定货币当局的目标，而且规定为了达到这些目标所必须使用的工具以及操作工具的具体方式。目标规则又可以分为中介目标规则和最终目标规则：中介目标规则规定中央银行必须使用某种中介目标，并预先规定中介目标必须达到的范围，如利率目标、汇率目标、货币供应量目标等；最终目标规则没有规定中央银行使用何种中介目标，但规定中央银行必须实现货币政策的某一最终目标，如通货膨胀目标。工具规则又可以分为可调节的工具规则和不可调节的工具规则：前者根据实现目标的情况灵活调节政策工具，如麦卡勒姆规则和泰勒规则；后者按照固定不变的方式操作政策工具，如弗里德曼规则。

（一）货币政策规则的历史演进

货币政策规则历史演进的分析要从古典框架开始，那时人们始终认为货币仅是一层面纱，货币数量论公式 $MV = PY$ 成立，货币政策关注的主要焦点是通过货币供给政策来控制价格水平。早期的货币理论家主要研究银行部门和银行利率，如桑顿（Thornton）和维克塞尔（Wicksell）。这些学者强调所谓的间接货币传导机制：货币供给的变化影响借贷利率，并进而影响支出和通货膨胀。在规则方面，货币政策的中介目标就是借贷利率。维克塞尔于1898年提出了一个简单的利率规则：如果价格低于目标水平，就降低利率，反之亦然。这些观点就是凯恩斯主义货币理论的基础。20世纪后半期，有关货币政策规则的研究获得了长足发展。表9－2对一个多世纪以来提出的主要货币政策规则进行了概括。

表9－2　货币政策规则的历史回顾

提出时间	规则名称
1875	金铸币流通规则
1920	费雪的补偿美元计划
1933	狭义银行:100%储备
1945	费雪—西蒙斯价格水平规则
1960	固定货币增长率规则
1983	名义GNP目标规则
1988	麦克勒姆—梅茨勒基础货币规则
1993	泰勒规则
1996	通胀目标制

完全的金本位制可以看做是一个完全自动的系统，一个有效的规则是：保证在任何时候通货可以兑换成金。这样一来，一般价格水平就可以和金价保持均衡。如果一国的经常项目出现了逆差，金（铸币）就会流出国外，对国内支出形成压力，这会导致产出的自动稳定。只要金价保持相对稳定，在控制通胀方面，严格钉住金的机制就会起作用。但这种形式的货币政策规则是否对稳定经济有所贡献，至今尚无定论。

费雪（Fisher）建议的补偿美元规则也与金本位有关：通货可以和金兑换，但金的价值是通过实际条款（由CPI定义）固定的。这一规则的主要优点是总价格水平对金价的波动不敏感了，有效地解决了金本位制存在的一个问题。中央银行可以执行一个非常简单的规则：保持可兑换性，即意味着可以稳定价格。这个规则的一个主要缺点是它对通过买卖金的远期合约而对金本位的投机行为相当敏感。

在美国大萧条后，芝加哥学派提出了几种形式的货币政策规则。最著名的就是狭义银行的观点：银行必须保持100%的储备①。这个规

① 实行100%储备金制度尽管消除了因为信心丧失可能引发的银行挤兑风险，但从20世纪70年代金融管制的命运当中可以看到，对所有其他金融中介性债务用作支付手段的限制几乎是不可能的，相反还会增加货币的不确定性，并且100%储备金制度也无法避免货币流通速度的剧烈变动。

则显然是针对大萧条时期金融部门所遇到的问题而提出的。这个规则的设计也启发着芝加哥学派的经济学家们思考其他形式的规则。欧文·费雪提出了人均货币存量保持不变和价格稳定规则。在价格水平低于目标水平时中央银行应扩张货币存量，而在价格高于目标水平时就应紧缩货币量。由于西蒙斯也提出了相似的规则，故这种价格水平目标就被称为费雪—西蒙斯价格水平规则（Fisher-Simons Price Level Rule）。该规则会引起实际 GDP 的大幅波动，这就带来了时机选择的难度。于是，弗里德曼提出了固定增长率规则，并特别强调工具的不稳定问题：如果运用工具的时机选错，就会造成严重的实际后果。

弗里德曼提出的固定货币增长率规则可以看成是工具不稳定问题的解决方案。如果货币当局坚持货币量按常数增长，同时货币的收入流通速度保持不变，那么就存在一个对 GDP 的名义锚。货币增长率固定的最终目的是为了使通货膨胀率等于 0。货币当局不必试图减轻周期波动，但要争取让每天的货币增长保持不变。弗里德曼起初推测 4% 的年增长率就足够了，即 3% 的实际产出增长和 1% 的流通速度下降。固定货币增长率的基本前提就是工具的不稳定性假设。假定：

$$Y_t = \sum_{1}^{n} \alpha_{i,t} Y_{t-i} + \sum_{0}^{k} \beta_{j,t} m_{t-j} + \varepsilon_t \tag{9.1}$$

其中，Y_t 是名义 GDP（目标水平），m_t 是货币存量。假设货币政策的目标是在$t-1$ 期前的信息都可获得的条件下，最小化 Y_t 的方差。参数 $\alpha_{i,t}$ 和 $\beta_{j,t}$ 是随机系数，ε_t 是白噪声误差项。（9.1）式可以重新写成：

$$m_t = -\frac{1}{\beta_0}\left[\sum_{0}^{n} \alpha_{i,t} Y_{t-i} + \sum_{1}^{k} \beta_{j,t} m_{t-j} \right] \tag{9.2}$$

如果我们假定系数是可确定的，（9.2）式就给出了最优货币政策。如果 β_0 很小且系数是随机的，政策滞后较长就会导致工具的不稳定问题，尤其是滞后本身如果也是随机的话，名义 GDP 方差的最小化就会相当困难。这一点就是固定名义货币增长规则的核心思想所在。

固定货币增长规则的主要缺陷是假定货币的收入流通速度保持不变。支付系统的改进，如 ATM 的使用，会造成收入流通速度可预见的改变。在许多西方国家，货币的收入流通速度都显示出可预见的下降趋势。我们可以认为货币收入流通速度的变化是由政策引起的，但并不能完全解释这一现象。另外一个不足之处就是货币存量本身并不是一个可控工具，更可能的是中央银行只能间接影响货币的增长。

考虑到这一点，麦克勒姆—梅茨勒基础货币规则的提出就是自然而然的了。这个规则是建立在基础货币的可控性基础之上的：基础货币是通货和储备的总和。早在1987年，麦克勒姆（McCallum）就提出，货币政策的执行要以名义收入为预定目标，同时以基础货币规划进行操作。名义收入目标规则旨在最小化名义GNP的方差。令b_t为基础货币的对数值，v_t是基础货币收入速度的对数值，基础货币可由下式表示：

$$\Delta b_t = \Delta y^T - \Delta v^A + \lambda(\Delta y^T - \Delta y_t) \tag{9.3}$$

其中，Δy^T是名义GNP的目标增长率①（麦克勒姆的建议值为4.5%），Δv^A是平均的基础货币流通速度增长率（麦克勒姆用滞后四期的平均值），右边第三项是误差修正项，麦克勒姆令其中的$\lambda=0.5$。这个规则中的所有变量都较易测量（这与泰勒规则中的一些参数是不同的）。该规则的主要缺陷就是基础货币变量本身：在美国，由于基础货币的不稳定性，这个变量只使用了很短的时间（1979—1982）。因此，麦克勒姆和尼尔森建议从基础货币规则转向利率（联邦基金利率）规则，利率规则与上文所述的误差修正机制非常相似：

$$i_t = r^* + \Delta p^T + \lambda'(\Delta y_t - \Delta y^T) \tag{9.4}$$

在（9.4）式中，i_t是名义利率，p^T是一般价格水平的对数值。运用这个方程的理由就是基础货币流通速度和联邦基金利率（FFR）之间存在稳定的联系。参数λ'大于λ（λ'大约是1.5而不是0.5）。这一点可能从以下事实中看出，即$\Delta b_t = \Delta y_t - \Delta v_t$和$\Delta v_t = \kappa\Delta i_t$（流通速度和利率之间的稳定关系），从而有：

① 这一增长率常被看成是通货膨胀与真实GDP长期实际增长率（不受货币政策的影响）之和。

$$\Delta y_t - \kappa\Delta i_t = \Delta y^T - \Delta v^A + \lambda(\Delta y^T - \Delta y_t) \tag{9.5}$$

重新整理得到：

$$\Delta i_t = [\Delta v^A + (1+\lambda)(\Delta y_t - \Delta y^T)]/\kappa \tag{9.6}$$

(9.6) 式即是联邦基金利率的变化规则。

麦克勒姆—梅茨勒规则是一个典型的工具规则，它引出了目前最流行的规则：泰勒规则和通胀目标制。

（二）泰勒规则

由于从 20 世纪 80 年代以来，美联储一直使用联邦基金利率为工具。因此，以基础货币为工具的麦克勒姆规则很难应用于美国的政策实践。针对这一缺陷，泰勒（Taylor）主张以短期利率为货币政策工具。同时，麦克勒姆规则的名义收入目标也引起了许多争议，因为名义收入不变不一定能够保证经济按照预定的路径增长，因此，泰勒主张将名义收入目标细分为通货膨胀目标和产出目标，并根据通货膨胀缺口和产出缺口的变化来调节短期利率。这种以短期名义利率为工具、以产出缺口和通货膨胀缺口为目标的规则被称为泰勒规则，又叫利率规则。

泰勒规则是一种工具规则。泰勒认为中央银行应根据三个变量来调整实际利率 r_t：当期的产出缺口、当期通胀与目标水平的偏差和均衡实际利率。通货膨胀（π_t）和产出（y_t）拥有相同的权重 0.5：

$$r_t = r^* + 0.5(\pi_t - \pi^*) + 0.5(y_t - y^*) \tag{9.7}$$

其中，y^* 是潜在产出，π^* 是通货膨胀的目标值。如果通货膨胀超过了目标水平或者产出超过了潜在水平，就应该提高实际利率以将这些变量拉回均衡值。我们也可以用名义变量来定义泰勒规则，由费雪方程 $i^* = r^* + \pi^*$ 可得到：

$$i_t = i^* + 1.5(\pi_t - \pi^*) + 0.5(y_t - y^*) \tag{9.8}$$

泰勒规则的出现无疑大大推动了对货币政策工具规则的研究，并为将货币政策规则应用于实践提供了可能。与麦克勒姆规则和弗里德曼规则相比，泰勒规则更加符合美国、英国等发达国家的政策实践，因为它所使用的政策工具、政策目标等与这些国家的实践吻合得更好。因此，一些西方发达国家将泰勒规则（或者其扩展形式）作为指导货币政策的一个参考依据，并把它作为衡量货币政策松紧程度的参考指标。泰勒规则的另一优势在于它的简单性，它仅仅根据产出缺口和通货膨胀缺口来调节利率。只要中央银行的长期通货膨胀目标和潜在产出水平已知，公众很容易通过观察实际通货膨胀目标和产出的变动预测未来货币政策的变动趋势。因此，这可以为稳定公众的通货膨胀预期提供一个明确的名义锚。同时，泰勒规则的简单性使它很容易被公众理解，有利于中央银行与公众进行交流，公众也比较容易监督货币政策的执行情况，从而提高货币政策的透明度和可信度，避免货币政策的时间不一致问题。最后，泰勒规则提供了一个考虑货币政策简单而清楚的框架：利率对通货膨胀缺口的反应系数必须大于1，这样才能避免通货膨胀陷入自我实现的螺旋。因此，它为货币政策的制定和实施提供了一个确切的指导方针，从而有利于中央银行内部的讨论。从历史检验来看，泰勒规则确实可以衡量货币政策的松紧程度，并为中央银行进行货币政策操作提供一个具体的指导原则。许多学者进行的实证研究表明，在实际经济表现较好的历史时期，实际利率与泰勒规则的推荐值比较接近；相反，在高通货膨胀时期，实际利率一般低于规则的推荐值；大萧条时期，实际利率高于泰勒规则的推荐值。

不过，泰勒规则也存在一些问题，对此需要加以注意：第一，泰勒规则原式是针对封闭经济而言的。在封闭经济中，中央银行可以只关注利率；在开放经济中，泰勒规则就需要重新修正。第二，泰勒规则原式可能造成中央银行的过度反应。在有些情况下，人们建议使用泰勒规则的变形：

$$i_t = \lambda i_{t-1} + (1-\lambda)[i^* + 1.5(\pi_t - \pi^*) + 0.5(y_t - y^*)] \qquad (9.9)$$

这一定义赋予前期利率一个任意权重，以平滑政策建议。特别是在对泰勒规则的事后分析中，这一自回归形式的模型可以更好地符合实际观察到的政策。这一模型的主要缺陷就是滞后内生变量处于支配地位。第三，需要注意泰勒规则的后顾性特征。货币政策对经济产出影响有一个滞后期，因而根据通胀和产出的当期水平调整利率也许是不合适的。尽管当参数比现在的数值大时，泰勒规则可能仅仅是一个可行的规则，然而，在前瞻性模型中，泰勒规则仍然有效。第四，有关产出缺口和均衡实际利率的测算是一个很棘手的问题。我们如何实际决定产出缺口？符合历史产出的趋势就是衡量潜在产出的自然途径吗？我们需要运用资本和劳动的利用率吗？还是用滤波方法（如 Hodrick-Prescott 滤波）来决定一个渐进调整的趋势？还有一个问题就是，由于数据修正的原因，导致同期产出的估计变化剧烈。相似的问题同样适用于不可观测的均衡实际利率。第五，注意所谓实时批判（Real-Time Critique）问题。根据实时数据提出的政策建议与根据事后修正数据得出的政策建议截然不同。更严重的是，基于事后修正数据估计出的反应函数对历史政策的描述往往令人误解。最后，有人也许认为中央银行不应该仅仅控制消费价格的通货膨胀，也应监控资产价格的膨胀。由此一些经济学家建议将资产价格膨胀因素纳入泰勒规则，从而提出了下列形式：

$$i_t = i^* + a(\pi_t - \pi^*) + b(y_t - y^*) + \gamma(SP_t - SP^*) \qquad (9.10)$$

其中，SP_t 是股票市场指数的对数值。布拉德和斯卡林假定短期利率 i_t 可以被看做是长期收益 R_t 的对数，这里的收益 R_t 是 SP_t 的倒数，故有：$i_t = -SP_t$。因此，式（9.10）可以被重新写成：

$$i_t = i^* + a(\pi_t - \pi^*) + b(y_t - y^*) - \gamma(i_t - i^*) \qquad (9.11)$$

$$\text{或：} i_t = i^* + \frac{a}{h\gamma}(\pi_t - \pi^*) + \frac{b}{1+\gamma}(y_t - y^*) \qquad (9.12)$$

上式与泰勒规则的原式看起来是等价的。不过，如果中央银行对股票市场作出反应，就要调低原始反应参数。

（三）通胀目标制规则

从新西兰联邦储备银行于 1990 年 11 月提出通胀目标以来，这种形式的货币政策规则受到了越来越广泛的欢迎。通胀目标制看起来似乎是一个“简单”规则，但实际上是相当复杂的。通胀目标看起来比较简单且透明，这正是这一制度要实现的目标之一。如果货币政策当局行动透明并对所作决策进行充分说明，通胀目标制就能与私人部门很好地交流。而事实上的政策选择并不能很容易地作出，并要求对宏观经济状况进行仔细分析。这里我们仅介绍通胀目标制的基本原理。

斯文森（Svensson）对工具规则和目标规则进行了区分。工具规则将货币政策工具表示成先定的或前瞻性的变量或两者兼而有之的先验方程。斯文森将工具仅取决于先定变量的规则定义为显性工具规则，而将工具取决于前瞻性变量的规则定义为隐性工具规则。泰勒规则、联邦基金利率规则和麦克勒姆—梅茨勒基础货币规则都是显性工具规则的例子。也有一些隐性工具规则的例子，如在加拿大银行运用的模型中，有如下形式的规则：

$$i_t = i_t^L + \gamma(\pi_t + T/t - \pi^*) \tag{9.13}$$

式（9.13）中，i_t 是短期利率，i_t^L 是长期名义利率，$\pi_t + T/t$ 是提前T季的有持续规则的通胀预期，π^* 是通胀区间的中点（$\gamma > 0$）。然而，这些比较简单的工具规则的运行仍会相当复杂。

正如斯文森所言，中央银行将所有承诺的实现仅依靠一个工具规则是不大可能的。中央银行运用的信息要多于简单规则所包含的，尤其是在开放经济中。规则只是用作指导方针，而不是食谱。斯文森认为中央银行更可能会受制于一种损失函数。目标规则就是中央银行最小化特定的损失函数。一个损失函数的例子是：

$$L_t = \sum_{j=1}^{\infty} \delta^j \frac{1}{2}[(\pi_{t+j} - \pi^*)^2 + \lambda y_{t+j}^2] \tag{9.14}$$

其中，δ 是贴现因子，λ 是产出稳定的相对权重。我们可以得到政策的一阶条件是：

$$\pi_{t+2|t} - \pi^* = c(\lambda)(\pi_{t+1|t} - \pi^*) \tag{9.15}$$

其中，c（0）=0，$c(\lambda) > 0$，且为 λ 的递增函数（$\lim_{\lambda\to\infty} c(\lambda) = 1$）。规则是相当简单的：通过调整利率使得提前两期的条件通胀预期与通胀目标的偏差是提前一期预期偏差的 $c(\lambda)$ 倍。

需要说明的是，首先，货币政策的最终目标可能不易控制或观察，在这种情况下，可能用与最终目标密切相关且易于控制和观察的中介目标代替。其次，用 π^* 代表通胀目标，有时会使人迷惑。如：

$$i_t = i^* + g(\pi_t - \pi^*) \tag{9.16}$$

（9.16）式就被看成是一个“目标”规则。斯文森强调这其实并不是通胀目标制。第一，通胀目标制所运用的信息要多于上述简单反馈规则。第二，形如（9.16）式的规则一般是无效的，因为它没有最小化相应的损失函数。鲁迪布什（Rudebusch）和斯文森的研究表明形如（9.16）式的规则的实际表现很差。第三，工具更可能是对目标变量的决定因素作出反应，而不是目标变量本身。斯文森定义了严格通胀目标制和弹性通胀目标制：当 $\lambda=0$ 时，就是严格通胀目标规则；如果 $\lambda>0$，且产出缺口进入损失函数，就是弹性通胀目标规则。通胀目标制面临的最大问题就是中央银行对通货膨胀的不完全控制。这里有许多问题，如传导机制的滞后性、传导的不确定性以及经济冲击等。这些因素可能影响通胀，但导致通货膨胀增加真的是由于货币政策还是其他原因并不清楚。因此，金（King）建议用条件通胀预期作为中介变量，这种类型的政策被称为通胀预期目标制。

除了较广泛的一般目标以外，通胀目标制还有更多的其他要求。目标规则通常要求一定的制度环境，正如米什金（Mishkin）所言，一个通胀目标战略要求：第一，目标的公布；第二，价格稳定的制度保证；第三，一个包含所有信息的战略；第四，透明性；第五，中央银行的责任性。

通货膨胀目标制兼具规则和相机抉择的优点：（1）所有使用通货膨胀目标制国家的法律框架明确地将价格或货币稳定设定为中央银行的首要目标，并给予中央银行运用政策工具的独立性。（2）通货膨胀目标制是一种前瞻性政策，具有名义锚的作用，在降低通货膨胀（存在滞后效应）和私人对通货膨胀预期方面是成功的，一旦达到这一目的，它同时也有助于价格稳定，特别是在防止通货膨胀的一次性冲击对通货膨胀产生持久性影响方面。（3）可以提高货币政策的透明度（即让公众清晰易懂，公众可能对消费价格的理解比对货币供应量的理解更容易）和可信度，强化中央银行的纪律性和责任性，进而减少政策制定者在短期内的机会主义行为（例如，争取不可持续的就业目标，可能是为了支持现任的政治家）。（4）可以把中央银行的意图传达给金融市场和公众，有助于降低未来通货膨胀过程的不确定性，因为很多通货膨胀成本产生于不确定性，而非通货膨胀水平，通货膨胀的不确定性加剧了相对价格的波动（降低了价格的信息含量），增加了非指数化金融工具和以名义价格定价的合约的风险。另外，中央银行政策意图的不确定性也造成了金融市场的波动（如股票市场分析师总是揣摩美联储主席每一句话的弦外之音）。（5）央行在维持长期价格稳定的目标内有应对短期经济形势变化的灵活性等作用。（6）通货膨胀目标制是“受约束的相机抉择”的政策框架。正是基于这些优点，如今通胀目标制已成为颇受欢迎的货币战略，从1990年11月开始到2000年已有19个国家明确采用了通胀目标战略（参见表9－3）。

表9－3　实行通货膨胀目标制的国家一览

国　家	实行时间
新西兰(New Zealand)	1990年11月
智利(Chile)	1991年1月
加拿大(Canada)	1991年2月
英国(UK)	1992年10月
以色列(Israel)	1992年12月
瑞典(Sweden)	1993年1月
芬兰(Finland)	1993年2月—1998年6月
秘鲁(Peru)	1994年1月
澳大利亚(Australia)	1994年9月
西班牙(Spain)	1994年11月—1998年6月
韩国(Korea)	1998年1月
捷克(Czech Republic)	1998年1月
波兰(Poland)	1998年10月
墨西哥(Mexico)	1999年1月
巴西(Brazil)	1999年6月
哥伦比亚(Colombia)	1999年9月
瑞士(Switzerland)	2000年1月
南非(South Africa)	2000年2月
泰国(Thailand)	2000年4月

第三节 中国货币政策操作

中国经济改革是以建立社会主义市场经济体制作为目标的。随着这一改革进程的深入和市场化程度的提高，中国货币政策操作也经历了一个不断转变与完善的过程。表现在货币政策工具上，就是由直接货币政策工具，如利率管制、对银行的信贷限额管理、法定流动性比率、委托贷款和对商业银行再贴现限额等，向间接货币政策工具，如存款准备金政策、再贴现政策、公开市场操作等转变；表现在货币政策操作方式上，就是由相机抉择逐渐趋向按规则行事。

一、中国货币政策操作实践的简单回顾

改革开放以前，中国实行高度集中的计划经济体制，宏观经济调控主要依靠计划和财政手段，货币、信贷手段处于从属地位。在“大一统”的金融格局下，中国人民银行集中央银行与专业银行、银行与非银行金融机构的诸多职能于一身，货币政策实际上是一种综合信贷政策。

20 世纪 80 年代，随着传统计划经济体制向市场经济体制的转型，金融改革和货币政策的操作方式也有了很大的发展和变化。中国人民银行于 1984 年开始专门履行中央银行职能，集中统一的计划管理体制逐步转变为以国家直接调控为主的宏观调控体制。虽然信贷现金计划管理仍居主导地位，但间接金融工具已开始启用。这一期间是我国经济高速发展时期，大量超经济增长发行的货币导致商品供需失衡，物价持续上涨。中国人民银行针对三次货币扩张，进行了三次货币紧缩。

进入 20 世纪 90 年代，随着中国金融体制改革的逐步深入，货币政策操作逐步向间接调控转变。1993 年至今，中国货币政策操作可以明显地分为三个阶段：第一阶段从 1993 年到 1997 年，通过实行适度从紧的货币政策，积极治理通货膨胀，成功实现了“软着陆”；第二阶段从 1998 年开始到 2002 年，货币政策以适度放松为主要特征，旨在治理

通货紧缩，促进经济增长；第三阶段从2003年开始至今，货币政策调控的明显特征是防止出现新一轮的经济过热。

二、中国当前的主要货币政策工具

改革开放前，中国货币政策是依靠计划或行政手段来实现的。改革开放后，伴随着中央银行体制的建立，中国在完善货币政策工具方面进行了积极的探索。中国人民银行目前运用的货币政策工具主要有存款准备金、再贴现、公开市场操作、再贷款、利率、汇率等。这些货币政策工具各有特点，是顺利实现中国货币政策最终目标的保证。

（一）存款准备金

中国存款准备金制度是根据1983年9月《国务院关于中国人民银行专门行使中央银行职能的决定》，在1984年中国人民银行专门行使中央银行职能后重新恢复建立的。1995年《中国人民银行法》对其作了明确规定，把它列为中国人民银行货币政策工具的首位。1998年3月24日中国人民银行发布了《关于改革存款准备金制度的通知》，对有关存款准备金制度的事宜作了具体规定。

目前，中国法定存款准备金制度的实施对象是银行业金融机构。按照相关规定，银行业金融机构，即中华人民共和国境内的商业银行、城市信用合作社、农村信用合作社等吸收公众存款的金融机构和政策性银行、金融资产管理公司、信托投资公司、财务公司、金融租赁公司以及经国务院银行业监督管理机构批准设立的其他金融机构。在交存范围上，只对存款计提准备金。具体包括：商业银行吸收的一般存款，主要包括企业存款、储蓄存款、农村存款、金融机构代理中国人民银行财政性存款中的机关团体存款、财政预算外存款；信托投资机构吸收的信托存款；农村信用合作社及联社和城市信用合作社及联社等集体金融组织吸收的各项存款。金融机构法定存款准备金一般按旬考核。城市商业银行和城乡信用社、信托投资公司、财务公司、金融租赁公司等非银行金融机构法人暂按月考核。

2004年4月25日起，根据宏观经济形势的变化，中国人民银行实行差别存款准备金率制度，将金融机构适用的存款准备金率与其资本充足率、资产质量状况等指标挂钩。金融机构资本充足率越低、不良贷款比率越高，适用的存款准备金率就越高。反之，金融机构资本充足率越高、不良贷款比率越低，适用的存款准备金率就越低。考虑到我国各类金融机构改革进程的差异，尚未进行股份制改革的国有独资商业银行和城市信用社、农村信用社暂缓执行差别存款准备金率制度。实行差别存款准备金率制度可以制约资本充足率不足且资产质量不高的金融机构的贷款扩张，又不影响企业和居民的经济生活。

中国存款准备金制度建立的初衷，是作为平衡中央银行信贷收支的手段，增加中央银行的信贷资金来源以便扩大再贷款规模和进行信贷结构调整。中央银行通过高存款准备金率集中一部分信贷资金，再以贷款方式分配给各商业银行。因此，早期它是一种集中资金的手段，而不是真正意义上的货币政策工具。这一点在存款准备金率上有所反映：中国存款准备金制度建立之初提取比例很高，经过数次调整于1988 年将存款准备金率定为13%，此后10 年这一比率一直未变。但进入21 世纪后，特别是2006 年以来，当流动性过剩愈演愈烈之时，存款准备金政策在中国货币政策工具体系中的地位迅速提高。从表 9－4 可看出，自 1984 年至今，法定准备金率共被调整过 29 次，其中 2006 年以前只调整过 7 次，而 2006 年 7 月至今，这一工具被运用的次数就达 22 次；2008 年 6 月底，法定准备金率甚至高达 17.5%，它仅低于 1984 年这一特殊年份的数值，是自中国人民银行正式履行中央银行职能以来的第二高水平。法定存款准备金率的频繁调整说明，存款准备金作为货币政策工具已成为中国当前宏观调控的最重要手段之一。

表 9－4　中国存款准备金率历次调整情况

时　间	调整前	调整后	调整幅度
2008 年 12 月 5 日	16%	15%	－1%
2008 年 10 月 15 日	16.50%	16%	－0.50%
2008 年 9 月 25 日	17.50%	16.50%	－1%
2008 年 6 月 25 日	17%	17.50%	0.50%
2008 年 6 月 15 日	16.50%	17%	0.50%
2008 年 5 月 20 日	16%	16.50%	0.50%

2008年4月25日	15.50%	16%	0.50%
2008年3月25日	15%	15.50%	0.50%
2008年1月25日	14.50%	15%	0.50%
2007年12月25日	13.50%	14.50%	1%
2007年11月26日	13%	13.50%	0.50%
2007年10月25日	12.50%	13%	0.50%
2007年9月25日	12%	12.50%	0.50%
2007年8月15日	11.50%	12%	0.50%
2007年6月5日	11%	11.50%	0.50%
2007年5月15日	10.50%	11%	0.50%
2007年4月16日	10%	10.50%	0.50%
2007年2月25日	9.50%	10%	0.50%
2007年1月15日	9%	9.50%	0.50%
2006年11月15日	8.50%	9%	0.50%
2006年8月15日	8%	8.50%	0.50%
2006年7月5日	7.50%	8%	0.50%
2004年4月25日	7%	7.50%	0.50%
2003年9月21日	6%	7%	1%
1999年11月21日	8%	6%	-2%
1998年3月21日	13%	8%	-5%
1988年9月	12%	13%	1%
1987年	10%	12%	2%
1985年	央行将法定存款准备金率统一调整为10%		
1984年	央行按存款种类规定法定存款准备金率，企业存款20%，农村存款25%，储蓄存款40%		

资料来源：中国人民银行网站（http://www.pbc.gov.cn）。

（二）再贴现

再贴现是建立在票据市场发展的基础上的。随着票据业务的发展，中国人民银行也开始着手开展再贴现业务，进一步发挥中央银行的宏观调控作用。经过几年的探索，在总结经验的基础上，1984年中国人民银行颁布了《商业汇票承兑、贴现暂行办法》，并决定从1985年起在全国开展这项业务。

目前，再贴现的对象是在中国人民银行及其分支机构开立存款帐户的商业银行、政策性银行及其分支机构。对非银行金融机构再贴现，须经中国人民银行总行批准。中国再贴现政策的操作体系是：（1）中国人民银行总行设立再贴现窗口，受理、审查、审批各银行总行的再贴现申请，并经办有关的再贴现业务（以下简称再贴现窗口）。(2) 中国人民银行各一级分行和计划单列城市分行设立授权再贴现窗口，受理、审查、并在总行下达的再贴现限额之内审批辖内银行及其分支机构的再贴现申请，经办有关的再贴现业务（以下简称授权窗口）。(3) 授权窗口认为必要时可对辖内一部分二级分行实行再贴现转授权（以下简称转授权窗口），转授权窗口的权限由授权窗口规定。(4) 中国人民银行县级支行和未被转授权的二级分行，可受理、审查辖内银行及其分支机构的再贴现申请，并提出审批建议，在报经授权窗口或转授权窗口审批后，经办有关的再贴现业务。中国人民银行根据金融宏观调控和结构调整的需要，不定期公布再贴现优先支持的行业、企业和产品目录。各授权窗口须据此选择再贴现票据，安排再贴现资金投向，并对有商业汇票基础、业务操作规范的金融机构和跨地区、跨系统的贴现票据优先办理再贴现。

由于票据市场发育不健全、贴现率及再贴现利率结构不合理及再贴现的条件比较苛刻等原因，中国人民银行开展的再贴现业务规模一直偏小，2001—2005 年的再贴现业务余额分别是 655 亿元、68 亿元、64.88 亿元、33 亿元、2.39 亿元。即使 2006 年以来，由于通货膨胀压力，宏观调控力度加大，部分中小金融机构的流动性趋紧，办理再贴现的需求增强，但由于商业银行自身流动性充裕，申请再贴现的动力小，2007 年末再贴现余额也仅为 57.43 亿元。因此，再贴现政策在中国当前货币政策工具体系中的地位不高，可以说已基本丧失调控作用。

（三）公开市场操作

中国公开市场操作包括人民币操作和外汇操作两部分。外汇公开市场操作 1994 年 3 月启动。1996 年 4 月 9 日，中国人民银行开始实践以国债回购为主要内容的人民币公开市场操作，它标志着中国货币调控机制开始了根本性转变。1997 年，由于商业银行参与投标的频率和数量不足，公开市场操作暂停，一直到 1998 年 5 月 26 日才恢复交易，随后规模逐步扩大。据统计，2008 年上半年累计发行央行票据 2.94 万亿元，开展正回购 2.35 万亿元；2008 年 6 月末，中央银行票据余额为

4.24万亿元，正回购余额为1756亿元。1999年以来，公开市场操作已成为中国人民银行货币政策日常操作最重要的工具，对于调控货币供应量、调节商业银行流动性水平、引导货币市场利率走势发挥了积极的作用。

从交易品种看，中国人民银行公开市场业务债券交易主要包括回购交易、现券交易和发行中央银行票据。其中，回购交易分为正回购和逆回购两种。正回购为中国人民银行向一级交易商卖出有价证券，并约定在未来特定日期买回有价证券的交易行为。正回购为央行从市场收回流动性的操作，正回购到期则为央行向市场投放流动性的操作。逆回购为中国人民银行向一级交易商购买有价证券，并约定在未来特定日期将有价证券卖给一级交易商的交易行为，逆回购为央行向市场上投放流动性的操作，逆回购到期则为央行从市场收回流动性的操作。现券交易分为现券买断和现券卖断两种，前者为央行直接从二级市场买入债券，一次性地投放基础货币；后者为央行直接卖出持有债券，一次性地回笼基础货币。为加强流动性管理，促进货币信贷平稳增长，中国人民银行从2003年4月开始发行中央银行票据，并将其作为对冲流动性的主要工具。中央银行票据即中国人民银行发行的短期债券，最初期限分为3个月、6个月和1年三个品种，为缓解央行票据集中到期的压力，达到深度冻结流动性的效果，于2004年底引人3年期品种；发行方式主要通过市场化招投标进行，并根据货币调控需要及市场环境变化灵活选择价格招标或数量招标方式，2003—2007年累积发行央行票据超过10万亿元。发行央行票据是当前人民银行货币政策操作的现实选择，不仅有效对冲了外汇占款的过快增长，为货币调控赢得了的一定的主动权，而且弥补了当前债券市场缺乏短期品种的不足，丰富了金融机构管理流动性的工具；同时，连续发行央行票据对于培育货币市场基准利率、推进利率市场化改革也具有积极意义。央行通过发行央行票据可以回笼基础货币，央行票据到期则体现为投放基础货币。不过，中央银行票据虽然是中央银行作为债务人发行的，从原理上看，中央银行完全可以根据货币政策的需要来进行操作，拥有绝对的自主权。但是在我国外汇占款数量较大的情况下，为了降低流动性，中央银行票据的发行是被迫的。

中国人民银行从 1998 年开始建立公开市场业务一级交易商制度，选择了一批能够承担大额债券交易的商业银行、证券公司、保险公司以及信托投资公司等金融机构，作为公开市场业务的交易对象。无论是回购交易、现券交易还是中央银行票据发行，公开市场操作都是与一级交易商完成交易的，中国人民银行并不与所有的金融机构直接进行交易。这些交易商先通过货币市场和债券市场与其他金融机构进行交易，获得国债、政策性金融债券等有价证券，然后将这些有价证券作为交易工具直接与中国人民银行开展公开市场业务，使中央银行的货币政策操作扩散到整个金融体系，有助于提高中央银行公开市场操作的效率。

（四）再贷款

再贷款是中央银行主要的资产业务之一，在很长一段时间内一直是中国最有影响的一般性货币政策工具。再贷款对执行货币政策、抑制通货膨胀、平衡财政收支、维护金融体系的安全、促进经济发展具有十分重要的意义。

中国人民银行从 1984 年发放再贷款。1984—1993 年期间，对国有商业银行的再贷款曾是中央银行投放基础货币的主要渠道，中国人民银行由此提供的基础货币约占基础货币增量的 80% 以上。1993 年以前，再贷款由省级分行发放，但这一做法在造成商业银行及其分行盲目扩大信贷规模的同时，也强化了地方政府把中央银行贷款当成类似于财政拨款的中央政府资金的观念，从而既不利于中国人民银行总行对贷款总规模的控制，也不利于商业银行总行内部的统一、全面管理和资金调度。因此，在 1993 年下半年中国经济采取“软着陆”措施以后，中国人民银行总行就把中央银行的贷款权集中在人民银行总行。1994 年汇率并轨以来，中央银行为冲销外汇占款所引致的基础货币投放扩张，加大了回收再贷款的力度。1997 年以后，中央银行再贷款主要用于农业发展银行收购农副产品，以及支持地方政府关闭严重资不抵债的地方中小金融机构，支持资产管理公司剥离国有商业银行的不良资产等。1997 年底，中国人民银行颁布了《关于改进国有商业银行贷款规模管理的通知》，决定从1998年1月1日起，取消国有商业银行贷款限额的控制，在推行资产负债比率管理和风险管理的基础上，实行"计划指导，自求平衡，比率管理，间接调控"的新的管理体制。这标志着我国中央银行金融宏观调控方式的重大改革，中国人民银行将从过去依靠贷款规模指令性计划控制，转变为指导性计划引导，并以指导性计划执行情况作为中央银行宏观调控的监测目标。这一信贷管理体制的重大变化，也意味着中国人民银行要对再贷款政策工具进行调整，此后再贷款规模逐步缩小，对货币调控的能力也日益下降。

2004年中国人民银行发布《关于实行再贷款浮息制度的通知》，决定从2004年3月25日起实行再贷款浮息制度。再贷款浮息制度是指中国人民银行在国务院授权的范围内，根据宏观经济金融形势，在再贷款（再贴现）基准利率基础上，适时确定并公布中央银行对金融机构贷款利率加点幅度的制度。到了2004年，再贷款规模下降到了9376.35亿元。如果从相对比重看，下降更明显，1999年再贷款规模占中国人民银行总资产的43.49%，2004年该比重下降为11.92%。实行再贷款浮息制度是稳步推进利率市场化的又一重要步骤，有利于完善中央银行利率形成机制，逐步提高中央银行引导市场利率的能力；有利于理顺中央银行和借款人之间的资金利率关系，提高再贷款管理的科学性、有效性和透明度；有利于再贷款利率制度逐步过渡到国际通行做法。

（五）利率

利率政策是中国货币政策的重要组成部分，也是货币政策实施的主要手段之一。随着利率市场化改革的逐步推进，作为货币政策主要手段之一的利率政策将逐步从对利率的直接调控向间接调控转化。中国人民银行根据货币政策实施的需要，适时地运用利率工具，对利率水平和利率结构进行调整，进而影响社会资金供求状况，实现货币政策的既定目标。

目前，中国人民银行采用的利率工具主要有：（1）调整中央银行基准利率，包括：再贷款利率，指中国人民银行向金融机构发放再贷款所采用的利率；再贴现利率，指金融机构将所持有的已贴现票据向中国人民银行办理再贴现所采用的利率；存款准备金利率，指中国人民银行对金融机构交存的法定存款准备金支付的利率；超额存款准备金利率，指中央银行对金融机构交存的准备金中超过法定存款准备金水平的部分支付的利率。（2）调整金融机构法定存贷款利率。（3）制定金融机构存贷款利率的浮动范围。（4）制定相关政策对各类利率结构和档次进行调整等。

近年来，利率市场化改革主要在以下三方面有所进展：一是同业拆借市场利率已经市场化。1996 年取消了对银行间同业拆借市场利率的上限管理，放开了同业拆借市场利率，初步建立了由拆借双方根据市场供求状况自主决定利率的市场利率生成机制。二是近年来部分国债、金融债券的发行利率通过市场化招标确定，走出了国债发行利率市场化的第一步。三是以 Shibor 为基准的利率互换业务稳步开展，投资者积极运用利率衍生产品来管理和规避利率风险。在此基础上，中国人民银行加强了对利率工具的运用。利率调整逐年频繁，利率调控方式更为灵活，调控机制日趋完善。

（六）汇率

改革开放前，在传统的计划经济体制下，人民币汇率由国家实行严格的管理和控制。党的十一届三中全会后，为鼓励外贸企业出口的积极性，中国的汇率体制从单一汇率制转变为双重汇率制，经历了官方汇率与贸易外汇内部结算价并存（1981—1984 年）和官方汇率与外汇调剂价格并存（1985—1993 年）两个汇率双轨制时期。其中，以外汇留成制为基础的外汇调剂市场的发展，对促进企业出口创汇、外商投资企业的外汇收支平衡和中央银行调节货币流通均起到了积极的作用。但随着中国改革开放的不断深入，官方汇率与外汇调剂价格并存的人民币双轨制的弊端逐渐显现出来。一方面，多种汇率的并存，造成了外汇市场秩序混乱，助长了投机；另一方面，长期外汇黑市的存在不利于人民币汇率的稳定和人民币的信誉。外汇体制改革的迫切性日益突出。1993 年 12 月，国务院正式颁布了《关于进一步改革外汇管理体制的通知》，采取了一系列重要措施，具体包括：实现人民币官方汇率和外汇调剂价格并轨；建立以市场供求为基础的、单一的、有管理的浮动汇率制；取消外汇留成，实行结售汇制度；建立全国统一的外汇交易市场等。2005 年 7 月 21 日，中国出台了完善人民币汇率形成机制的改革措施。目前，中国实行的是一种有管理的浮动汇率政策，其核心内容有二：一是人民币汇率不再钉住单一美元，而是按照我国对外经济发展的实际情况，选择若干种主要货币，赋予相应的权重，组成一个货币篮子；二是根据国内外经济金融形势，以市场供求为基础，参考一篮子货币计算人民币多边汇率指数的变化，对人民币汇率进行管理和调节，维护人民币汇率在合理均衡水平上的基本稳定。

人民币汇率机制改革以后，为保证人民币汇率形成机制改革的平稳进行，在中国人民银行的统一领导和部署下，外汇管理部门出台了一系列政策措施。一是为企业和个人用汇提供更多便利，包括再次提高境内机构经常项目外汇账户限额、放宽境内居民个人因私购汇政策并简化购汇凭证等。二是加强市场基础设施建设，包括扩大外汇指定银行对客户远期结售汇业务和开办人民币与外币掉期业务、增加银行间外汇市场交易主体、引入双边询价交易方式、在银行间外汇市场开办远期外汇交易等。三是便利企业境外投资，支持企业参与国际经济技术合作和竞争。调整境内银行为境外企业提供融资性对外担保管理方式，将境内外汇指定银行为我国境外投资企业融资提供对外担保的管理方式由逐笔审批调整为年度余额管理，同时扩大银行和受益企业的范围。四是引导、规范境内经济体合理有效利用境外资金。允许境内居民境外设立特殊目的的公司融资，并规范有关返程投资外汇管理。完善外债管理，合理控制短期资金流入。

（七）其他货币政策工具

除上述六大工具外，不动产信用控制、特别存款和窗口指导等也是中国人民银行当前经常使用的政策手段。

1. 不动产信用控制

2003 年，中国房地产业发展迅猛，部分地区房地产信贷投放过快，银行风险加大。为了保持房地产业的持续、稳定、健康发展，中国人民银行发布了《中国人民银行关于进一步加强房地产信贷业务管理的通知》，对开发商贷款、建筑业流动资金贷款、个人多套住房贷款等制定了比较原则性的限制措施。2007年，中国人民银行和中国银行业监督管理委员会对商业性房地产信贷政策进行了调整，严格住房消费贷款管理，提高了第二套以上住房贷款的首付款比例和利率水平。

2. 特别存款

2006年12月，为加强财政政策与货币政策的协调配合，提高国库现金的使用效益，中国人民银行与财政部开展了中央国库现金管理商业银行定期存款业务招投标活动，截至2008年7月底，中标资金累计达1700亿元人民币。

3. 窗口指导

中国人民银行的“窗口指导”始于1987年，形式较为特殊，采取的是一种中央银行与国有商业银行行长联席会议制度的形式。在联席会议上，国有商业银行向中国人民银行报告即期的信贷业务进展情况，中国人民银行则向国有商业银行说明对经济、金融形势的看法，通报货币政策意向，提出改进国有商业银行信贷业务管理的建议等。因此，中国人民银行的“窗口指导”可以及时传导中央银行的货币政策意图，使金融机构能够按照中央银行的意图贯彻和实现货币政策目标。

三、中国货币政策操作规范

自1984年中国人民银行独立行使中央银行职能以来，其货币政策操作经历了从典型的相机抉择操作到具有规则性成分的转变。从1985年到1995年，中国人民银行奉行的是以发展经济为主的货币政策，币值的稳定被放在次要的位置。中国在这一阶段经历了最严重的通货膨胀，除紧缩的1989年、1990年，物价在低水平运行外，其余年份均在高位运行，其中在1994年，通胀率达到21.7%，这既有深化价格体制改革造成的隐性通胀公开化的原因，也有中央银行的货币政策的作用。除1986年到1989年价格体制由双轨制向市场定价造成的通货膨胀引起M1增长率的居高不下外，1992年在通货膨胀由1991年的2.9%上涨为5.4%后，中央银行继续增加货币投放量，使M2由年增长31.3%的高位涨至年增长42.8%，从而带动了物价的进一步上涨。货币政策带来的结果是利率居高不下，无法发挥利率作为货币政策工具的作用。不能忽视的是，这一阶段的经济增长率一直处于高值，中国经济在这一阶段得到了突飞猛进的发展，发展经济的货币政策目标得到了贯彻执行。从1996年至2003年，货币政策趋于中性，货币供应量增长率基本保持在经济增长的2倍左右，中国人民银行的任务转变为主要反通货紧缩。随着利率市场化改革的深入，中国人民银行逐步将利率作为货币政策的主要调节工具。从2003年到现在，这一轮通货膨胀伴随着经济的高速发展。中国人民银行使用了各种货币政策工具，既利用了利率规则，又利用了注重基础货币和名义国内生产总值的麦克勒姆规则，同时也关注通货膨胀目标。

总之，随着中国经济市场化水平的不断提高，以及直接调控向间接调控的转变，中国已越来越不适合采用“相机抉择”型货币政策，相反，“规则”型货币政策则成为必然选择。因为：(1)“规则”型货币政策可以真正起到稳定经济运行的作用。由于中国目前主要是通过调节货币供应量来影响经济运行，故控制货币供应量增长率就成为当前中国货币政策操作的主要内容。如果中国中央银行按“规则”进行货币政策操作，就可以有效平滑经济增长速度，以实现稳定宏观经济运行的目标。当经济过热时，由于“规则”型货币政策操作规范的核心是按照正常的名义国民收入增长率来确定货币供给量的增长率，在货币增长率既定的条件下，超过名义国民收入增长率区间范围的总需求增长就会受到有效抑制，从而可以紧缩经济。反之，当经济运行趋冷时，按“规则”行事的货币政策会刺激投资需求和消费需求，从而可以实现经济的有效扩张。(2)“规则”型货币政策更加适合处于转型期的中国国情。首先，由于“规则”型货币政策的决策程度较为简单，操作方式也相对固定，货币政策的实施难度有所下降，这样在央行现有调控能力条件下，将有助于减少货币政策的盲目性。其次，按“规则”行事的货币政策受政府行政干预和其他部门影响的可能性相对较小，更加适合中国央行独立性不高的国情，在一定程度上有利于减少货币政策的依附性。最后，“规则”型货币政策操作规范并不是一味地追求纯粹“规则”，而是一个“相机抉择”成分不断减少、按“规则”行事的成分不断增加的动态过程。这样，就能在一定程度上避免由于政策急剧转向而带来的利益冲突，有利于提高货币政策的调控效果。(3)“规则”型货币政策可以形成一个稳定的货币经济环境。随着中国向社会主义市场经济体制转型的逐步推进，市场经济的雏形已基本形成，各层次经济主体越来越需要一个稳定的宏观经济环境，当然也包括货币环境。只有在稳定的货币经济环境中，各经济主体才能形成稳定的预期，从而减少经济活动的盲目性，提高经济运行的效率。按“规则”型货币政策操作规范行事，正是适应了这种需要。由于货币政策操作“有章可循”，并且“规则”型货币政策有明显的透明度和可信度，非常有利于形成稳定的市场预期，从而促进稳定货币经济环境的形成。

本章小结

货币政策工具是中央银行为实现特定的货币政策目标，在实施货币政策时所采取的具体措施或操作方法。中央银行可以运用多种货币政策工具来对经济进行宏观调控，这些政策工具传统上分为三大类：一般性货币政策工具、选择性货币政策工具和其他货币政策工具。

一般性货币政策工具，包括法定存款准备金政策、再贴现政策和公开市场操作。存款准备金政策是指中央银行通过调整法定存款准备金比率，来影响商业银行的信用创造能力，从而影响货币供应量的一种政策措施。再贴现政策是指中央银行通过提高或降低自己对商业银行所持票据的再贴现率的办法，影响商业银行等存款货币机构从中央银行获得的再贴现贷款和超额准备，达到增加或减少货币供给量、影响市场利率、干预和影响货币市场供给与需求从而实现货币政策目标的一种金融政策措施。公开市场操作则是指中央银行通过在公开市场上买进或卖出有价证券（主要是政府短期债券）来投放或回笼基础货币，以控制货币供应量，并影响市场利率的一种行为。

选择性货币政策主要针对信用领域，通过对不同信用形式的管制，鼓励或抑制某一部门的发展，从而达到调控经济的目标。其中，消费者信用控制是指中央银行对消费者分期购买耐用消费品的信用活动实施的的管理措施。证券市场信用控制是中央银行对有关证券交易的各种贷款进行限制，以抑制过度投机。不动产信用控制是指中央银行对商业银行办理不动产抵押贷款的管理措施。优惠利率是国家对重点发展的产业或部门实行低于市场利率的政策，以促进这些行业的发展。进口保证金制度则类似于证券保证金，是一种中央银行要求进口商预缴相当于进口额一定比例的存款，以抑制进口规模的过快增长的措施。

其他货币政策工具很多，既有直接的信用控制，也有间接的信用控制。前者主要包括信贷配给、流动性比率管制、利率上限管制和直接干预等；后者主要是道义劝告和窗口指导。

根据现代宏观经济理论，货币政策的操作规范有两大基本类型："相机抉择"和按"规则"行事。前者是指中央银行在操作政策工具过程中，不受任何固定程序或原则的束缚，而是依照经济运行态势进行"逆经济风向"调节，以实现货币政策目标。后者则是指中央银行在制定和实施货币政策之前，事先确定并据以操作政策工具的程度或原则，即无论发生什么情况，中央银行都应按照事先确定的规则进行操作。

货币政策规则的目的是为了约束货币当局的相机抉择行为，并为货币政策的制定和执行提供一个名义锚，从而避免货币政策的时间不一致问题。规则的表现形式有多种。从对中央银行政策操作的约束方式来看，可以分为目标规则和工具规则。泰勒规则和通胀目标制是目前最流行的两种货币政策规则。

中国货币政策操作经历了一个不断转变与完善的过程。表现在货币政策工具上，就是由直接货币政策工具，如利率管制、对银行的信贷限额管理、法定流动性比率、委托贷款和对商业银行再贴现限额等，向间接货币政策工具，如存款准备金政策、再贴现政策、公开市场操作等转变；表现在货币政策操作方式上，就是由相机抉择逐渐趋向按规则行事。

重要概念

货币政策工具　一般性货币政策工具　法定存款准备金率　存款准备金政策　再贴现　差别存款准备金率　再贴现率　再贴现政策　公开市场操作　消费信用　消费者信用控制　证券市场信用控制　不动产信用控制　优惠利率　进口保证金制度　直接信用控制　信贷配给　流动性比率管制　利率上限管制　直接干预　间接信用控制　道义劝告　窗口指导　相机抉择　按"规则"行事　货币政策规则　目标规则　工具规则　固定货币增长率规则　麦克勒姆—梅茨勒基础货币规则　泰勒规则　通胀目标制

复习思考题

1. 简述存款准备金政策的作用机制并评价这一政策工具。
2. 为什么存款准备金率不宜经常变动?
3. 再贴现政策有哪些主要内容？其优缺点有哪些?
4. 公开市场业务是怎样影响货币供给量的？其优缺点有哪些?
5. 选择性货币政策工具有哪些?
6. 其他货币政策工具有哪些?
7. 简述货币政策操作规范之争。
8. 中国人民银行目前运用的货币政策工具主要有哪些?
9. 联系实际，为什么说"规则"型货币政策是中国的必然选择?

第十章　货币政策传导机制

货币政策传导机制一直以来都是宏观经济学中研究的中心问题和热点问题之一，也是货币政策理论研究领域的核心内容。一般认为，货币政策传导机制有利率传导机制、资产价格传导机制、信用传导机制和汇率传导机制等。但从金融机构的资产和负债角度看，西方货币政策传导机制大体可分为两种：“货币观”（包括利率传导机制、资产价格传导机制和汇率传导机制）和“信用观”。实际上，近年西方经济学界围绕货币政策传导机制的比较有影响的争论，也仍主要集中在“货币观”和“信用观”上。本章将结合相关理论介绍货币政策的各种传导机制，在此基础上分析中国货币政策传导机制的形成与演变。

第一节　货币政策传导机制概述

一国中央银行是否能够有效地通过调节货币供应量以促使最终支出和名义收入等目标的变化而逐步达到均衡目标，取决于传导机制是否顺畅，货币政策的有效传导是货币政策顺利发挥作用的纽带。

一、货币政策传导机制的含义

一般来说，中央银行通过各种货币政策工具的运用，会对商业银行的准备金和短期利率等经济变量产生比较直接的影响，而这些近期中介目标变量的变动将影响货币供应量和长期利率等远期中介目标变量。由于远期中介目标变量对实际经济活动能产生比较直接的影响，因此如果货币政策工具运用得当，就能实现货币政策的最终目标。所谓货币政策传导机制，就是指中央银行确定货币政策目标后，从运用一定的货币政策工具进行操作，到最终实现其预期目标所经过的传导途径或作用过程。

例如，中央银行运用公开市场操作在公开市场上向商业银行购进一定数量的政府债券，商业银行的准备金存款就会增加。由于商业银行的准备金是基础货币的重要组成部分，加上货币乘数的作用，商业银行准备金的增加将会引起货币供应量的倍数扩张。从其具体的过程来看，当商业银行向中央银行出售政府债券引起准备金增加后，它就可以增加贷款或投资，这将会导致存款货币的倍数增加。此外，当货币供应量增加后，利率水平就会降低，社会投资规模就会扩大，就业人数也会增加。无论是货币供应量增加还是利率水平下降，都会引起社会总需求的增加，在社会总供给不变的情况下，物价水平就会提高。于是，这种公开市场操作的最终结果就是物价上涨、就业增加和经济增长。这就是说，中央银行通过对公开市场操作的运用，实现了充分就业和经济增长这两个最终目标，但未能达到稳定物价这一最终目标，这是由货币政策最终目标之间的矛盾所决定的。

二、货币政策的机构传导过程和经济变量传导过程

货币政策的传导过程，就是货币政策各项措施的实施，通过经济体系内的各种经济主体与变量，影响到整个社会经济活动的过程。因此，货币政策的传导过程包括两个方面：机构传导过程和经济变量传导过程。

（一）货币政策的机构传导过程

货币政策的机构传导过程是指货币政策措施通过影响经济主体行为而影响整个社会经济的过程。在市场经济条件下，货币政策的机构传导过程一般由三个基本环节组成，其顺序是：（1）从中央银行到各金融机构和金融市场。中央银行运用各种货币政策工具操作，调节各金融机构的超额准备金、金融市场的融资成本、信用能力和金融机构的行为，控制各金融机构的贷款能力和金融市场的资金融通从而影响

货币供给与需求。(2)从商业银行等金融机构和金融市场到企业和居民等非金融部门的各类经济行为主体的投资与消费。中央银行通过实施货币政策，如提高或降低利率、扩张或紧缩货币供应量，使商业银行等各金融机构根据中央银行的政策操作调整自己的行为，从而影响各金融机构和企业、居民的投资、储蓄及消费等经济活动。(3)从企业、居民等非金融部门经济行为主体的投资、消费的变化到总产量、总支出量、物价和就业的变动。企业居民投资消费行为的变化，通过市场反馈信息，必然会引起产量、物价和就业的变动，最终影响经济发展、物价稳定、就业增加、国际收支平衡这些最终目标的实现。在这个传导过程中，金融市场在整个货币的传导过程中发挥着极其重要的作用。

(二)货币政策的经济变量传导过程

货币政策的经济变量传导过程是指货币政策措施通过一定途径，依次作用于一系列经济变量，最终实现货币政策目标的过程。这一过程大致可以分为三个阶段：第一阶段，货币政策工具的运用直接作用于货币政策的近期中介目标（操作目标）；第二阶段，货币政策近期中介目标的变动影响货币政策的远期中介目标；第三阶段，货币政策远期中介目标的变动最终影响到实际经济变量，从而实现货币政策的最终目标。其中，第一阶段和第二阶段是金融自身调节阶段，此阶段的作用主体是金融体制及金融机构，作用对象是各种金融变量。第三阶段是金融作用于经济的阶段，在此阶段，各金融变量与经济变量相互联系和相互影响，实现经济发展、物价稳定、就业增加、国际收支平衡目标。

值得注意的是，货币政策的机构传导过程和经济变量传导过程并不是相互独立的两次传导过程，而是一次传导过程的两个方面，两者是浑然一体、不可分割的：一方面，货币政策通过影响经济主体的行为而影响相关经济变量并使其发生变化以实现传导；另一方面，经济变量以经济主体为依托，将各经济主体联系成一个整体，使货币政策作用力依次传递。两者相结合，最终构成一个错综复杂的货币政策传导网络，图 10－1 对此进行了描述。①

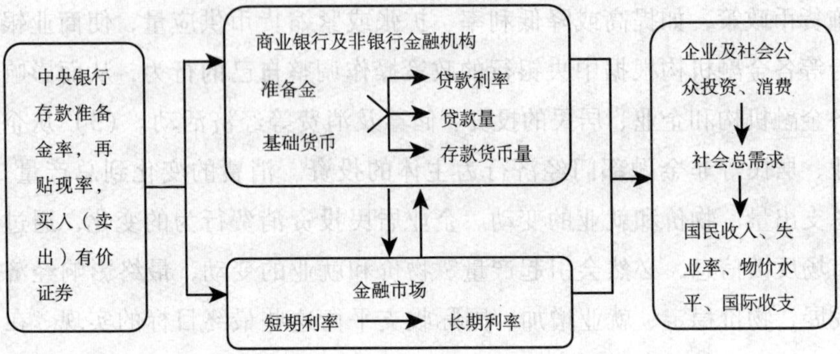

图 10－1　货币政策的传导过程

第二节　货币政策的利率传导机制

理论界有关货币政策利率传导机制的研究由来已久。早在 1898 年，维克塞尔在其累积过程论中就有所涉及。20 世纪 30 年代，凯恩斯的流动性偏好理论使得利率传导机制理论成为整个西方现代货币政策传导机制的理论基石。以后相继出现的资产价格传导机制、信用传导机制、汇率传导机制等现代西方货币政策传导机制理论都是以此为基础逐渐发展起来的。因此，利率传导机制理论在西方货币政策传导机制理论中的地位十分重要。

一、维克塞尔的利率传导机制理论

早期的货币数量论以欧文·费雪的“现金交易数量论”和马歇尔、庇古的“现金余额数量论”为代表，二者都认为货币既不影响就业，也不影响产出，货币流通速度不变，从而货币只是使名义价格等幅同

① 孟钊兰主编：《中央银行学》，西安交通大学出版社 2007 年版，第 224 页，略有修改。

方向的变化，货币影响的仅仅是价格水平 P，用公式表示即：

$$M\uparrow \rightarrow P\uparrow$$

维克塞尔是瑞典学派的创始人。维克塞尔并没有否定古典货币数量论在一定条件下的合理性，但他认为，货币数量论对现实经济的解释力是值得怀疑的。这一怀疑的理由有两点：一是对古典货币数量论的“货币流通速度不变假定”的批评；二是对古典货币数量论过分强调现金的媒介职能而忽视了信用票据的作用的批评。维克塞尔认为，随着经济的发展，银行的金融职能几乎无所不包，银行的存款创造能力使得货币余额高度集中，这导致货币供给越来越倾向于能够适应其需求。这意味着，货币需求是高度易变的。既然货币需求是高度易变的，那么货币流通速度也就不再是固定的了。在此基础上，19 世纪末，经过对货币数量论的修正和发展，维克塞尔提出一个经由利率变动的货币政策传导机制理论。

维克塞尔把利率分为两种：一是货币利率（r_m），即现实市场所形成的利率，也就是银行贷款利率；二是自然利率（r_n），是指对物价完全保持中立，既不使物价上涨也不使物价下跌的利率，即借贷资本的需求与储蓄的供给相一致时的利率。自然利率大致相当于新形成的资本的预期收益率。自然利率是维克塞尔所设想的标准利率，只要货币利率与自然利率保持一致，货币就是中性的或均衡的，货币就不会对经济产生任何影响。货币利率取决于资本的供给和需求，资本供给主要来源于储蓄（S），资本需求则主要是投资需求；而自然利率主要受生产技术、劳动市场供求以及实物资本供求等因素影响，随后者改变而改变。当中央银行增加货币供应量（M）时，储蓄增加，货币利率下降。当货币利率低于自然利率时，立即从两个方面影响社会总需求：从企业角度看，由于现在的货币利率低于自然利率，两者的差额作为企业的超额利润（π）会刺激企业增加投资（I）和扩大生产的意愿，但在充分就业条件下，由银行增发给企业的新贷款只会使劳动、原料、土地等生产要素的价格（P_p）上涨。要素价格上涨使要素所有者的收入增加，其消费也将增多。于是，需求就将上升，从而使得物价上涨。从消费角度看，由于这时市场利率较低，使作为利率函数的居民储蓄减少，消费（C）增加，但由于消费品生产在充分就业条件下无法扩大，其结果是消费品价格（P_c）上涨。消费品价格上涨又会推动生产要素价格上涨，生产要素价格上涨带来居民收入增加，反过来会导致消费品价格上涨，如此循环，整个价格水平将呈现一种螺旋式上升的态势。这种经济累积性扩张过程要一直持续到市场利率与自然利率相等时为止。反之，贷款利率高于自然利率时，会造成企业收益低于正常水平，生产被迫缩减，货物与劳务需求减少，居民储蓄增加，消费减少，最终导致资本品价格和消费品价格下跌的连锁反应，从而形成经济下降的累积过程，这就是“累积过程理论”名称的由来。在这个累积过程中，虽然社会生产并不会有实际的扩大，但相对价格体系在不断变化，从而生产结构（资本品与消费品的生产比例）也在变化。总之，货币利率与自然利率的差异在这一传导过程中起着中介桥梁作用，货币对经济的实质影响是通过利率的中介作用来完成的。维克塞尔的货币政策利率传导机制理论可简单概括为：

$$M\uparrow \rightarrow S\uparrow \rightarrow r_m\downarrow \rightarrow \left\{\begin{matrix} r_n > r_m \rightarrow \pi\uparrow \rightarrow I\uparrow \rightarrow P_P\uparrow \\ S\downarrow \rightarrow C\uparrow \rightarrow P_C\uparrow \end{matrix}\right\}$$

$$\rightarrow \text{相对价格体系变化} \rightarrow \text{生产结构变化}$$

维克塞尔是从“价格”的角度寻找联系古典货币数量论与实体经济运行之间的纽带，所以其货币理论和古典货币数量论一样是“价格决定的货币理论”。维克塞尔的货币政策利率传导机制理论的意义在于：首先，它打破了传统的货币数量论关于经济自动均衡的论断，指出货币均衡取决于货币利率与自然利率是否一致，并说明二者经常发生背离，从而表明了通过货币政策干预经济的必要性；其次，它详细地论证了利率作为货币影响经济的传导中介的重要作用，为货币当局利用利率杠杆调节经济提供了理论依据，也为现代利率传导机制理论奠定了理论基础。但是，维克塞尔研究货币政策传导机制的目的仍在于消除两大利率差异，保持货币中立，这与凯恩斯有意识地利用货币和利率的作用去促进经济增长的现代货币政策传导机制理论仍有差别。

二、凯恩斯学派的利率传导机制理论

真正现代意义上的货币政策传导机制理论始自凯恩斯的《就业、利息和货币通论》。在该书中，凯恩斯借鉴了维克塞尔的利率思想，提出了货币政策经由利率及有效需求影响社会经济活动的新的货币政策传导机制。后在1937年由希克斯提出的*IS-LM*模型中得以进一步阐述。凯恩斯学派的利率传导机制理论不仅是西方利率传导机制理论的经典，而且也是整个西方现代货币政策传导机制的理论基石。

凯恩斯的货币政策利率传导机制理论以就业和产出为最终目标，以流动性偏好说为基础。凯恩斯首先将金融资产分为两类：债券和货币。债券代表除货币外的所有其他金融资产，这些金融资产具有收益但流动性相对较低；货币则相反，具有充分的流动性但没有任何利息收益；二者可以完全替代。所谓流动性偏好就是对货币的偏好，它决定了社会公众的货币需求 L 。货币需求分为交易性货币需求、预防性货币需求和投机性货币需求三种。前两种货币需求都是收入 Y 的增函数，可合在一起记为货币需求 $L(Y)$ ；第三种货币需求是利率 r 的减函数，可记为货币需求 $L(r)$ ；总的货币需求为 $L = L(Y) + L(r)$ 。货币需求量是内生变量，而货币供给量 M 则是外生变量，它由中央银行决定，货币供求共同决定利率水平。当中央银行增加货币供给时，社会公众实际持有的货币量超过其意愿持有量即货币需求，社会公众就会将超出部分用来购买债券。于是，债券价格上升，而利率下降。投资 I 决定于利率和资本边际效率，在资本边际效率不变的条件下，利率的下降将引起投资规模的增加。投资的增加又将进一步通过乘数作用引起总支出和总收入的同方向变动。相反，当货币供给减少时，利率就会上升，而投资、总支出 E 和总收入 Y 则相应下降。凯恩斯的这一货币政策利率传导机制可以表示如下：

$$M\uparrow \rightarrow r\downarrow \rightarrow I\uparrow \rightarrow E\uparrow \rightarrow Y\uparrow$$

凯恩斯的货币政策利率传导机制理论的要点有两个：一是认为货

币政策传导机制中的核心变量是利率，货币政策必须通过利率来加以传导，即货币政策的中介目标应是利率。二是认为货币政策的作用是间接的，它必须经过两个中间环节，即 $M \to r$ 和 $r \to I$，这两个中间环节的任一个出现问题，都会导致货币政策无效。当第一个环节出问题时，就会出现通常所说的“流动性陷阱”现象。即当利率下降到一定限度以后，任何货币量的增加都会被无限增大的投机性货币需求所吸收，利率水平就不会再下降。第二个环节出问题是指投资的利率弹性不足，如在利率下降后，如果投资者对利率下降并不敏感，也会使扩张性货币政策不能取得扩大投资规模的效果。因此，凯恩斯学派非常强调财政政策的有效性，而认为货币政策是不可靠的。

不过，凯恩斯提出的货币政策传导机制理论只强调了货币和利率等金融变量的变动对实际经济活动的影响，而没有考虑实际经济活动的变化也会对货币和利率产生相应的反作用。例如，货币供应量的增加将导致利率下降，利率的下降将会刺激投资增加，投资的增加又将引起收入的成倍增加，凯恩斯的分析就到此为止了。因此，凯恩斯的分析实际上只是一种局部均衡分析，只反映货币市场对商品市场的影响，而没有反映商品市场与货币市场的相互作用。实际上，收入的增加必将引起交易性货币需求和预防性货币需求增加，即 $L(Y)$ 增加，在货币供给不变（$\bar{M}$）的条件下，只有通过提高利率，减少投机性货币需求 $L(r)$，才能满足 $L(Y)$ 增加的要求，这将使原已增加了的投资又趋于减少，收入由此而减少。所以，货币政策对实际经济活动的传导机制，实际上并不是一个单向的过程，而是货币市场与商品市场之间循环往复的作用与反作用的过程。凯恩斯的追随者认识到了这一点，并开始采用一般均衡分析法，将商品市场和货币市场结合在一起加以分析，最终以希克斯为代表的凯恩斯学派建立了 *IS-LM* 模型。在 *IS-LM* 框架内，货币政策的利率传导机制可完整表述为：

$$M\uparrow \to r\downarrow \to I\uparrow \to E\uparrow \to Y\uparrow \to L(Y)\uparrow \underset{\bar{M}}{\to} L(r)\downarrow \leftarrow r\uparrow \to I\downarrow E\downarrow \to Y\downarrow$$

（最后的 $Y\downarrow$ 以箭头反馈回 $Y\uparrow$）

第三节　货币政策的资产价格传导机制

凯恩斯只考察了货币和债券这两种金融资产形式，因而认为货币政策只对债券价格进而利率产生影响，这在理论中虽然行得通，但显然与现实不相符。实际上，资产形式及其价格是一个非常丰富的概念，它既包括金融资产——货币性金融资产和非货币性金融资产，如股票、债券以及期货、期权等衍生工具及其价格，也包括非金融资产——存货、机器设备、房地产及耐用消费品等真实资产及其价格。因此，货币政策对经济的冲击不仅表现在债券价格上，还表现在其他资产价格上。只有全面考察这些影响，才能科学揭示货币政策的传导机制。正是基于这一点，有关货币政策资产价格传导机制的研究成为20世纪60年代以来货币政策研究中最为活跃与最富成果的领域之一。

一、现代货币主义学派的相对资产价格传导机制理论

凯恩斯学派只重视抽象利率的传导机制而忽视利率的期限结构的观点在20世纪60年代受到了诘难，随后出现的滞胀更是对凯恩斯理论提出了巨大的挑战，而凯恩斯学派并不能很好地应对这一挑战，于是现代货币主义学派兴起。

（一）现代货币主义学派的相对资产价格传导机制理论

现代货币主义学派的货币政策传导机制理论是在批评凯恩斯学派理论的过程中提出来的，因此，它与凯恩斯学派的理论有着重大的分歧。现代货币主义学派认为，货币供应量的变动无需通过利率进行传导，利率在货币政策传导机制中不起重要作用，他们更强调货币供应量在整个传导机制上的直接效果，认为货币量变动可直接引起支出与收入的变动。由于货币学派认为货币供应量的增加会引起资产结构调整，进而影响各种资产的相对价格，所以有的经济学家干脆将货币学派提出的货币供应量传导机制称作相对资产价格传导机制。这一传导机制可表示如下：

$$M\uparrow \rightarrow E\uparrow \rightarrow I\uparrow \rightarrow Y\uparrow$$

$M \rightarrow E$，是指货币供应量的变化直接影响支出水平。这是由于：第一，货币需求有内在的稳定性，在货币需求函数中没有包括任何货币供给的因素，因而货币供应量的变动不会直接引起货币需求的变化。第二，当货币供应改变，比如增大时，由于货币需求没有发生变化，公众手持货币量就会超出他们所愿意持有的货币余额，于是，人们将通过增加支出而消除这一过多持有的货币余额。

$E \rightarrow I$，是指变化了的支出用于投资的过程，货币学派认为这是一个资产结构的调整过程。第一，超过意愿持有的货币余额要么用于购买金融资产，要么用于购买非金融资产，甚至是用于人力资本的投资。第二，不同取向的投资会引起不同资产相对收益率的变化。如果投资于金融资产过多，金融资产市值就会上涨，收益率相对下降，这就会刺激对非金融资产的投资，如产业投资等；产业投资增加，既可能引起产出增加，又可能促使物价上涨。第三，在资产结构的调整过程中，不同资产收益率的差距将趋于消失，并逐渐达到稳定状态。

最后，会影响到名义收入 Y。名义收入是实际产出与物价水平的乘积，名义收入增加可能是由于实际产出水平的提高，也可能是由于物价水平的上涨，还可能是由于实际产出增加和物价水平上涨同时发生的结果。由于货币供应量 M 作用于支出，导致资产结构调整，并最终引起收入 Y 的变动，但这一变动究竟在多大程度上反映了实际产量的变化，又有多大程度反映了物价水平的变动？根据弗里德曼的分析，在短期内，货币供应量的增加会引起实际产出和物价水平同时增加；但就长期来说，货币供应量的增加只能引起物价水平的上涨。在短期内，货币供应量增加之所以能引起实际产出的增加，是因为在短期内公众还没有来得及调整他们的通货膨胀预期，从而预期通货膨胀率会低于实际发生的通货膨胀率。也就是说，在短期内，还存在着人们未预期到的通货膨胀，货币学派认为正是这一未预期到的通货膨胀，才可能引起实际产出水平的暂时增加。但是，从长期来看，人们会及时调整自己对通货膨胀预期的偏差，货币幻觉随之消失，于是实际产出水平就不会增加了，货币供应量的增加在长期内只能引起物价水平的增加。

（二）现代货币主义学派与凯恩斯学派的货币政策传导机制的主要分歧

虽然凯恩斯学派和现代货币主义学派在分析资产组合的调整过程时所运用的理论框架基本是一致的，他们都认为宏观金融调控当局运用特定的调控手段和政策工具，是通过资产结构的调整过程来影响名义国民收入和实际经济活动的，但他们的分歧也是明显的。

1. 资产范围不同

虽然两个学派都假设每个支出单位（个人或机构）都试图使其资产结构达到某种均衡状态，但不同学派对资产选择行为的分析存在一些分歧。这种分歧产生的一个重要原因就是两者研究的资产范围不同。现代货币主义学派认为凯恩斯界定的资产范围过于狭窄，仅包括货币资产和证券资产，实际上资产不仅包括金融资产如货币、证券等，而且也包括实物资产如耐用消费品、非耐用消费品等。

2. 资产替代关系不同

凯恩斯学派强调货币与债券之间高度的替代性。在货币需求不变的条件下，货币实际数量的增减只会引起债券需求的同向变化，然后经过利率与其他资产相对收益率的变动影响到实物资产。而现代货币主义学派则认为，货币与实物资产是更为相近的替代品，货币资产的变动影响到实物资产并不一定要通过资产相对收益的变化，而是可能直接发生替代关系。这反映了双方对货币需求利率弹性经验上的分歧。凯恩斯学派强调货币作为一种资产与其他金融资产之间的高度替代性，而现代货币主义学派则认为货币资产与实物资产有着更为紧密的替代关系，货币当局通过调节货币供应量的变动不仅能够影响经济主体在货币和其他金融资产之间的选择，而且也影响经济主体在货币与各种消费品等实物资产之间的选择。简言之，货币当局通过调整货币供应量能够影响到一系列的资产、利率和支出。

3. 中介目标不同

凯恩斯学派只关心一种资产的价格——利率，强调的是利率变动对于投资需求的影响，因此主张以利率作为货币政策的中介目标。而现代货币主义学派则看重其他相对资产价格的变化，认为利率在货币传导机制中并不起重要作用，而强调货币供应量在整个传导机制上具有真实的效果。他们认为，增加货币供应量在开始时会降低利率，但不久会因货币收入增加和物价上涨使名义利率上升，而实际利率可能回到并稳定在原先的水平上，因此货币政策的传导机制不是通过利率间接地影响投资和收入，而是通过货币实际余额的变动直接影响支出和收入。这样，在货币学派的货币政策传导中，货币供应量就成为了中介目标。

4. 传导机制的复杂程度不同

凯恩斯学派的货币政策传导过程相对简单，货币供应量的变化只会引起货币与债券的相互替代，而总需求也只是表现为投资需求。与此不同，现代货币主义学派则认为，货币供应量的变动会引起众多资产的相互替代，因而货币政策对总需求的影响方式和渠道十分繁杂，要想将这些途径全部找出来是徒劳无益的。因此，货币学派满足于从实证角度找出货币供应量与名义国民收入的相关性，而不是具体探讨货币供应量对于名义收入的作用方式或者过程。这就是著名的“黑箱”理论：货币供应量的的变动从黑箱的一端进入，名义收入的变动从黑箱的另一端显示出来，但是人们并不知道这一传导过程是如何进行的。用公式表示即：

$$M\uparrow \rightarrow E\uparrow \rightarrow A\uparrow \rightarrow I\uparrow \rightarrow \cdots \rightarrow Y\uparrow$$

其中，M 表示货币供应量，E 表示总支出，A 表示对各种资产的需求，I 表示投资，“…”表示可能存在但尚未被揭示的中间过程，Y 表示名义收入。

5. 对产出和价格的影响不同

在分析货币政策传导机制时，凯恩斯学派有两个重要假设：一是有效需求不足；二是资源存在大量闲置。因此，他们认为货币政策会对实际产出产生影响，但对价格则没有影响。与此相反，现代货币主义学派则认为，短期内，由于存在货币幻觉和人们未预期到的通货膨胀，货币供应量的增加会引起实际产出和物价水平同时增加；但就长期来说，人们会及时调整自己对通货膨胀预期的偏差，货币幻觉随之消失，于是实际产出水平就不会增加了，货币供应量的增加在长期内只能引起物价水平的增加。

二、托宾的 q 理论

许多经济学家认为，货币政策会通过影响股票价格而影响投资支出。这里需要弄清楚的第一个问题是：货币政策的变动是如何影响股票价格的？按照凯恩斯学派的观点，货币供应量增加会降低市场利率水平，由于债券利率降低，投资于股票比投资于债券更加具有吸引力，从而股票需求增加，股票价格就会上涨。另一种思路认为，当货币供应量增加时，社会公众发现自己持有的货币量超过了意愿持有量，这时资产结构调整行为就会发生，增加对股票的购买也就自然而然了，由于社会公众对股票需求的增加，导致了股票价格的上涨。第二个问题是：股票价格变化是如何影响投资支出的？对于这个问题，托宾发展了一种关于股票价格与投资支出相关联的理论，人们把这一理论称为托宾的 q 理论。

托宾的 q 理论存在几个假设前提：（1）资产是多样化的。托宾认为，凯恩斯关于货币和债券两种资产的假定是脱离现实的，事实上资产是多样化的，除货币外，金融资产有公债、公司债、股票、商业票据、定期存款等。（2）各种资产的收益率不同。托宾指出在现实世界不存在一种唯一的市场收益率，应把资产收益率看做是一个完整的结构。每一种资产均有不同的收益，资产收益率结构决定于各种资产的相对供应量。一般而论，一种资产供应量增加，其收益率将相对于其他资产的收益率而上升，但各种资产收益率相对其供应量的增加而上升的幅度是不同的。他还认为，每一种资产的收益取决于其供给，反过来供给又影响资产的需求。（3）资产间不能完全替代。凯恩斯认为其他证券和债券具有完全可替代性，而托宾认为不同资产之间具有不同的替代程度。（4）采用一般均衡分析方法。托宾在分析货币政策传导机制时，采取一般均衡分析方法，从资产的价值与结构变动的角度来分析货币政策的传导机制。（5）托宾把经济体系划分为实际部门和金融部门。实际部门是由现实生产中的商品和劳务市场构成的复合体，金融部门是由一系列相互关联的资产债务市场构成的复合体。金融部门所决定的资产价格、利率会影响实际部门，反过来也会受实际部门的影响。

托宾的 q 理论中的一个核心概念是“托宾的 q ”，正是通过这个 q ，托宾将他所划分的金融体系与真实经济体系联系了起来。所谓“托宾的 q ”，是指企业的市场价值与资本的重置成本之比。股票价格 P_e 越高，q 值越大；股票价格越低，q 值越小。当 $q > 1$ 时，企业的市场价值高于资本的重置成本，即意味着新厂房、新设备的成本要低于企业的市场价值。在这种情况下，企业就可以发行股票，并能在股票上得到一个比它们正在购买的设备和设施要高一些的价格。由于企业可以通过发行较少的股票而买到较多的新投资品，投资支出就会增加。反之，当 $q < 1$ 时，企业的市场价值则低于资本的重置成本，企业就不会购买新的投资品，投资支出就会减少。将上述两个方面结合起来，我们便得到下面的货币政策传导机制：

$$M\uparrow \rightarrow P_e\uparrow \rightarrow q\uparrow \rightarrow I\uparrow \rightarrow Y\uparrow$$

当货币供应量 M 增加时，首先引起股票价格 P_e 的上升，托宾的 q 值增大，投资支出 I 增加，最终总产出水平 Y 也将增加。

托宾的 q 理论是对凯恩斯学派利率传导机制理论的继承和发展。一方面，他同样认为利率是衡量货币政策效果的重要指标。他指出，衡量货币政策对经济活动的影响时，利率在各种指标中占据首位，因而中央银行必须考虑其政策的“利率效果”。另一方面，托宾的“利率效果”已不是凯恩斯假定的单一利率了，而是某种利率“组合”。因此，在托宾看来，q 值为货币政策影响真实经济活动的最好的指示器，应将其作为货币政策的中介指标，并具体认为美国的道·琼斯指数足以反映货币市场与货币政策的走向。在实践方面，托宾的 q 理论对美国经济大萧条时期投资支出水平极低的现象作出了很好的解释。在大萧条时期，股票价格暴跌，1933 年的股票市值仅相当于 1929 年底的

1/10左右，托宾的 q 值也降到了空前的水平，因而投资支出水平也降到了极低点。

但值得注意的是，以 q 值的波动作为纽带，依靠经济主体基于自身的资产结构调整行为，以实现货币当局金融调控的意图，这一货币政策传导过程的推进是受到一系列因素的制约的，主要包括：（1）资产结构调整的传导功能的发挥是假定经济主体能够按照经济原则自主、灵敏地调整自身的资产结构，如果经济主体不是具有硬约束的、以利润最大化为导向的适应市场机制的市场主体，这一传导过程的效率就会大大降低。（2）资产结构调整的传导功能的发挥，要求有完善的市场体系，特别是金融市场体系，要有种类繁多的、适应不同投资偏好的经济主体需求的金融产品，金融市场的不发达必然会使这一传导过程效率降低。（3）对于宏观金融调控来说，q 值难以作为主动性的调控指标。这主要是由于货币政策并不是影响 q 值的唯一因素，因为在现实的经济运行中，除货币政策以外的许多政治经济因素（如比较重大的事件、经济主体的预期及其变化、政治的变化等）都能够从不同的侧面、以不同的方式影响 q 值。因此，从宏观金融调控的角度看，货币政策与 q 值的联系并不是紧密的。

三、莫迪利亚尼的储蓄生命周期理论

货币政策通过股票价格变化对经济的影响不仅表现在投资上，还表现在消费上。托宾的 q 理论分析了前一种情况，而莫迪利亚尼的储蓄生命周期理论则分析了后一种情况。莫迪利亚尼认为，一个典型的消费者对其在各年龄阶段的消费安排多少，取决于其终生收入 LI ，而不是取决于本期收入。因此，消费者将选择一个合理的、稳定的消费率，接近于他预期一生的平均消费。消费者终生收入包括人力资本、实物资本以及金融资产 FA 。其中，金融资产是消费者终生收入的重要组成部分，而普通股又是金融资产构成中的重要组成部分。因此，当货币供应量增加时，股票价格上升，金融资产增加，消费者的终生收入相应增加，消费支出 C 随之增加，最终促进产出增长。莫迪利亚尼储蓄生命周期理论的货币政策传导机制可以表示为：

$$M\uparrow \rightarrow P_e\uparrow \rightarrow FA\uparrow \rightarrow LI\uparrow \rightarrow C\uparrow \rightarrow Y\uparrow$$

第四节　货币政策的信用传导机制

利率传导机制和资产价格传导机制忽略了信用供给对于经济金融运行的重要影响，将政策力量完全归功于货币供给的变化。这种分析隐含的理论前提是：金融市场是完全竞争市场，是完美的，各种金融资产的供给和需求都是随着市场利率信号的变动而灵敏地变化，具有充分的利率弹性，个人和企业的各种资金来源可以方便地相互替代。但是，金融市场事实上并不是完全竞争的，逆向选择、道德风险及可能存在的监控成本等问题使得新凯恩斯学派学者将目光转向原本不为人所重视的信贷市场，并在此基础上提出了信贷配给理论，开拓了货币政策信用传导机制的新领域。

一、信用可获得性理论

信用可获得性理论也称为信用供应可能性理论，初创于 20 世纪 40 年代，由威廉姆斯（Williams）首先提出。当时，由于凯恩斯流动性陷阱之说，加之诸多实际考察，学者们在理论上似乎都在否定利率政策效应，因此该见解当时未受到重视。到 20 世纪五六十年代，美国纽约储备银行的罗伯特·罗莎（Robert Roosa）较为全面地阐释和发展了信用可获得性理论，该理论基本成型。之后经过卡莱肯（G. H. Kareken）和英国货币政策研究机构的《拉德克里夫报告》（*Radcliffe Report*）的推演、发展，该理论逐渐成为一个颇具影响力的新的货币政策传导理论。[①]

信用可获得性理论从贷款人对利率的敏感性角度来论证货币政策的有效性，认为利率影响经济的途径有两条：一是通过影响借款人成

① 孙志贤：《我国货币政策传导机制研究》，中国优秀博硕士学位论文全文数据库，2005 年，第 16—17 页，略有修改。

本，二是通过影响贷款人信用供应可能性。以往的利率理论只重视前者而忽视后者，但在投资需求的利率弹性很低的情况下，与其强调利率变动对借款人的作用，倒不如强调利率变动对贷款人的作用。也就是说，即使借款人的利率弹性很低，只要贷款人有信用供给弹性或利率敏感性，就可保证货币政策的有效性。

信用可获得性理论的前提是信贷配给假说，它指的是在信贷市场上按照既定的利率，贷方提供的资金少于借方的需求。在此假说基础上，利率变动对贷款人信用供应可能性产生影响的原因包括：（1）流动性 F 原因。流动性在《拉德克里夫报告》中被定义为金融机构的资产存量。保持足够的资产流动性是金融机构进行资产管理的基本原则。金融机构流动性不足，将蒙受重大损失，甚至破产。通常，贷款人为维持一定的流动性，总要持有一定量的风险性较小、收益率较低而流动性较高的政府债券。这样就为中央银行通过公开市场业务调整利率，从而扩张和收缩信用提供了条件。当中央银行变动利率，金融机构为保持一定程度流动性将调整自身的资产构成，增减其信用供应可能性，从而达到伸缩信用规模、调控经济的目的。（2）预期原因。当货币供应量减少时，利率 r 上升，金融机构所持有的政府债券价格下跌，市场利率预期变动，金融机构一般不愿出售其手中的政府债券，而情愿等待价格回涨。这样，金融机构的信用供应 L 可能性减小，换言之，企业的信用利用可能性减小，从而收到紧缩信用的效果。信用可获得性理论认为货币政策的传导过程为：

$$M\downarrow \rightarrow r\uparrow \rightarrow F\downarrow \rightarrow L\downarrow \rightarrow Y\downarrow$$

二、新凯恩斯主义的货币政策信用传导机制理论

信用可获得性理论弥补了传统利率理论的缺陷，强调了利率对贷款人的重大作用。然而，信贷配给作为贷款人利润最大化行为的合理性受到了广泛的质疑，这激发了寻求信贷配给理论基础的广泛研究。20 世纪 70 年代，斯蒂格利茨（Stiglitz）等人将阿克洛夫（Akerlof）发展的信息不对称理论应用于信贷市场的研究，认为信贷市场的一个重

要特征就是信息不完美，由此引发的逆向选择和道德风险将使得信贷市场不同于普通商品市场：在一定的利率水平上，信贷市场不能出清，这导致了信贷配给的出现。随后，威廉姆森（Williamson）证明，即使不存在逆向选择和道德风险问题，如果贷款人监控借款人要发生监控成本的话，信贷配给现象也会发生。信贷配给理论的发展初步解释了货币政策影响实体经济的微观基础：如果缺乏银行信贷以外的其他融资来源，遭受信贷配给的借款者就不得不收缩投资，反映在宏观经济上就是产出的下降，在这个意义上信贷是重要的。在此基础上，以伯南克（Bernanke）为代表的新凯恩斯主义者提出了所谓的“信用观”，即货币政策的信用传导机制理论。“信用观”强调信用、金融中介（尤其是银行）以及不完美信息在货币政策传导机制中的作用，它可从狭义和广义方面进一步区分为两种机制：一是狭义信用传导机制，即银行贷款渠道；二是广义信用传导机制，即资产负债表渠道。

（一）银行贷款渠道

银行贷款渠道，是指货币政策通过影响银行贷款供给量从而影响借款人的信贷可得性并最终影响产出的货币政策传导机制。银行贷款渠道论是一种典型的信用传导机制理论。这种观点认为，在信息不对称的环境下，商业银行的资产业务与负债业务一样有不对称性，银行具有特殊的信息优势而具有独特的政策传导功能。换言之，银行贷款与其他金融资产（如债券）不是完全可以互相替代的，特定类型的借款人的融资需求只能通过银行贷款途径得以满足，从而使得货币政策除经由一般的利率传导机制外，还可通过银行贷款的进一步增减变化改变外在融资溢价进而对实体经济运行产生影响。具体来说，当中央银行实施扩张性货币政策时，随着货币供应量的增加，银行的储备 D 也相应增加，在银行资产结构基本不变的情况下，银行将增加贷款 L，那些依赖银行贷款融资的特定借款人获得贷款后扩大投资 I，于是国民收入 Y 随之增加。反之则相反。银行贷款渠道的作用机理可表示如下：

$$M\uparrow \rightarrow D\uparrow \rightarrow L\uparrow \rightarrow I\uparrow \rightarrow Y\uparrow$$

需要强调的是，银行贷款渠道的存在必须满足以下两个条件：（1）

银行贷款是特殊的。即存在某种类型的借款人，对他们来说，当银行的贷款供给减少时，他们无法获得或低成本的获得其他融资来源，而是必须削减他们的投资支出。在这个意义上，他们被称为银行依赖型借款人。（2）货币政策变动可以直接影响银行的贷款供给。这取决于银行既是以储备支撑的存款持有者又是贷款发放者的双重特性。银行贷款渠道的存在要求货币政策变动引起的银行体系储备的减少必然会导致银行贷款供给量的下降。也就是说，在储备受到冲击之后，银行不能通过重新安排其资产和债务的投资组合以使其贷款供给不受影响。

正是上述条件的存在，使得很多人对银行贷款渠道的存在与否和作用大小产生了质疑。在这些人看来，银行贷款渠道至少受制于以下四个方面：第一，是否有相当比例的银行依赖性借款人。即使中央银行能够影响银行信用供给，但货币政策是否能够顺畅传导，还取决于资金需求者的行为。只有在相当比例的资金需求者依赖于银行贷款，同时在银行紧缩贷款时难以获得其他的资金来源渠道时，货币政策有效性才会较高。第二，银行信用供给的变化能否引致社会信用供给总量的变化。即使中央银行通过各种政策工具的运用能够有效地影响银行信用供给行为，但是整个社会的信用供给总量才是影响经济运行和总需求波动的决定性因素，因此银行信用供给行为的变动并不一定意味着整个社会的信用供给总量的变动。第三，货币政策能否有效地影响银行等金融中介体系的贷款。在市场经济条件下，中央银行采用种种宏观金融调控措施所传递的政策意图，不一定能够为金融中介体系所认同，因而也就不一定能够有效地影响到金融中介体系的贷款活动。更为重要的是，商业银行可通过资产负债结构的调整来抵销准备金调整等货币政策调控的作用力，从而削弱货币政策的有效性。第四，商业银行的贷款行为还受到金融监管政策的影响。例如，资本充足率在监管活动中的引入会在一定程度上抑制货币当局扩张贷款供给的能力。这意味着货币政策必须与金融监管政策相配合，但在金融监管职能纷纷从中央银行分离出来的情况下，这种配合困难重重。

（二）资产负债表渠道

资产负债表渠道又称财富净额渠道，它重点关注来自所有金融中介和信用市场的资金供给，并不仅仅强调银行在贷款市场上的特殊作用，还强调所有形式的外部融资都不能完全替代内部融资，因此信用市场上的信息不完美将造成内部融资与外部融资之间的成本溢价——外部融资溢价，货币政策的变动将经由此渠道影响不同借款人的融资能力而最终影响产出。相对于银行贷款渠道，对广义信用渠道的争议较少，无论理论研究还是实证研究都证明了这一渠道的存在性和重要性，因此在银行贷款渠道仍然存在较大争议的背景下，这一机制为研究货币政策影响实体经济提供了一种新的思路。

资产负债表渠道基于以下理论基础：借款人面临的外部融资溢价取决于其内部财务状况。借款人的资产净值（流动性资产和可转让的抵押品数量）越高，外部融资溢价就越低。健康的财务状况能够减少借款人和贷款人之间潜在的利益冲突，能够为借款人的投资计划实现自我融资或为其发行的负债提供更多的抵押。因此，借款人资产负债表质量的波动就会影响其投资和支出决策。从资产负债表的理论基础中我们可以看出，这一渠道的逻辑实际上就是货币政策变化所导致的和借款人有关的金融因素的变化抑制了其投资活动，反映在宏观层面上就表现为经济的波动。因此，这一渠道和借款人的投资活动密切相关。

货币政策主要通过三种方式影响借款人（主要指企业）的资产负债表：一是扩张性货币政策将通过前面所说的路线导致股票价格 P_e 上升，这将提高企业净值 N，从而降低逆向选择 AC 和道德风险 MR，导致贷款和投资支出的增加，最后引起总需求和总产量的增加。二是扩张性货币政策降低利率，这有利于减轻企业债务利息负担，增加其现金流 CF，从而降低逆向选择和道德风险，导致贷款、投资支出、总需求和总产量的增加。三是货币政策可通过对一般价格水平的影响发生作用。因为债务在合同中是以名义量确定的，未预期的价格上涨虽可导致企业债务 ED 的真实价值（降低债务负担）降低，但并不降低企业资产的真实价值。这样，货币扩张就可增加企业的真实净值，从而降低逆向选择和道德风险，导致贷款、投资支出和产量的增加。货币政策的资产负债表渠道可表示为：

$$M\uparrow \rightarrow P_e, CF, ED\uparrow \rightarrow N\uparrow \rightarrow AC, MR\downarrow \rightarrow L\uparrow \rightarrow I\uparrow \rightarrow Y\uparrow$$

资产负债表渠道不仅适用于企业的支出，对消费支出 C 也同样适用。它主要表现为对消费者耐用消费品 DG 和住房支出 H 产生流动性效应。这里的流动性效应是指资产负债表的传导作用主要是通过对消费者消费意愿的影响来实现，而不是通过贷款者贷款意愿来达到。当消费者预期到自己的财务状况 FR 会恶化时，他们将更愿意持有流动性强的金融资产，减少对耐用消费品和住房等流动性差的资产的持有。这是因为，当他们为筹集资金出售自己的资产时，卖出耐用品和房地产很可能使他们遭受巨大的损失，而一些流动性较强的金融资产，如银行存款、债券和股票，较容易变现。这样，当实行紧缩性货币政策时，消费者持有的股票价格和金融资产价值 V 下降，财务状况恶化的可能性上升，耐用消费品和住房支出减少，消费和产出减少。从消费支出角度，资产负债表渠道的这一传导过程可以表示为：

$$M\downarrow \rightarrow P_e\downarrow \rightarrow V\downarrow \rightarrow FR\uparrow \rightarrow DG, H\downarrow \rightarrow C\downarrow \rightarrow Y\downarrow$$

尽管银行贷款渠道与资产负债表渠道都需要满足货币政策有效性及贷款与其他金融资产的不完全替代性两个基本前提，但两者也存在显著区别：第一，银行贷款渠道往往与金融市场不发达联系在一起，因此是发展中国家，特别是计划经济国家最主要的货币政策传导机制；而资产负债表渠道则需要利率渠道、资本市场渠道，尤其是股票市场的财富效应和托宾的 q 值效应才能发挥作用，因此需要有发达完善的金融市场和借贷双方对利率高度敏感作为前提条件。第二，银行贷款渠道主要从银行贷款供给角度解释信用对经济的独特影响，而资产负债表渠道则是从不同货币政策态势对特定借款人资产负债状况或由净资产决定的金融地位的影响角度解释信用在传导过程中的独特作用，认为货币政策对经济运行的影响可以经由特定借款人授信能力的制约而得以强化。

第五节　货币政策的汇率传导机制

随着全球经济金融一体化的特征日益显著，封闭经济条件下所实施的货币政策显然难以应付开放经济条件下日益复杂的经济金融环境。货币政策是宏观经济政策的重要组成部分，它不仅需要关注宏观经济的内部均衡，也需要重视宏观经济的外部均衡。因此，除通过以上所解释的利率、资产价格和信用等货币政策传导机制的发挥实现其宏观经济的内部均衡以外，以经济当事人最大化原则和浮动汇率制为基础的开放经济条件下的货币政策汇率传导机制，逐渐成为理论研究的热点。

蒙代尔—弗莱明模型分析了固定汇率制和浮动汇率制下的货币政策传导机制和效果。在固定汇率制下，中央银行采取扩张的货币政策，则国内利率下降，从而导致资本外流，本币贬值。为稳定汇率，中央银行将进行干预，结果市场上货币供应量减少，抵消了扩张货币政策的效应。因此，在固定汇率制下，货币政策的实施只能在国内市场上发挥作用，而不能通过汇率渠道发挥作用，因此汇率传导是无效的。但在浮动汇率制下，货币政策的变化首先影响利率，利率变化接着会引起汇率的变化，汇率变化导致净出口发生变化，支出相应变化。以扩张性货币政策为例，当中央银行采用扩张性货币政策时，国内的利率水平将会下降，在国外利率没有相应调整时，国内利率与国外利率的利差就会扩大。根据利率平价理论，这时，本币汇率 e（直接标价法）就会上升，外币升值，本国净出口 NX 扩大，总产出增加。货币政策汇率传导机制可以表示为：

$$M\uparrow \rightarrow r\uparrow \rightarrow e\uparrow \rightarrow NX\uparrow \rightarrow Y\uparrow$$

从上面的分析可看出，货币政策汇率传导机制受到三个方面的制约：一是利率市场化程度。只有利率的调整充分市场化，货币政策才能够通过利率变化依次引起汇率、净出口和总产出发生变化。二是存在发达的外汇市场，且汇率水平主要由外汇供求状况决定。只有发达的、由供求力量决定的外汇市场，利率对汇率的作用才能顺畅运行。而在固定汇率制下，利率是不能对汇率发挥作用的。三是国际资本可以自由流动。在资本管制的情况下，由于利率在资本项目的传导被阻碍了，利率对汇率的作用就会运行不畅，汇率变化就不显著。

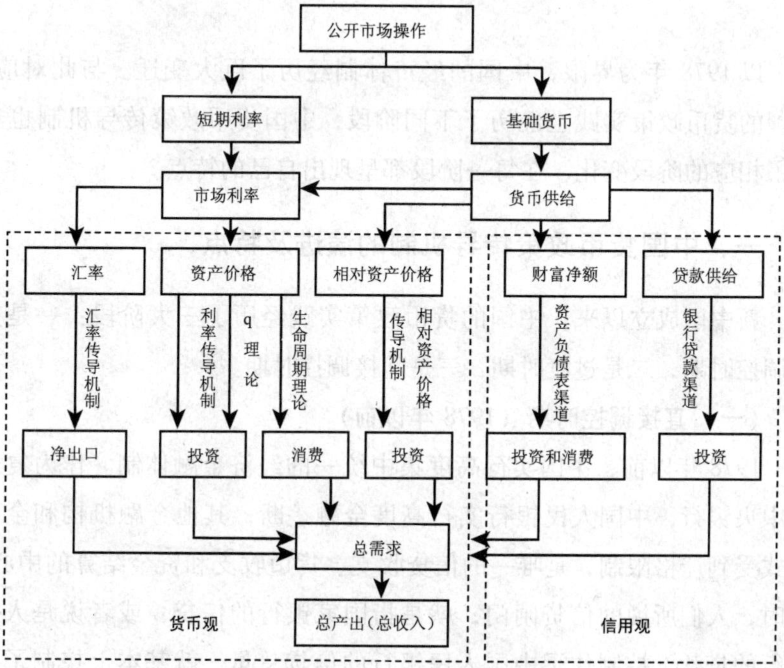

图10－2　货币政策传导机制

总之，货币政策的传导机制是多种多样的。图10－2以公开市场操作为例，对货币政策的这些传导机制进行了概括。需要强调的是，这些传导机制并不是相互独立、相互排斥的，相反，作为调节总量的经济政策，货币政策变化有可能导致利率、资产价格、信贷总量和汇率等多种因素同时变化，有可能通过上述所有传导机制同时对产出形成影响。同时，货币政策的每种传导机制都存在着一定的局限：利率传导机制主要受零利率的限制，资产价格传导机制取决于资产的种类、数量和对货币供给等因素变化的敏感程度，信贷传导机制受资金供给者资金来源能力等影响很大，而汇率传导机制要求利率市场化、浮动汇率和资本项目自由流动等。只有各类传导机制的组合，才真正地反映了货币政策影响实体经济的真实途径。

第六节 中国货币政策传导机制

以1978年为界限，中国的经济体制经历了巨大变迁。与此对应，中国的货币政策实践也经历了不同阶段，中国货币政策传导机制也经历了相应的阶段变化，在每一阶段都呈现出自己的特点。

一、中国货币政策传导机制的演进及特点

新中国成立以来，中国的货币政策实践经历了三大阶段：一是直接调控时期，二是过渡时期，三是间接调控时期。①

（一）直接调控时期（1978年以前）

1978年以前，中国实行高度集中统一的经济金融体制。作为复合型中央银行，中国人民银行实行高度金融垄断，其他金融机构和金融方式受到严格限制，是唯一的信贷收支、货币收支和资金结算的中心。当时，人们所说的信贷闸门，就是指国家银行的信贷，或者说是人民银行的贷款。控制住了中国人民银行的信贷总量，就基本上控制了全国的信用总量（还有一些农村信用社）。当时企业间生产资料交换以及购买消费品，都必须通过银行进行转账结算，不能直接使用现金，支票存款也不是真正意义上的货币。因此，在当时的体制下，货币实际上只局限于现金的概念，控制了现金，就基本上控制了货币。

这一时期，国家颁布了各种信贷政策和现金管理政策作为主要的政策手段，信贷政策的目标是促进国民经济实现财政、信贷、物资、外汇四大平衡，最终目标是发展经济、稳定物价。当时的货币信贷政策不是真正意义上的货币政策，具有明显的从属性和计划性。货币政

① 贾庆军：《改革开放以来中国货币政策理论与实践的演变》，中国优秀博硕士学位论文全文数据库，2005年，第132—137页，略有修改。

策传导过程十分简单，基本上是从中国人民银行总行到分支机构再到企业，基本上没有商业银行，没有金融市场，传导过程简单直接，从政策手段直接到最终目标。

（二）过渡时期（1979—1997 **年**）

1978 年末开始的经济金融改革，核心是逐步发挥市场在宏观调控和资源配置中的作用。从金融角度看，主要是要发挥银行的作用，把银行办成真正的银行。在这一期间，促使货币政策作用扩大并导致货币传导机制和方式发生变化的另一重要事件是中央银行体制的建立。随着改革的深入，以及许多金融机构的恢复、分设和成立，传统体制下单一银行体制被打破，货币传导的主体开始多元化。同时，随着货币供给模式的变化，贷款减存款等于货币发行这一简单的货币供给模式越来越难以反映日益变化的金融运行情况，传统的“统收统支”和“实贷实存”的信贷资金管理体制逐步改革，完全靠计划调节已行不通，客观上要求采取一些间接调控方式。从货币政策传导角度看，货币政策已不能仅仅依靠数量传导机制，还要借助于价格传导机制。

总的来看，这一时期的货币政策传导呈现出如下特点：（1）直接货币传导仍占重要地位。这突出表现在两个方面：一是货币政策主要是通过国家银行的信贷计划或对银行信贷实行限额管理进行的；二是利率过度压制的状况虽有所改变，但利率管制仍较为严格，利率仍不能反映货币和信贷资金的供求状况，本质上还不是市场化的利率。（2）开始注重改善货币政策传导的微观基础。在金融宏观调控中，注意坚持适度从紧与推进改革并重。国有专业银行开始向国有商业银行转化，内部管理和经营管理得到加强。（3）开始注重加强货币市场建设，建立了全国统一的同业拆借市场和外汇市场，疏通了货币政策传导机制，拓宽了货币政策传导渠道，提高了货币政策效率。（4）在控制总量的同时注重结构调整，在抑制过度需求的同时努力增加有效供给。例如，运用再贴现政策支持一些行业进行结构调整在这一阶段有了新的突破。(5) 开始注意保持政策的连续性，但不排除相机抉择。如 1993 年 7 月至 1997 年，中国人民银行连续实行适度从紧的货币政策，货币政策在年度之间、季度之间呈现出较强的一致性和稳定性。

（三）间接调控时期（1998 年至今）

1998 年后，中国在货币政策调控制度方面进行了一系列重大改革，为改善货币政策传导创造了良好条件。主要表现在以下几方面：(1) 取消了贷款限额控制，确立了以间接调控为主的金融调控基本框架。1998 年 1 月 1 日，中国人民银行正式取消了对国有商业银行贷款限额控制，这是金融宏观调控的重大变革，是货币政策调控机制的决定性革命。这项改革在制度上为货币政策中介目标真正转向货币供应量，为实施以数量型为主的间接调控奠定了基础，也使货币政策传导机制发生了标志性的变化。(2) 货币调控的手段明显改进，货币政策传导渠道更加通畅。主要表现在：一是将备付金存款账户与准备金存款账户合并，并降低了法定准备金率。二是积极扩大公开市场操作，增强货币政策传导的市场性。三是放开了货币市场利率，扩大了贷款利率浮动幅度和范围，并开始频繁、灵活运用利率手段，扩大其在货币政策传导中的作用。四是改变了贴现和再贴现利率的生成机制，使再贴现利率与再贷款利率脱钩，首次成为独立的基准利率种类。在此基础上，调整了再贴现政策和机制，改进了再贴现业务的操作方式，扩大了再贴现的范围，采取措施加快发展以中心城市为依托的区域性票据市场。(3) 货币政策传导的市场基础逐步改善，积极扩大同业拆借市场的覆盖面和参与主体，积极推进银行间债券市场改革，稳步发展票据市场。

货币政策调控机制改革的突破性进展使中国货币政策传导机制在 1998 年以后发生了重大变化，这就是初步建立了“货币政策工具→操作目标→中介目标→最终目标”的间接传导机制，以及“中央银行→货币市场→金融机构→企业和居民→国民收入”的间接传导体系。表 10－1 对中国货币政策实践及各阶段传导机制进行了概括。

二、当前中国货币政策传导机制的模式及特点

经过 30 多年的改革，中国人民银行执行货币政策实现了从直接调控转向间接调控，货币政策传导开始从单纯的直接信贷传导向信贷、利率和资产价格多渠道、多途径传导过渡。与成熟市场经济国家相比，

当前中国货币政策传导机制表现出如下特征：

表 10－1 中国货币政策实践及分阶段传导机制

阶段工具 目标	直接调控时期 （1949—1978 年）	过渡时期 （1979—1997 年）	间接调控时期 （1998 年至今）	远景规划	传导过程
主要政策工具	信贷现金计划	中央银行贷款	信贷现金计划 利率政策 公开市场操作	公开市场操作 中央银行贷款 再贴现 利率政策 存款准备金 货币信用规划	↓
辅助政策工具	信贷政策 利率政策 行政手段	利率政策 信贷政策 再贴现 公开市场操作 特种存款	存款准备金 再贴现 指导性信贷计划 信贷政策 窗口指导		
操作目标		从贷款规模到基础货币	基础货币 （监测流动性）	从基础货币过渡到短期利率	
中介目标	四大平衡	从贷款规模到货币供应量	货币供应量 （监测利率、汇率）	从货币供应量过渡到长期利率	
最终目标	发展经济 稳定物价	从发展经济、稳定物价到稳定货币，并以此促进经济增长	稳定货币，并以此促进经济增长	稳定货币	

资料来源：戴根有主编：《中国货币政策传导机制研究》，经济科学出版社 2001 年版，第 10 页，略有修改。

（一）银行信贷渠道仍是当前中国货币政策传导的主渠道，但其作用正在逐步减弱

与发达市场经济国家不同，长期以来中国的一个重要金融特征是间接融资市场不发达，银行系统在全社会的资金配置中发挥着不可替代的作用，企业也主要通过间接融资方式获取投资所需的资金。从融资来源看，银行信贷资产占金融资产总额的比重虽然总体上呈下降趋势，但截至 2006 年底仍然占到 63.7%。随着我国大力发展和完善股票市场，股票资产占比整体上呈上升趋势，但 2000 年股市井喷时也只占到 29.7%。从 2001 年开始，受国有股减持和上市公司质量不高的影响，股市一路走低，直至 2005 年还未走出低迷状态，2005 年总市值仅为 32430 亿元。2006 年开始股票市场一路走好，2006 年末总市值为 89404 亿元，但由于银行信贷的扩张，其占金融资产总额的比重仅为

23.9%。债券占比从1998年起开始上升，但其中90%以上是国债和政策性金融债，是国家运用稳健的财政政策的结果，企业债的比重很少。间接融资为主、直接融资为辅的金融结构特征决定了银行信贷渠道仍是当前中国货币政策传导的主渠道。不过，随着资本市场的发展，从1998年开始，各项贷款与广义货币M2的比重呈现出逐年下降之势，这说明银行信贷渠道对货币政策的传导作用正在逐步减弱。同时，从近年来货币政策调控的结果来看，信贷渠道对企业和居民行为的调控效应也不甚明显：一是在1998—2002年间，面对通货紧缩，中国人民银行多次下调存款准备金率以扩大信贷规模，但银行表现为“惜贷”，而企业则表现为“惜借”，从而使这一时期的扩张性货币政策受阻；二是自2003年开始，面对信贷的超常增长、流动性过剩以及通货膨胀的重新抬头，中国人民银行又先后十几次提高存款准备金率，并实行差别存款准备金率制，但紧缩的货币政策效应也并不明显。

（二）利率渠道仍受多种因素制约，但其作用正逐步增强

虽然对于美国、欧盟和日本等发达经济体而言，利率传导机制长期以来被当做最重要、最有效的传导渠道，但在中国，这一机制作用的发挥还需假以时日。当前，制约利率渠道作用正常发挥的因素主要有：（1）利率市场化程度。目前，中国货币市场的利率、国债利率的市场化程度虽然已经比较高，但在银行存贷款利率等方面仍存在较多管制，商业银行难以根据不同借款者的风险特征收取不同的利率，而企业对利率的敏感程度也不高。（2）金融市场一体化程度。与发达国家相比，当前中国的货币市场仍不发达，市场分割较严重，货币市场利率与金融机构存贷款利率的联动机制尚未打通，中国人民银行难以找到准确的参照系，只能以试错法被动适应经济运行的变化，使利率调节总表现为被动调节而非主动调节。（3）人民币升值压力。近年来，中国的贸易顺差一直居高不下，在强制结售汇制下，人民币升值压力巨大，这影响了中国人民银行运用利率政策的独立性和灵活性。（4）收入分配效应。利率调整会带来收入的再分配，这使得中国人民银行在制定利率政策时，除考虑货币政策外，还较多考虑如何通过利率改变存款人、借款人和金融机构的收入分配格局。特别是在商业银行进入经营体制改革攻坚阶段后，为解决商业银行的历史包袱，保证改革的深入进行，必须对其进行适当的利益倾斜，这种考虑显然会束缚中国人民银行利率政策的制定和实施。不过，随着金融改革的推进和货币政策调控机制的转变，利率渠道在货币政策传导中的地位正日益提高。可以预见，这一渠道将成为中国未来货币政策传导的主渠道。

（三）资产价格渠道的作用不显著，其作用有待提高

货币政策影响股票价格，进而影响企业投资和居民消费是建立在成熟的资本市场这一基础上的。这一条件在当前的中国并不完全具备。相对于发达国家而言，中国的资本市场尚不成熟。主要反映在：资本市场功能错位，目前中国股票市场主要是国有企业融资而非投资的场所；市场规模小，对经济金融影响程度有限；资本市场结构不合理，市场体系结构和市场主体结构不合理，缺乏足够的机构投资者；一级市场、二级市场价差过大，股价波动在很大程度上受制于政策面和消息面的影响，宏观经济形势的好坏和公司业绩的优劣对股价总水平的影响较小；市场投机氛围太浓，大量社会游资追新股等方面。这些都严重制约了资产价格渠道作用的发挥。

（四）汇率渠道作用扭曲，汇率制度和外汇管理制度改革迫在眉睫

人民币汇率制度几经变迁，形成了现有的有管理的浮动汇率制，摒弃了使用行政手段干预汇率的做法，而运用货币政策等经济手段间接地参与汇率水平的调节。这只是向市场化迈出了一大步，与其目标模式仍有着一定的距离。目前，中国的外汇市场依然存在诸多问题，妨碍了货币政策的传导。主要表现在：（1）汇率形成机制的非市场因素扭曲了外汇供求，并致使中国人民银行货币政策陷入被动。（2）市场准入主体有限，交易工具单一，削弱了汇率形成的市场基础，影响货币政策传导。（3）“有管理的浮动汇率制”僵化为“固定汇率制”，降低了货币政策的独立性。（4）严格的资本管制引发资金违规流动，影响了货币政策的传导。（5）汇率与利率相关性过低，限制了货币政策。

正是这些问题的存在，使得近年来，货币政策传导出现了以下扭曲：（1）购买外汇投放人民币逐步成为基础货币供应的主渠道，只好通过发行中央银行票据进行对冲，造成货币政策操作目标的被动性。(2) 在当前货币政策较为宽松的情况下，中央银行在公开市场上卖出证券对信贷市场形成一定的紧缩效应，有悖于货币政策目标。(3) 企业和居民不能根据市场信号主动进行本位币资产的结构调整，人为地割裂了货币市场和资本市场的直接联系，使得利率只能通过贸易和境内外资金流动影响国际收支，然后再影响国内货币供给和国内经济形势，削弱了利率传导机制的作用力度，扭曲了其作用方向。因此，为正常发挥汇率渠道的作用，汇率制度和外汇管理制度改革已十分迫切。

本章小结

货币政策的传导过程包括两个方面：机构传导过程和经济变量传导过程。货币政策传导机制，就是指中央银行确定货币政策目标后，从运用一定的货币政策工具进行操作，到最终实现其预期目标所经过的传导途径或作用过程。一般认为，货币政策传导机制有利率传导机制、资产价格传导机制、信用传导机制和汇率传导机制等。

凯恩斯学派的利率传导机制理论认为利率是货币政策传导机制的中枢，即货币政策工具的运用会导致货币供求失衡进而使利率变化，而利率的高低又会改变投资水平，进而通过乘数效应实现对产出的调节。现代货币主义学派认为货币供给量才是主要的传导渠道。货币供应量的变动，无须通过利率加以传导，就可直接引起名义收入的变动。托宾的q理论假设货币和资本之间可以完全替代，货币供应量的增加会引起的股票价格上涨，从而导致投资和产出增长。信用观认为货币政策实施会影响金融机构的贷款行为和企业的资产净值，在信息不对称时会改变企业的贷款量，从而影响总产出。汇率传导机制理论认为货币政策工具的运用首先会对一国的利率产生影响进而冲击汇率，改变本国的贸易条件，最终改变产出水平。

中国的货币政策实践经历了三大阶段：一是直接调控时期，二是过渡时期，三是间接调控时期。与此对应，中国货币政策传导机制也经历了相应的阶段变化，在每一阶段都呈现出自己的特点。当前，中国货币政策传导机制表现出如下特征：一是银行信贷渠道仍是当前中国货币政策传导的主渠道，但其作用正在逐步减弱；二是利率渠道仍受多种因素制约，但其作用正逐步增强；三是资产价格渠道的作用不显著，其作用有待提高；四是汇率渠道作用扭曲，汇率制度和外汇管理制度改革迫在眉睫。

重要概念

货币政策传导机制　货币政策机构传导过程　货币政策经济变量传导过程　重置成本　托宾的 q　银行贷款渠道　资产负债表渠道　信贷配给

复习思考题

1. 什么是货币政策传导机制？现今主要的货币传导机制理论有哪些？
2. 评述维克塞尔的利率传导机制理论。
3. 凯恩斯学派的货币政策传导机制理论和现代货币主义学派的货币政策传导机制理论有什么联系与区别？
4. 托宾的 q 值是怎样计算的？q 值怎样影响总产出？
5. 股票价格传导机制顺利发挥作用的前提条件有哪些？
6. 试述莫迪利亚尼的储蓄生命周期理论。
7. 根据信用可获得性理论，利率变动对贷款人信用供应可能性会产生哪些影响？
8. 评述资产负债表渠道理论。
9. 比较银行贷款渠道理论与资产负债表渠道理论的异同。
10. 利率怎样对汇率发挥作用？
11. 中国货币政策实践经历了哪些阶段？在每一阶段，货币政策传导机制有何特点？
12. 结合现实，分析当前中国货币政策传导机制的特点。

第十一章 货币政策有效性

货币政策有效性是指中央银行操作货币政策工具后，社会经济运行所作出的具体现实反应，或货币政策最终目标的实现程度。通常是指，货币政策的操作，特别是货币供应量的变动，能否引起实际产出和就业等实际经济变量的变动。货币政策有效性包括两方面的内容：一是货币政策能否影响实体经济，这实际上涉及货币中性问题；二是货币政策能在多大程度上影响实体经济或实现货币政策最终目标，即货币政策实施效果问题。本章首先介绍西方经济学界有关货币政策有效性的理论分歧，然后分析影响货币政策有效性的因素和财政政策与货币政策的搭配等问题，最后结合现实分析中国货币政策的有效性。

第一节 货币政策有效性的理论分歧

货币政策属宏观经济政策，谈论货币政策有效性自然也就免不了要涉及宏观经济学派。不同的学派对宏观经济政策，特别是货币政策持不同观点，产生了严重的理论分歧，究其原因均源于各学派的不同理论假设前提。总体上看，古典学派和新古典宏观经济学派主张货币政策无效论；凯恩斯学派和新凯恩斯学派主张货币政策有效论；而现代货币主义学派的理论观点则较为复杂。

一、古典学派的货币政策无效论

在多数西方学者的概念中，古典学派是指 18—19 世纪中期西方的主流经济思想，其代表人物包括：亚当·斯密、大卫·李嘉图、萨伊、约翰·斯图亚特·穆勒等。萨伊定律对古典学派的核心思想进行了概括：商品市场上的价格和劳动力市场上的工资都是具有完全弹性的，这种弹性提供了一种自我矫正机制，使商品和劳动的供给自动趋于相等，当各个市场各自处于均衡状态时，总供给自动等于总需求，使经济回到均衡状态，并使生产经常保持在潜在产出水平上。

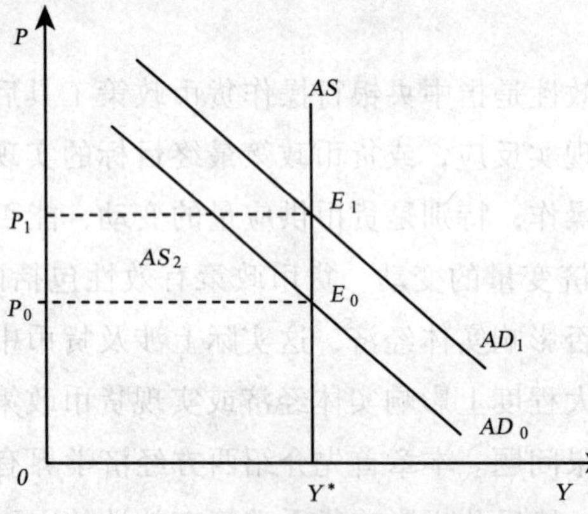

图 11－1　古典学派的货币政策扩张效应

萨伊定律等同于假设总供给曲线是通过潜在产出水平 Y^* 的垂直线 AS，如图 11－1 所示。当初始的总需求曲线为 AD_0 时，总供给和总需求在 E_0 点实现均衡，此时社会实现充分就业，总产出和物价水平分别为 Y^* 和 P_0。如果中央银行实施扩张性货币政策增加总需求，则总需求曲线将从 AD_0 移动到 AD_1，相应地价格水平从 P_0 上升到 P_1，而总产出仍维持在潜在产出水平 Y^* 上，同时社会实现充分就业。这样，在古典学派看来，由于市场的自我调节机制，经济可以达到充分就业上的均衡，不需要经济政策包括财政政策和货币政策进行干预。财政和货币政策只能影响价格水平和名义产出，但不能影响真实产出。因此，古典学派认为货币政策是无效的，主张经济自由主义。

二、凯恩斯学派的货币政策有效论

1929—1933 年的世界性经济危机推翻了古典宏观经济理论体系，

使得人们对于经济的自动调节能力产生了质疑。凯恩斯学派就是在这一特定历史背景下产生的一个经济学流派。在20世纪40年代初到60年代末的近30年时间里，凯恩斯学派在西方经济学界占据着主流地位，对现代宏观经济学的发展产生了深远的影响。

凯恩斯学派以有效需求原理为基础的，否定了古典学派关于供给可以创造同等需求以及市场机制的本身即可实现充分就业均衡的观点，而认为价格和工资缺乏弹性，经济不存在一个自动矫正机制，一国经济的常态表现为有效需求不足，实际产出通常低于充分就业下的潜在产出水平。因此，凯恩斯学派主张必须发挥政府作用，用财政政策和货币政策来扩大社会需求，实现充分就业。凯恩斯学派的货币政策有效论可结合图11－2加以说明。从图11－2中可看出，在有效需求不足和价格缺乏弹性假设下，社会资源存在闲置，总供给曲线不再是位于潜在产出水平Y^*上的垂直线AS，而变为水平形状的AS_0。此时，如果实施扩张性货币政策，使总需求曲线从AD_0移动到AD_1，就可在物价水平P_0保持不变的条件下，将总产出从Y_0增加到潜在产出水平Y^*，使社会资源得到充分利用，进而实现充分就业。

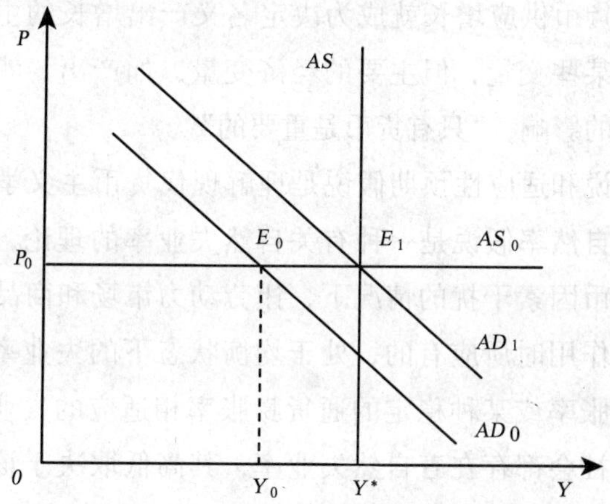

图11－2　凯恩斯学派的货币政策扩张效应

值得注意的是，早期的凯恩斯主义者的一个普遍倾向是强调财政政策在稳定经济中的重要性，而不重视货币政策的作用。他们认为，由于私人投资对利率不敏感，而货币需求对利率的敏感程度较高以及

"流动性陷阱"的存在，意味着货币供给的增加并不能有效地使利率下降，且利率的下降不能有效地刺激投资，因此货币政策的扩张作用是非常有限的，货币政策无力扭转过度萧条的局面。对此的深入讨论可参考本章第三节中有关几种极端情况下的货币政策和财政政策效果的分析部分，这里不再赘述。

三、现代货币主义学派的货币政策短期有效而长期无效论

现代货币主义学派又被称为"货币主义"，是20世纪50年代后期在美国出现的一个新自由主义学派（或称新保守主义学派）。它以对抗凯恩斯革命的面目出现，以制止通货膨胀和反对国家干预为主旨，以现代货币数量论为旗帜，主张实行"单一规则"的货币政策。米尔顿·弗里德曼被公认为现代货币主义学派的创始者和领袖。

现代货币数量论是弗里德曼在传统货币数量论基础上发展起来的一种货币需求理论，其核心观点是认为，货币需求决定于恒久性收入和利率，但由于恒久性收入具有相对稳定性，而实证研究又发现利率变动对实际货币需求的影响非常小，因此货币需求是稳定的。当货币需求稳定时，货币供应增长就成为决定名义产出增长的主要因素。财政政策只影响某些变量，但主要的经济变量，如产出、就业和价格等却基本受货币的影响，"只有货币是重要的"。

自然率假说和适应性预期假说是理解现代货币主义学派货币政策效应的关键。自然率假说是一种有关自然失业率的理论，而自然失业率是在没有货币因素干扰的情况下，让劳动力市场和商品市场自发的供求力量发挥作用时所应有的、处于均衡状态下的失业率，也是指可以和零通货膨胀率或某种稳定的通货膨胀率相适应的失业率。弗里德曼认为，任何社会都存在着自然失业率，其高低取决于该社会的技术水平、资源数量和文化传统等因素，长期中，一个社会的经济总是趋向于自然失业率。这意味着，人为的经济政策的作用虽然可以暂时或在短期中使实际失业率大于或小于自然失业率，但是在长期不可能做到这一点。适应性预期指人们对未来的看法建立在过去经验的基础上，是对过去经验的总结与修正。适应性预期的存在意味着价格既不是如

古典学派所认为的具有完全弹性，其调整是在瞬间完成的，又不是如凯恩斯学派所认为的具有完全刚性，不可调整。相反，价格是可以调整的，但具有黏性，其调整需要经历一定的时间。以这两大假设为基础，现代货币主义学派的货币政策扩张效应可用图 11－3 来加以说明。

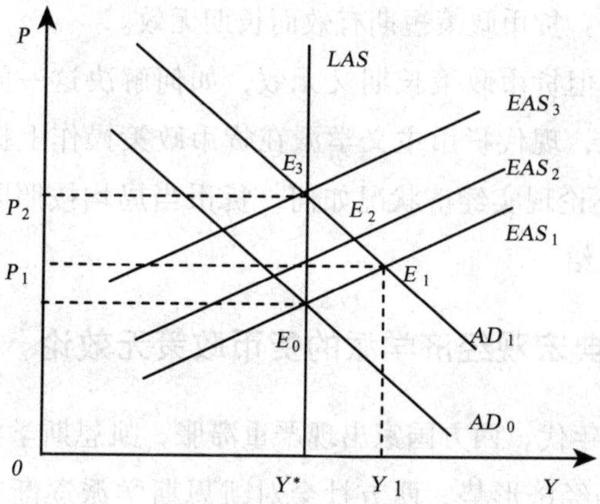

图 11－3　现代货币主义学派的货币政策扩张效应

图 11－3 中，*LAS* 表示长期供给曲线，是一条通过处于充分就业或社会失业率正好为自然失业率时的总产出水平的垂线，*EAS* 表示附加预期的短期供给曲线。开始时经济处于均衡状态，产出为 Y^*，价格水平为 P_0。现在假设政府为保持国内稳定，需要降低失业率，而实施扩张性货币政策，使总需求曲线从 AD_0 移动到 AD_1。短期内，货币供应量增加，物价上升，由于人们对物价上升的认识存在时间滞后，当工人没有发现物价上涨而实际工资下降的假象时，企业就会增加投资，引起就业和总产出的增加，并最终在 E_1 点重新实现均衡。此时总产出由 Y^* 增加到 Y_1，物价则从 P_0 上涨到 P_1。但显然 E_1 点的短期均衡并不能持续很久。当居民和企业发现价格高于预期值时，就会修正价格预期。如果居民和企业都把上一期的价格作为这一期价格的预期值（这就是适应性预期），那么第二期的预期价格就是 P_1。按照这一预期价格，总供给曲线向上移动到 EAS_2。EAS_2 与 AD_1 在 E_2 点形成新均衡，但此时产量下降，而价格则进一步上升。虽然实际价格仍然大于人们的预期

值，但差距已经缩小。居民和企业将不断调整对价格的预期，使预期与实际的差距不断缩小，最终将预期价格提高到 P_2。相应地，附加预期的短期总供给曲线也从 EAS_2 移动到 EAS_3，并与 AD_1 在 E_3 点形成均衡。在 E_3 点，实际价格与人们预期相符，实际产出与潜在水平一致，经济回到了充分就业状态，只是价格水平提高了。由此，现代货币主义学派得出结论：货币政策短期有效而长期无效。

货币重要，但货币政策长期又无效，如何解决这一问题？基于货币需求稳定考虑，现代货币主义学派在货币政策操作上提出了著名的"单一规则"：不论现实经济状况如何，货币当局均按照既定的增长率来增加货币的供给。

四、新古典宏观经济学派的货币政策无效论

20 世纪 70 年代，西方国家出现严重滞胀，凯恩斯学派对此束手无策。面对严峻的经济形势，西方社会对凯恩斯学派逐渐丧失信心，于是理性预期学派兴起。作为现代货币主义学派的延续和发展，理性预期学派形成了一系列与凯恩斯学派相反的说法，这些说法大体与古典学派的观点相一致。因此，理性预期学派也被称为新古典宏观经济学派，其代表人物主要有卢卡斯、萨金特、华莱士、巴罗等。

新古典宏观经济学派继承了现代货币主义学派的自然率假说，但用理性预期代替了适应性预期。所谓理性预期，是在有效地利用一切信息的前提下，对经济变量作出的在长期和平均来说最为准确的而又与所使用的经济理论、模型相一致的预期。用通俗的语言来说，理性预期的意思是：在长期中，人们会准确或趋向于预期到经济变量所应有的数值。① 在货币政策有效性问题上，新古典宏观经济学派的核心思想是：由于人们存在理性预期，只要是意料之中的货币政策，都是无效的；只有意料之外的、政府采取欺骗的手段而实施的货币政策，由于人们不能合理预期，此时货币政策才是有效的；但政府不能长期欺骗和愚弄人们，所以即使是意料之外的政策，只能是短期有效，而长

① 高鸿业主编：《西方经济学》（第四版），中国人民大学出版社 2007 年版，第 735 页。

期是无效的。新古典宏观经济学派的这一思想可进一步用图 11－4 来加以说明。

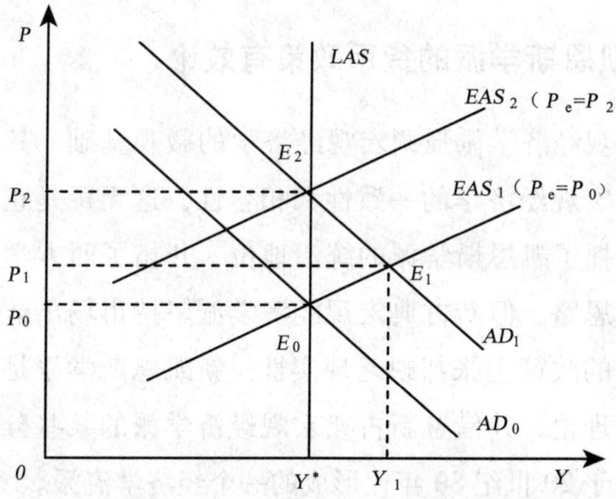

图 11－4　新古典宏观经济学派的货币政策扩张效应

在图 11－4 中，经济开始在 E_0 点达到均衡。此时，价格水平被完全预期到（即实际价格和预期价格相一致），产出和就业在其长期均衡的水平上。现在，中央银行公开宣布打算增加货币供给，在理性预期下，经济主体会完全预见到货币供给增加对一般价格水平的影响，结果，产量和就业会停留在自然率水平上不动。价格水平上升带来货币工资提高，总需求曲线从 AD_0 移动到 AD_1 所产生的效果很快就被总供给曲线从 EAS_1 向 EAS_2 的移动完全抵消。这样，无论是在短期还是长期，扩张性货币政策都只能带来一般价格水平的变化，而对产出和就业则无任何影响。相反，如果中央银行出其不意，在未宣布其打算的情况下直接增加货币供给，引起物价上涨，则拥有不完全信息的企业和工人将把一般价格水平上升的结果错误当成相对价格的上升，他们作出的反应是提高产量和增加劳动供给。换而言之，工人和企业错误地把这些看成是对他们劳务和产品需求的实际增长，从而增加劳动和产品的供给。结合图形即总需求曲线从 AD_0 移动到 AD_1 后，AD_1 与 EAS_1 相交产生新均衡，产量、就业和价格同时上升。但产量和就业偏离是暂时的，因为在理性预期下，一旦当事人意识到相对价格并没有发生变化，产量和就业就会回到长期均衡水平，即自然率水平。一旦当事人充分调整了他们的价格预期，总供给曲线就会从 EAS_1 移到 EAS_2，均衡点仍然是 E_2。

五、新凯恩斯学派的货币政策有效论

新古典宏观经济学派强调宏观经济学的微观基础，其理论保持了微观经济学和宏观经济学的一致性和相容性，这无疑是正确的。正是这一点，它动摇了凯恩斯学派的统治地位，开拓了西方学者研究宏观经济问题的新思路。但新古典宏观经济学派坚持市场出清假设和取消政府干预经济的政策主张却缺乏现实性。新凯恩斯学派是在继承和发展凯恩斯学派理论，并借鉴新古典宏观经济学派的某些分析方法和观点的基础上，于20世纪80年代形成的一个经济学流派。

新凯恩斯学派继承了凯恩斯学派有关价格调整对外来冲击反应迟缓的观点，不过后者只是武断地假定名义工资具有价格刚性，而前者则从市场的不完全性出发为价格调整缓慢提供了坚实的微观基础。新凯恩斯学派认为，长期合同的存在使名义工资具有黏性。正是名义工资黏性的存在，使得短期内一般价格水平的变化会引起就业量的变化，进而引起总产出的变化。因此，短期总供给曲线是一条向右上方倾斜的曲线，这使货币政策有了用武之地。对此，可结合图 11－5 来加以分析。

如图 11－5 所示，假定经济起初位于总需求曲线 AD_0 与新凯恩斯学派短期总供给曲线 SAS_0 和长期总供给曲线相交于 E_0，这时价格水平为 P_0，总产出为充分就业时的潜在产出水平 Y^*。假定经济受到投资、净出口、政府支出或货币供给减少等因素的冲击，总需求曲线从 AD_0 左移动到 AD_1，于是总产出和一般价格水平分别下降到 Y_1 和 P_1，经济出现衰退。现在再假定劳动市场的工资合同期限为 3 年，且每年都有 1/3 的合同到期需重新签订。当第一批占总数 1/3 的劳动合同重新签订时，劳动双方将在较低的价格水平上签订较低的货币工资协议。货币工资的下降将使短期总供给曲线右移至 SAS_1，相应地，价格水平下降

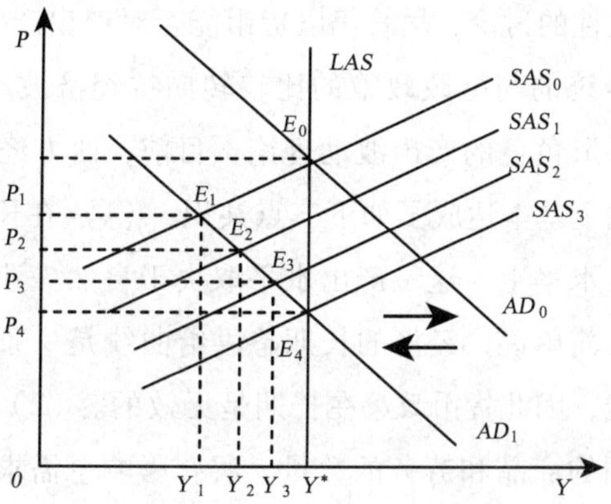

图 11－5　新凯恩斯学派的货币政策扩张效应

到 P_2，总产出增加到 Y_2。依此类推，到了第二年和第三年，第二批和第三批各占总数 1/3 的劳动合同同样会重新签订，相应地价格水平依次将到 P_3 和 P_4，而产出则会依次增加到 Y_3 和 Y^*。由此可见，如果由经济体系自身因素来进行调整，则这次经济衰退需经历 3 年时间才能恢复到充分就业时的均衡状态。为避免这一长期、缓慢且痛苦的过程，政府可采取扩张性货币政策刺激总需求，使总需求曲线迅速从 AD_1 右移动到 AD_0，从而使经济又恢复到原来充分就业的状态上。值得注意的是，如果经济恢复的时间控制在 1 年之内，则在此期间尽管企业和工人都有理性预期，但由于原有的劳动合同没到期，就不会有新的劳动合同签订，货币工资也不会发生改变，这意味着长期总供给曲线 LAS 不会变动。因此，增加货币供给以稳定经济的政策就是必要和可取的。正是基于这一点，新凯恩斯学派认为货币政策是政府应对经济波动的有效手段。

综上所述，尽管关于货币政策有效性的问题存在较大的理论分歧，但是从理论演变过程看，其认识经历了“无效—有效—无效—有效”的演变。从理论研究的侧重点看，凯恩斯学派和现代货币主义学派主要侧重于财政政策与货币政策对产出影响的比较，并据以确定财政政策与货币政策在宏观经济调控中的地位及决定稳定物价、充分就业及经济增长这三项目标的选择。新古典宏观经济学派和新凯恩斯学派有关货币政策有效性的讨论，尽管仍以货币能否对产出产生影响为基础，但侧重点却由传统的与财政政策的比较转向抗经济波动效应的分析，并由此形成了形形色色的产出波动理论。目前，西方经济学界在货币政策有效性问题上基本达成了如下三点共识：（1）在长期，总产出最终会回复到自然水平上，这一产出水平取决于自然失业率、资本存量和技术的状态，简单说，经济的长期总供给曲线是一条位于潜在产出水平上的垂直线，因此货币政策在长期是无效的。（2）在短期，总需求能够影响一国的商品和劳务的数量，所有影响总需求的变量的变化都能够引起经济波动，因此货币政策在短期是有效的。（3）预期在决定经济的行为方面发挥着重要作用，因此，预期是影响货币政策有效性的一个重要因素。

第二节　货币政策实施效果的影响因素与衡量

承认了货币政策能够影响实体经济，接下来的问题就是货币政策能在多大程度上影响实体经济，即货币政策的实施效果。货币政策实施效果与货币政策目标是不同的，货币政策目标是一种主观变量，而货币政策实施效果则是一种客观变量，就一般意义而言，货币政策目标，如物价稳定、经济增长、充分就业、国际收支平衡等都是好的、积极的，而货币政策实施效果则既有可能是好的和积极的，也有可能会因为货币政策具体实施过程中各种因素的影响和制约，与原先积极的政策目标发生偏差甚至是根本背离。

一、货币政策实施效果的影响因素

影响货币政策实施效果的因素很多，主要包括：货币政策时滞、微观主体预期、货币流通速度、金融改革与创新、政治性因素、政策配合等。本节主要分析前五种因素对货币政策实施效果的影响，有关政策配合影响的分析放在第三节。

(一) 货币政策时滞

货币政策时滞也称为货币政策作用时滞，它是指货币政策从研究、制定到实施后发挥实际效果的全部时间过程。按照货币政策时滞发生的性质分类，可以分为内部时滞和外部时滞两大类。

1. 内部时滞

货币政策内部时滞是指从经济形势发生变化，需要中央银行采取行动到中央银行实际制定政策所需要的时间。内部时滞又可以细分为认识时滞和行动时滞。所谓认识时滞，是指从确实有实行某种货币政策的需要到货币当局认识到存在这种需要所耗费的时间。这段时滞的存在一是由于搜集各种信息资料需要花费一定的时间；二是对各种复杂的经济现象进行综合分析，作出客观、符合实际的判断需要一定的时间。所谓行动时滞，是指从认识到需要改变政策，到提出一种新的政策所需耗费的时间。这种时滞的长短取决于中央银行占有的信息资料和对经济形势发展的预见能力。

内部时滞的长短主要取决于中央银行对经济形势变化和发展的敏感程度、预测能力以及中央银行制定政策的效率和采取行动的决心，并与决策人员的素质、中央银行独立性的大小以及经济体制的制约程度等紧密地联系在一起。

2. 外部时滞

货币政策外部时滞是指从中央银行采取行动开始到对货币政策目标产生影响为止的时间间隔。外部时滞又可细分为操作时滞和市场时滞两个阶段。所谓操作时滞，是指从中央银行调整货币政策工具到对货币政策中介目标发生作用所需要的时间距离。这段时滞的存在，是因为无论使用何种货币政策工具，都要通过影响中介目标才能起作用。货币政策究竟能否生效，主要取决于商业银行及其他金融机构对中央银行货币政策的态度、对政策工具的反应以及金融市场对货币政策的敏感程度。所谓市场时滞，是指从中介目标发生反应到货币政策对最终目标产生作用所需要的时间距离。这是由于微观经济主体对中介目标变动的反应有一个滞后过程，而且投资或消费的实现也有一个滞后过程。

根据上文的分析可以看出，内部时滞是可以通过中央银行改变信息搜集和处理方式、提高决策水平等途径缩短的，而外部时滞则主要取决于货币政策的操作力度和金融部门、企业部门对政策工具的反应程度，它是一个由多种因素综合决定的复杂变量，因而中央银行往往很难对外部时滞的长短进行控制。货币政策各种时滞之间的相互关系见图11－6。

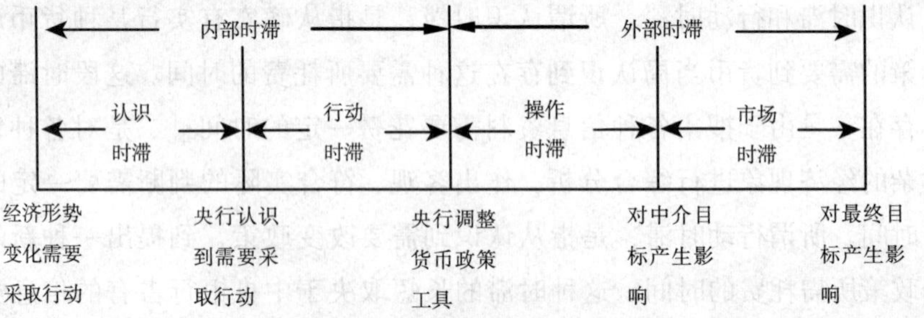

图11－6　货币政策时滞分布

时滞是影响货币政策效果的重要因素。如果货币政策能较快地作用于经济运行，中央银行就能够根据对经济形势的判断和预测，及时对货币政策的方向和力度进行必要的调整，从而使货币政策能更好地发挥作用，实现预期的政策目标。但如果货币政策的时滞有很大的不确定性，如对时滞不能进行很好的预测和把握，则货币政策就有可能在错误的时间发生作用，反而会使经济和金融运行出现不利变化。如果货币政策的时滞太长，货币政策的作用效果就很难考察了。

（二）微观主体预期

微观经济主体的预期是影响货币政策效果的又一重要因素。以美国经济学家卢卡斯为代表的理性预期学派认为，由于理性预期的存在，货币政策往往是无效的。例如，当政府计划推行扩张性货币政策促进经济增长时，社会公众会通过各种信息渠道预期到社会总需求将会增加，物价也会上涨，这时工人就会通过工会组织要求雇主提高工资，企业预期的成本就会增加，这样企业就不愿意扩大生产，扩张性货币政策的实施结果就只有物价的上涨而没有产出的增长。由于预期的存在，似乎只有在政策的取向和力度没有或没有完全为公众所知晓的情况下，货币政策才能生效或达到预期效果。但这样的可能性并不大，货币当局不可能长期不让社会公众知道它所要采取的政策。即使采取非常规的货币政策，旨在不让公众预期到，但微观经济主体的行为也会发生异常变化，并会使经济陷入混乱之中，这是中央银行并不愿意看到的结果。实际的情况是，即使社会公众的预期是相当准确的，但要采取具体对策或者是这些对策要发生作用也会有一定的时滞，也就是说，货币政策在现实生活中还是可以奏效的，公众的预期只是使货币政策效果打了一个折扣。

（三）货币流通速度

货币流通速度的变化对货币政策的效果也有较大的影响。对于货币流通速度的一个较小变动，如果政策制定者未能预料到或者估算时出现差错都可能使货币政策的效果受到影响，严重时甚至会使本来正确的货币政策走向反面。例如，货币当局预计下一年度的 GDP 增长 20%，根据以往的货币资料以及操作经验，只要包括货币流通速度在内的其他因素不变，货币供应量只要等量增加就可满足 GDP 增长对货币的追加需求。如果货币流通速度在预测期内加快了 10%，不考虑其他条件的变化，货币供应量只需增加 9.1%（$\frac{1+20\%}{1+10\%}-1$）即可。但如果货币当局没有预见到货币流通速度的变化，而是按流通速度不变时的考虑增加货币供应 20%，那么过多的货币投放量必将成为经济过热的因素。当然，在现实生活中，由于影响货币流通速度的因素有很多，对货币流通速度变动的估算不可能做到准确无误，正因为如此，货币政策的实施效果也受到了影响。

（四）金融改革与金融创新

金融改革与金融创新的出现对各国中央银行货币政策的制定和实施带来了重大影响。一方面，以“自由化”为特征的金融改革和金融创新在一定程度上提高了货币当局调控货币运行的能力；另一方面，利率自由化、金融工具的多样化以及金融市场一体化又在一定程度上影响了货币政策的制定、实施和效果。第一，利率自由化后，由于影响利率水平变化的因素太多且相当复杂，而货币当局对利率的控制力有限，利率的波动将更加频繁并且更加剧烈。第二，各种新型金融工具特别是衍生金融工具的推出，使货币政策效果大打折扣。例如，在中央银行采取紧缩性货币政策时，由于许多金融工具可以替代货币的交易媒介和贮藏手段职能，就会使货币政策的紧缩效果不一定见效。第三，金融市场的国际化和全球经济一体化的不断推进，使得各国之间的经济联系越来越紧密，国际资本的跨国流动越来越频繁，一个国家的货币政策往往会受到来自国外经济冲击的影响，这也会弱化货币政策的作用效果。

（五）政治性因素

任何一项货币政策的实施都会给不同的阶层、集团、部门或地方的利益带来一定的影响。如果这些利益主体在自己利益受到影响时作出强烈的反应，就会形成一定的政治压力，这些政治压力会通过种种渠道影响中央银行的货币政策制定和实施，除非货币政策的调整符合这些利益集团的利益，但符合特殊利益集团利益的政策往往并不符合大多数公众的利益。

此外，在西方发达国家，货币政策还会受到政治性经济周期的影响。一般来说，执政党在大选之前为迎合选民的心态，通常会采取各种措施刺激经济，而到大选之后新政府则会及时采取收缩政策，以使经济运行趋于平稳，这就形成了“政治性经济周期”。由于大多数西方国家中央银行理事会成员的任期与政府首脑不一致，因此在大选之前就会出现货币政策与财政政策大相径庭的局面。总统总是力主刺激经济、降低失业率，而中央银行却力图稳定经济运行、抑制通货膨胀。所以，政治性经济周期的存在也会在一定程度上影响货币政策的效果。

二、货币政策实施效果的衡量

衡量货币政策实施效果，一是看货币政策发挥作用的快慢，前文关于货币政策时滞的分析已经论及；二是看货币政策的数量效果，即政策的强度如何，这一点应该是更重要的。

货币政策是通过若干中间变量的连锁反应对经济运行发生作用的，

通常首先影响准备金的数量，进一步再影响到货币供应量，而后引起市场利率的波动，最终影响产出水平。货币政策的强度与货币需求的利率弹性以及真实资产需求的利率弹性成正比。利率弹性大，很小的利率变化也会引起经济主体进行资产调整，货币政策的强度就大；利率弹性小，即使利率水平发生较大变化，也不一定会引起资产调整，货币政策的强度就小。

对货币政策数量效果的判断，一般是考察实施货币政策所取得的效果与预期所要达到的目标之间的差距。我们以评估紧缩性货币政策为例，如果通货膨胀是由社会总需求大于社会总供给造成的，货币政策的实施正是要纠正这种失衡，对货币政策是否有效的判断可以从以下几个方面进行：第一，如果通过货币政策的实施，紧缩了货币供应量，阻止了物价水平的上涨，或者是价格水平回落，同时又没有影响产出的增长，我们就可以说这项紧缩性货币政策是非常有效的。第二，如果紧缩的货币供应量在平抑物价水平上涨或促使价格水平回落的同时，也抑制了产出的增长，对这一政策效果的衡量就要通过对比价格水平变动率与产出变动率而定。若产出数量的减少小于价格水平的降低，货币政策可视为是有效的；若产出数量的减少大于价格水平的下降，则紧缩性货币政策的效果就较差。第三，如果货币量紧缩无助于抑制价格水平的上涨或促使价格回落，反而抑制了产出的增长甚至使产出出现负增长，则可以说货币紧缩政策是无效的。

第三节　财政政策与货币政策效应与配合

货币政策和财政政策是现代市场经济条件下政府进行宏观经济调控的两大政策手段。如果政府决策者决定增加货币供应或增加政府支出，通过 *IS-LM* 模型可以帮助决策者分析这些工具对利率和总产出的影响，从而了解货币政策和财政政策对经济活动的作用和效果。*IS* 曲线反映了商品市场均衡的要求，而 *LM* 曲线则反映了货币市场均衡的要求，实物因素和货币因素都会对均衡利率和均衡产出产生影响。在实际操作中，货币政策和财政政策既可以相互替代，又可以相互补充。如果二者配合得当，就可以很顺利地实现宏观调控目标。

一、财政政策与货币政策在宏观调控中的作用特征比较

财政政策是指通过政府支出和税收等手段来影响宏观经济的政府行为，国家一般通过扩大举债规模和支出、财政补贴、转移支付等财政政策工具来促进国民经济增长。货币政策是指中央银行通过控制和协调货币供应量调节宏观经济的行为，中央银行一般可运用利率、存款准备金率、央行再贴现等政策工具调节国家经济运行。财政政策与货币政策是大多数国家共同运用的宏观经济政策，二者既存在着共同点又存在差异。

（一）财政政策与货币政策的共同之处

1. 政策调控目标统一

财政政策与货币政策都属于实现宏观经济目标可采取的政策，是为实现本国既定的经济发展战略目标服务的。因此，通常都肩负着稳定物价、促进经济增长和就业、维持国际收支平衡的重任。

2. 政策执行的结果都体现为货币收支行为

中央银行通过吞吐基础货币调节着整个社会货币供应量及需求量；商业银行通过贷款方式向企业及公司提供合理需要的周转资金。财政部门通过投资后拨款的方式为国家基本建设、社会文教卫生事业、社会福利事业、国防事业、支援农业等经济和社会发展方面提供资金。同时，在现代商品经济社会中，不论财政部门或银行所形成的财政收支行为或信贷收支行为，都体现为货币收支行为，都是货币流通的组成部分。这就是说，两种政策的调整及其执行结果最终都会引起整个社会货币量的变动。

3. 都是需求管理政策

货币政策管理货币供应量，而在商品货币经济条件下，货币供应量的变动是社会总需求变动的象征。财政政策管理财政收支，其执行结果无论是赤字还是大体平衡，最终对社会总需求都有重大影响。

4. 两种货币收支之间存在着结合部

这一点集中体现在中央银行代理财政金库和中央银行收益上缴财政两个方面。中央银行代理国家财政金库可以获得一项稳定的资金来源，形成中央银行的负债项目，同时也为财政部门调拨这笔资金节省了开支和提供了方便。财政部门通过课税或利润上缴的方式将一部分银行资金划归为财政支配，上缴比例与数量的大小与多寡对银行部门或财政部门的资金运作都有重要的影响。除此之外，在经济运行的过程中，还存在着许多银行收支与财政收支相互交错的地方或关系，如对国有企业自有流动资金合理增补需求的承担责任问题、公债或利率政策与信贷收支的影响问题、财政赤字的弥补渠道问题等。

（二）财政政策与货币政策的区别

1. 作用领域不同

财政政策的直接对象是国民收入再分配过程，以改变国民收入再分配的数量和结构为初步目标，进而影响整个社会经济生活。货币政策的直接对象是货币运动过程，以调控货币供给的结构和数量为初步目标，进而影响整个社会经济生活。财政政策更多地偏重于公平，是影响和制约社会总产品和国民收入分配的重要环节，它的主要责任是：直接参与国民收入的分配并对集中起来的国民收入在全社会范围内进行再分配；调节各经济主体间的利益差别，保持适当合理的分配差距，以防止过度的收入悬殊，并从收入和支出两个方面影响社会总需求的形成。货币政策则更多地偏重于效率，货币政策的实施是国家分配货币资金的主要渠道，是在国民收入分配和财政再分配基础上的一种再分配，主要是通过信贷规模的伸缩来影响消费需求和投资需求，进而引导资源流向效益好的领域。财政政策调节的对象是财政收支，而货币政策调节的对象是货币供应量。财政政策直接作用于社会经济结构，间接作用于供需总量平衡；而货币政策则直接作用于经济总量，间接作用于经济结构。

2. 传导机制不同

财政政策对总供给的调节主要表现为对经济结构的调节，财政政策对总需求的调节主要通过扩大或缩小支出规模，达到增加或抑制社会总需求的目的，这种调节从根本上说也是以调节社会经济结构为前提的。货币政策则通过货币信贷投放和再贷款等措施控制基础货币量，同时通过存款准备金率和再贴现率等手段控制货币乘数，来实现对社会总需求的直接调节，以达到稳定物价和稳定币值的目的。当然货币政策也可以根据国家产业政策，通过制定信贷投放政策，间接对经济结构发生调节作用。

3. 政策时滞不同

一般来说，财政政策的决策时滞较货币政策长，因为在决定财政政策时，政府提出的有关税收变动和支出调整的财政措施，往往要经过立法机构的批准。从政策对经济产生最终影响的作用时滞上看，货币政策时滞较财政政策长，因为货币政策无论是通过扩张货币供应量降低利率来刺激有效需求的增长，还是通过紧缩货币供应量提高利率来抑制有效需求的增长，都需要一个漫长的传导过程；而财政政策只要能使政府扩大或紧缩支出，便可以立即对社会总供求产生影响。

4. 政策工具运用不同

财政政策所使用的工具主要是税收和政府支出、政府转移性支出和补贴，短期内强有力的调节手段是增加或者减少政府支出，通过平衡的、盈余的或赤字的财政政策来调节总需求。财政政策运用是否得当，不仅与财政收支在总量上是否平衡有关，而且也受财政收支结构是否合理的影响。货币政策使用的工具通常有存款准备金率、再贴现率或再贷款利率、公开市场业务等。

二、货币政策和财政政策效应：*IS-LM* 模型分析

IS-LM 模型来源于英国经济学家希克斯发表于 1937 年的文章，一经提出就迅速成为西方经济学家对凯恩斯经济理论整个体系所作的标准阐释。作为一种有用的分析工具，*IS-LM* 模型经常被用来分析财政政策和货币政策的作用效果与配合。

（一）货币政策的影响

如图 11－7（a）所示，假设 IS_1 与 LM_1 相交于初始点 E_1，此时的

经济活动处于均衡状态，即商品市场和货币市场同时达到了均衡，均衡的总产出水平为 Y_1，均衡的市场利率水平为 i_1。但如果此时经济中存在着失业现象，也就是说 Y_1 并没有达到潜在产出水平，于是货币当局决定通过增加货币供应量来增加产出，以减少失业。

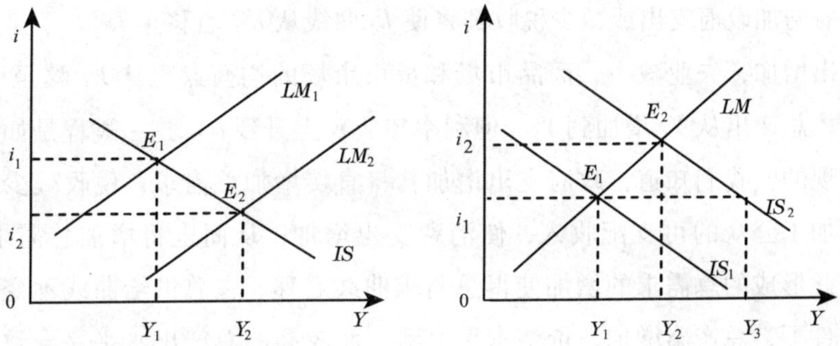

（a）扩张性货币政策的影响　　（b）扩张性财政政策的影响

图 11－7　扩张性货币政策和财政政策的影响

增加货币供应量的扩张性货币政策实施后，LM 曲线将从原来的 LM_1 右移至新位置 LM_2，商品市场与货币市场的同时均衡点从原位置 E_1 移至新的均衡点 E_2，结果利率就从 i_1 下降至 i_2，总产出则从 Y_1 增加到 Y_2。这样，货币当局通过运用货币政策就达到了增加就业和促进经济增长的预期效果。这一效果是如何实现的呢？在经济的初始均衡点 E_1 处，货币当局向经济中注入了新的货币，从而打破了 E_1 的均衡，导致货币市场上有了超额货币供给，利率水平开始下降。而利率下降刺激消费支出、投资支出和净出口都得到增加，故总产出增加。只要货币市场上的超额货币供给不消失，利率就会继续下降，总产出就会继续增加。当经济到达 E_2 点时，货币的超额供给消失，也不存在货币的超额需求，消费支出、投资支出和净出口的变化都停止了，因而总产出的增加也得以停止。紧缩性货币政策的作用机理正好相反，这里不再赘述。总之，总产量与货币供应量正相关，市场利率与货币供应量负相关。

（二）财政政策的影响

现在我们分析财政政策的作用。假设经济处于均衡状态 E_1 时是非充分就业的，而货币当局又不愿增加货币供应量，政府能否通过调整政府支出和税收来实现增加总产出和减少失业的目标呢?

图11－7（b）描绘了总产出和利率对扩张性财政政策的反应情况。政府增加政府支出或减少税收都将使 IS 曲线从 IS_1 右移至 IS_2，于是总产出增加，失业减少，商品市场和货币市场的均衡点也从 E_1 移至 E_2 点，总产出从 Y_1 增加到 Y_2，但利率却从 i_1 上升到 i_2。这一过程是如何实现的？我们知道，政府支出增加，将直接增加总需求；税收减少则增加了公众的可支配收入，使消费支出增加，从而也将增加总需求。由此形成的总需求的增加使得总需求曲线右移，在总供给曲线不变的条件下，总产出增加，价格水平上涨。而较高的总产出水平又导致了实际货币需求的增加，价格水平上涨使得实际货币供应减少，结果利率水平必然上升。这一调整过程只有当经济达到新的均衡状态 E_2 时才会结束。

我们看到，在促进经济增长（提高总产出水平）这个目标上，扩张性财政政策和扩张性货币政策的效果是一样的。但是，这两种政策对市场利率的影响却是不同的，即扩张性货币政策使利率水平下降，而扩张性财政政策却使利率水平上升。如果利率水平维持在 i_1 不变，总产出水平应该增加到 Y_3，但由于利率上升到 i_2，会引起一部分投资减少，总产出水平只能增加到 Y_2，少增加的 Y_3-Y_2 部分通常称为挤出效应。

紧缩性财政政策（减少政府支出或增加税收）的作用过程与上面的描述恰好相反。减少政府支出或增加税收都会使 IS 曲线左移，从而使总产出减少，利率降低。总之，总产出和利率都与财政政策正相关。

（三）几种极端情况下的货币政策和财政政策效果

1. LM 曲线斜率对财政政策效果的影响——两种极端情况

如图11－8，当 LM 曲线的斜率无穷大（LM_2）时，财政政策的运用只能引起利率变动，不能引起产出变动。例如，当 IS 曲线从 IS_1 右

移至 IS_2，即实施扩张性财政政策时，产出水平维持在 Y_1 不变，利率水平从 i_1 上升至 i_2。而当 LM 曲线的斜率等于零（LM_1）时，扩张性财政政策却能极大地促进产出水平的提高（从 Y_1 增加到 Y_2），这是由于未发生挤出效应。

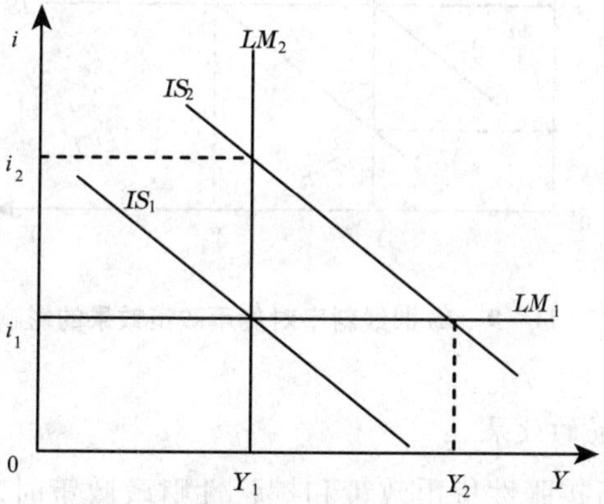

图 11－8 LM 曲线斜率对财政政策效果的影响

2. *IS 曲线斜率对货币政策效果的影响——两种极端情况*

如图 11－9，当 IS 曲线的斜率无穷大（IS_2）时，货币政策的运用也只能引起利率变动，不能引起产出变动。例如，当 LM 曲线从 LM_1 右移至 LM_2，即实施扩张性货币政策时，产出水平维持在 Y_1 不变，利率水平则从 i_1 下降至 i_2。而当 IS 曲线的斜率等于零（IS_1）时，扩张性货币政策却能极大地促进产出水平的提高（从 Y_1 增加到 Y_2），这时的货币政策非常有效。

（四）货币政策与财政政策的配合

前文对货币政策和财政政策作用的分析表明，通过实施某一种货币政策或财政政策，可以调整总产出和利率水平，从而实现经济增长的目标。但是，假如在某一时期的失业率非常高，政策制定者该如何决策呢？是选择提高货币供应量，还是选择增加政府支出或减税？或者是既提高货币供应量又增加政府支出和减税呢？在现实的政策实践中，宏观调控部门很少单独采取纯货币政策或纯财政政策，而大多是综合运用两种政策，因为这两种政策往往能起到相互补充的作用。

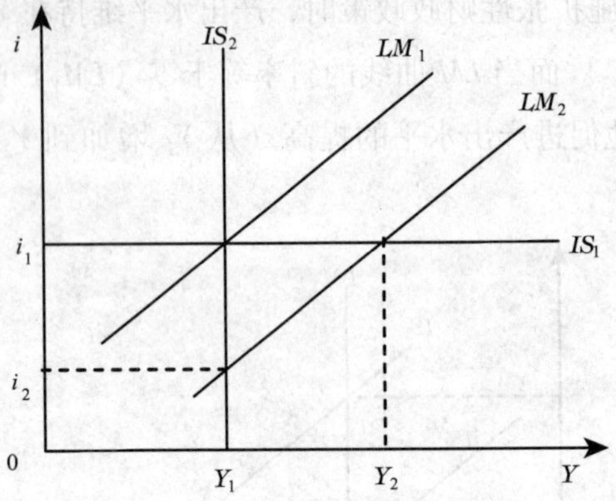

图 11－9　IS 曲线斜率对货币政策效果的影响

1. 双松政策的效果

当同时实行扩张性货币政策和扩张性财政政策时，总产出 Y 的增加幅度相当大。但是，在扩张性财政政策导致利率上升的同时，扩张性货币政策又具有把利率水平拉低的效应，因此利率上升的幅度不会很大。

双松政策方式主要适用于社会总需求严重不足、经济转入严重萧条的状况。这种政策配合方式可以通过扩大有效的需求以促进经济的增长，这常常是在经济大危机和大萧条之后采取的配合方式。但是，这种措施虽然有利于刺激社会总需求及总供给的增长，但不可避免地会引发通货膨胀，从而影响到社会的稳定。第二次世界大战以来，西方国家的经济实践就是一个有力的证明。

2. 一松一紧政策的效果

当实行扩张性财政政策和紧缩性货币政策时，在 IS 曲线右移的同时 LM 曲线左移，这样总产出 Y 的增加幅度就不会很大，从而可以保持总产出的稳定。但就利率水平而言，由于两种政策都会导致利率水平的上升，故利率的上升幅度就会很大，往往会造成金融市场的不稳定。相反，若实行紧缩性的财政政策和扩张性的货币政策，则 IS 曲线左移的同时 LM 曲线右移，同样总产出水平可以保持稳定，但利率水平将会大幅度下降。

扩张性财政政策和紧缩性货币政策的配合模式一般在总体需求大体相适应，为解决投资过旺而消费不足时才采用，是许多国家在调整经济结构时普遍采用的一种模式。紧缩性货币政策有利于严格控制货币供给，有利于对付通货膨胀，为经济的正常发展创造一个良好的货币金融环境。在货币政策偏紧的同时，实行扩张性财政政策，有利于调整、优化产业结构，提高经济增长的质量。

紧缩性财政政策和扩张性货币政策是在总需求与总供给大体平衡，但消费偏旺而投资不足时的一种配合模式。这种配合模式也是一些国家为更多地积聚资金、优化资源配置、促进经济增长而采取的一种配合模式，它有利于促进经济的增长，提高资金的使用效率。

3. 双紧政策的效果

当实行紧缩性财政政策和紧缩性货币政策时，*IS* 曲线和 *LM* 曲线同时左移，总产出水平 *Y* 将急剧下降，而利率却因为两种政策对利率的作用相反而变化不大。双紧政策对付恶性通货膨胀有“立竿见影”之效，但所付出的经济萎缩的代价往往也是很大的。

双紧政策搭配方式一般适用于社会总需求大于总供给，出现了严重的通货膨胀和经济过热，以致影响到经济稳定正常运转时所采取的政策配合措施。这种政策配合措施可以有力抑制社会总需求的过度增长，以缓解通货膨胀，保持经济的稳定。但是，这种措施虽然有利于经济的稳定和对付通货膨胀，却会抑制社会供给，影响社会生产，把握不当会导致整个经济的萧条。

（五）关于货币政策和财政政策的争议

由于各个经济学派在货币政策和财政政策的相对重要性、中介目标的选择、政策刺激的效果以及影响因素等问题上看法不一，由此而选择的政策措施也就大相径庭。

1. 凯恩斯学派的政策主张

凯恩斯学派认为，由于消费支出和投资支出经常会发生变化，导致 *IS* 曲线天生就不稳定。同时，由于货币需求也容易发生变化，*LM* 曲线就更加不稳定了。因此，货币系统在减轻 *IS* 曲线移动对产出和就业所造成的影响方面不能发挥有效的作用。凯恩斯学派认为，在没有政府干预的情况下，经济将很难保持稳定。基于上述原因，凯恩斯学派提倡采用积极的货币政策和财政政策来促进经济的稳定发展。就货币政策来说，凯恩斯学派主张实施“逆经济风向”调节的相机抉择方针，即在经济过热时采用紧缩性货币政策，而在经济衰退时采用扩张性货币政策。在中介目标的选择上，由于 *LM* 曲线比 *IS* 曲线更不稳定，即 *IS* 曲线相对比较稳定，所以他们不赞成将货币供应量作为中介目标，而应选取利率作为中介目标。图 11－10 对此作了解释：虽然货币当局可对货币供应量进行控制，但由于货币需求的自主性变动较大，故 *LM* 曲线会在 LM_1 和 LM_2 之间漂移，造成利率在 i_1 和 i_2 之间波动，继而导致收入在 Y_1 和 Y_2 之间波动。如果此时货币当局采取控制利率的方法，把利率稳定在 i^* 的水平，那么 i^* 与相对稳定的 *IS* 曲线就会决定一个比较稳定的产出水平 Y^*。可见这时将利率作为中介目标非常有利于经济的稳定。

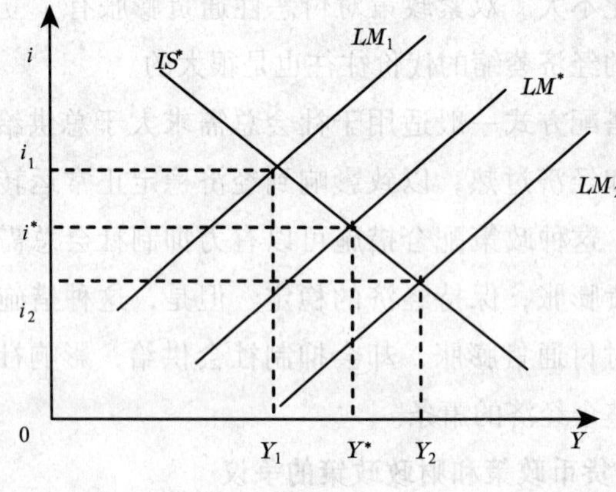

图 11－10　LM 曲线的不稳定与经济波动

2. 现代货币主义学派的政策主张

货币主义者认为，在没有积极的货币政策和财政政策的情况下，*IS* 曲线和 *LM* 曲线的位置是比较稳定的。他们认为货币的需求是缺乏弹性的，因此货币系统能起到内在稳定器的作用，即能防止 *IS* 曲线的移动对一国总产出水平和就业造成的影响。当 *IS* 曲线由于扩张性财政政策的实施而向右移动时，利率水平会提高，从而抵消了产出和就业的大部分潜在扩张。正基于此，货币主义者认为没有必要实行积极的货币政策和财政政策，他们强烈反对凯恩斯学派关于国家干预经济运行的思想，认为正是由于国家的干预阻碍了市场机制自我调节作用的发挥，从而引起经济波动，而且相机抉择的货币政策还会加剧经济的波动。弗里德曼因此提出的"单一规则"认为，货币当局只应公开宣布在今后若干年内货币供应量的增长率，并保持一个固定不变的数值，就可保证物价水平的稳定和经济的稳定增长。可见，弗里德曼认为当 *IS* 曲线移动时，应以货币供应量作为中介目标，因为这一目标可防止经济的大起大落。图 11－11 对此作了解释说明。当 *LM* 曲线相对固定在 LM^* 时，假定 *IS* 曲线的波动范围位于 IS_1 和 IS_2 之间，若以利率为中介目标，比如将利率稳定在 i^* 处，产出就会在 Y'_1 和 Y'_2 之间较大幅度地波动。但如果以货币供应量为中介目标，通过控制货币供应，就可以使 *LM* 曲线保持稳定，这时虽然 *IS* 曲线的波动幅度不变，但它与 *LM* 曲线的交点决定了经济只会在 Y_1 和 Y_2 之间较小的幅度内波动。

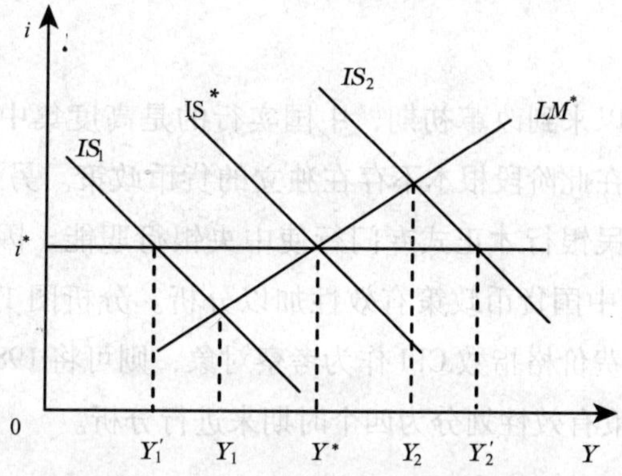

图 11－11　IS 曲线的不稳定与经济波动

3. 供给学派的政策主张

在 20 世纪 70 年代批判凯恩斯学派的还有供给学派。他们同样强调充分发挥市场机制本身的作用，但同时还重新确认供给决定需求这一古典原理，认为经济具有足够的能力购买它的全部产品。所以，供给学派主要的政策主张是通过降税等措施来刺激投资和产出。由于不认为在需求方面应该采取什么行动，从而决定了他们的货币政策主张是单一的稳定。

4. 新古典宏观经济学派的政策主张

与现代货币主义学派一样，新古典宏观经济学派也认为经济本身具有强有力的自动调节机制，同时强调相机抉择政策可能引起经济的动荡。但与现代货币主义学派不同的是，新古典宏观经济学派认为货币供给系统性的可预期变化不会对实际产出和就业产生影响，只有货币供给突然的未预期到的变化才会对这些重要的实际变量产生影响。他们认为，在相机抉择的货币政策体系中，经济主体必然会学会如何预期中央银行的政策行动，从而采取相应对策使得货币政策无效。所以，相机的政策应该被抛弃，取而代之的应是固定的“单一规则”。

第四节　中国货币政策有效性分析

由于建国以来到改革初期，中国实行的是高度集中统一的计划经济体制，因而在此阶段根本不存在独立的货币政策。另外，自 1984 年开始，中国人民银行才正式专门行使中央银行职能。因此，这里仅对 1984 年以来的中国货币政策有效性加以分析。分析图 11－12 可看出，如果以居民消费价格指数 CPI 作为考察对象，则可将 1984 年至 2008 年 9 月的货币政策有效性划分为四个时期来进行分析。

一、1984—1992 年的货币政策有效性

图 11－12 描述了 1984 年至 2008 年 9 月以来中国各层次货币供应量、居民消费价格指数和国内生产总值增长率情况，从图 11－12 中可看出，1984—1992 年中国货币供给可谓大起大落，物价和经济增长的波动十分剧烈。1984 年，由于货币供应总量和增长速度都超过历史最高水平，产生了基础建设失控和信贷失控的局面，社会总需求过度膨胀，当年 *GDP* 增长率达到 15.2%，尽管物价上涨并不大，但这显然是政策时滞造成的，通货膨胀压力在积累。1985 年，虽然紧缩银根，使

各层次货币供应量增长率几乎下降一半，但由于政策力度不够，出现了经济“软着陆而不着陆”的现象，通货膨胀矛盾继续积累。直至1988年，通货膨胀矛盾终于爆发——1988年和1989年*CPI*分别达到18.8%和18%。于是，1989年下半年，开始采取严厉的紧缩性货币政策。但由于力度过大，直接导致经济迅速下滑，1989和1990年的经济增长率分别仅为4.1%和3.8%，以致随后虽两次紧急扩大信贷启动，但经济都启而不动。1992年，信贷继续扩张，最终导致房地产热和各种重复建设，经济又开始走向过热。

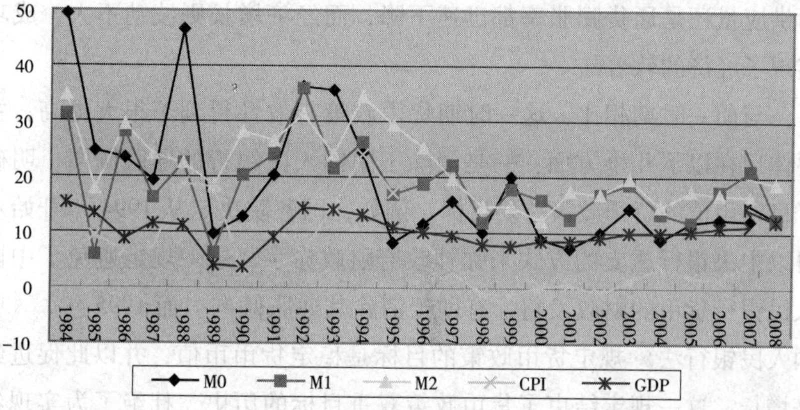

图11-12 1984—2008年9月各层次货币供应量、CPI和GDP增长率

总之，这一时期中国货币政策的有效性是无法令人满意的。究其原因，主要在于此阶段货币政策操作存在以下三大问题：一是中国人民银行一直存在通货膨胀倾向，除1985年和1989年外，其余年份的货币供应量，无论是M0、M1还是M2都大大超出了经济增长速度；二是货币政策出台具有突然性，相机抉择特征明显，超出了社会公众的预期；三是调控政策力度过大过猛，政策缺乏连贯性和前瞻性。

二、1993—1997年的货币政策有效性

1993年开始，中国人民银行开始明确把抑制通货膨胀作为首要任务，并始终将稳定币值放在首位，重视和加强对宏观经济形式的分析和判断，制定和执行货币政策的水平大大提高，货币政策也开始变被

动为主动。例如，针对1992年以来过快的固定资产投资、经济增长速度和存在的通货膨胀压力，1993年，中国人民银行两次调高金融机构存、贷款利率；1994年，对专业银行实行贷款限额管理下的资产负债比例管理，并采取措施，严格控制信贷总量，将各项贷款均控制在固定资产贷款规模之内；1995年，又上调贷款利率，并对金融机构开办特种存款和发行融资券，以控制商业银行的资金使用；1996年，两次下调利率，以调整货币结构，增加流动性，并开展了公开市场操作，调整商业银行储备头寸。正因为政策运用适当，这一时期，无论是货币供应量还是通货膨胀率都迅速下降，而经济增长则波动不大，成功实现了经济的软着陆。

与前一时期相比，这一时期货币政策有效性得到了很大提高，主要体现在以下几个方面：一是消除了中国人民银行的通胀倾向，明确了稳定币值的货币政策首要目标。例如，国务院决定从1994年开始不再以中央银行透支的方式来弥补政府财政赤字，这一规定避免了中国人民银行货币的财政发行，有助于消除其通胀倾向。而1995年，《中国人民银行法》规定货币政策的目标是稳定货币币值，并以此促进经济增长，这一规定结束了货币政策双重目标的历史，杜绝了为实现经济增长而过度发行货币，这同样有助于消除中国人民银行的通胀倾向。二是注重货币政策的透明度，有助于社会公众形成合理预期。自1994年第三季度开始，中国人民银行正式推出了货币供应量统计监测指标并按季度向社会公布。同时，中国人民银行还通过分行行长会、专家座谈会、新闻发布会、理论研讨会、研修班等形式，积极向社会宣传适度从紧货币政策的重要性，解释通货膨胀的危害。三是政策的连贯性有所提高，更加注重间接调控手段的运用。从1993年开始，中国人民银行一直坚持适度从紧的货币政策，使$M2$持续下降。同时，从1996年4月9日开始，以国债为交易对象的公开市场操作试运行，并于1996年6月1日正式放开同业拆借利率。

三、1998—2002年的货币政策有效性

从1998年开始，受亚洲金融危机的影响，中国出口大幅回落，投

资和消费增长趋缓，市场有效需求不足，经济增长速度明显放缓，物价连续负增长，出现了通货紧缩。针对这种状况，中国采取了稳健的、反通货紧缩的货币政策。这一时期，采取的货币政策措施主要包括：(1) 调整利率政策，如降低利率、扩大贷款利率的浮动范围、放开货币市场的利率管制、积极推进利率市场化改革等。(2) 调整信贷政策，如取消对商业银行贷款规模的控制、允许基础设施项目以收费权为质押向商业银行贷款、增加消费信贷、扩大对中小企业贷款利率的浮动幅度以提高商业银行向中小企业贷款的积极性、支持银行发放封闭贷款、对失业和下岗职工发放小额担保贷款等。(3) 综合运用各种货币政策工具，如恢复人民币公开市场操作、改革存款准备金制度、设置独立的再贴现利率等。(4) 实施金融稳定计划，如向金融资产管理公司发放贷款，支持其对国有独资商业银行收购不良资产和债转股；支持和配合财政部发行特别国债以补充国有独资商业银行资本金，提高其资本充足率等。

虽然这一时期货币政策的制定也具有1993—1997年时的特点，但却没有取得如1993—1997年时期较好的成效。原因何在？从预期看，自1998年至2002年，中国人民银行一直执行稳健的货币政策，即既要抑制通货紧缩，又要防止通货膨胀。加之经济形势不明朗，且住房制度改革、医疗制度改革和社会保障制度建设相对滞后，公众对未来的预期，无论是通货膨胀预期还是收入预期，都一直处于下降中。这直接导致了中央银行降低利率以刺激消费和投资的做法难以奏效。

四、2003—2008年9月的货币政策有效性

随着2001年和2002年货币供给M0和M1的持续增加，2003年中国经济终于走出了通货紧缩的阴影，经济增长率重新达到两位数，居民消费价格指数一举突破3%的多年禁区，2004年达到3.9%，2007年升至4.8%，2008年4月这一数字甚至达到8.5%。同时，上证指数也从2005年末的1161点一路飙升，在2007年10月19日达到6124.04点。面对这一现实，2007年12月中央经济工作会议决定，为防止经济增长由偏快转为过热和防止价格由结构性上涨演变为明显通货膨胀，

中国将已实施10年之久的“稳健的货币政策”调整为“从紧的货币政策”。

中国人民银行实施从紧货币政策的主要工具包括公开市场操作、法定准备金率和利率等。据统计，截至2008年6月底，2007年以来，中国人民银行先后140多次发行央行票据，2008年3月底，中央银行票据余额达到4万亿元；自2006年12月以来，中国人民银行还先后4次开展中央国库现金管理商业银行定期存款业务招投标活动，中标资金累计达1100亿元；2006年以来，连续17次上调法定准备金率，2008年6月底，法定准备金率已高达17.5%，它仅低于1984年这一特殊年份的数值，是自中国人民银行正式履行中央银行职能以来的第二高水平。1991年至今，金融机构人民币存款和贷款基准利率分别调整过19次和24次，其中仅2007年两者调整的次数就分别达到6次和8次。目前，一年期存款和贷款基准利率分别为4.14%和7.47%，均为近10年来的最高水平。货币政策工具使用如此频繁，且其相关数值如此之高，中国的从紧货币政策可谓名副其实。此次从紧货币政策取得了一定成效：据统计，2008年9月底，广义货币（M2）余额45.3万亿元，同比增长15.3%，比2007年同期回落3.2个百分点，狭义货币（M1）15.6万亿元，增长9.4%，回落12.6个百分点，流通中现金（M0）31725亿元，增长9.3%，回落3.7个百分点；2008年前三季度国内生产总值201631亿元，按可比价格计算，同比增长9.9%，比2007年同期回落2.3个百分点；居民消费价格上涨7.0%（9月份上涨4.6%，比8月回落0.3个百分点），涨幅比2007年同期高2.9个百分点，但比上半年回落0.9个百分点。

这一时期，货币政策有效性较为明显的原因是：（1）提前发布调控信号，避免政策出台的突然性。例如，早在2003年6月，中国人民银行就对房地产信贷和按揭贷款进行风险提示，表明其即将对经济的局部过热进行调控，提前引导公众预期，发挥了很好的信号作用。又如，2003年8月23日，中国人民银行宣布从2003年9月21日起提高存款准备金率1个百分点，从而在向公众发出对经济进行紧缩调控信号的同时，也给金融机构调整流动性管理提供了充足时间，避免了政策出台的突然性，减小了对经济的冲击。(2) 注重运用市场手段，避免行政手段的剧烈性。这次调控，中国人民银行减少了货币发行控制和信贷规模控制等常用的行政手段的运用，取而代之的是，频繁使用公开市场操作、法定准备金率和利率等市场手段，从而减少了调控的剧烈性，有利于公众形成合理预期，有利于经济的软着陆。(3) 注重调控政策的连贯性，避免调控的反复性。例如，从2003年起，一直坚持上调法定存款准备金率，且每次上调的幅度都控制在1个百分点内。存款准备金政策调整的连贯性和微调性显然有利于引导公众的预期，有利于增进货币政策的可信性。

本章小结

货币政策有效性是指中央银行操作货币政策工具后，社会经济运行所作出的具体现实反应，或货币政策最终目标的实现程度，它包括两方面的内容：一是货币政策能否影响实体经济，这实际上涉及货币中性问题；二是货币政策能在多大程度上影响实体经济或实现货币政策最终目标，即货币政策实施效果问题。

不同的学派对宏观经济政策，特别是货币政策持不同观点，产生了严重的理论分歧，究其原因均源于各学派的不同理论假设前提。总体上看，古典学派和新古典宏观经济学派主张货币政策无效论；凯恩斯学派和新凯恩斯学派主张货币政策有效论；而现代货币主义学派的理论观点则较为复杂。

影响货币政策实施效果的因素很多，主要包括：货币政策时滞、微观主体预期、货币流通速度、金融改革与创新、政治性因素、政策配合等。

货币政策时滞也称为货币政策作用时滞，它是指货币政策从研究、制定到实施后发挥实际效果的全部时间过程。按照货币政策时滞发生的性质分类，可以分为内部时滞和外部时滞两大类。

财政政策与货币政策是大多数国家共同运用的宏观经济政策，二者既存在着共同点又存在差异。通过 *IS-LM* 模型可以帮助决策者分析财政政策和货币政策工具对利率和总产出的影响，从而了解财政政策和货币政策对经济活动的作用效果和搭配。

以居民消费价格指数 CPI 作为考察对象，可将 1984 年至 2008 年 9 月划分为四个时期来对中国货币政策有效性加以分析。总体上看，中国货币政策有效性是在逐步提高的，这既表现在货币政策操作中相机抉择成分和行政手段运用的减少与规则成分和市场手段的增加上，也表现在政策连贯性和透明度的提高上。

重要概念

货币政策有效性　萨伊定律　自然率假说　适应性预期　理性预期　货币政策时滞　内部时滞　外部时滞　认识时滞　行动时滞　操作时滞　市场时滞　财政政策　*IS-LM* 模型　双松政策　一松一紧政策　双紧政策

复习思考题

1. 古典学派是如何论证货币政策无效的？
2. 结合图形分析凯恩斯学派的货币政策有效论。
3. 结合图形分析现代货币主义学派的货币政策短期有效而长期无效论。
4. 新古典宏观经济学派有关货币政策有效性理论的政策含义是什么？
5. 比较凯恩斯学派和新凯恩斯学派在货币政策有效性问题上的异同。
6. 影响货币政策实施效果的因素主要有哪些？
7. 什么是货币政策时滞？它可分为哪些具体类型？
8. 金融创新对货币政策实施效果有何影响？
9. 以评估扩张性货币政策为例，分析如何衡量货币政策的数量效果？
10. 比较财政政策与货币政策在宏观调控中的作用特征的异同。
11. 用 *IS-LM* 模型分析财政政策和货币政策各自的作用效果。
12. 用 *IS-LM* 模型分析财政政策和货币政策的配合模式及其效果。
13. 结合图形分析凯恩斯学派和现代货币主义学派关于货币政策和

财政政策的争议。

14. 联系现实，分析1984年以来中国货币政策的有效性。

附　录　各章词汇表

第一章　中央银行制度的形成与发展

中央银行 central bank

银行券 bank note

货币发行权 the authority to issue currency

中央银行制度 central banking system

美国联邦储备体系 Federal Reserve System

中央银行独立性 central bank independence

货币政策透明度 transparence of monetary policy

第二章　中央银行的性质与职能

发行的银行 bank of issue

银行的银行 banker's bank

政府的银行 bank of government

存款准备金 deposit reserve

最后贷款人 lender of last resort

再贴现 rediscount

服务职能 service function

管理职能 management functions

调控职能 regulatory function

第三章 中央银行制度类型与组织结构

单一型中央银行制度 unit central bank system
一元型中央银行制 unit central bank system
二元型中央银行制 dual central bank system
复合型中央银行制度 compound central bank system
准中央银行制度 quasi - central bank system
跨国中央银行制度 transnational central bank system

第四章 中央银行的独立性

人事独立性 personnel independence
财务独立性 financial independence
政策独立性 policy independence
目标独立性 target independence
工具独立性 instrument independence
政治独立性 politics independence
经济独立性 economy independence
法律独立性 law independence
实际独立性 practice independence
时间非一致性 time in consistency
中央银行独立性指数 central bank independence index
GMT 指数 GMT Index
LS 指数 LS Index
库克曼指数 Cukierman Index

第五章 中央银行的资产负债业务

银行性业务 banking business
管理性业务 administrative business
再贴现率 rediscount rate
中央银行贷款 central bank loan

公开市场业务 open market operations
外汇储备 foreign exchange reserve
货币发行 issue currency
货币发行准备制度 monetary reserve system
现金准备发行制 cash reserve issue system
证券准备发行制 securities reserve issue system
现金准备弹性比例发行制 cash reserve elastic proportional issue system
证券准备限额发行制 limited securities reserve issue system
比例准备制 proportional reserve issue system
发行基金 issue fund
发行基金计划 issue fund plan
经济发行 currency issue for economic purposes
财政发行 currency issue for fiscal purposes
中央银行存款 central bank deposits
中央银行债券 central bank bonds
中央银行资产负债表 central bank balance sheet

第六章 中央银行的支付清算业务

结算 settlement
清算 liquidation
中央银行支付清算业务 central bank payment and settlement business
跨国支付清算 transnational payment and settlement
票据交换 notes clearing
清算机构 clearing house
支付系统 payment system
支付结算制度 payment and clearing system
同业间清算安排 interbank clearing arrangement
大额支付系统 large payment system
小额支付系统 small payment system

全额清算系统 gross settlement system
差额清算系统 balance settlement system
定时全额清算系统 designated – time gross settlement system
实时全额清算系统 real time gross settlement system
双边差额清算系统 bilateral balance settlement system
多边差额清算系统 multilateral balance settlement system
中国现代化支付系统 China National Advanced Payment System (CNAPS)

第七章　中央银行的其他业务

国库 state treasury
经理国库 managing the state treasury
国库制度 fiscal system
独立国库制 independent fiscal system
委托国库制 entrusted fiscal system
银行存款制 bank deposit system
中央银行会计 central bank accounting
中央银行会计报告 central bank accounting report
征信 credit investigation
联合征信 joint credit investigation
同业征信 trade credit investigation
公共征信 public credit investigation
私营征信 private credit investigation
企业征信 enterprise credit investigation
个人征信 personal credit investigation
征信体系 investigation system
征信机构 credit reporting agency
洗钱 money laundering
反洗钱 fighting against money laundering
信贷收支统计 statistics on credit income and expenditure

现金收支统计 statistics on cash income and expenditure
国际收支统计 statistics on international receipts and payments
金融市场统计 financial market statistics
资金流量统计 flow of funds statistics
金融统计 financial statistics
货币统计 monetary statistics

第八章　货币政策目标

货币政策 monetary policy
最终目标 ultimate goal
中介目标 intermediate target
操作目标 operating target
稳定物价 stabilization price
经济增长 economic growth
充分就业 full employment
国际收支平衡 balance of payments
利率 interest rate
货币供应量 money supply
基础货币 base money
贷款规模 credit scale
短期利率 short - term interest rate
准备金 reserve

第九章　货币政策操作

货币政策工具 monetary policy tools
一般性货币政策工具 general monetary policy tools
法定存款准备金率 required reserve ratio
存款准备金政策 deposit reserve policy
差别存款准备金 different deposit reserve
再贴现率 rediscount rate

再贴现政策 rediscount policy
消费信用 consumer credit
消费者信用控制 consumer credit control
证券市场信用控制 securities market credit control
不动产信用控制 real estate credit control
优惠利率 preferential interest rate
进口保证金制度 import deposit system
直接信用控制 direct credit control
信贷配给 credit rationing
流动性比率管制 liquidity ratio control
利率上限管制 interest rate cap regulation
直接干预 direct intervention
间接信用控制 indirect credit control
道义劝告 moral suasion
窗口指导 window guidance
相机抉择 discretion
按“规则”行事 play by the rules
货币政策规则 monetary policy rule
目标规则 target rule
工具规则 instrument rule
固定货币增长率规则 fixed monetary growth rule
麦克勒姆—梅茨勒基础货币规则 McCallum – Metzler base money rule
泰勒规则 Taylor Rule
通胀目标制 inflation targeting

第十章 货币政策传导机制

货币政策传导机制 transmission mechanisms of monetary policy
货币政策机构传导过程 institution transmission process of monetary policy

货币政策经济变量传导过程 economic variable transmission process of monetary policy

重置成本 replacement cost

托宾 q Tobin's q

银行贷款渠道 bank lending channel

资产负债表渠道 balance sheet channel

第十一章　货币政策有效性

货币政策有效性 efficiency of monetary policy

萨伊定律 Say's Law

自然率假说 natural rate hypothesis

适应性预期 adaptive expectations

理性预期 rational expectations

货币政策时滞 lag of monetary policy

内部时滞 inside lag

外部时滞 outside lag

认识时滞 recognition lag

行动时滞 action lag

操作时滞 operation lag

市场时滞 market lag

财政政策 fiscal policy

$IS-LM$ 模型 $IS-LM$ model

参考文献

1. 陈奉先、涂万春:《西方中央银行独立性与宏观经济表现研究述评》,《广西财经学院学报》2006 年第 6 期。

2. 闫海:《中央银行独立性:一个新政治经济学分析框架》,《上海金融学院学报》2008 年第 2 期。

3. 尹继志:《中央银行宏观经济分析的特点、要求、内容和方法》,《华北金融》2005 年第 1 期。

4. 张旭、伍海华:《中央银行独立性测度的比较及对我国的启示》,《财贸研究》2002 年第 3 期。

5. 周应恒、陈伟:《中国国库制度改革分析》,《江苏社会科学》2008 年第 4 期。

6. 卞志村主编:《货币银行学》,中国金融出版社 2005 年版。

7. 卞志村著:《转型期货币政策规则研究》,人民出版社 2006 年版。

8. 曹龙骐主编:《货币银行学》,高等教育出版社 2000 年版。

9. 陈燕:《中央银行理论与实务》,北京大学出版社 2005 年版。

10. 戴根有主编:《中国货币政策传导机制研究》,经济科学出版社 2001 年版。

11. 丁邦开、周仲飞主编:《金融监管学原理》,北京大学出版社 2004 年版。

12. 杜金富主编:《货币与金融统计学》,中国金融出版社 2003 年版。

13. 范从来、姜宁编著:《货币银行学》(第二版),南京大学出版社 2003 年版。

14. 高鸿业主编:《西方经济学》(第四版),中国人民大学出版社 2007 年版。

15. 刘丽巍著:《当代中央银行体制——世界趋势与中国的选择》,人民出版社 2007 年版。

16. 刘锡良、曾志耕、陈斌编著:《中央银行学》,中国金融出版社 1997 年版。

17. 刘肖原主编:《中央银行学教程》,中国人民大学出版社 2007 年版。

18. 孟钊兰主编:《中央银行学》,西安交通大学出版社 2007 年版。

19. 彭兴韵著:《金融学原理》,三联书店 2003 年版。

20. 宋鸿兵:《货币战争》,中信出版社 2007 年版。

21. 王广谦主编:《中央银行学》(第二版),高等教育出版社 2006 年版。

22. 王素珍:《关于货币本质及货币政策目标问题的讨论》,中国金融出版社 2000 年版。

23. 王宇著:《货币政策的决策与传导》,中国财政经济出版社 2005 年版。

24. 张贵乐、吴军主编:《中央银行学》,中国金融出版社 1999 年版。

25. 贾庆军:《改革开放以来中国货币政策理论与实践的演变》,中国优秀博硕士学位论文全文数据库,2005 年。

26. 李俊丽:《我国个人征信体系的构建与应用研究》,中国优秀博硕士学位论文全文数据库,2007 年。

27. 李颖:《我国个人信用征信体系研究》,中国优秀博硕士学位论文全文数据库,2005 年。

28. 孙志贤:《我国货币政策传导机制研究》,中国优秀博硕士学位论文全文数据库,2005 年。

29. 美联储网站(http://www.federalreserve.gov)。

30. 王大东:《浅析洗钱犯罪及我国反洗钱对策》,法律教育网

(http://www.chinalawedu.com),2005-1-28。

31. 中国工商银行股份有限公司网站(http://www.icbc-ltd.com)。

32. 中国人民银行网站(http://www.pbc.gov.cn)。

责任编辑:陈　登

图书在版编目(CIP)数据

中央银行学/毛泽盛 卞志村 著. -北京:人民出版社,2009.6
(21 世纪高校金融学核心课程系列教材)
ISBN 978-7-01-007901-1

Ⅰ. 中…　Ⅱ. ①毛…②卞…　Ⅲ. 中央银行-经济理论-高等学校-教材
Ⅳ. F830.31

中国版本图书馆 CIP 数据核字(2009)第 064378 号

中央银行学

ZHONGYANG YINHANG XUE

毛泽盛 卞志村　著

人民出版社 出版发行

(100706　北京朝阳门内大街 166 号)

北京中科印刷有限公司印刷　新华书店经销

2009 年 6 月第 1 版　2009 年 6 月北京第 1 次印刷

开本:710 毫米×1000 毫米 1/16　印张:29.5

字数:437 千字　印数:0,001-5,000 册

ISBN 978-7-01-007901-1　　定价:48.00 元

邮购地址 100706　北京朝阳门内大街 166 号

人民东方图书销售中心　电话 (010)65250042　65289539